中国政法大学70周年校庆
校史系列丛书

中国政法大学
1952—2022
70周年校庆
CHINA UNIVERSITY OF
POLITICAL SCIENCE AND LAW
70th ANNIVERSARY

中国政法大学70周年校庆校史系列丛书

总主编　李秀云

—— 王改娇　主编 ——

法大记忆

70年变迁档案选编

中国政法大学出版社

2022·北京

图书在版编目（CIP）数据

法大记忆: 70年变迁档案选编/王改娇主编. —北京:中国政法大学出版社,2022.5
ISBN 978-7-5764-0304-6

Ⅰ.①法… Ⅱ.①王… Ⅲ.①中国政法大学－历史档案－汇编
Ⅳ.①G649.281

中国版本图书馆CIP数据核字(2022)第020045号

　　　　　法大记忆

书　名　70 年变迁档案选编
　　　　FADAJIYI QISHINIAN BIANQIAN DANGAN XUANBIAN

出版者　中国政法大学出版社

地　址　北京市海淀区西土城路25号

邮　箱　fadapress@163.com

网　址　http://www.cuplpress.com (网络实名：中国政法大学出版社)

电　话　010-58908466(第七编辑部) 010-58908334(邮购部)

承　印　北京中科印刷有限公司

开　本　720mm×960mm　1/16

印　张　33.25

字　数　550千字

版　次　2022年5月第1版

印　次　2022年5月第1次印刷

定　价　135.00元

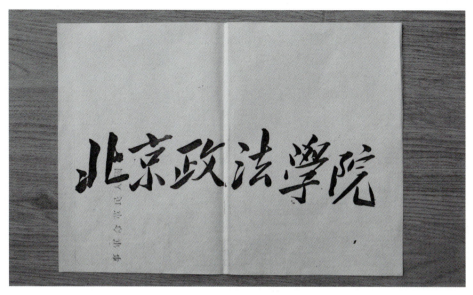

▲1952年，毛主席为北京政法学院题写的校名

▲1952年，北京政法学院成立典礼时，
　来宾的签到簿

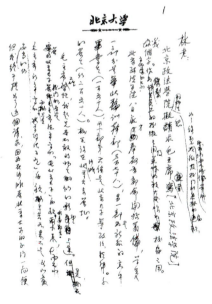

▲1952年，钱端升请求毛主席题写校名，
　给林伯渠的信函

北京政法学院

（教员名单）

在南什坪

53人

53人

1952.10.6

▲ 1952年院系调整时，北京政法学院教员名单

▲ 1952年建校初期教员名单1

▲ 1952年建校初期教员名单2

▲ 1952年建校初期教员名单3

▲1953年1月，钱端升先生被任命为北京政法学院首任院长，图为由毛泽东主席签署的任命状。

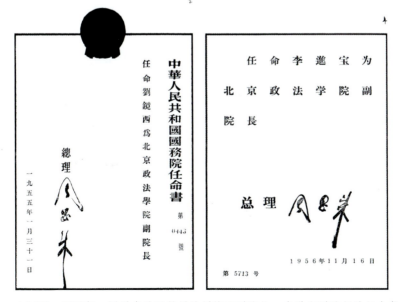

▲ 1955—1956年，周恩来总理签署的刘镜西副院长、李进宝副院长的任命书

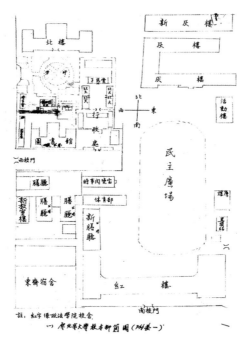

▲ 1952年北京政法学院成立之初，沙滩校区部分校舍平面图

▲ 1953年7月20日，北京政法学院第一届毕业生合影

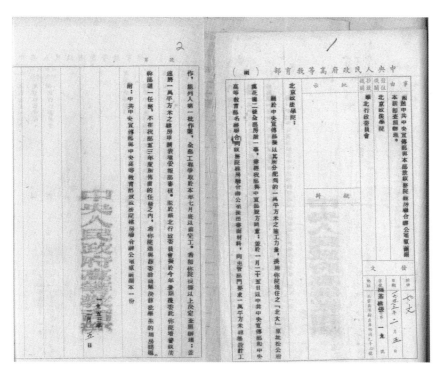

▲ 1953年，高教部关于中宣部以所分建筑面积换用北京政法学院沙滩校址部分房屋的函

▲ 1954年竣工的联合楼

北京政法学院成立学术委员会

本报讯 北京政法学院学习苏联高等学校的先进经验，从本学期起成立了院学术委员会。

新成立的学术委员会将帮助领导上进一步面向教学，成为该院教学工作及科学研究工作的中心，并将在院长的直接领导下起集体领导的作用，保证院长负责制的实现。

该院学术委员会已经制定一个全学期的工作计划，通过了本年度的教学工作计划，并确定了进一步开展该院科学研究工作的方针和有关措施。

在该院工作的苏联专家，十分重视学术委员会的工作，对学术委员会的组织机构、工作内容和工作方法，都提出了很多宝贵的建议。

一九五五年十一月二日
光明日报第二版
（根据我院新葱新闻稿删节）

▲1955年11月《光明日报》关于北京政法学院成立学术委员会的报道

根据市委关于各高等院校成立院务委员会的指示，我院院委会于三月中旬选出了院务委员会名单。通过党内外的酝酿讨论，现已初步确定组织成员。除三个行政院长外，包括教学院、团、行政和学生会各单位负责人，共26人。

除已报市委审批外，现送全院务委员会名单一份请报你。

附：院务委员会名单一分

1959年6月15日

▲1959年北京市教育局关于成立北京政法学院院务委员会的批复

▲1978年，国务院批准恢复北京政法学院文件1

▲1978年，国务院批准恢复北京政法学院文件2

教育部文件

[80]教计字082号

关于批准成立中国政法大学的通知

司法部，北京市人民政府：

经国务院批准，成立中国政法大学，并将北京政法学院并入该校，从一九八三年起开始招生。

中国政法大学校址在北京市，规模七千人（新址按五千人规模投资五千万元建设），其中本科生规模五千四百人，研究生规模四百人，进修生规模一千二百人。本科学制四年，设法律专业，以后根据需要与可能，逐步增设刑事侦查系、经济法学、国际法学、政治学和社会学等专业。中国政法大学由司法部与北京市双重领导，以司法部为主。

北京政法学院并入中国政法大学后即行撤销。

中华人民共和国教育部

月十六日

抄送：国家计委、财政部，北京市高教局。

▲1983年，教育部关于批准成立
中国政法大学的通知

司法部文件

（83）司发教字第188号

转发关于批准成立中国政法大学的通知

中国政法大学：

据教育部（83）教计字082号通知，国务院批准成立中国政法大学，并将北京政法学院并入该校，从一九八三年开始招生。北京政法学院并入中国政法大学后即行撤销。

中国政法大学校址在北京市，规模七千人（新址按五千人规模投资五千万元建设），其中本科生规模五千四百人，研究生规模四百人，进修生规模一千二百人。本科学制四年，设法律专业，以后根据需要与可能，逐步增设刑事侦查系、经济法学、国际法学、政治学和社会学等专业。

中国政法大学由司法部与北京市双重领导，以司

· 1 ·

▲1983年，司法部转发关于国务院
批准成立中国政法大学的通知

北京市人民政府（复函）

京政地字〔1984〕34号

中国政法大学：

你校（83）校建字第19号和（84）校发字5号函，收悉。经研究，同意你校就址改为昌平卫星城镇划用地范围，请与市、县有关部门洽办理选址，征地工作。市政府京政地字（1983）12号关于在大兴黄村镇及芦城公社征地的复函，同时撤销。

北京市人民政府

一九八四年四月十七日

抄送：市计委、教办、建委、市政委、市规划局、房管局、统计局、粮食局、建设银行北京分行，大兴县人民政府、昌平县人民政府，司法部、国家计委。

▲1984年，北京市人民政府关于将中国
政法大学校址变更为昌平的批复

司法部文件

（84）司发教字第630号

关于成立中央政法管理干部学院的通知

中国政法大学，各省、自治区、直辖市司法厅（局）、高级人民法院、人民检察院，各省、自治区、直辖市政法干部院（校）：

为了适应新时期对干部教育经常化、正规化、制度化的要求，根据国务院（83）87号文件精神，我部于一九八四年八月六日决定，在中国政法大学进修学院（即中央政法干部学校）的基础上成立中央政法管理干部学院，业经国家计委和教育部同意备案。校址设在北京。

中央政法管理干部学院，承担全国法院、检察院和司法行政系统地（市）以上领导干部及其后备人员和政法干部院

▲1984年，司法部关于成立中央
政法管理干部学院的通知

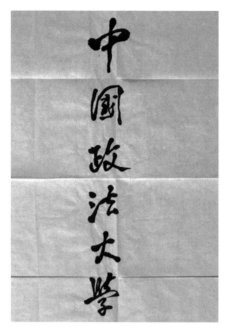

▲ 1986年邓小平为中国政法大学新校区题写的校名

中共中国政法大学委员会

党字（88）第 7 号

中共中国政法大学委员会
关于将全校领导重心和办学主体转移到
昌平新校的决定

根据中央和司法部关于成立中国政法大学的总体规划，在"一校两址"的布局中，昌平新校最终将成为我校的办学主体。目前，鉴于新校的办学规模和发展趋势，需要积极创造条件，于一九八八年新学年开始之，将全校领导重心和办学主体转移到昌平新校。

一、实现转移的必要性

1.实现转移，是由我校的主要办学任务决定的。因为，本科生教育是发展高等教育的重点，昌平新校是本科生教育的基地。所以，随着本科生的逐年增多，工作量的逐年扩大，与早将全校领导重心和办学主体转至新校，已是大势所趋。

2.实现转移，是新校事业发展的需要。首先，新校办学规模逐年扩大。今年暑期后，在校生将逾2000人。其中，本科生1400人，大专生150人，中央政法管理干部学院学员570人，学生总数比学院路老校的1670人超出400人。以后，按照新校的设计规模，在校生还将逐年增加。其次，今年是新校基建关键的一年。年内，第二期工程也将于暑

▲ 1988年，中共中国政法大学党委关于将领导中心和办学主体转移到昌平新校的决定

▲ 2005年，教育部关于中国政法大学成为"211工程"项目学校的批复

一流学科建设高校建设方案

中国政法大学

二〇一八年一月

▲ 2018年，中国政法大学"双一流"建设方案

▲ 2019年7月，中国政法大学召开"双一流"建设暨学科评估动员大会

中国政法大学 70 周年校庆校史系列丛书

总　序

1952 年，中国政法大学的前身北京政法学院在沙滩红楼正式成立。自创立之初，北京政法学院就秉承了北京大学、清华大学、燕京大学、辅仁大学和华北人民革命大学的红色基因和优良传统，为新中国培养了大量亟需的政法干部和高素质法律人才。同时，为共和国的法治建设、经济建设、社会发展贡献了不可或缺的智力支持。

1983 年，在邓小平同志的亲切关怀下，在彭真同志的提议下，在"把中国政法大学办成我国政法教育的中心"精神的指导下，中国政法大学应运而生。伴随着改革开放的历史变革和法治建设的持续完善，在无数先贤前辈和所有法大人的不懈努力下，中国政法大学不断发展壮大，一步一步成长为"中国法学教育的最高学府"和"中国人文社会科学领域的学术重镇"。

2017 年 5 月 3 日，习近平总书记考察中国政法大学，并围绕"立德树人德法兼修抓好法治人才培养，励志勤学刻苦磨炼促进青年成长进步"发表重要讲话。习近平总书记的重要讲话精神为全面依法治国和法学教育提供了根本遵循，也为中国政法大学的建设发展指明了方向。

七十载艰苦奋斗，七十载成就辉煌。在七十年的办学历程中，中国政法大学历经创办与建设、停办与撤销、复办与合并、划归教育部、进入"211"、进入"双一流"等一系列重大事件。在党和国家的高度重视下，中国政法大学不断改革创新、开拓进取，坚持党的教育方针，坚守为党育人、为国育才的初心和使命，在人才培养、师资力量建设、学科建设、科学研究、对外合作与交流、社会服务、文化建设等各个方面取得令人瞩目的成就，在全国高等院校中脱颖而出，成为一所特色鲜明的国家"双一流"建设高校。

德法兼修，明法笃行。中国政法大学始终不忘立德树人初心，牢记办学使命，秉持校训精神，赓续红色血脉，不忘优良传统，锤炼法大精神，传承学术薪火。一代又一代的法大人投身国家建设、致力于民主法治、推动社会进步，一批又一批理想信念坚定、学术功底扎实、勇于开拓创新的优秀学人脱颖而出。他们中有新中国法治建设的奠基人和先行者，有中国特色社会主义法律体系的开创者和亲历者，有在全面依法治国新时代各条战线上矢志坚守、一心奉献的杰出代表。

七十年来，中国政法大学始终坚持社会主义办学方向，与祖国共进、与时代同行，经过一代代法大人的艰苦奋斗，现已成为国家法学教育和法治人才培养的主力军、法学研究和法治理论创新的主阵地，在新时代推进全面依法治国和建设社会主义现代化国家的伟大征程中持续贡献法大智慧和法大力量。在七十年的办学历程中，学校为国家培养了各类优秀人才30余万人，参与了自建校以来国家几乎所有的立法活动，对外开展了广泛的法学学术和法治文化交流，引领着中国法学教育的发展方向，朝着中国特色世界一流大学阔步前进。

在中国政法大学七十周年校庆即将来临之际，我们既要在七十年的辉煌历程中回顾历史成就、凝练优良传统、发扬法大精神，也要在全面建设社会主义现代化国家的新征程上展望美好未来，为中国特色世界一流大学建设蓄积力量，再铸辉煌！

这套校史丛书从几个不同的方面系统总结了中国政法大学建校七十年来的成就，生动刻画了不同时代的法大人为党育人、为国育才的奋斗身影，在历史的大事件和小细节中深刻表现了法大人点滴熔铸、代代相传、引以为傲的法大精神。

丛书共包含《七秩辉煌：中国政法大学校史（1952—2022）》《法大凝眸：老照片背后的故事》《法大记忆：70年变迁档案选编》《法大群英：参与共和国

立法的法大人》四个分册，首次出版于 2012 年法大甲子校庆之际，本次出版增补了近十年来学校的发展成就，并对部分史实进行勘误。希望丛书的修订再版对于师生校友进一步凝练法大精神、传承优良传统有所助益，对于社会各界了解法大、携手共进发挥桥梁和纽带的作用。

七秩辉煌筑基业，德法兼修创未来。站在七十年的新起点上，我们愿与所有关心爱护法大的师生校友和社会各界人士一起，继续为法大更加美好的明天而不懈奋斗！

中国政法大学党委书记　　胡　明

中国政法大学校长　　马怀德

2022 年 4 月

编辑说明

为了庆祝中国政法大学成立 70 周年，根据学校校史丛书编写委员会的统一部署，编者对 2012 年出版的《法大记忆——60 年变迁档案选编》进行了修订与补编，形成本书。

《法大记忆——60 年变迁档案选编》问世后，以新颖独特的编写体例和丰富可靠的档案史料得到了法学学科史、档案学界的一致肯定，2014 年还荣获北京市档案学会编研成果二等奖。因而本书的编纂，依然沿袭《法大记忆——60 年变迁档案选编》的体例，即先分时期再分专题，围绕专题编排史料。每个专题仍由内容提要、刊印档案文献、注释三部分构成。内容提要主要包含事件的时代背景、发展脉络及历史影响；刊印部分是编者根据篇幅要求，对各专题史料进行筛选、编排，通过具有典型意义的若干份文件，反映事件的前因后果；注释则是为了便于读者理解内容，对史料中涉及的人名、地名、单位名称简称、事件简称等加以简要说明。

本次补编主要包括三个部分：一是增补对学校历史有重大影响的专题档案，如 1960 年被列为全国重点院校、21 世纪初期的人事制度改革与院系调整、学校进入一流学科建设高校等。二是增补附录二《中国政法大学组织史资料（1952—2021）》和附录三《联合楼——历久弥新的记忆》。2010 年，按照中共北京市委高校教育工作委员会的安排，编者曾系统梳理过我校 1952—2010 年校级组织沿革和历任校领导名录，本次又增补了近十年的校级领导人演变情况。北京政法学院时期校级领导人的任免时间，主要依据上级部门的红头文件和 1986 年组织部编写的《中国政法大学组织史》；中国政法大学时期领导人的任免时间主要来自任免文件，个别免职时间未能确定的，则以调离我校或副职升为正职时间材料为凭。附录三《联合楼——历久弥新的记忆》为我校退休教师、原统战部部长刘秀华老师所撰写。联合楼原是我校海淀路校区的一栋教学办公楼，建于1954年，2009年拆除，在此基础上新建了科研教学楼。刘老师以联合楼为线索，回忆了学校70年来艰辛的办学历程。三是根据新发现的材料，对原有20个专题中的个别史料进行核校与完善。当年受编辑水平所限，某些专题史料的占有不够齐全，近年来，通过到其他单位征集或个人捐赠等方式，发现了商调教职工、归属教育部、成为国家"211工程"院校等专题的一些新史料，均补录其中。

本书遵循"求真存实"的文献加工原则。档案材料记载与历史事实不符的，编者通过比对考订，在相关文件处以脚注的方式加以说明。材料名称不符合标题规范或现代读者阅读习惯的，统一拟写了标题，并标点断句。其他的文字加工，均以符号标注。(1) 改错，以六角括号"〔〕"标示，附于错别字之后，标号内为正确字，如"锻炼的形旧〔式〕可以多种多样"；(2) 去衍，以尖括号"< >"标示，置于应去衍字后，标号内为衍文，如"所运去的东西由西林陀<林>大队保存"；(3) 增补，以方括号"[ ]"标示，置于应补脱字之后，标号内为增补字，如"根据以上[情况]，解决办法有二"；(4) 缺损：以方框号"□"标示，置于残缺、污损字词位置，如"基于上述较为复杂的□□情况"；(5) 删略，以花括省略号 {……} 或 {×××} {删略} 标示，置于相应的略文位置；(6) 注释，采用脚注，以〔1〕〔2〕〔3〕标列，置于所注文字的页面下方。

本书由王改娇负责统稿，中国政法大学档案馆的刘旭、燕舒、王子聪、吕紫阳，学校办公室的张蕾，教务处朱亚峰，宣传部的何苗也承担了部分补编工作，中国政法大学学生邵莎莎、张孝琳、程蓝根、方舒婷、郑小琼等参与了文稿转录，发展规划处的王志勇、丛聪，组织部的许天明，离退休处的刘秀华、王遂起、张霭灿老师，以及司法部档案处、教育部档案处、北京市档案馆等单位为本书提供了大量的资料支持，中国政法大学出版社编辑牛洁颖、崔开丽老师对书稿文字进行了审核把关。在此谨向众位同仁、老师和同学们致以诚挚的谢意。

因编辑水平有限，书中错讹难免，敬希读者指正（wgj222@163.com）。

编者

2021年11月

目　录

上编　北京政法学院

下编　中国政法大学

附　录

北京政法学院

第一章 北京政法学院的初创与发展

一、筹备与成立

内容提要

新中国成立之初，百废待兴，中央人民政府教育部为了适应国家建设的需要，于1950年5月召开第一次全国高等教育会议，总结我国高等教育的情况和存在的问题，确定了全国高等教育的基本方针与任务是高等教育与经济、国防、政治、文化建设配合。教育部部长马叙伦在会上首次明确提出："我们要在统一的方针下，按照必要和可能，初步调整全国公私立高等学校或其某些院系，以便更好地配合国家建设的需要。"

自1952年起，我国开始了大规模的高等学校调整。5月，教育部起草《全国高等院系调整计划》（草案），确定了院系调整的基本方针：以培养工业建设和师资为重点，发展专门学院和专科学校，整顿和加强综合性大学。同年颁布的《全国高等学校1952年院系调整设置方案》对华北、东北、西北、华东、中南和西南六个大区的高等学校做了详细规划。华北地区主要是：

一、综合大学2所：北京大学、南开大学。

二、高等工业学校9所：清华大学、天津大学、北京地质学院（新设）、北京钢铁工业学院（新设）、北京航空工业学院（新设）、中国矿业学院、北京铁道学院、唐山铁道学院、山西大学工学院。

三、高等师范学校4所：北京师范大学、天津师范大学（新设）、山西大学、北京体育学院（新设）。

四、高等农业学校3所：北京农业机械化学院（新设）、北京林学院（新设）、内蒙古畜牧兽医学院（新设）。

五、新设高等财经学校1所：中央财经学院。

六、新设高等政法学校1所：北京政法学院。

北京政法学院由北京大学、清华大学、燕京大学三校的政治系、法律系与辅仁大学的社会系民政组合并成立，院址定于原北京大学旧址（今北京沙滩）。

1952年8月23日，由11人组成的北京政法学院筹备小组成立，8月至11月小组先后召集了四次重要会议，就学院的行政机构设置与职责、教学计划、人员编制、师资构成及干部配备、校舍、预算等工作进行了讨论、安排和部署。经过3个多月的精心准备，筹备工作基本完成。1952年11月24日，北京政法学院举行成立典礼，政务院、教育部、华北行政委员会、北京大学、中国人民大学等负责人参加了大会。毛泽东主席为这所新型的政法高等学校亲笔题写了校名。

中央人民政府教育部
关于成立北京政法学院的请示

（52）下高法马字第020号
（1952年9月）

政务院文化教育委员会：

一、为适应国家建设对于政法干部的需要，我部经与政务院政治法律委员会及其他有关部门商议，决定以北京大学、清华大学、燕京大学、辅仁大学四校的政治系、法律系为基础，成立"北京政法学院"，本年招收新生500名，暑假后正式开学。北京政法学院院址暂设在原北京大学旧址（北京沙滩），[1]并拟明年在北京西郊新建校舍。

二、该院经费，拟请政务院财政经济委员会另拨专款，经费概算正拟订中。

三、为积极进行筹备工作，已于8月23日成立"北京政法学院筹备委员会"，由钱端升担任主任委员，已开始进行筹备工作（筹备委员会名单附后）。

以上所陈是否恰当，请批示。

部长　马叙伦[2]

1952年9月□日

---

〔1〕 北京大学旧址位于今北京市东城区五四大街29号，现为中国共产党早期北京革命活动旧址及《求是》杂志社一带。

〔2〕 马叙伦（1885—1970），现代学者、著名民主人士，中国民主促进会主要创建人。新中国成立后历任政务院文化教育委员会副主任、中央人民政府教育部部长、中央人民政府高等教育部部长等职。

附：北京政法学院筹备委员会委员名单

主任委员：钱端升

副主任委员：韩幽桐

委　员：陈传纲、朱婴、戴铮、刘昂、费青、严景耀、于振鹏、程筱鹤、夏吉生

政务院文化教育委员会
关于报请核批成立北京政法学院的函

（52）文教办徐字第 364 号

（1952 年 9 月 27 日）

政务院：

据 9 月 16 日教育部（52）下高法马字第 020 号报告称：为适应国家建设对于政治〔法〕干部的需要，拟成立"北京政法学院"，并成立"北京政法学院筹备委员会"，由钱端升担任主任委员，进行筹备工作。本委拟予同意，特报请，钧院核批。

（教育部来文已抄呈你院，不另抄送。）

中央人民政府政务院文化教育委员会

1952 年 9 月 27 日

教育部关于清华等大学政法系科调整人事名册的函[1]

（52）下高人张字第 249 号

（1952 年 10 月 6 日）

北京政法学院筹备委员会：

清华大学、北京大学、燕京大学、辅仁大学等校政法系科调整人事方案，经与各方磋商，业已确定，现将名单附去，希即分别通知有关人员。

各附名单一份。

中央人民政府教育部

1952 年 10 月 6 日

---

〔1〕　该文件内容由清华大学档案馆提供。

附：名单

一、留北京政法学院

钱端升、费青、严景耀、雷洁琼、芮沐、楼邦彦、龚祥瑞、李由义、余叔通、张鑫、程筱鹤、宁汉林、张国华、杜汝楫、欧阳本先、罗典荣、夏吉生、于振鹏、张文镇、潘汉典、周仁、戴克光、洪鼎钟、张锡彤、赵德洁、曾秉〔炳〕钧、吴恩裕、朱奇武、徐敦璋、张雁深、邵循恪、吴之椿、陈芳芝、黄觉非。

二、到中国人民大学者：吴东之、王绍坊。

三、到中央政法委员会者：王庆源、萧英华、蔡枢衡。

四、到外交部者：陈体强、薛谋洪。

五、尚未确定者：王铁崖。

六、｛×××｝：汪瑄。

北京政法学院教员名单[1]

（1952 年 10 月 6 日）

姓　名	原校别	职　别	备　注
费　青	北　大	教　授	
芮　沐	北　大	教　授	
楼邦彦	北　大	教　授	
龚祥瑞	北　大	教　授	
蔡枢衡	北　大	教　授	
王铁崖	北　大	教　授	
吴恩裕	北　大	教　授	
吴之椿	北　大	教　授	
汪　瑄	北　大	副教授	｛×××｝
潘汉典	北　大	讲　师	
朱奇武	北　大	讲　师	

---

〔1〕 根据中国政法大学档案馆馆藏资料刊印，当时表中部分人员实际未到岗。

续表

姓　名	原 校 别	职　别	备　注
程筱鹤	北　大	讲员〔师〕	
李由义	北　大	助　教	
罗典荣	北　大	助　教	
周　仁	北　大	助　教	
宁汉林	北　大	助　教	
张国华	北　大	助　教	
余叔通	北　大	助　教	
张　鑫	北　大	助　教	
欧阳本先	北　大	助　教	
陈光中	北　大	助　教	
潘华仿	北　大	助　教	
张文镇	北　大	助　教	
林道濂	北　大	助　教	
薛谋洪	北　大	助　教	
黄觉非	北　大	教　授	
张志让	北　大	教　授	
阴法鲁	北　大	副教授	
王利器	北　大	副教授	
杨翼骧	北　大	讲　师	
张奚若	北　大	教　授	
钱端升	北　大	院　长	
于振鹏	清　华	教　授	
曾秉〔炳〕钧	清　华	教　授	
赵德洁	清　华	教　授	
陈体强	清　华	教　授	
邵循恪	清　华	教　授	
杜汝楫	清　华	讲　师	

续表

姓　名	原 校 别	职　别	备　注
王绍坊	清　华	讲　师	
萧英华	清　华	助　教	
严景耀	燕　京	教　授	
雷洁琼	燕　京	教　授	
张锡彤	燕　京	教　授	
陈芳芝	燕　京	教　授	
徐敦璋	燕　京	教　授	
张雁深	燕　京	教　授	
吴东之	燕　京	讲　师	
夏吉生	燕　京	助　教	
王庆源	燕　京	助　教	
赵宗乾	燕　京	助　教	
李景汉	辅　仁	教　授	
戴克光	辅　仁	教　授	
洪鼎钟	辅　仁	教　授	
另外还有新聘教员均系老干部			

北京政法学院筹备工作总结报告[1]

（1952 年）

我们的筹备工作是分为三个方面进行的。

一、教学方面

教育计划的拟定、教学进度及课程排列初步完成了理论教学各项准备工作。"实践论"、"矛盾论"的各项教学资料准备工作，包括学习重点、学习资料、中心

---

〔1〕 原文件无作者及形成时间。编者依据内文推定，该文作者应为北京政法学院筹备小组。

问题、课堂讨论答案与名词解释等；教员已排定，"实践论"辩证唯物主义即可开始讲授（11 月 13 日艾思奇讲"引言"，17 日孙定国讲"实践论"），目前正全面进入"矛盾论"教学准备工作，准备在本月 15［日］完成；语文历史课已完成了教学计划初稿（教学目标、教材内容、学习时间），文史教员已进行了与业务有关的主要著作的学习，目前，正进行教学准备计划。

二、组织方面

1. 教职员（现有数）

教员四校并来共 45 人，职员 46 人，工友 83 人，新调来的工作人员 20 人，总共 194 人。

人事编制方面已大体配定：

院首长 5 人

院办公室 11 人〔1〕

主　　　任：赵先

行政秘书：周仁

机要秘书：郭彦宝

干　　　事：关檩、袁国定（同学）、谢荣世（同学）

速　　　记：张佩霖（缺 2 人）

文　　　书：胡寿萱

文印打字：苗彦得、付振如、张雅萍

收　　　发：周白吾、赵祥岱

教务处 3 人（缺 12 人）

主　　　任：林清华

副 主 任：王润

秘　　　书：许显侯（同学）

组织科：

科　　　长：郭迪

科　　　员：李郁芹、亚伯、王国珍

干　　　事：张玉森（同学）、张玉洁（同学）、余文渊（同学）

---

〔1〕　数字与下面人数稍有出入，原文如此。

教育科：

科　　长：崔延〔衍〕勋

副 科 长：（空缺）

科　　员：宁致远、张文镇、夏吉生

干　　事：陈碧（同学）、文慧芳（同学）

教研室 5 人

主　　任：徐敬之

副 主 任：鲁直、芮沐、严景耀

秘　　书：许寿强（同学）

理论辅导组 8 人

欧阳本先、张国华、程筱鹤、高潮、凌力学、卢昆、杜汝楫、苗巍

资料组 8 人

曹长盛、王家福、曹子丹、张浩、何秉松、杨鹤皋、刘圣恩、陈志平（以上 8 人系同学）

文化教育组 7 人

赵宗乾、刘庆衍、杨冀〔翼〕骧、龚信明、金耀德〔德耀〕、阴法鲁、王利器

研究组 9 人

吴恩裕、吴之椿、徐敦璋、张燕〔雁〕深、张锡彤、陈芳芝、曾秉〔炳〕钧、邵循恪、黄觉非

图书馆 11 人

馆　　长：于振鹏

朱奇武、赵德洁（以上 2 人为教员，暂时帮助工作）

干　　事：刘芝莲、崔明德、李永年、杨东泽、宋金珩、吴钟荣、陈峥宇、刘蓝田

行政处 3 人

主　　任：（空缺）

副主任：（空缺）

秘　　书：涂继武

事务员：李友冰

助理员：顾祥增

校产管理科 7 人

科　　长：梁世通

副科长：（空缺）

科　　员：王梦麟

事务员：魏毓龄、张玉淑、周吾

助理员：朱大然、王寿山

会计科 5 人

科　　长：许淑娴

副科长：（空缺）

科　　员：许悫儒 柴琦环 刘德俊

事务员：尉秀贞

膳食科 4 人〔1〕

科　　长：王斌（代理）

副科长（空缺）

事务员：刘海泉

助理员：刘永胜、王义、于江

事务科

科　　长：刘裕中

副科长：（空缺）

科　　员：孟文铎

事务员：徐御良、黄迺禄、王企久

助理员：李忠敏、盛奎元、潘怀、刘少卿

校医室护士 2 人：关曼君、李佳珍

工会干部 1 人：孟鑫

团总支书记：（空缺）

副书记：潘华仿

组织委员：陈自新（脱产、同学）、孔熙忠（党员、同学）、尹相馥（党员、同学）、陈碧（同学）

班主任副班主任名单

第一班　主任（空缺）

　　　　　　副主任（空缺）

---

〔1〕 数字与下面人数稍有出入，原文如此。

第二班　主任（空缺）

　　　　副主任（空缺）

第三班　主任（空缺）

　　　　副主任（空缺）

第四班　主任：赵吉贤

　　　　副主任：宁汉林

第五班　主任：李耀西

　　　　副主任：潘华仿

第六班　主任：杨达

　　　　副主任：陈光中

｜×××｝：汪瑄

肺病休养：林道濂

2. 学生

截至8日，新同学已到148人，原大学一、二年级同学已到219人，老干部已到235人，共602人。成立了临时学生会，班级小组也已初步编定。班级编排，老干部为一、二、三班，原大学一、二年级同学为四、五班，新生为六班，共分40多个小组。近日已开展了一些活动与学习，对学员的基本情况已进行了初步统计与了解，并进行了几次思想教育工作。关于学员助学金，建立了评议会，完成了小组及班会的评议。拟在短期内完成全院性的评议工作。

三、行政方面

已与北大等四校分配了房舍、家具、财产等，并建立了四校联席会议，以进行讨论、解决有关四校共同的问题。经费方面已编造了第三、第四两季度的预算。基本上完成了教员宿舍、学生宿舍、教室、办公室的分配与布置工作，教员宿舍普遍进行了粉刷。教员迁移工作已大体完成。学生宿舍正在进行修缮（如普遍粉刷、盖活动楼浴室、安装新灰楼锅炉、北楼灰楼电线等）。

关于工作条例已初步拟定。

北京政法学院组织机构与工作任务。[1]

---

〔1〕　根据中国政法大学档案馆原件刊印，原文该处空缺。

钱端升给林伯渠的信
——请毛主席为北京政法学院题写校名

（1952 年 10 月 12 日）

林老：[1]

北京政法学院为了镌制校徽及校匾事，拟恳求毛主席书"北京政法学院"几个字，作镌制校徽及校匾之用。

北京政法学院 8 月底才奉教育部命开始筹备，学员一部分是华北轮训干部（370 人），另一部分是新招的高中毕业生（150 人），其余是北京大学等政治系、法律系的学生（约 250 人）。校址设在沙滩北京大学旧址。

毛主席工作繁忙，我起先本不敢将师生们的愿望上达。但我终于提出了这个请求，因为在沙滩原北京大学的正门一向便悬挂着毛主席在 1949 年所写的"北京大学"匾额，今后换上一个"北京政法学院"的匾额，如果仍是毛主席的字，是可以继续显出沙滩这一地点的历史性的。

请您考虑我们的请求，并请转陈主席。我们每一个人都热望我们校门所悬挂的匾额上和我们身胸所佩带的校徽上，仍有我们所热爱的毛主席所写的字。

钱端升

10 月 12 日

钱端升给林伯渠的信

（1952 年 11 月 10 日）

林老：

本月 1 日您告我，毛主席已允为我们亲书"北京政法学院"数字，给了政法学院全体员生以无限的鼓舞，我谨代表全体员生表示衷心的感谢。

我们将于 13 日上课，并希望于 24 日举行开学典礼，我们很盼望毛主席的字能早日给我们，使得校门在开学的那天便可悬着毛主席亲书的校匾，我们每个人胸前

---

[1] 林伯渠（1886—1960），湖南省临澧人，时任中央人民政府秘书长。

可以佩戴毛主席亲书的校徽，请您得便将此意转陈主席。

　　致以

敬礼

钱端升

11 月 10 日

钱端升给齐燕铭的信[1]

（1952 年 11 月 20 日）

燕铭主任：

　　10 月 12 日，我曾函请林老转请毛主席为北京政法学院写"北京政法学院"6个字，以为刻制校匾、镌制校徽之用。10 月 30 日，承林老当面告知我，谓主席早已允可，并谓我可直函主席再请一次，或写信请他（指林老自己）转请。因此，我于 11 月 10 日又写信给了林老。

　　我院现定于 11 月 24 日举行成立典礼，新的校匾、校徽已有即予制成的必要。全体学工人员因此热烈地盼望能早日获得主席的字。如果林老近日在休息中，请您费心照顾一下。

　　我院院址在沙滩原北京大学旧址。赐件请送"沙滩北京政法学院"。

　　致以

敬礼

钱端升

11 月 20 日

---

〔1〕　齐燕铭（1907—1978），北京人，蒙古族。时任中央人民政府办公厅主任。

林伯渠给钱端升的回信

（1952 年 11 月 23 日）

钱端升先生：

毛主席给北京政法学院的题字已写好，兹送上，请查收。

此致

敬礼

林伯渠

1952 年 11 月 23 日

《新华社新闻稿》：北京政法学院成立

（1952 年 11 月 27 日）

【新华社北京 27 日电】北京政法学院已在本月 24 日正式成立。在我国即将展开大规模经济建设和文化建设的前夕，这个新型的政法高等学校的成立，是有它重要的意义的。

北京政法学院是由原北京大学和清华、燕京、辅仁大学的政治系、法律系全部及社会系的一部分调整而成的。现有学生六百多人，其中青年学生及华北区调训的县、区级干部各占一半。学习期限分为一年制、两年制两种。这学期学习的内容主要是辩证唯物主义、马克思列宁主义关于国家与法律的基本理论、共同纲领以及政法工作等。

——据《新华社新闻稿》1952 年第 895～923 期刊印

北京政法学院成立典礼来宾

（1952 年 11 月 24 日）

彭泽民（中央政治法律委员会副主任）　　马叙伦（教育部部长）

尹赞勋　　　　　　　　　　　　　　　　陶希晋（中央政治法律委员会秘书长）

谢觉哉（内务部部长）　　　　　　　　　韩幽桐（华北分院院长）

许德珩（法制委员会副主任委员）　　刘秀峰（华北行政委员会副主任）

张志让（最高人民法院副院长）　　　王斐然

张奚若（中央政治法律委员会副主任）　陈传纲

马寅初（北京大学校长）　　　　　　王怀安

吴玉章（中国人民大学校长）　　　　马肇嵩（内务部）

陈岱荪〔孙〕（中央财政经济学院
第一副院长）　　　　　　　　　　何炳然

张勃川（中央高等教育部高等
教育司副司长）　　　　　　　　　汤用彤（北京大学副院〔校〕长）

梁卓生

钱端升院长
在北京政法学院成立典礼大会上的讲话

（1952 年 11 月 24 日）

各位首长、各位来宾、同志们：

　　北京政法学院今天将由中央高等教育部宣告成立。我们全体工作人员和全体同学衷心地感谢毛主席、感谢党、感谢人民政府，在国家就要开始大规模的有计划的经济和文化建设的时候，给我们建立了这样一个新型的高等学校，使得我们同学们有可能培养成为国家优秀的政法干部，使得我们的工作人员有可能担负这个培养国家建设干部的光荣任务。

　　解放 3 年以来，中国人民经过了土地改革、镇压反革命、抗美援朝、"三反"、"五反"一系列的伟大的政治改革，取得了伟大的胜利之后，我们国家的情况已经起了根本的变化，我们已经完成了准备建设的阶段，我们有条件来进行大规模的有计划的经济建设与文化建设。为了迎接我们新的任务，大规模地培养国家建设干部，成了我们国家建设工作中一个中心环节，国家需要大量的工程人员、医师、教师、企业管理人员以及各种各样的技术人员，国家也需要大量的政法工作人员。但是，半封建半殖民地社会所遗留下来的旧的学校、旧的学制、旧的教育内容和教学方法，是不可能培养大量的而又合乎规格的建设干部的。感谢党的正确领导，高等学校在今年上半年展开了思想改造的运动，对资产阶级的腐朽思想以及其他不符合于人民教师的要求的错误思想作了严肃的——尽管还是初步的批判。这样便扫除了合理调整院系的障碍，这样便使得共同纲领第 46 条关于改革教育制度、教育内容和教学方法的规定有了充分实现的可能，而解放后早被提上了议程的"课程改革"也向前迈进了一大步。

可以说，如果没有在高等学校教师中所进行的思想改造运动，院系调整的伟大成就是难以想象的，撤销旧大学的政治法律等系，另建新的政法学院也是难以想象的。我们既然因思想改造而对院系调整有了贡献，我们也必须继续进行思想改造，然后能对我们的新的政法学院有所贡献。为了巩固我们在院系调整中所获得的成果，为了办好新的政法学院，作为一个正在改造中的旧知识分子，我愿意在同志们的帮助之下和同志们在一起不断地进行思想改造。

我们的职员同志、工友同志们，解放以来，也不断地有了进步。特别是经过三反运动和忠诚老实的学习，同志们的积极性更有了显著的提高。要是没有同志们在院系调整中所表现的积极性，我们政法学院的筹备工作是会遇到更大的困难的。在新的政法学院中，要求职员同志、工友同志们，加强政治学习，发挥高度的爱国主义的热情，做好每个人的岗位上的工作，一道为办好政法学院而努力。

我们学校的成员尽管有很大部分的教员、职员、工友及相当大的一部分同学，是从北京、清华、燕京、辅仁四个大学原有的教员、职员、工友、同学调整过来的，更应当认识的是：北京政法学院是一所新型的高等学校，我们半数的同学是曾经作［做］过多年的实际工作的革命干部。我们工作人员中，无论是领导的干部或是做实际教学工作的干部，也增加了很大的一部分经过长期革命锻炼的干部。这样，就使得我们的学校在成份上和过去的高等学校有很大的不同。在土地改革已经基本完成，土匪、恶霸已经基本肃清，革命秩序已经建立并巩固的今天，我们有条件给我们的在地方上的政法干部以系统学习的可能；而在国家就要进行大规模的有计划的经济建设与文化建设的时候，加强对我们国家干部的政治教育、政策教育，提高我们国家干部的政治水平，也成为巩固与发展人民民主专政，以保障国家建设的基本条件。革命的经验是最可宝贵的，革命的实践是提高我们认识的基础，但是，只有系统地学习马克思列宁主义关于国家与法律的基本理论，从而又回到实践中去提高我们的认识，才真正有能力去强化国家机器，巩固与发展人民民主专政。

我们学校既然有两种不同的同学——国家所珍贵的老干部和国家寄以无穷希望的青年知识分子，那么，怎样在一起学习，又怎样相互学习彼此的优点，怎样在学习中争取更密切的团结，在密切的团结中更搞好学习，将是一件十分重要的事。我们每一成功的经验或失败的经验，对全国的政法教育而言将会产生不可忽视的影响。为了保证我们的成功，我建议我们的老干部同学与青年同学必须以互相尊敬、互相帮助的态度来推进全体同学的学习，使得每个同学在结合实际的理论学习上都能取得一定的收获。

"我们的政法部门的任务"，彭真同志指出过"主要是关于人民民主专政的具体实施"。我们的法律既完全不同于反动的"六法"，不同于资产阶级国家的法律，也不能抄袭社会主义国家或是人民民主国家的法律，而必须根据马克思列宁主义、毛泽东思想的基本理论，结合当前中国的具体情况来予以制定、充实。法律是这样，政法的教学也是这样。反动统治时期的和受资产阶级思想所统治的政法教学的内容和方法必须摒弃，但完全符合于中国人民的需要的政法教学，尚须根据苏联先进经验，结合中国具体情况，创造、研究，并及时地总结经验，而摸索出一套比较好的方法来。中央政法干部学校及中国人民大学法律系的教学经验，对于我们是有指导性的，但我们学校的具体情况和中国人民大学与中央政法干部学校又都不完全相同。怎样使我们学校的教学能符合我院同学的需要及其正确的要求，怎样使我们的同学经过一定时期的学习之后，能胜任地执行人民政法干部所必须执行的职务，是我们学院最重要的问题。

我们的任务是艰巨的，我们的困难是很多的。但是，只要我们全体学工人员时时刻刻不忘祖国所需要的是立场坚定、观点正确、敌我界限分明而又有相当高度的政策和业务水平的政法干部，我相信一切困难都是可以克服的。

同志们，党、人民政府所交给我们的任务是办好我们的学校，学好关于国家政法工作的理论和业务。这任务是艰巨的，而又是光荣的。让我们全体学工人员在毛泽东思想的指导之下，在中央高等教育部、中央政法部门和华北行政委员会具体领导之下，站在热爱人民革命事业的立场上，勇敢地坚决地为胜利完成我们的任务而奋斗吧！

中央政法委员会彭泽民副主任 在北京政法学院开学典礼大会上的讲话

（1952 年 11 月 24 日）

各位先生、各位同志：

今天我是来庆祝北京政法学院成立典礼，感到非常的荣幸，但是我的普通话是从广东来的，讲得不很流利，请诸位不要见笑，我首先祝贺北京政法学院发展伟大的功业前途无量。

主席刚才要我讲话，我因没有准备，恐怕讲得不对还要请各位指正指正。我记得伟大的革命导师列宁曾有说过："革命的基本问题是政权问题。"刘少奇副主席在1951年北京市第二届人民代表会议上讲话，曾提到了，"经济建设已成为我们国家和人民的中心任务。但是新民主主义的经济建设必须有新民主主义的政权来领导和保障。没有新民主主义的政治，就不能有新民主主义的经济。"

在事实上，我们3年来的政法工作，密切配合了抗美援朝、镇压反革命、土地改革、"三反"、"五反"等伟大运动〔1〕，并为这些运动服务，保障了新中国三年来的经济建设恢复与发展，同时加强与巩固了人民民主专政。尤其在"三反"、"五反"运动基础上开展司法改革运动，意义是非常重大的，因此我们不能不重视政法工作。

而且政法工作是要下苦功钻研努力工作的，不断地总结群众斗争经验来提高自己，改进工作。另外，学习苏联在这方面的先进经验，也是极端重要的。

其次是我们中央人民政府成立3年来，经过一系列的伟大运动，我们的政法工作是大大的开展了、推进了，更迫切需要大量的、得力的政法工作干部，比如拿一个县的司法干部5个人来算，全国2000多个县就需要10 000多个干部了，其他如民政、公安等部门，那就需要更多的干部了，这还只算到县一级，如果算到区等等就需要更多了。

因此，培养大批政法干部成为紧急的重大任务了。正值这样情况下，北京政法学院成立了。政府用了很大的力量，集中了多方面的人力、物力，开办了这个政法学院，这就说明领导上是非常重视的，因此使我们的政法学院具备了很多较好的有利的条件。

最后，我相信大家为了迎接明年的大规模经济建设，为了加强政法工作，大家会一致努力做好培养政法工作干部的工作，同时，同学们也会加倍的努力搞好学习，来回答〔报〕中央人民政府殷切的期望。

我在这里预先祝贺大家获得辉煌的成绩。

---

〔1〕　"三反运动"是新中国成立初期，中国共产党领导的在各级政府机关、学校、团体、军队、党派中进行的反贪污、反浪费、反官僚主义的运动。"五反运动"是指在私营工商业者中进行的反行贿、反偷税漏税、反盗骗国家财产、反偷工减料、反盗窃国家经济情报的运动。

中央政法委员会张奚若副主任的讲话

（1952 年 11 月 24 日）

各位同学、各位来宾：

今天是北京政法学院开学的日子，我代表政法委员会来讲几句话。

我要讲的第一点，就是政法工作的重要性。为什么要讲这个问题呢？因为〈我们〉有许多同学对我们中华人民共和国、新民主主义国家政法工作的重要性认识还不够。因为认识不足，所以不免有些松懈。所以首先要把这一点说一下。

我们知道，马、恩、列、斯、毛主席都讲到过：政法制度是社会上层建筑的一部分。社会的工作很多，但是政法是社会的主要的一方面，政法就是政治法律，离开了政治法律，我们怎么能够统治这样一个社会呢！所以，政法这个工作是不可以忽视的。

比如我们的土地改革是很重要的，但是土改必须有各种法令，有一定的办法，用这些法令、办法才能实现土改的理想，使农民翻身，把封建社会人压迫人的制度在根本上取消。土改以后要巩固要发展，这也要有许多办法和法律的规定。我们革命成功后反革命要破坏，我们就要镇压他们，分轻重分别对待，这也需要法令。还有婚姻法，封建统治的夫妻关系不合理，要使它合理，这也是很重要的工作，这就是政法工作。中央有各种法令，这些法令必须贯彻而且绝对地贯彻，这就需要政法工作。我们明年要开始大规模的经济建设，但建设中也包括政法的建设，因为如果有人反对经济建设，我们就必须要以严格的法令去制裁他们。大家知道，苏联曾经一度取消过死刑，但后来又恢复了，因为经济建设仍然是一个旧社会到新社会的变化，仍然需要有严格的法律。

这些例子都说明了我们政法工作是非常重要的。换句话说，就是革命成功了要巩固这成功就一定要有种种的法律来保障，一方面保护人民利益，一方面镇压反对者。所以这样说，政法工作就是革命工作的一部分，新社会必须有新的法律来巩固它。所以，你说这个工作还是不重要吗？这个工作〈而且〉还不是短期的而是长期的，到了社会主义这个工作是不是没有了呢？不，还有的。马克思、恩格斯、毛主席都讲过：要到国家机器失掉它作用的时候，我们的政法工作才可以不要呢！不过这是一种说法，也许到那时候，还有别的形式的工作来替代它。但那是很远的事，我们就不说它了。至少在现在说起来，在很长的时期内，政法工作一直要是非常重要的。

其次是政法学院的成立。政法工作的重要性是这样，那我们北京政法学院按照逻辑的推论也是重要的，因为我们是为培养做重要的政法工作的干部而设立的。这个学院的重要性和政法工作本身的重要性是一样的。

这里有四个大学的政法系，现在合成了一个政法学院。因为政法系有许多地方要有思想改造，别的理工等系虽然也有，但是总和政法系不一样，因此和别的系合在一起不方便，所以我们合起来成立一个学院，集中学，这样各方面都有利些，成绩也会更好一些。学校酝酿得很久了，直到今天才正式成立。这个学院的名称就叫北京政法学院，这里有很深刻的意义。北京是中国的首都，也即是"首善之区"，所有的好事情都是由这个地方来推动的，我们叫做北京政法学院，就是说要从我们这里开始推动政法学校的工作。我想，我们学校在各种优越的条件下一定能办好，这就可以给其他政法学校做了一个榜样。

党和中央政府的首脑部门都在这里，最正确最坚强的领导就在我们旁边。此外我们还有许多榜样，如政法干校和人大法律系，虽然不完全和我们一样，但有许多地方是可以参考的。除这些条件外，还有许多苏联专家可以来帮忙。还有一个好地方，就是这里的学员有三百多是老干部，我们师生不管哪个大学的，都缺乏斗争经验，我们就可以从他们那里知道许多社会的实际斗争经验，这是很宝贵的一方面。还有，这里有很多有教育经验的教员在教研室做工作。所以，就这些条件说起来，北京政法学院一定会办好、办得很有成绩，这样就可以给各地的政法学院做榜样。现在华东等地都将要办政法学校，这也正说明了政法工作的重要性。

还有关于功课方面，有人感到太单调，这种看法是不对的，要纠正。功课必须有重点，现在我们政法学校的教育重点还是在马列主义的理论教育即马列主义立场、观点、方法的教育，这些东西对我们只会不够不会太多。我们有些地方感到政策掌握不了，这就是因为马列主义原则掌握得不够。所以这些基本道理、马列主义、毛泽东思想的立场、观点、方法，学的时候是不怕多的。当然不是说有了马列主义毛泽东思想的立场、观点、方法就够了，我们还有业务性的功课。但比较地说起来，如果你不能掌握原则而只知道业务是不行的，因此，功课方面就要以理论原则为重点。

最后关于我们学院的学习。新社会人人需要学习，事事需要学习，天天需要学习，新东西不知道要学习，今天学了明天不够了又要学习，所以，学习是不应该有满足的。在学习方面，除了刚才说的那些原则方面以外，还要学习些苏联的先进经验，虽然有些还不合于当前的情况，但也还有些是可以学的，就是那些还不符合当前情况的，学了也可以作为我们将来的准备。所以，还是可以学的。

最后我说一句，只要大家对政法工作的重要性有充分的认识，政法学院的一切工作都能努力做好，这样，我们就可以把中华人民共和国新社会的政法工作大大推进一步，同时给其他的地区做出一个成功的榜样。

中央人民政府教育部马叙伦部长的讲话

（1952 年 11 月 24 日）

钱院长、全体教师职工和同学们：

北京政法学院今天开学了，我代表中央人民政府教育部向你们表示热烈的祝贺。

北京政法学院的筹建工作，在中央人民政府教育部的领导和中央人民政府政务院政治法律委员会、华北行政委员会的指导下，经过北京政法学院筹备委员会及全体教师职工和同学们的积极努力，在短短的两个多月中克服了各种困难，筹备就绪，今天得以正式开学，我向大家表示感谢。

我们伟大祖国的各项建设工作，在中央人民政府和毛主席英明的领导下已经获得了辉煌的成绩。随着祖国即将开展的全国大规模的有计划的经济建设和文化建设的新形势和新任务，我们的政治工作也必须加强，以进一步巩固和发展人民民主专政，保证各种建设工作的顺利开展和完成。但是，目前有些人忽视政权建设的重要性，没有深刻认识"革命的根本问题是政权问题"这一真理。他们还没有真正懂得：只有人民掌握了政权，充分发挥人民民主专政的作用，才有可能在全国范围内和全体规模上彻底消灭一切反动的势力及其影响，才能巩固与开展人民的政治、经济、文化的建设事业。因此，为了加强政权建设工作，我们便需要培养大量具有马列主义的立场、观点、方法与马列主义国家与法律基本理论知识，全心全意为人民服务的工作干部。北京政法学院是适应着这种客观形势的要求而设立的。

北京政法学院的具体任务，首先是为适应目前为国家培养司法工作干部的急迫需要并提高在职干部的政治和业务水平，这种任务是光荣的。为了适应司法改革之后政权工作对于新的质量高的司法工作干部迫切的需要，我们对政法干部的培养采取了长期培养与短期训练相结合的原则，因此，北京政法学院设立二年制和一年制两种班。这一措施是符合当前客观的需要的，也是适宜的。我们应该特别重视新形势对我们的重大要求，做好教和学的工作。在教学内容上，需要坚决废除和肃清反动的旧法观点及其影响，而代之以合乎人民所需要的新的马列主义的政治法律课程。为了不断地改进与提高我们的教学工作，今后希望更加努力、更加深入地充实教学内容，加强与各政法部门的密切联系，积极争取他们［的］帮助与指导，并加强与中国人民大学和中央政法干部学校的联系。目前，由于华北行政委员会的大力协助，学校在师资和干部的配备上已大大加强，教材亦可逐步得到解决。我相信，今后学校的教学工作在钱院长、武副院长的领导下，依靠同志们的共同努力，一定可以获得很大的成绩。

在思想改造和司法改革运动的基础上，希望教师们为树立工人阶级思想，继续加强马克思列宁主义毛泽东思想的学习，密切联系实际，努力钻研业务，不断提高自己的政治思想和业务水平。我相信，我们尊敬的教师们，如果切实地这样做，不但保证业务会做好，任务能完成，而且会消解自己的顾虑，克服发生的困难，锻炼成为光荣无比的人民教师。

全体同学们，解放后三年多来，你们的政治觉悟已有了提高，你们在学习上已有了显著的进步。不少同学是来自工作岗位的，你们在过去已直接为革命做了不少工作，经过一定的实际锻炼，对于新的政法工作的重要性，你们一般也都有了较深刻的认识和体会。但是据我所了解，个别同学思想上还有许多认识不够正确，乃至错误，还有强调兴趣，还有极端民主、自由散漫的思想作风，这对将来做建政工作［1］影响甚大。我希望全体同学们进一步认识政法工作的重要性及其光荣任务，在学习中竭力克服过去的缺点，积极努力地巩固并扩大既得的成绩，锻炼身体，准备更好地担负起自己光荣的政权建设工作。

全体职工同志们，你们在过去和在院系调整工作中已做了不少对学校有益的工作，希望你们努力学习，提高政治思想水平与工作效率。

全体同志们，希望你们紧密地团结起来，共同为办好我们的政法学院而努力。

最后，祝全体同志们身体健康。

---

［1］　建政工作，是政权建设工作的简称。

中央人民政府政务院
华北行政委员会刘秀峰副主任的讲话

（1952 年 11 月 24 日）

各位先生、各位同学：

今天是北京政法学院成立纪念，我代表华北行政委员会向你们致贺。在中央教育部和政法委员会的领导下，由于钱院长和诸位工作同志的努力，克服了困难，使筹备工作很好地完成了，已经能够从现在开始正式学习了，我们特别向钱先生和各位工作同志道谢。

政法学院的成立，对华北工作是有密切联系的，尤其对今后华北区的政法工作的提高有直接的关系。

不错，华北是老区，地方很大，过去在政权建设方面，在维持人民秩序、镇压反革命、司法工作方面都有了很多的成绩，新民主主义政权的建立也比较早，从抗战时期晋察冀边区、晋冀鲁豫边区那时开始就进行了这方面的工作。但是，因为过去忙于战争，以后又忙于几大运动，所以没有机会去总结，哪些工作做得对，哪些工作做得不对，从政府政策、新民主主义的政策到具体法令详细研究，总结这里面的经验，使成为系统完整的东西。所以我们许多从工作岗位调来的老同志，虽然多年工作很有成绩，也确实为人民办了不少事情，但也存在着不少缺点，特别是需要把长期的经验系统化成为一种新的建筑在马列主义观点的基础上、符合于新民主主义法令的科学。另外，在工作岗位的实际工作中，老干部们也多多少少不自觉地受到了旧政法观点的影响，也曾经出现过一些偏向，这也需要有这么一个机会来加以批判和总结。所以，这个学院的成立对我们长期做司法工作的干部不是没有必要而恰恰是更加需要的。还有一部分干部过去是在旧社会做政法工作的，经过解放后的几年工作，他们在思想作风上也有了不少进步，但是从旧社会的政法到新社会的政法是一个根本性质的转变，不是在一般工作岗位上的学习所能完全达到的。从这次的司法改革中就可以看出，他们还有许多思想问题，为人民服务这一点上还有很大的缺陷，保藏的旧法观点还是比较多。因此也需要拿出一段时间来从事系统的学习和系统地批判旧观点，从批判中、从新旧矛盾中认识新法观点。

就华北来说，虽然工作有较长的历史，但是随着各种工作、建设的开展，我们已经感到我们的政法工作有需要进一步加强。我们就要开始大规模的建设，这当然也包括政法的建设，没有好的政法工作就不能保证经济建设的顺利发展。政法干部的数量也是不足的，我们需要大批的青年干部来参加政法工作。这样，才能使新民主主义的政治很好地领导和保障经济建设的发展。

所以，无论新同志或老干部，都需要有这样一个学院拿出一定的时间来进行系统的学习。我们还可以学习苏联先进经验和交流各地创造的经验，更好地领会党和中央人民政府的各种政策、法令，将来出去才能更好地为人民服务。

再有，我们这次学习有个很好的条件，就是新老干部都在一起学习。你们各有长处，老干部虽然有的文化不很高，但都有丰富的工作经验。这样，新同志就可以从他们那里吸取很多经验，了解各方面的群众情况和政法工作的情况，将来出去工作可以少走好些弯路。可能在生活作风上有些不一致，这也是可以想象的，成年人有成年人的特点，做过工作的人也有他们的特点，我们不可能要求完全一致。老干部文化水平不高，我们也不能因此轻视，好像学游泳，他们是会了游泳以后再学游泳的道理的，所以一旦当他们掌握了文化理论的时候，他们的进步是很快的。

对老干部来说，也应该看到青年学生的长处——年轻、活泼、热情、勇敢，接受新鲜事物较快，愿意进步等。要知道，加强政法工作单靠老干部是不够的，必须有大量的新同志参加，所以我们应该以非常欢迎的态度对待这批新血液，把他们当作我们政法工作中的生力军，应该以哥哥对兄弟的态度去在实际经验方面帮助他们，同时在文化等方面向他们学习。

希望老新同志能够这样互相学习，在生活作风上不以自己的样子来要求别人，互相了解，互相帮助，团结一致，搞好我们的学习。

互相学习并不就是不要争论，为了互相学习，为了学习好，我们应该在相互帮助的基础上展开争论，以求得对问题更进一步认识，相互提高。

中央专门成立了政法学院，让大家学习，在国家大规模建设中把你们抽出来，这种机会是难得的，希望大家万万不要错过，安心学习。有人说时间太长，这是非常错误的。只要你好好学，你就会感到"学然后知不足"，感到时间短了。

最后，我相信，在钱院长和其他同志的领导下，不久就能看到大家的进步，看到这里掀起一个学习的高潮，团结互助愉快、紧张地进行学习，很好地完成我们的学习任务。

北京政法学院工会代表芮沐的讲话

（1952 年 11 月 24 日）

各位首长、同志们：

今天是北京政法学院隆盛的成立典礼。政法学院是一个完全新型的，充满着无限朝气的，具有一切新生气象的政法高等学校。我们参加这个典礼的人都有着无限快乐和兴奋的心情，我们也感到说不出的骄傲。

我们这样一个新时代的学校能够诞生，我们必须感谢毛主席和中国共产党的领导，让我代表北京政法学院工会全体人员向毛主席致敬，向中国共产党致敬。我们也要感谢政法部门、教育部门许多首长、领导同志们的宝贵的指示和帮助。我们也要感谢我们自己的首长在筹备及建校过程中的辛勤艰苦、全力以赴的精神。我们全体同学和工作人员都是这个可爱的政法学院的首创人，在建校工作中，我们每个人都曾起了一定的作用。我们为这样一个崭新的政法学院的诞生而庆贺。

崭新的学校带来了崭新的任务，旧政法学校所不能担负的任务，这任务就是：培养出能担当起保卫人民民主专政，具有明确的阶级意识，充满着革命信心和德才兼备的政法干部。为完成这样一个光荣的任务，就需要我们全体学工人员大家爱护这个学校，贡献我们每个人的全部力量，通过我们自己的改造，为我们学校的建设和发展创造条件，创造在教学方面及一切其他工作方面有用的良好的经验。我们工会的全体人员愿意和全体同学担负起保证这个任务完成的责任。

具体地讲就是：

1. 我们要保证学校培养新型政法干部工作的顺利进行，我们的一切工作服从于这个中心任务。为做好这个工作，我们必须密切联系群众，及时反映意见，帮助领导。我们要搞好团结，克服本位主义，依靠我们的党，我们的组织，信赖在我们自己里面涌现出来的积极分子。

2. 我们要保证，工会的每个会员，通过每个人自己的岗位工作，把我们的思想觉悟、政治水平、业务水平无条件地提高。每个人发挥工作上的最大的积极性和创造性，对整个学校的工作起推动作用。

3. 我们必须保证我们全体会员搞好我们的学习，克服我们在反动统治下养成的倦庸观点、单纯的技术观点和不问政治的倾向。我们的学习必须和各种政治的实践运动结合起来。

4. 最后我们必须要保证每一个会员在积极的工作之余，得到物质生活上的稳定和具体情况所要求的改善。我们要重视业余休息、文娱活动、卫生保健的工作。

福利工作将成为我们今后重要工作任务之一。

这些保证，我们希望每一个会员，督促自己和大家一起来执行。

同志们，北京政法学院的前途是无限的，光明灿烂的将来放在我们的面前，大家应该把这个学校认作是自己的学校，因为这是我们党的学校、毛主席的学校。

在毛主席和党的英明领导下，我们预祝我们学校、我们全体人员的大踏步前进。

中国共产党万岁！

毛主席万岁！

北京政法学院学生会主席林远的讲话

(1952 年 11 月 24 日)

各位首长、来宾、各位教职员工、各位同学们：

今天是我们政法学院的开学典礼，我想我们每一个同志、每一位同学都会以自己是政法学院的一个成员而感到自豪。

彭真副主任讲过："政治部门的任务，主要是关于人民民主专政的具体实施。"今天到会的各位首长对于政法工作的重要和意义又做了许多宝贵的指示，我们有许多同学也在过去的实际工作中体会到这些指示的正确。因此，我们认识到党和政府今天叫我们学习政法，也就是为了叫我们在今后的工作中更好保证和贯彻工人阶级的领导，巩固和发展人民民主专政，来保障人民革命的胜利成果，和国内外一切敌人做坚决的斗争，使祖国能顺利地建设新民主主义社会，并稳步地走向社会主义共产主义社会。党和人民是如此器重我们，给我们这样光荣的任务，我们能不因此而感到自豪吗？

由于党中央和毛主席的英明领导，伟大的祖国过去 3 年来完成了一系列的社会改革，目前正在迎接大规模的经济建设和文化建设高潮。我们的国家正像早晨的太阳放射出万丈光芒，照耀着我们每个人，使我们得到温暖和工作动力，也鼓舞了全世界每一个爱好和平的人民的斗争意志。同学们，作为一个新中国的青年和革命干部，生活在毛泽东的时代，展开在我们面前的是光辉灿烂、无限美好的发展前途，等待着我们去完成的是无穷尽的英雄事业。这就是我们最大的幸福。同学们，我们的任务是光荣的，我们的岗位是足以自豪的，我们的时代是伟大而幸福的。我们过去曾经有少数同学不完全认识这种光荣和幸福，但是今天我们应该而且已经深刻地认识到我们的责任。我们一定争取做一个毛泽东的好学生，做一个人民所需要的那样的勤务员、优秀的政法工作干部。

我们清楚地认识到，我们当前的中心任务是学习，同时我们学习的要求就是要努力地用马列主义毛泽东思想武装自己，认真地改造自己，提高自己的政治水平和政策水平，并总结我们过去的工作经验来提高我们的认识能力和工作能力。对于完成这个任务，我们是完全有信心的。首先，我们是一个新成立的学校，有坚强的党的领导，有完全新的教学计划和教学方法，有真正理论联系实际的教学方针，更有中央高等教育部和政法业务部门及华北行政委员会的领导和指导，还有人民大学和中央政法干校的帮助。其次，我们的同学包括两部分，一部分是有多年革命工作经验的老干部，一部分是青年同学，只要我们能够互相虚心学习，就能彼此推动和帮助，很快的提高我们自己。有这样一些良好的条件，再加上同学们主观的努力，我们完全有决心和信心在一两年内培养自己成为人民的政法干部。我们同学们的团结和互助是搞好学习的重要一环，我们要注意这个问题，保证搞好团结，彼此虚心学习，互相帮助。我们每个干部同学都很珍视这个宝贵的学习机会，迫切要求提高自己，有一些文化上的困难，希望得到青年同学的帮助。同时我们青年同学更认识到只有向老干部同学学习，才能更好地改造我们的思想，使知识分子工农化。现在我们已经在学习中初步建立了良好的互相学习的态度和互相帮助的关系，今后我们一定会更进一步保持和发展这种态度和关系。

同学们，让我们再重说一次，学习政法是党和人民对我们的要求，也是毛主席对我们的希望，我们一定要以最大的努力来完成我们的学习任务，一定不辜负党和人民对我们的要求，一定实现毛主席对我们的希望。

中央人民政府教育部
关于钱端升等人职务的通知

（52）下高人字曾第 532 号

（1952 年 11 月 24 日）

北京政法学院筹备委员会：

一、我部与中央政治法律委员会及华北行政委员会商议，同意钱端升为北京政法学院院长，武振声为副院长。除另函中央人事部转呈政务院提请中央人民政府委员会批准任命外，希即分别转知本人先行到职。

二、我部同意刘昂为北京政法学院教务长，费青、雷洁琼为副教务长。除任命通知书另行颁发外，希即分别转知本人先行到职。

三、林菁华为北京政法学院教务处主任，徐敬之为研究室主任，芮沐为研究室副主任，于振鹏为图书馆馆长，准予备案。

中央人民政府教育部部长　马叙伦

1952 年 11 月 24 日

中央人民政府教育部
关于提请任命钱端升为北京政法学院院长、
武振声为副院长的函

（52）下高人曾字第 645 号

（1952 年 12 月 9 日）

中央人民政府人事部：

我部拟提请任命钱端升为北京政法学院院长，武振声为副院长。兹检附二人履历表各一份，请转呈政务院提请中央人民政府委员会批准任命。

附件如文。[1]

中央人民政府教育部部长　　马叙伦

1952 年 12 月 9 日

---

〔1〕　原文附件空缺。

中央人民政府教育部
关于由戴铮暂代武振声副院长职务的通知

(52) 下高人字第 171 号

(1952 年 12 月 12 日)

北京政法学院：

　　你院武振声副院长，因病暂不能到校工作，在其未到校前，由戴铮暂代其职务。特此通知。

中央人民政府教育部部长　马叙伦

1952 年 12 月 12 日

中央人民政府高等教育部
关于政务院批准任命钱端升为院长、武振声
为副院长的通知

(53) 人干杨字第 41 号

(1953 年 1 月 16 日)

北京政法学院：

　　准中央人事部 1953 年 1 月 5 日中人一字第 0005 号函称，政务院第 165 次政务会议通过提请中央人民政府委员会批准任命钱端升为你院院长，武振声为你院副院长。希即转知本人先行到职视事。

中央人民政府教育部部长　马叙伦

1953 年 1 月 16 日

二、从沙滩到明光村

内容提要

　　建校初始，北京政法学院暂无栖息之地。1952 年 9 月 16 日，教育部向政务院文化教育委员会提交报告，建议暂将院址设在原北京大学旧址——沙滩，并预备 1953 年在北京西郊新建校舍。同年 9 月 27 日，政务院文化教育委员会报请政务院并得以批准。

　　当时，北京政法学院与北京医学院、北京地质学院以及北大工农速成中学四校共用沙滩校区。学院设有行政部门负责协商北大原有财产的分配，同时进行宿舍、教室、家具、教具等方面的规划。根据协商，沙滩校区西校门起往东，经过电钟一直到东墙，广场内电钟以北的狭小区域，以及灰楼、活动楼、新灰楼、北楼归政法学院专用，其他如广场、浴室、校医室、合作社、体育部等均为四校合用。

　　北京政法学院对接收的教员宿舍、学生宿舍进行了修缮粉刷，安装了灰楼锅炉等生活设施，分配了教室和桌椅，在"教学设备不全，物资匮乏，尤其是师资短缺"的艰苦条件下，政法学院的首批学员于 1952 年 11 月 13 日正式上课了。

　　1954 年 1 月，学院路新校舍全部竣工。根据高教部的指示，[1] 2 月，北京政法学院全体师生结束了在沙滩 1 年零 3 个月的学习生活，搬迁至新校区北京新街口豁口外土城，将沙滩松公府 10 号东校舍移交中共中央宣传部。

北京政法学院校舍区域及应得家具一览表

（1952 年 9 月）

一、校舍区域

由西校门往东至电钟以北地区（大图、子民堂院除外）即包括有北楼、灰楼、新灰楼、活动楼、新仓库、总办事处、学生会、宣传通讯社、银专宿舍、东语系图、新浴室（尚未动工）。

---

〔1〕　中央高等教育部，1952 年 11 月 15 日设立，12 月 25 日举行成立大会。1958 年 2 月并入教育部，1964 年 7 月恢复中央高等教育部，1966 年 7 月再次并入教育部。

二、家具分配

（一）教室设备

品　名	数　量	存放地点
扶手椅	1375 把	北　楼
讲　台	17 个	北　楼

（二）学生宿舍

双人床	218 个	新灰楼 146、灰楼 4、活动楼 68
单人床	366 个	灰楼
二屉桌	800 个	灰楼 355、新灰楼 146、活动楼 12、新添 287
椅　子	459 把	灰楼 428、活动楼 31
凳　子	420 个	灰楼 116、新灰楼 202、活动楼 102
书　架	400 个	灰楼 205、活动楼 32、新灰楼 56、库存 107
盆　架		在灰楼、新灰楼、活动楼原地不动

（三）办公室

办公桌	大 3 个 小 115 个	北楼 35、活动楼 3、总务 69、库存 8
二屉桌	142 个	北楼 32、活动楼 9、总处 40、库存 22、西斋库存 39
小二屉桌	120 个	新做
会议桌	15 个	北楼（法学院圕[1]阅览桌不算）
折　椅	210 把	北楼 72、总处 32、灰楼 69、红楼 37
椅　子	转椅 20 把 木椅 459 把	北楼 12、红楼 8（以上转椅）、北楼 209、总务 250（以上木椅）
文件柜 玻璃柜	131 个	活动楼 15、总务 23（以上木椅） 北楼 69、总务 24（玻璃柜）
保险柜	12 个	活动楼 1、总务 11
铁文件柜	4 个	总务
卡片柜		法学院圕不变，另补充 1、2 个

---

〔1〕 圕，图书馆三字的缩写，读作 tuán。

沙　发	小 22 个 大 3 个	北楼 11（小的），总务 11（小的）、3（大的）
衣　架	27 个	北楼 15、活动楼 2、总务 10
杂物架	1 个	北楼
书　架	37 个	北楼
报　架	5 个	总务
茶　几	62 个	总务 8 个（玻璃的）、北楼 23、活动楼 12、总务 19（以上木的）
钟	31 个	总务 23、北楼 4、红楼 4
脸盆架	31 个	北楼 12、活动楼 3、总务 16
钢　琴	1 个	红楼

行政处 1953 年第一季度工作意见

（1953 年 1 月 17 日）

一、工作方针

全处工作均以保证教学计划之顺利实现为目的，为实现这一方针，应严格执行制度，加强思想领导，发扬民主，开展批评与自我批评，尤其是自下而上的批评。加强团结，密切联系，改进工作方法，厉行节俭，加强每一干部的责任感。在物质上、生活上，力求满足学员的要求，使其能安心学习，以保证我校教学计划之实现。

二、几项全处性的工作任务

（一）节约工作

我们要响应上级号召，迎接 1953 年我国第一个五年计划经济建设之开始。我们要厉行节约，精打细算，向不重视国家资财、铺张浪费现象作无情斗争。我们应重视资金之使用，不浪费一文钱。

节约工作是积累国家资金，爱护国家资财的环节。我们经过检查、总结工作和学习，今后应从思想和工作上重视这一工作。各科应根据节约精神，及时进行检查，如会计科在严格预算掌握开支工作中的情况；事务科在采购、物品管理、水电使用和各种开支上的情况；管理科在修缮工作中的原则、计划和防止财物损坏的情况；膳食科在炊具损耗、修理、开支和伙食计算、采买中的情况等等。都应根据节约精神，认真检查，并分析其原因，提出解决办法。

（二）干部工作

干部工作是决定一切工作的关键。今后应加强干部的政治思想的领导，明确观点，奠定为人民服务的决心。做到上下团结一致，密切有关部门的联系，使每个同志自觉地积极起来，做好全处工作。

1. 配合学委会关于干部学习编班制，加强干部学习、思想领导工作。在工友中加强领导工友政治教育，配合工会推动文化学习。

2. 在干部中明确分工，密切工作联系，发扬正确的批评与自我批评。相互督促检查，建立起对工作认真负责态度。每一干部在今后工作中，应做到积极、认真和慎重地负责，并不断改进工作方法，更有利地在物质生活上配合教学工作；在工友中进行统一管理。根据不同的工作，分配任务轻重均匀，适当调配，分工合作。

3. 在许可情况下，适当进行对干部和工友在生活需要上的照顾。

（三）检查与总结工作

应深入具体检查工作计划之执行情况，及每个同志之工作，并进行相互检查，以交流经验，克服缺陷，杜绝工作中官僚主义现象的发生。除及时总结工作外，应于每月 25 日后 30 日前，各科写一书面总结送处，经处总结后送院。

（四）建立制度

行政处各科应做出完整、严格并切合实际的工作制度与条例，从内到外严格遵守，并应严格请示呈报制度，杜绝自由主义与官僚主义作风，以提高工作水平与工作效率。

（五）保险工作

进行全校财产强制保险工作。

（六）掌握行政费

行政费各项开支由行政处掌握。根据规定，分配各科掌握与使用，并严格使用原则，随时检查。

（七）四校问题

彻底解决四校分配工作中未了问题，并密切今后工作中的联系。

各科工作：

事务科：

1. 全面掌握家具财产分布、分配、使用情况，并完成新家具布置调配工作。

2. 建立家具使用原则与管理制度。

3. 拟定统一完成的家具财产账目及分类账目，精确掌握全校新旧家具及其他固定性财产（除去房屋外，如自行车、钟、炉、打字机等项）数量。

4. 确定家具仓库，妥善保管，并进行检修破旧家具。

5. 总结采购工作经验，吸取教训。今后采购工作应根据各单位实际需要，精打细算，不积压物品，并严格掌握各单位物品预算、供应及时、厉行节约。

6. 注意卫生工作，订出环境卫生工作计划。每周至少检查一次，配合爱国卫生委员会推动宣传，使卫生工作经常化。

7. 统一管理工友工作，根据各处工作，将工友工作做适当调动、分工，使过去宿舍等处工友苦劳不均现象，经调整后，得以适当解决。

8. 有计划地解决老干部宿舍使用，家具、炉火安装及生活用品上的必要照顾。

房产科：

1. 精确掌握全校房屋分布、分配、使用情况。并彻底做好房屋调配工作（包括员工宿舍、学生宿舍）及粉刷修缮未完的员工宿舍。各处房屋（包括办公室、教室、宿舍）做详细调查、丈量、统计、制表等工作。

2. 确定房屋分配及使用原则，建立房屋管理制度。

3. 与四校配合研究，确定房租标准。根据教育部的指示，并参照其他机关、工厂房租标准，及照顾旧有标准，拟订后，送院决定实行。

4. 深入现场，调查了解各处房屋进行修缮情况（包括房屋、门窗、户壁、水管、电灯等设备）。订出计划，进行必要的修缮工程。

5. 制定经常性的零星修缮制度、技工工作制度。

6. 配合院部基本建设任务，协助工作，帮助搜集与供给必要材料，提供意见。

7. 与四校配合，作出公用场所及宿舍公用处的修缮计划，提出预算（包括房屋墙壁、水电等设备）进行必要的修缮工作。

会计科：

1. 以严格预算，掌握开支的负责精神，检查过去在各项科目开支上的问题。有哪些开支不合于标准规定，找出产生这种现象的原因，严格执行财务制度，并又能解决实际需要。

2. 通过领导，进行向全院各部门说明解释财务制度、预算、各项经费科目开支标准，以利于财务工作按规定进行，并随时做好检查工作。

3. 根据全院本年内实际需要，编制年度预算与第一季度预算。

4. 完成 1952 年度计算、结账工作。

5. 掌握行政费、教育费每月预算材料。

6. 按期编制工资、助学金、供给费清册。

7. 处理经常性会计、支付款工作。

膳食科：

1. 广泛搜集同学与干部对伙食的意见，并进行检查。向外吸取伙食工作经验，以改进伙食调配、采购及管理工作，提高伙食质量。

2. 注意膳桌清洁卫生，保证炊具、饭厅、碗、筷清洁。每月至少全面检查一次，并实行相互检查。

3. 根据工作需要，干部作适当补充与调配。

4. 检查伙食浪费现象，主副食管理，修理炊具、损耗、开支、伙食计算、采买等，贯彻节约精神。

1953 年 1 月 17 日

北京大学
关于报送借给北京政法学院部分房间协议书的函[1]

（1953 年 10 月 12 日）

高教部：

遵照钧部指示，本校将沙滩区图书大小房屋 31 间、孑民堂大小房屋 8 间借与北京政法学院使用，并订立协议书。兹将协议书一份连同附件一、二各一份送请鉴。此呈高等教育部。

北京大学
1953 年 10 月 12 日

---

[1]　此件根据北京大学档案馆提供的档案刊印。

附件一：

北京大学沙滩区图书馆等房间清单

北京大学沙滩区图书馆大小房屋 31 间、孑民堂大小房屋 8 间遵照高等教育部指令借与北京政法学院暂时使用。房屋名称及附属物品另造详细清册（附件一、二），经北京大学、北京政法学院双方清点无误。清册一共 3 份，由北京大学、政法学院二方面在清册上签字，各执 1 份，作为凭证。北京大学与政法学院双方并在高等教育部之同意下商定下列诸项互相遵守：

一、北京大学沙滩区图书馆及孑民堂所腾出的房屋借与政法学院使用系暂时的。一俟政法学院开始迁出城外新建校舍，即需将所借北京大学沙滩区图书馆及孑民堂腾出的全部房屋交还北京大学。

二、所有清册内开具的房屋即附属物品，政法学院应负责照原样保护使用，不得损坏。如有损坏之处由政法学院照样修复。政法学院如在所借房屋中修缮改装，须征得北京大学之同意。

三、北京大学沙滩区图书馆及孑民堂的安全问题由政法学院负完全责任。

四、北京大学沙滩区图书馆尚有一部分工作须待进行。故一层出纳台及其两旁的办公室、三层的全部办公室、东西一共有 8 间研究室、全部书库、图书馆西边的红平房俱由北京大学图书馆保留，并有一部分工作人员在内工作。

北京大学

北京政法学院

附件二：

北京政法学院与北京大学关于借用部分图书馆房间的协议

北京大学沙滩区图书馆腾出下列房屋，暂时借与北京政法学院使用：

一楼：中文阅览室 1，楼下大厕所 1，大门内两边小屋 2，东边研究室 2，西边研究室 6。

二楼：上楼梯与男女厕房各 1，参考阅览室 1，附小房间 1，孑民阅览室 1，附小房间 1，馆长室 1，附小房间 1，秘书室 1，附小房间 1，东边研究室 2，西边研究室 6。

锅炉房整个。

右大小房间一共 31 间，外附电灯等等用具，另附详细清册 4 份，一并送呈，乞审核（应请高教部、北大、政法三方面共同签章，各执 1 份以为凭证）。图书馆方面已于 9 月 26 日将可以借与政法学院使用房屋全部腾清。10 月 1 日庆委会借用腾清房屋作为北大进城队伍休息之用，2 日交还。现已清理就绪，5 日左右即可交出。唯交出以后，政法学院使用须负保管的责任问题，如期交还问题以及何方负责安全问题，具盼与政法详细商定。至于房屋移交，图书馆意见以为应由学校正式出面比较适当。凡此具请考虑指示。

此致

敬礼

校长室

北京大学图书馆

1953 年 10 月 3 日

高教部关于中宣部以所分配的建筑面积换用北京政法学院旧址部分房屋事宜的通知

（53）基建张字第 19 号

（1953 年 2 月 5 日）

北京政法学院：

关于中央宣传部拟以其所分配到的 10 000 平方米之施工力量，换用你院现住之"北大"原址——松公府汉花园二号全部房屋一事，业经我部与中宣部双方同意，并于 1 月 25 日以中共中央宣传部和中央高等教育部名义联合向政务院建房联合办公室提出书面材料，向主管部门要求 10 000 平方米建筑设计工作，能列入第一批作业，全部工程争取于本年 7 月底以前完工。希即你院根据以上决定查照办理，并速将 10 000 平方米之建房申请表填妥报部审核。至于华北行政委员会拟于今年暑期后委托你院培养政法干部这一任务，不在我部 1953 年度所布置的任务之内，希你院经与该委洽商解决该批学生的用房问题。

附：中共中央宣传部与中央高等教育部致政务院建房联合办公室原函副本 1 份[1]

中央人民政府高等教育部

1953 年 2 月 5 日

---

〔1〕 根据中国政法大学档案馆原件刊印，原文附件无内容。

北京政法学院新建校舍计划任务书

（1953 年 2 月 9 日）

　　一、我院现住址"北大"原址——松公府汉花园二号全部房屋，经中共中央宣传部与中央高等教育部共同商议决定，于本年暑期全部移交中宣部使用，中宣部以所分配到之 10 000 平方米施工力量拨归我院作为新建校址之用。建筑设计工作能列入第一批作业，全部工程争取于 7 月底以前完工。

　　二、我院于今年暑期后计学生 800 人（调干 350 人，原旧生 250 人，新生 200人），工作人员 250 人（家属不包括在内），中宣部拨给之 10 000 平方米实不敷应用。经请示华北行政委员会张苏副主席，允由华北拨给 3000 平方米之施工力量，由华北行政委员会建筑工程局承办。因之，我们请求将此 3000 平方米之工程亦能列入第一批作业，与前之 10 000 平方米密切配合，同时设计与施工，亦争取于 7 月底以前完工。我院建校有关中宣部迁移计划，请速予批示。

　　三、我院此次须新建之房屋，现就 10 000 平方米与 3000 平方米分别计划如附表。[1]

北京政法学院院长　钱端升

副院长　武振声

1953 年 2 月 9 日

政务院同意中宣部以建筑面积
调换北京政法学院房屋的批示

（53）政财齐字第 30 号

（1953 年 2 月 19 日）

建筑工程部、财政部、中共中央办公厅、中宣部、高等教育部、政法学院：

　　兹据中宣部、高等教育部 1953 年 1 月 27 日宣字第 355 号联合函称：以中共中央办公厅将该系统总配建面积内的 10 000 平方公尺当做宣传部调换松公府汉花园二号内政法学院现用之全部房屋（包括与工农速成中学合用之房）一案，既经熊副秘

---

　　〔1〕　根据中国政法大学档案馆原件刊印，原文无附表。

书长与刘皑峰副部长〔1〕共同商议决定，本院同意调换。关于设计与施工仍由建筑工程部负责担任。兹特函达，即希高教部协同政法学院速与联合办公室办理工程申请，以凭核办为要。

中央人民政府政务院

1953 年 2 月 19 日

北京政法学院
关于建筑工程造价预算、图纸致中宣部函

政字第 43 号

（1953 年 4 月 24 日）

中共中央宣传部：

　　关于你部拨给我院之 10 000 平方米建筑面积，经联合办公室于本年 2 月 24 日批准总造价 13 012 750 000 元，水电外线及其他附属工程，按总造价 14% 计算，计 1 821 785 000 元，总计 14 834 535 000 元。兹将预算 1 式 5 份及联合办公室批准文件建筑总平面积图各 1 份，送请你部核转财政部核拨款项，为荷。

　　此致

敬礼

院长　钱端升

1953 年 4 月 24 日

---

〔1〕　熊副秘书长，似指熊复，时任中共中央宣传部副秘书长。刘皑峰，时任教育部副部长。

中央人民政府高等教育部
关于北京政法学院 1953 年新建"大食堂"
等工程初步设计的批复

（53）基设周字第 100 号
（1953 年 4 月 30 日）

北京政法学院：

　　4 月 7 日简字第 366 号致我部基本建设处函及附件均悉。你校 1953 年新建"大食堂"、"大讲堂"、"锅炉房及库房"等初步设计图样，已经我部审核完后，并予同意。希尽速将技术设计、工程预算、工料分析报部评核。

中央人民政府高等教育部

1953 年 4 月 30 日

北京市人民政府都市计划委员会
关于北京政法学院大教室等设计图样的批复

（53）都地字第 1022 号
（1953 年 5 月 8 日）

北京政法学院：

　　一、5 月 5 日，转送你院大教室、大饭厅和锅炉房等设计图样已悉。

　　二、大教室、大饭厅和锅炉房等的建筑设计草图，均经高等教育部基本建设处周处长盖章同意，即可向建设局申报建筑。

　　三、但大教室的上墙顶部和大饭厅上部的处理，仍请考虑修改使能与大饭厅的侧立面取得一致。

　　四、锅炉房和车房的上墙顶部和博风板的处理，亦请考虑与大饭厅的处理取得一致。

北京市人民政府都市计划委员会

1953 年 5 月 8 日

中央人民政府财政部华北财政管理局
关于北京政法学院基本建设预算的批复

（53）财预字第 401 号

（1953 年 5 月 15 日）

北京政法学院：

你院政字第 50 号公函暨附件均悉，所列全部建筑费为 4 236 000 000 元，其中除地基购买费、设计费、建筑这三项计 3 732 000 000 元，本局已先后以（53）财主字第 116 号、199 号函批准者外，关于室外设计费一项，亦同意预算所列按建造价 14% 计 504 000 000 元。随文检还原预算表 1 份，请即编造用款计划，填具拨款申请书来局拨款是荷。

中央人民政府财政部华北财政管理局

1953 年 5 月 15 日

中央人民政府财政部华北财政管理局
关于北京政法学院新建校舍
室外设备费预算的批复

（53）财预字第 1033 号

（1953 年 10 月 5 日）

北京政法学院：

9 月 28 日（53）政字第 176 号公函暨所附你院新建校舍室外设备费预算均悉。所提全部预算除中共中央宣传部负担部分外，华北应拨款 456 389 727 元，经研究，我们同意。此项费用可由华北财政管理局以（53）财预字第 401 号函核准你院之室外设备费 5.04 亿元内开支，此复。

中央人民政府财政部华北财政管理局

1953 年 10 月 5 日

北京政法学院将沙滩区校舍移交中宣部说明书

（1954 年 1 月 29 日）

我院遵照高教部指示，决定于今年寒假迁出城外新建校舍，将沙滩区松公府十号原校舍移交中宣部，现将情况分述于后：

一、属于政法学院使用之地区与房屋：由西校门起往东经过电钟，一直至东墙根，及广场内电钟以北的地区。房屋计有灰楼、活动楼、新灰楼、北楼（现为苏联子女学校占用）行政处所属各科室、工友室、校卫队、库房、□用小屋、红楼南边的汽车房总计为 487 间。

二、属于北京大学使用者：有大图书馆、西边书库及书库南面的工友室两间、东语系图书馆、博物馆、孑民堂院、红楼、南校门西侧房屋。

三、属地质学院使用者：有新教室楼一座。

四、共同使用者：有广场内的浴室、校医室、合作社、豆浆站、洗衣室、体育部（包括工友室、体育用品库）西校门南之存车房及对面之小屋。

五、未明确分配而实际使用者：政法学院有新膳厅、膳食科办公室、大厨房、堆菜房、家具库、炊事员宿舍、广场东之汽车房。北医、工农有一膳厅、三膳厅、四膳厅，地质学院有二膳厅。

六、合作社东边的汽车房、工友宿舍、北区联社豆浆站、北边的汽车房□□□□的使用情况应我院之需要，暂不移交，因我院仍有小汽车与交通的需要□□□□□□，为干部上班故拟作留用，以供备用停车。

以上不属我院使用者，除第六项所提的库房外，俟后各校研究解决。

北京政法学院

1954 年 1 月 29 日

北京政法学院行政处搬家工作总结

（1954 年 2 月 28 日）

一、我处在人力少、任务繁重的情况下，基本上按期完成了这次大搬家的任务。在 1 月底 2 月初，正是我院放寒假，各处工作都在学期结束中，为了照顾大家适当的休息与过春节，事务科除了进行日常工作外，又增加了给回家的干部与学员买车票的工作，还有办理部分老工友退职退休的事，也需要一点人力与时间，在这样忙迫紧促的时候，接受了大搬家的任务。因为开学日期是 2 月 12 日，所以这一任务又必须配合教学的时间来按期完成，因此任务是艰巨的，时间是短促的，而人力也是不足的。但是由于领导的重视，任务布置与动员得及时，以及大家的努力，这一艰巨的任务基本上是很顺利的在大家热情愉快紧张的劳动中完成了。这次能够如期完成任务，一般的是靠大家的努力，但突出的表现还是事务科全体同志们，如国家法律教研室和院办公室曾以书面建议工会，召开大会表扬搬家的成绩，并说由于他们辛勤紧张的劳动，保证了大家安静舒适的工作与学习，这个深刻生动的事情教育了大家。通过这件工作，同志间的关系亲密了，工作效率提高了，同时也给国家节约了财富。

二、收获

1. 按照计划完成任务：由于事先按照各单位的情况来计划布置并规定搬家日程，分春节前一批、春节后一批，并且要求各单位自行做好准备工作，将文件、书籍及零星办公用具整理好装箱待运，轻便的家具搬送至指定的集中地点以利装车，人力虽小但配合适当，同时因领导带头搬运，也启发了大家的工作热情，不分昼夜，不管饥饱，衣服撕坏了，手碰破了，早起晚睡，风寒冷冻，挥汗交加地忙于搬运，城外城内挑战应战，连惯例的春节休假也自动放弃了。城外的同志提出院内不积压家具，随来随卸，抢着搬的劲头很大，为了爱护公共财物，也曾想到轻卸、稳搬、慢拿的办法。城内同志为了赶时间装车，中饭在午饭点吃，晚饭有时在夜间 9 点吃，甚至终日不得饱饭者也有，正是由于同志们这种服务的精神，我们的搬家是先后分明，按计划执行，因此保证了配合教学的任务。

2. 给国家节省了资财：我们在这次搬家，因为是大家动手不怕困难，所以给国家节省了一笔迁移费。全院所有扶手椅1520 把，木板椅 1359 把，二屉桌 1078 张以及方桌、会议桌、双人床、沙发等其他家具总共有 8800 多件，用汽车运了 120 多车，特别笨重者雇佣排子车 29 辆，总计用去运费 2000 万元左右。其中主要的是汽油费（经常用油也在内）。根据初步估计迁移费需要 6000 万元，就以搬扶手椅为例，用排子车搬每把要 2000 元，一车只能装 30 把就需运费 60 000 元，而 1000 多把扶手椅就得 200 多万元左右运费。同时在时间上很难保证及时完成，由于司机与工友同志们的建议，用汽车装运每车装 100 把才用汽油费 60 000 元，以此例推，我们在这次搬运中，比原估计搬家费节省 3 倍，约有 4000 多万元。同时掌握了时间，这样的成绩在一般的高等院校中还算少有的。因此校外有人说："政法学院真会过日子。"脚行们也说："给政法学院拉东西，要运货不能像别处一样，你看他们搬得够多起劲呵。"

3. 大家政治觉悟提高了：在搬家工作中出现了不少的积极工作者，像刘裕中同志就是以身作则来带动大家搬。黄酒禄同志在大小搬家中精神饱满，独当一面；工友张忠能团结群众，带头搞好工作。梁进才同志不但准时完成装运任务，还主动的随时留心检查，如会场散会后，他即巡视一通，看看有无损坏丢失的家具。郭辅臣同志年岁已达五十，但干活朴实仔细。汽车司机同志也能坚守岗位，不分早晚，完成其一定工作任务。又如王寿山、朱大然、姚恒、常锡克、曹世荣等同志也都发挥了忘我的工作热情。难得的是以愉快的心情来服从分配，在团结互助中转变了同志的关系，如高德林、刘自强、陈大正过去一碰在一块儿工作就吵架，今天不是了，能在一块儿工作，高佳林布置宿舍要求领导叫刘自强帮助他；张明惠过去嫌工资低，闹情绪，想辞职，这次表现很好，能不辞劳累，安心工作，这些都是想不到的收获。总之通过了总路线的学习与这次搬家的事实，大家在思想上与工作态度上都有了进一步的提高。总之收获是不小，但是也有缺点的。

三、缺点

1. 这次搬家在拆大图书馆的电话时，发生我院电话室关玉禄同志打了北大职员。打架是不应该的，同时影响了两校间的关系。

2. 未能充分动员全院干部工友的力量。行政处以外的各单位直接参加搬家工作者并不多，或者以为除整理文件、行李外，其余都是事务科的责任。

3. 家具损坏得较多。一面因为对家具注意得不够，一面也因多是从北大楼收来的旧家具，再经过搬迁、装运、卸车与中途颠簸。此外，目前为止已用 60 个工需修理费 50 000 元左右。

4. 供应不及时。因东西多，时间紧，使各单位应用之东西未能及时供应，尤其在开学后库房未能就绪，领用物品上使大家感到一时的不便。

四、经验教训

1. 领导带头亲自动手是做好一切工作有力的保证。有些同志本不愿动手，但看到领导都在搬运，自己也就被带动起来。如事务科刘裕中同志即是很好的榜样。

2. 事先布置、动员、有步骤地进行是做好一件工作必要的条件。尤其搬家工作比较凌乱、复杂，稍有紊乱，即造成困难。我院正是由于领导上重视这一点，布置任务明确，并于工作后大家互相检查优缺点，再计划、安排，因此工作的进行基本上是秩序井然，按原定日程完成的。

3. 及时地鼓励与表扬可使大家不断保持工作的热情，启发向表现好的同志们看齐。这样才能使工作顺利地在团结竞赛中愉快地进行。

北京政法学院行政处

1954 年 2 月 28 日

北京市房地产管理局
关于北京政法学院办理用地手续的函

（56）房地字第 139 号

（1956 年 1 月 20 日）

海淀区人民委员会：

一、接城市规划管理局 1956 年 1 月 9 日致北京政法学院（56）城地第 4358/55 号建设用地许可，同意该学院因建筑用地、施工用地，在你区明光寺（如图）征用土地 26 亩 9 分。

二、对被征用土地农民的迁居转业、生活补助、征用土地补偿费及地上物补偿费等事项，均由用地单位负责解决。如因用地切断道路，堵塞排水沟应由该单位与有关单位联系，并负责解决，地内树木不得砍伐，如必须砍伐时，须经你区批准。

三、根据工作需要，由用地单位派遣得力干部组成工作组，在你区领导下办理征用土地的具体工作。

四、兹检送原图一份，希你区协助该单位按图示范围，先做征用土地计划书，并审核处理见覆为荷。

北京市房地产管理局

1956 年 1 月 20 日

北京市城市规划管理局建设用地许可证

(56) 城地第 4358/55 号

(1956 年 12 月)

主送单位：北京政法学院

有关来文：1956 年 12 月□日教字（83）号用地申请书

用地地点：海淀区明光寺

建筑性质及面积：教学楼 3800 平方公尺

用地性质及面积：建筑用地 4000 平方公尺

　　　　　　　　施工用地 1934 平方公尺

注意事项：

一、为争取你单位提前设计，现划定概略范围，至准确四至及坐标，请你单位负责先恰请房管局介绍至当地区人民委员会联系妥善后，由我局测量队按次序排定日期钉桩，钉桩结果，另行通知。

二、请提出施工日期或分期使用土地计划，经洽本市房产管理局按规定办理用地手续。

临时用地的使用期限至□□止。期内如建设□□□，亦应负责立即迁让，到期由我局另行分配使用，不再通知。

上项土地如因处理困难或转业迁居等问题不能妥善解决致不能使用时，请即来局，另行声请别处土地，以免影响建设。

三、用地时，如涉及下列事项，应于用地前，洽有关主管单位，按其规定由你单位负责办理。

高压线、电力线（电业局）、电信线、电缆（电信局）、上下水道管线、排水沟、地面排水（上下水道工程局、当地区人民委员会）、铁道（北京铁路局）、公路（道路工程局）、小路、胡同（当地区人民委员会）、树木（园林局）、文物、古迹（文物组）。

四、请参照附表所示各点及附近建设情况，提并〔出〕设计要点及总平面布置草图，我局经审核后，再据以进行设计。

北京市城市规划局
关于北京政法学院在海淀区明光寺用地的批复

（57）城联字第 15 号
（1956 年□月□日）

北京政法学院：

一、你院所请在海淀区一间房为建教学楼施工用地 1800 平方米，及学生室外活动用地约 7500 平方米，我局同意。

二、可径洽海淀区人民委员会办理用地手续。

附图〔1〕

北京市城市规划管理局

1956 年□月□日

司法部
关于北京政法学院 1958 年基建计划草案审核意见的函

（58）司财字第 44 号
（1958 年 1 月）

北京政法学院：

1957 年 10 月 25 日送来你院 1958 年基本建设计划草案收悉。经审核提出以下意见：

1. 学生宿舍单位造价应依照国家计委、经委、建委拟定的 1958 年住宅、宿舍造价指标（该指标我部已于 1957 年 12 月 2 日转发你院）每平方公尺43～46 元进行设计（如北京市另有规定时，可依北京市规定办理），不得高于上述指标。

2. 原计划工程量为 4000 平方公尺，现根据降低单位造价并考虑到你院今后任务，已商得高教部同意你院 1958 年建筑面积为 4770 平方公尺，应即据此与有关单位联系设计和材料补请工作。

3. 室外附属工程，同意照列。但道路一项，在贯彻中央勤俭办学的方针下，

─────────

〔1〕 根据中国政法大学档案馆档案刊印，原件缺附图。

不应修筑高级路面（如水泥路、沥青路等）。

4. 为了更好地发挥本年投资作用，以便用较少的钱办较多的事，应对本年投资精打细算。同时在安排任务时，应当适当留出部分机动，以备解决施工中可能发生的问题或其他特殊困难。

中华人民共和国司法部

1958 年 1 月

司法部
关于北京政法学院 1958 年基建投资
和建筑面积调整情况的函

（58）司财字第 36 号

（1958 年 1 月）

北京市计划委员会：

我部所属北京政法学院 1958 年基建投资按制数，前于 1957 年 9 月 14 日曾以（57）机字第 13 号电报通知你委。现接高等教育部 1957 年 12 月 31 日（57）计计健字第 615 号关于抄转 1958 年基本建设计划草案及有关事项的通知，将该院 1958 年基建投资调整核定为 365 000 元（增加投资 65 000 元，拟 57 年跨年度工程投资），建筑面积为 4770 平方公尺。除通知该院根据工程面积补报物资申请计划外，特函你委查照。

中华人民共和国司法部

1958 年 1 月

司法部关于转发高教部批准
北京政法学院 1958 年建筑面积和工程项目的通知

(58) 司财字第 146 号

(1958 年 4 月)

你院 1958 年基本建设建筑面积和工程项目，现接高等教育部本年 2 月 8 日 (58) 计计 (11) 健字第 108 号通知，正式批准建筑面积 4770 平方公尺，具体项目：食堂 1500 平方公尺，学生宿舍 3270 平方公尺。现将该部原通知转发你院，希遵照办理。

附件如文。

中华人民共和国司法部

1958 年 4 月

附件：

高教部批准北京政法学院 1958 年
建筑面积和工程项目的通知

(58) 计计 (11) 健字第 108 号

(1958 年 2 月 8 日)

司法部管理北京市各高等学校的中央各业务部门、各直属学校：

根据北京市房屋建筑管理局 (58) 房建计字第 018 号关于批准 1958 年北京市区建房任务的通知。兹批准你部（所属在京的高等学校）、校 1958 年建筑面积 4770 平方公尺（包括已预批 1958 年建筑面积在内，关于教职工住宅，已决定统建，其面积不包括在内）。具体项目如下：

北京政法学院食堂 1500 平方公尺，学生宿舍 3270 平方公尺。

根据北京市房屋建筑管理局通知："……为了确实掌握北京市区建筑任务情况做到及时统计，这次批准的既定项目一般不得变更，如因故必须调整时，应与各主管'□'商得同意后通知本局，办理调整手续……"为此，希望各部、校一律按照上述要求执行，一般不再变更既定项目。如果确实需要调整时，则应在本通知下达后 10 日内，将变更项目报送我部以便统一向房建局办理调整手续。

关于建筑任务的部署和施工力量的分配，仍由北京市建设委员会负责统筹安排。希各部、校径向各有关单位联系，抓紧进行工作。

中华人民共和国高等教育部

1958 年 2 月 8 日

北京政法学院关于拨付修整道路工程款的请示

（58）政字第 35 号

（1958 年 5 月 8 日）

中华人民共和国司法部：

关于我院院内整修道路所需工程款一节，业经数次提出概算及修建计划，前已允拨付 13 000 元，虽经一再压缩造价，改变简易做法，仍无法委托施工。最近与施工单位核算后，除教学楼前的干路未列入外，必需 20 000 元始能开工。

但所余教学楼前的 1350 平方公尺，如留到以后铺筑，在材料使用、人力安排上，都不够经济。我们的意见仍以一次合并施工较好。共需 29 000 元。由去年结余工程款项下解决，不足之数由本年宿舍及饭厅投资中弥补。所请如何，请批示。

北京政法学院

1958 年 5 月 8 日

司法部
关于北京政法学院修筑道路工程款
开支范围的批复

（58）司教字第 383 号

（1958 年 5 月）

北京政法学院：

本年 5 月 8 日政字第 35 号文收悉。关于你院修筑院内道路所需工程款问题。经核同意你院意见将新建教学楼周围道路和院内其他道路一次修筑。唯全部工程款应控制在 25 000 元范围内，由你院掌握开支。至于此项投资来源，我部意见 1958 年基建计划中室外附属工程一项已列有道路投资 13 000 元，其余 12 000 元，可由教学楼工程投资结余款内开支。为了坚决贯彻中央勤俭办学的方针，应多注意修筑简易路面，降低单位造价，并尽可能发动学工人员结合劳动锻炼，参加筑路工程。

中华人民共和国司法部

1958 年 5 月

北京政法学院关于修建集体淋浴室的请示

（58）政字第 50 号

（1958 年 6 月 4 日）

中华人民共和国司法部：

我院原有的淋浴室均分设在各宿舍楼内，在管理、耗用燃料，占用宿舍房间以及对楼房寿命的影响方面都造成许多浪费。为了弥补上述情况的不足并能多腾出 9 间宿舍，解决学生住宿需要，拟充分折用旧有的淋浴设备，至发动同学参加义务劳动，修建一幢集体淋浴室。经初步估算，需用材料人工费 18 000 元。此项费用可否由本年基建投资项下拨付，请批示。

北京政法学院

1958 年 6 月 4 日

司法部
关于北京政法学院修建集体浴室的批复

（58）司教字第 412 号

（1958 年 6 月）

北京政法学院：

本年 6 月 4 日（58）政字第 50 号函收悉。关于你院拟修建一栋集中浴室问题，经核同意。此项基建投资 18 000 元，在我部核定你院本年基建投资限额内调剂。希即遵照进行设计，并将技术设计和工程预算报部备查。

中华人民共和国司法部

1958 年 6 月

北京政法学院
关于报送本院基本建设设计任务书的函

（62）院政字 156 号

（1962 年 11 月 17 日）

中央教育部：

根据（62）教计基密字第 53 号指示，报送我院基本建设设计任务书 5 份和第 1、2、3、4 表格各 5 份。当否请审查。

另因我院无实习工厂，不报第 5 表格，第 6 表格及校舍现状图等，在下周内补报。

北京政法学院

1962 年 11 月 17 日

北京政法学院基本建设设计任务书

（1962 年 11 月 15 日）

一、学校性质、任务、专业设置、学生发展规模及人员编制情况

我院是全日制高等学校。分政法、政教两个系。政法系是培养政法工作干部，修业 5 年；政教系是培养中等学校的政治教师，修业 4 年。本年度在校学生是 1771 人，其中政法系 1298 人，政教系 473 人。现有教职工 523 人。学工人员的编制比例是 3.2：1。另附设 3 年制的高级中学 1 所，现有学生 343 人，教职工 31 人，编制比例是 11.1：1。

大学部学生的发展规模是 2500 人，按照 3.4：1 的编制比例，教职工将达 858 人。

现有附属中学一所，学生 343 人，教职工 31 人。

二、建设地点和占地面积

1953 年 3 月 3 日经北京市都市计划委员会批准，我院在海淀区大王花园南，一间房北地区（地图号 Ⅳ—1—3—29 30/39 40）建筑校舍，并划定建校用地范围 270 000 平方米（约合 400 亩）。现在已经征购土地 179.33 亩。另外在花园路祭旗庙地区（地图号 Ⅰ—1—3—22）建筑家属宿舍一幢，征购土地 8.31 亩。

计划今后建筑图书馆、家属住宅等建筑时，需要继续征购土地 110 亩（从六号楼南 15 米向西划直到现有西部边界。全区呈矩形。东西长 480 米，南北长 400 米）。

三、现有校舍状况及今后使用计划

（一）教学用房

1. 1957 年我院按原来 3000 人的规划建筑教学楼一幢，作为全校的主楼，建筑面积 8901 平方米。其中有大、中教室各 8 间，小教室 40 间及犯罪对策实验室 10 间。现在教学楼全部房间用作大学部和附属中学的教室和实验室，并利用中、小教室 4 间作报刊阅览室和附中办公室。

目前这一幢楼房超过教室和实验室的面积定额，今后将继续作大学的教室和实验室。

2. 1953 年建大教室一幢，建筑面积 877 平方米，为上大课用。现在除上大班课以外，兼作礼堂听报告和放映电影等文娱活动之用。

（二）行政用房

联合办公楼是 1953 年建校开始时建筑的，建筑面积 4133.2 平方米。按照原计划，除行政办公室外，还包括大、中教室各 2 间，小教室 8 间、图书馆和医务所用房等。自教学楼建成后，联合办公楼除继续使用大教室 1 间外，其余教室大部分改作书库和阅览室。

今后计划在图书馆建成后，将联合办公楼主要用作办公室和医务所。

（三）生活用房

1. 学生宿舍。现有学生宿舍 5 幢，建筑面积共计 11 415.5 平方米。大学学生 1771 人住 4 幢，建筑面积 8855 平方米，附属中学学生和教师住 1 幢，建筑面积 2560.5 平方米，今后改作单身教职工宿舍。

2. 教职工宿舍。1956 年建筑家属宿舍 1 幢，建筑面积 4466 平方米，现已住满

62 户，并设托儿所一处。

1960 年和 1962 年由教育局投资分期建筑单身宿舍 1 幢，建筑面积 5724.7 平方米。现在用作全部教研室的会议室、资料室和全体教员的办公室兼作宿舍，也有一部分房间作为单身行政干部宿舍。

此外，城内有一部分家属宿舍，是在 1952 年院系调整时从旧北京大学接管过来的，建筑面积共 3191.2 平方米，已经住满 70 户（其中有不在本校工作的 13 户）。

目前还有教职工 12 户，住在院内临时性建筑的平房内（建房时的甲种工棚），建筑面积 460 平方米。这些房屋多建在正式建筑的房基线上，在建房时将陆续拆除。

（四）附属用房

现在院内有锅炉房 296.5 平方米，汽车房 176.4 平方米，花园路宿舍锅炉房 52.8 平方米。

（五）其他用房

我院由于基建面积不敷使用，几年以来一直利用施工时建筑的甲种工棚作各种用房。现在这一项甲种工棚共有建筑面积 4140 平方米，用途是：教职工食堂、中学部食堂、回民食堂、营养食堂（肺病学生）、勤工、技工、冬工、炊事员宿舍、肺病学生宿舍、教职工家属宿舍，合作社、加工厂、铅印厂，家具、器材和粮食仓库等。这些临时性建筑大部建在正式建筑的房基线上，也将陆续拆除。

以上正式基建面积合计 37 893.15 平方米，临时性建筑 4140 平方米，城内旧家属宿舍 3093.4 平方米。

四、尚需扩建的校舍面积、投资及分期建设计划

（一）图书馆

我院现有藏书 23 万册，分别存在 9 间中、小教室和办公室内。不但借阅不便，而且还有大量书籍堆积，无法上架。楼上办公室所存书籍已超过楼板荷重甚多。由于其他用房也十分紧张，尚无法调动或迁移。

按照教学需要，我院计划存书 50 万册，书库使用面积 1200 平方米。

按照学生发展规模 2500 人的计划，需要 1250 个阅览座位，还要有一部分教员阅览室和不能出库的书籍和资料阅览室。阅览室使用面积 22 000 平方米。此外还需要编目整理等各项办公室。

根据以上情况建议建筑 6000 平方米的图书馆 1 幢，单位造价 140 元，需要投

资 840 000 元。

建筑位置在 6 号楼西面与联合楼对面。阅览室部分 3 层，书库部分 3~4 层，采取平顶混合结构。外墙粉刷色彩与主楼相协调。

由于基建战线需要进一步缩短，拟采取一次设计分期建筑的方案，在 1963 年和 1965 年分批施工。

（二）锅炉房

我院现有锅炉房 296.5 平方米，已经装置 5M13 片低压蒸汽锅炉 4 台，5M13 片热水锅炉 2 台，火焰式热水锅炉 2 台。现在蒸汽供暖面积为 17 185.5 平方米。目前供暖设备能力已感不足，锅炉房内已无处再能安装锅炉，因此计划在 1963 年扩建锅炉房 400 平方米（包括锅炉工宿舍），单位造价 80 元（不包括锅炉设备），需要投资 32 000 元，位置在现有锅炉房的北面，利用现有的烟囱，用平顶或圆拱形顶混合结构。

（三）家属宿舍

我院在 1956 年建筑家属楼 1 幢，早已住满（62 户）。7 年以来教职工不断增加，并未增建家属宿舍，有些教员由于结婚后生育子女也无法解决家属宿舍问题。因此，建家属宿舍也是十分迫切需要的。

按照 5.5 平方米的定额，我院应建教职工宿舍 13 750 平方米。除已建 4466 平方米外，还应建 9284 平方米。由于六号楼按照使用性质来说，有一部分可作为单身教员宿舍，因此拟建议在 1964 年、1965 年、1966 年内续建家属宿舍 3 幢，总建筑面积 7200 平方米，单位造价 90 元，总投资 648 000 元。除安置从工棚迁出的 12 户外，还可安置急需家属宿舍的教职员 84 户。

家属宿舍位置拟建在运动场北面临三环马路，四层砖木混合结构，采用标准图纸。

（四）学生宿舍

按照每个学生 5 平方米的定额，我院应建学生宿舍 12 500 平方米。现在大学部有学生 1771 人，使用 1~4 号楼，共计 8855 平方米。应续建学生宿舍 3645 平方米。1963 年我院将增加学生 130 人（毕业 271 人，招生 400 人）﹛原文数字即此﹜，由于 1963 年申请建筑的项目较多，拟暂时紧缩用房，在 1964 年建筑学生宿舍 3645 平方米，单位造价 80 元，总投资 291 600 元，位置在教学楼北侧，与 6 号楼对称。由于 6 号楼建筑面积为 5724.7 平方米，拟建筑福利用房 2100 平方米与学生宿舍合并设计，单位造价 80 元，总投资 168 000 元，福利用房包括党、团、工会、学生会等活动用房，以及铅印厂用房。这一部分可以在 1966 年建筑。

（五）食堂

我院已建学生食堂 1850 平方米，现作大学部学生食堂。教职工、中学学生、回民和营养食堂（肺病学生）都是利用临时性建筑。不但面积狭窄，而且有些房屋结构也不够十分安全。例如教职工 500 余人，至少均在学校用午餐，而食堂使用面积，中、小灶合计为 240 平方米。中学部厨房是 1957 年施工时工地的暂设工程，质量很差，如再经过雨季，安全上可能有问题。为此建议在 1963 年建筑食堂 1200平方米，解决这些食堂问题，单位造价 100 元，总投资 120 000 元。

以上五项合计扩建面积 20 545 平方米，主体工程总投资 2 099 600 元。

1962 年 11 月 15 日

高等教育部
关于北京政法学院基本建设设计任务书的批复

（64）高计基余字第 888 号

（1964 年 8 月 21 日）

北京政法学院：

你院（62）院政字 156 号报送的基本建设设计任务书和（63）政字第 4 号补报的补充资料均悉。现批复如下：

一、确定你院学生规模为 2400 人（全部为政法系）。修业年限 4 年。

二、教职工总编制暂按 706 人计算。

三、根据保证教学，适当满足教职工、学生生活需要的原则，在合理使用现有校舍的基础上，批准你院自 1965 年起，扩建校舍建筑面积 23 720 平方米，投资 275万元（详见附表）。建设进度根据基本建设年度计划可能情况进行安排。

1. 你院现有教学用房较多，应作合理调整，紧凑安排。

2. 根据你院今后主要招收调干学生的情况，学生宿舍按每学生 8 平方米计算。学生宿舍和单身教职工宿舍在现有的 1～5 号楼内统一安排。同意扩建学生宿舍5700 平方米。

3. 风雨操场，暂不列入扩建校舍面积以内；将来根据国家投资可能，在基本建设年度计划内再行考虑。

4. 教职工生活用房，可在你院附近的城市规划住宅区统一建筑。如在校园内建筑，亦应集中安排，独立成区，以便将来划交市政管理部门统一管理后，不致破坏校园的完整性。

5. 削减游泳池、附属用房工程。

6. 结合建筑工程需要安排的人防工程，未包括在批准的指标内；其所需建筑面积和投资，根据人防机构意见，另行据实核定，并在年度基本建设计划内安排。

7. 单项工程的建筑面积和投资，在审查设计资料和设计文件时具体核定。

四、建设用地应根据紧凑发展，用多少征多少的原则安排，不须强求方整。请与北京市城市规划管理局共同研究确定用地范围。

请根据以上意见安排今后的基本建设工作。

附：扩建校舍项目表 1 份〔1〕

中华人民共和国高等教育部

1964 年 8 月 21 日

三、主管部门的变革

内容提要

自 1952 年建校至 1966 年，北京政法学院的主管部门经历了 4 次变更，每一次领导关系的调整都与我国高等教育体制改革密不可分。

1952 年，经政务院批准，教育部决定在各大区分别设立一所政法学院，以满足新中国法制建设对于政法干部的需求。北京政法学院随之成立，由中央高等教育部和华北行政委员会双重领导。

1953 年 5 月 29 日，政务院第 180 次政务会议通过了《政务院关于修订高等学校领导关系的决定》。文件指出，根据国家的教育方针、政策与学制，遵照中央人民政府政务院关于全国高等教育的各项决定与指示，中央高等教育部对全国高等学校（军事学校除外）实施统一的领导。综合性大学由中央高等教育部直接管理，与几个业务部门有关的多科性高等工业学校由中央高等教育部直接管理。但如中央高等教育部认为必要，得与某一中央有关业务部门协商，委托其管理。1954 年 4 月，中央高等教育部召开全国政法教育工作会议，规定了政法教育的方针任务，明确政法教育要

---

〔1〕 根据中国政法大学档案馆档案刊印，原件缺附表。

在健全人民民主法制、巩固人民民主专政、保卫社会主义建设中发挥重要作用。为了保证培养合格的高级政法建设人才，会议拟订了政法院系统一的教学计划，四个政法学院改由司法部统一管理。同年9月1日，司法部、教育部正式行文，确定北京政法学院"由中央高等教育部委托中央司法部直接管理。以中央司法部直接领导为主、同时接受中央高等教育部的领导，高教部所管的业务范围包括教学任务、培养规格及统一的教学计划，日常工作（专业、教学、财务、基本建设、人事等六项）由司法部管理"。

1956年6月，全国人大一届三次会议召开。会议认为，两年来国家对于高等学校过度集中的管理，影响了地方办学的积极性，因而决定逐步下放部属院校。1958年，毛泽东主席在一次讲话中提出"教育必须为无产阶级政治服务，必须同生产劳动相结合"。同年4月，中共中央发布《关于高等学校和中等技术学校下放问题的意见》。意见提出，"除少数综合大学、某些专业学校和某些中等技术学校仍由教育部或者中央有关部门直接领导外，其他的高等学校和中等技术学校都可以下放——中等技术学校可以比高等学校多下放，地方性较大的学校可以更多地下放，归省、市、自治区领导。"1958年7月23日，司法部按照中央要求和教育部的规定，通知北京政法学院下放北京市人民委员会领导，7月28日，交接工作结束。

经过20世纪50年代"教育革命"的大发展、大跃进，20世纪60年代初期，我国教育工作进入调整时期。1960年10月，中央批准了《教育部关于全国重点高等学校暂行管理办法》，其强调："全国重点高等学校的领导和管理，由中央教育部、中央各主管部门与地方分工负责，实行双重领导（教育部主管的学校）或三重领导（中央各业务主管部门主管的学校），上下结合，各负专责。"1961年春，北京政法学院行政上复归教育部领导，公安部在供应资料、审查讲义、安排学生实习等业务方面予以协助。

1962年12月30日，北京政法学院在政法方面的领导关系由最高人民法院负责，公安部予以协助。

高教部政法教育科
关于政法学院领导关系问题的报告[1]

(1953 年 10 月 24 日)[2]

高等政法学校的领导关系一直没有很好明确。北京政法学院开办时，钱副部长曾在一次报告会上说（1952 年），北京政法学院由教育部领导，业务由中央政法委员会和华北行政委员会指导。一年来，该院有关教学事项都与中央政法委员会商量，实际上是由中央政［法］委［员会］和华北行政委员会领导的。目前，由于政法学院的方针任务不明确，我们在教学计划、教学大纲等方面的工作，难以推动，其他事情动辄都要和［中央］政法委［员会］反复商量才能决定。华东政法学院实际上由华东政法委员会领导，华东高教局主任秘书曹未风同志说：我们提意见政法部门都不接受。西南政法学院多由西南高教局管理。只有中南政法学院目前的领导关系尚未最后决定。据两星期前中南高教局同志反映，中南政法委员会只答应领导该院调训干部部分，其他青年学生由中南高教局领导，最终协商结果，中南高教局尚未正式汇报。

为了统一政法学院的领导，并结合政法学院培养政法干部的特点，进一步推动工作，我们就政法学院的领导关系，提出如后的意见：

按《关于修订高等学校领导关系的决定》第 3 条第 3 项的规定，将北京、华东、西南三个政法学院交由政法委领导，至于中南政法学院在了解该院最近协商结果再行办理。

关于领导关系问题，过去 3 月间和 6 月间，［中央］政［法］委陈传纲同志表示［中央］政［法］委原则上同意，但是具体做些什么，问题不明确。现在《高等学校领导关系》经过修改明确了，这些问题易于解决。

我们认为，这样做是有便于办好政法学院的。第一，政委干训组人力多，业务也较熟。如果政法委同意领导政法学院，他们就会积极负责起来，目前似管似不管的情况便可以避免。第二，高教部可以就政法学院的情况和发现的问题提出建议，请政法委考虑办理，这样工作既能抓住重点，也适合于目前部里同志的主观条件。

这个意见是否恰当，请领导上决定。如果认为可以，希望李司长和中央政法委

---

[1] 原文有批注"同意以上意见，请政法科同志决定时间与陈传纲同志谈谈"。
[2] 原文的日期为 10 月 24 日，1953 年为编者依据内容推断的时间，落款同。

陶秘书长或陈传纲同志正式交换意见后予以决定。部里最近要各司决定主管学校领导问题，所以事情决定的比较迫切。

高教部政法教育科

1953 年 10 月 24 日

高等教育部
关于建议北京、华东、中南、西南等四个
政法学院由政务院政治法律委员会
管理的函[1]

（53）综法□字第 14 号

（1953 年 11 月 5 日）

中央人民政府政务院政治法律委员会：

为使高等政法教育密切联系实际，有计划有步骤地培养政法干部并便于统一领导起见，我部依据中央人民政府政务院《关于修订高等学校领导关系的决定》，建议将北京、华东、中南、西南等四个政法学院交由你委管理。至于你委与有关各大区政治法律委员会如何分工，希望早日研究决定，通知我部以便工作之进行。

以上建议是否妥当，请速示覆。

中央人民政府高等教育部

1953 年 11 月 5 日

---

[1] 原文有批注"中央政法委没有正式覆文，以后曾在 4 月份政法教育会议上初步明确政法学院的领导关系，1954 年 8 月最后决定由中央司法部直接领导"。

《人民日报》：中央高等教育部
召开全国政法教育会议确定培养
政法建设人才的方针

(1954年5月10日)

【新华社10日讯】中央人民政府高等教育部召开的全国政法教育会议已在5月8日结束。这次会议规定了政法教育的方针任务，明确了政法教育在健全人民民主法制、巩固人民民主专政、保卫社会主义建设中的重要性。为了保证培养合格的高级政法建设人才，并拟订了政法院系的统一的教学计划。

在国家过渡时期的政法工作的基本任务是："进一步健全人民民主制度，加强和运用人民民主法制，巩固人民民主专政，以保障国家的社会主义经济建设和各种社会主义改造事业的顺利进行"；会议根据上述的基本任务，确定今后政法教育的方针是：适应政法工作发展的需要，有计划按比例地培养忠于社会主义建设事业、热爱祖国、体格健全、具有坚定的工人阶级立场和社会主义的政法观点，掌握先进政法科学、熟悉专门政法业务的工作干部和法学家。

为培养合乎这种要求的人才，必须根据"整顿巩固、重点发展、提高质量、稳步前进"的工作方针，今后在政法教育工作中应首先进一步贯彻理论与实际相结合，学习苏联先进经验与中国实际情况相结合的教学方针，积极进行教学改革，提高质量。中央人民政府政务院政治法律委员会准备在今后二三年内将县（市）以上各级政法部门的骨干和领导干部轮训一遍。为此，全国政法院系目前应以短期轮训在职干部为主，并切实注意培养专科以上学校学生，一方面提高在职干部，一方面培养专门人才，以适应工作目前的需要和将来的发展；而政法院校的毕业生将参加阶级斗争最前列的工作，增加各院校工农学生的比重，显得尤为重要，各综合大学法律系和政法学院本科应多招收工农干部和在职干部，也应招收政治质量较好的青年学生，培养他们成为政法建设中的骨干。这是高等政法教育正确体现阶级路线的主要标志。在第一个五年计划时期内，全国政法院系计划招生10 000名。中央高等教育部在中央政法委员会指导下，将加强全国现有高等政法院校的教学工作，并首先集中力量将中国人民大学法律系、北京大学法律系和北京政法学院办好，以积累经验、培养教师、准备教材，为将来发展创造条件。

会议确定了政法院系的具体任务、培养目标及学习年限。各政法学院在最近几年内，应担负长期培养专门人材〔才〕和短期轮训在职干部的双重任务。政法学院本科主要是培养法院、检察署、民政部门及其他国家机关的政法工作干部，学制定为四年。综合大学法律系的培养目标，在最近几年内基本上与各政法学院相同，并培养一部分律师团体、公证所以及其他国家机关、企业部门的法律专门人材〔才〕，学制也定为四年。中国人民大学法律系并应继续招收研究生，为各政法院校培养师资和一部分法律科学研究人员。

会议指出，政法教育的教学改革工作，比其他系科更为迫切和必要。一切旧法观点必须彻底批判，新的政法科学必须在理论与实际相结合、学习苏联先进经验与中国实际情况相结合的基础上建立起来，既要反对故步自封的保守思想，又要反对不切实际的形式主义作风，这就要首先加强政治思想领导。各院校必须使全体师生认真地有系统地学习马克思列宁主义和苏联先进政法科学，并深入地学习总路线，不断提高社会主义觉悟。这样，才能善于总结新中国政法工作的实际经验，体会人民民主法制的精神，并逐步以新中国的政法科学和人民民主法制来丰富教学内容，培养合格的高级政法人才。

会议认为，应逐步建立教师正规的政治理论学习和业务进修制度，开展批评与自我批评，树立学术自由讨论的学风，并通过批判一切反动的旧法观点及资产阶级学术思想，不断提高教师的政治和业务水平。此外，还须组织教师研究政策法令，研究实际资料，参加某些专业会议和实际工作，使政法理论教育与政法实际工作密切结合。

——根据 1954 年 5 月 11 日《人民日报》刊印

中央高教部党组关于各大区撤销后政法学院领导关系问题给董必武、彭真同志的报告[1]

（1954 年 7 月 20 日）

董老、彭真同志：

关于各大区撤销后的政法学院领导关系问题，我们前曾建议由中央司法部领导。至今未获指示。经我们再度研究，即认为有困难时，只有改归我部领导。如改归我部直接管理时，考虑有如下两个问题仍需指示：

---

〔1〕 董必武，时任政务院副总理兼政治法律委员会主任。彭真，时任政务院政治法律委员会副主任。

一、我部政法教育方面干部力量异常薄弱，只有非党员干部二人，若将各政法学院的领导关系转归我部时，必须大力充实干部。建议将政法委干训组的全体干部及其工作人员（政法干部训练工作）调拨我部，建立政法教育科，并以鲁明健同志为综合大学司的副司长，[1]以加强对政法教育的领导。

二、北京政法学院是重点校之一，但领导力量比较薄弱，华北［行］政委［员会］意见，该院副院长武振声同志的工作拟予调动，因此，必须另配备副院长1名。至于具体人选，华北［行］政委［员会］前曾提出4人，但据中组部谈，均已另有工作。现提出华北教育局副局长刘莘华同志或华北扫盲委员会办公室主任巩廊如同志，请考虑是否妥当？或是否另有更适当的人选？请迅予指示。

敬礼

中央高教部党组

1954年7月20日

彭真给杨秀峰的信[2]
——关于政法学院领导关系及北京政法学院
副院长人选事

（1954年7月22日）

秀峰同志：

7月20日函悉。同意在大区撤销后，四个政法学院归中央司法部领导。已告司法部党组书记魏文伯同志直接和你们商洽。关于北京政法学院副院长的具体人选，华北行政委员会正物色中，已请张苏同志[3]与你们洽商决定。

专覆，敬礼！

彭真

1954年7月22日

---

〔1〕 鲁明健，时任最高人民法院政策研究室主任。
〔2〕 杨秀峰，时任高教部副部长。
〔3〕 张苏，时任华北行政委员会副主席。

高等教育部关于委托中央司法部
直接管理北京政法学院的通知

（54）综教崔字第 609 号
（1954 年 8 月 19 日）

北京政法学院：

　　根据政务院关于修订高等学校领导关系的决定，并经与中央司法部协商决定，你院今后由我部委托中央司法部直接管。交接工作拟由华北行政委员会及你院派员于 8 月 23 日上午 9 时，携带财务、基建等有关材料来部办理。

中央高等教育部
1954 年 8 月 19 日

高等教育部、司法部
关于北京政法学院管理关系移交完毕的报告

（54）综教马字第 645 号
（1954 年 9 月 2 日）

政务院文化教育委员会、政治法律委员会：

　　关于高等政法学校的管理关系，前经商定由中央高等教育部委托中央司法部管理。有关北京政法学院各项交接手续，已由中央高等教育部会同华北行政委员会、政法委员会一并吸收北京政法学院参加向中央司法部办理移交〈并〉已于 8 月 23 日交接完毕。自 9 月 1 日起，北京政法学院即按照新的管理关系向司法部办理有关事业、教学、财务、基本建设、人事等工作。谨报请备案。

中央高等教育部　部长马叙伦
中央司法部　部长史良
1954 年 9 月 2 日

华北行政委员会政治法律委员会
关于北京政法学院工作情况的移交报告

（1954 年 9 月）

北京政法学院于 1952 年秋成立，两年来，在中央高等教育部和本委双重领导及中央政法委正式指导下，担负着调训在职干部和培养青年学生的双重任务。上年度（1953~1954）该院共有学生 757 名，计第二期调训在职干部 218 人，一年级专修科学生 289 人，二年级专修科学生 250 人。其中调训学员和二年级学生均已于今年暑期毕业，并已分配工作。本年度（1954~1955）调训第三期在职干部 300 人。新招本科一年级学生 250 人，连同原有专修科学生共计 839 人。该院工作人员现有 305 人（其中华北调配老干部 57 人，余为北大、清华、燕京、辅仁等四大学调整院系时调配的）计原有教员 78 人，本年由高等教育部和华北配备教员 38 人，职工 189 人（职工编制该院正与高等教育部研究，准备适当缩减）。北京政法学院过去在缺乏师资、教学经验和统战情况相当复杂的条件下，基本上完成了既定的教学任务，特别是全国政法教育会议后，进一步明确了政法教育及该院的方针任务。决定于 1954 年度起，在原有基础上改二年制专修科为四年制本科，并进行了准备。二年来，该院工作是有成绩的，但也存在着许多缺点，甚至在某些方面是很严重的，本委过去由于对该院的情况了解不深，有时解决问题不及时，具体帮助支持不够，致使该院工作中存在的缺点和错误长期未能得到解决，这和本委的领导是分不开的。由于撤销大区一级机构，为便于将该院移交中央直接领导，本委和中央政[法]委[员会]、高教部及北京市委共同组织了检查组，向该院进行了对团结问题和领导工作的检查，从而比较深入地了解了一些情况。兹将该院的工作情况和主要问题简略报告如下：

一、两年来几项主要工作

1. 在调训在职干部与培养青年学生方面，该院调训了两期县级以上司法、检查干部 548 人，同时培养了两期青年学生 337 人，共 885 名。这些学员，通过培养，提高了理论政策水平、思想觉悟和业务工作能力，在分配工作后，对增加全区政法工作的干部力量，起了一定作用。

2. 在教学力量上，经过两年来积极培养师资，在数量、质量上均有一定的提高。全院现有教学工作干部 90 名，其中原有一定基础，经提高后正式上课者 21 人，原无教学工作经验、经培养提高后能教课、辅助教课者 13 人（以上有老干部 8

名）。此外，在两年内连同今年暑期新增的教学干部，经过培养预计可担任教课者约达 60 人。

3. 在教学工作方面，贯彻了理论联系实际的原则，并注意了根据调训干部和青年学生的具体情况，采取不同的特点和教学方法。重视了学生的实习工作，1953 年 10 月，二年级全体学生 218 名，分赴定县、涿县、唐山、保定、邯郸等地，参加了普选、统购粮食两大运动，深入地接触了实际，从而在学生的政治觉悟、政策思想等方面，均有显著提高，基本上克服了不愿做政法工作的错误思想。同时重视了学习苏联先进经验与中国实际相结合的教学方针，在制订教学计划、设置课程等方面，除直接参考了苏联法律教育的经验外，并参考中国人民大学的教学计划，增设了苏联和我国民、刑法等专业课程，加强了"课堂讨论"，试行了"抽组测验"和个人学习计划，以及修订考勤、考绩制度等，在贯彻教学方针和教学方法上，初步积累了一些经验。

4. 在团结与改造知识分子工作上，二年来也有一些成绩。对担负行政职务的上层和中层民主人士，力求团结，发挥其作用；使他们由少到多地担任教学工作，从教学过程中逐渐提高，同时通过批评与自我批评，团结、改造了未开课的旧教师，纠正了某些从"名位"出发，不重视适应国家需要的错误思想。并采取了有效措施，组织他们学习马列主义理论，去中国人民大学结合业务进修和参加北京市普选试点、基层选举工作等。从而使他们对政法教育工作的阶级性与政策性在认识上有所提高；对培养工农干部的重要政治意义逐步有所认识；对思想改造的重要性有所体会。基本上稳定了他们的情绪，消除了他们的某些不满和误解。因此，该院对团结与改造知识分子的工作从去年秋后逐渐好转，并取得了一些经验。

二、工作中的主要缺点

1. 在全国政法教育会议前，由于对整个政法教育的方针任务还不明确，因此，该院对调训在职干部和培养青年学生的重点；学习苏联先进经验与中国实际相结合；当前工作与发展要求相结合等问题，均未能很好解决。同时对抓紧教学中心，并使政治工作与教学工作很好结合等方面亦存在着不少缺点。

2. 该院过去培养师资的各种方法，基本上是正确的、可行的，但还未能更进一步有组织有计划地进行。同时在配备教学干部上，特别是培养老干部方面，做得还很不够。

3. 由于对统战政策全面认识不够，因此，在团结与改造知识分子的工作上曾经发生与存在过不少问题。主要是对团结和改造知识分子的重要性和长期性认识不足，未能在工作中耐心团结和积极帮助教育他们，加以在某些具体问题上处理不够妥当，以致引起部分人的误解和不满，从而使该院的工作受到一定的影响。这种情况虽然从去年暑假后已开始扭转，但仍存在着不少问题未获解决。

4. 政治思想领导很不坚强，集体领导原则未能予以贯彻。党内党外的团结，都曾存在过或仍然存在着比较严重的问题，尤其是领导核心的不团结问题，虽经过最近的检查，但还没有彻底地得到解决。工作中的批评和自我批评，特别是自下而上的批评开展得很差，这就使上述各种缺点不能及时克服纠正。

三、今后应注意的问题

1. 领导关系问题。该院过去的领导关系，由于多头负责，缺乏明确分工，有时配合亦不一致，因而使该院在工作中增加了不少困难，今后应从党内及行政上很好解决。华北一级撤销后，可由中央有关部门与高教部明确领导范围，统一领导，分工管理。并应确定主要负责领导的部门，以便在统一思想指导下进行工作。

2. 方针任务问题。由于过去在政法教育工作方针任务未能很好解决，因而该院工作长期处在被动状态。自今年 4 月全国政法教育会议后，在教学上虽已有改进，但还赶不上客观要求，今后必须大力贯彻会议决议，加强对教学工作的领导，以求逐步解决教材、教学制度、教学组织、教学方法等问题。认真学习苏联先进经验及中国人民大学、中央政法干部学校的实际经验，使教学工作进一步纳入正轨。

3. 师资问题。该院教学力量虽已逐渐增长，但从改四年制的任务及今后发展的需要来看，师资问题仍是能否办好该院的关键问题之一，应继续大力求得解决。必须采取积极有效的办法，既要陆续补充新力量，又须将现有老干部的文化水平和理论业务水平尽速予以提高，发挥其骨干作用。

4. 重视旧知识分子的团结改造工作。该院旧高级知识分子甚多，今后必须从政治上加强对他们的教育和改造。根据政策及时解决其所存在的具体问题，以发挥他们的教学作用。对个别思想问题严重又长期不能开课者，最好予以调动、另行分配工作。

5. 必须加强思想领导与集体领导。该院存在着的严重不团结现象，应在已经检查揭发的基础上，根据四中全会决议的精神，进一步深入检查，以求彻底解决。并应充分发扬民主开展批评和自我批评，检查工作，总结经验，制定必要的制度与规程，使该院的工作在各方面提高一步。

6. 基本建设与干部福利问题。该院迁入新校址后（西郊）由于住房所限，一部分教职员宿舍仍在原址（城内），住地分散，每日往返，影响工作，特别遇到天雨 [雨天]，更感不便。其次该院单位较小，经费有限，但从设备的需要上都与其他大学差不多，因此该院的房屋及设备和某些干部福利问题（如宿舍、托儿所等）均不易解决，今后根据需要与可能，予以逐渐解决。

此致

华北行政委员会政治法律委员会

1954 年 9 月 □日

高等教育部关于北京政法学院 由中央司法部直接管理的通知

（54）司干目字第 95 号 、（54）综教马字第 666 号

（1954 年 9 月 2 日）

北京政法学院：

关于你院的领导关系，经确定由中央高等教育部委托中央司法部直接管理，并已于 8 月 23 日办理交接完毕。自 9 月 1 日起，你院应即按照新的管理关系向中央司法部办理有关事业、教学、财务、基本建设、人事等工作。除报请政务院文化教育委员会、政务院政治法律委员会备案外，特此通知。

中央司法部 部长史良

中央高等教育部 部长马叙伦

1954 年 9 月 2 日

司法部关于学校下放问题的电报[1]

（1958 年 7 月 23 日）

中共北京市委、市人委、北京政法学院：

我部于 7 月 21 日接教育部电话通知，高等学校下放名单中央业已同意，不日即可下达。希望我部所属下放学校争取于 7 月底以前交接完毕，我部下放你市北京

---

〔1〕 原文注："政法学院在 1958 年 7 月 28 日下放北京市人委领导。"

政法学院一所，由北京政法学院请示市委及市人委办理移交。移交事项及手续，请市委及市人委决定。希在 7 月底以前交接完毕，该院 1958 年财务预算，我部即会同财务部另文划转。

司法部

1958 年 7 月 23 日

财政部、司法部
关于北京政法学院下放后财政预算问题的函

(58) 财文教字第 315 号、(58) 司教字第 464 号

(1958 年 8 月 5 日)

北京市人民委员会：

教育部委托司法部管理的北京、华东、中南、西南四政法学院，以及司法部直属的上海、济南、重庆三所法律学校，业经教育部报请中央同意下放各省（市）接管，司法部已于本年 7 月 23 日分别电知各有关省（市）查照。关于各该院（校）本年度财务预算，应即划转地方管理，属于你省（市）的北京政法学院 1958 年度招生任务青年学生 150 名，划转预算数为 1 414 877 元。本年 1 至 7 月份中央已核拨一般经费限额为 689 913 元，基建限额 209 660 元及各院（校）已缴预算收入款 800.99 元〔1〕。至各该校具体数字详见附表，希即核对转入你省（市）地方预算，并自本年 8 月 1 日起，该院（校）财务申报等事项，统向你省（市）请示办理，至于有关该院（校）本年财务卷宗由司法部另文附送。

附：司法部下放事业单位 1958 预算表 1 份

司法部下放事业单位 1958 年中央拨款限额表 1 份

司法部下放事业单位 1958 年应缴预算收入表 1 份〔2〕

中华人民共和国财务部

中华人民共和国司法部

1958 年 8 月 5 日

---

〔1〕 原文数字如此。

〔2〕 根据中国政法大学档案馆档案刊印，原文附件无内容。

司法部关于移交北京政法学院财务卷宗的函

（58）司教字第 694 号

（1958 年 8 月）

北京市人委：

我部所管理的北京政法学院 1958 年财务预算，业经会同财政部于本年 8 月 4 日以（58）财文教字第 315 号，（58）司教字第 464 号联合函达划转为你省市地方预算。兹将有关该院、校本年的财务基建文卷开列清单附送你省市接管。希收到此项文卷核对后，请在移交清单上加盖公章后还我部 1 份存查。

附：司法部管理的北京政法学院 1958 年财务卷宗及移交清单 2 份

中华人民共和国司法部

1958 年 8 月〔1〕

附件：{……}

公安部政治部关于各地政法学院、
大学法律系的情况和领导关系问题的报告

（1962 年 10 月 6 日）

谢部长、徐副部长并党组：〔2〕

西安政法学院、四川行政学院和湖北大学法律系等参加政法会议的同志，向我们反映，几年来政法高等教育工作削弱很大，当前存在着不少问题需要解决。现将他们的反映和我们平时了解的各院、系的情况报告如下。

一、各校招生人数逐年减少，有些院、系已经名存实亡。全国解放后，国民党遗留下政法院、系 54 个。1952 年高等学校进行院、系调整时，经过整顿保留了 4 个政法学院、6 个大学法律系。1958 年以后又精简为 2 个院、5 个系。1957 年全国政法院、系共招生 1600 人，在校学生共计 7884 人。后来逐年减少。今年只招生

---

〔1〕　原文时间日期不详。

〔2〕　谢部长，指的是时任公安部部长的谢富治。徐副部长，指的是公安部副部长徐子荣。

414 人，在校学生只剩下 2184 人。

西安政法学院，名义上是政法学院，而全校 1200 名学生中，政法系学生只有 126 人。去年招收了 20 多个新生，今年一个也没有招，并正在酝酿着把学校改为财贸学院或者政治经济学院。四川行政学院法律系过去每年招二三百人，今年只招了 60 人。湖北大学法律系今年也没有招生。有的反映："政法教育路子越走越窄，看来只有改行转业了。"

二、没有统一的教学方案。政法院、系课程的设置是，几个学校各搞一套。教材也是自编自教或者现编现教，大多是脱离实际，质量不高。教师们说："苏联的教材不能用，资产阶级的东西不能讲，我们自己的教材又没有，真叫人为难。"

三、缺乏教学资料。他们说，政法三机关的文件、刊物，现在连学校的负责干部都很少看到。湖北大学法律系总支书记李耀西同志说，他连公安部有"公安建设"、"人民公安"还不知道。政法三机关召开的业务会议，教学人员很少参加，也很少听到传达，其结果是"关起门来教学，年年贩老货"。

四、全国政法院、系究竟由中央哪个部门指导、管理还不明确，许多问题不好解决。以前是中央司法部管，解决问题比较及时。后来由最高人民法院管，最近一年多来，没人管了。他们说："培养出来的学生有人要，而平时教学中的问题，却没有人帮助解决。"

各院、系当前最迫切的要求是，中央政法部门应当协同教育部门把政法高等教育工作管理起来。他们希望政法部门根据全国的实际需要，对各院、系的发展规模、每年招生指标，统一规划，固定下来；希望迅速研究制订统一的教学方案，统一组织编写教材或教学大纲，并解决教学资料的供应等问题。

我们认为，为了适应今后长期的工作需要，不断地为政法战线补充新的血液，确有必要把现有的几个政法院、系办好，不能再继续削弱。这些学校有教员，有设备，有经费，每年可以按照国家统一计划招收一批高中毕业生，如果不充分利用这些有利条件，对国家来说是一个大的浪费，对政法队伍的建设也是一个大的损失。

关于政法部门协助教育部门管理政法院、系的问题，原由最高人民法院负责，去年 1 月间三机关酝酿合署办公时，吴老指示，移交公安部管理。因问题牵涉较广，过去又无经验，究竟如何管法，我们还不明确。一年多来，根据党组的指示精神，我们只对北京政法学院做了一点具体工作，对于其他的院、系则没有过问，也无力过问。现在看来，鉴于三机关已不再合并，最高人民法院最近已增加编制，特别是这些院、系的教学内容又主要是学习法的知识和理论，由我们负责管理这项工作确有些实际困难，因此，政法院、系的管理问题，建议仍交回最高人民法院负责为好。

以上报告，妥否，请指示。

政治部〔1〕

1962 年 10 月 6 日

附注：全国现有北京政法学院、西安政法学院两个院，和北京大学、人民大学、湖北大学、吉林大学、四川行政学院的五个法律系。

关于高级人民法院代管政法学院
一部分工作的意见(稿)〔2〕

(1963 年 10 月 5 日，供全国政法教育会议讨论)

为了贯彻执行中央批转的中央政法小组、教育部党组关于加强高等政法教育和调整政法院系问题的请示报告，对于政法学校所在省、市高级人民法院代管那些工作，特提出下列意见：

1. 在省、市委和省、市人委的领导下，对于政法学院贯彻执行党的教育工作方针、政策的情况，以及思想政治工作，进行督促检查。

2. 对于政法学院教师队伍的调整、充实工作，同公安、检察部门商量，提出意见，请求省、市委予以解决。

3. 政法学院定期向高级人民法院汇报工作。高级人民法院对于汇报中所提出的问题，要尽可能地给以解决，如有困难，应及时请示省、市委和省、市人委，或者商同有关部门求得解决。

4. 高级人民法院对于代管工作的进行情况，每半年向最高人民法院报告一次，如有重大问题，随时报告。政法学院凡给最高人民法院的报告，均抄送高级人民法院。

1963 年 10 月 5 日

---

〔1〕　这里指公安部政治部。

〔2〕　本文根据中国政法大学档案馆馆藏原件刊印，原件缺正本。

高级人民法院代管政法学院部分
工作的暂行规定

（1963 年 10 月 13 日）

根据中央批转的中央政法小组、教育部党组"关于加强高等政法教育和调整政法院系问题的请示报告"对于政法学院所在省、高级人民法院代管哪些工作，经 1963 年 10 月全国政法教育工［作］会议讨论，暂作如下规定：

一、在省、市委和省、市人委的领导下，对于政法学院贯彻执行政法教育方针的情况，以及思想政治工作、进行督促检查。

二、对于培养师资、提高教学质量、商同公安、检察部门联系实际方面，给以各种帮助。对于教师队伍的调整、充实工作同教育行政部门及有关部门商量、提出意见，请求省、市委予以［解］决。

三、对于物资供应方面的问题，协同教育行政部门求得解决如有困难，应及时请示省、市委和省、市人委处理。

四、政法学院应定期向高级人民法院汇报工作，同时凡给最高人民法院的报告，均抄送高级人民法院，高级人民法院对于代管工作的进行情况，每学期向最高人民法院报告一次，如有重大问题随时报告。

1963 年 10 月 13 日

中华人民共和国最高人民法院关于
改造政法学院和大学法律系的几点意见

（64）法司字第 290 号
（1964 年 12 月 16 日）

政法小组秘书室，公安部政治部，高检办公厅，高教部二司，高教部政治部，高教部人事司：

根据中央、国务院"关于组织高等学校文科师生参加社会主义教育运动的通知"的精神，结合目前的政法院系情况，我们起草了一个稿子，请审阅修改退回。准备修改后，先征求北京政法学院和北大人大法律系的意见，然后经高教部党组和我院党组审查定稿后报批。

附：关于改造政法学院和大学法律系的几点意见（稿）1 份[1]

最高人民法院

1964 年 12 月 16 日

四、列为全国重点高校

内容提要

新中国成立初期，为了配合实施我国重工业优先发展的经济战略，中共中央提出高等教育应坚持"整顿巩固、重点发展、提高质量、稳步前进"的指导方针。为此，高等教育部于 1954 年 10 月 5 日颁布《关于重点高等学校和专家工作范围的决议》，首次指定中国人民大学、北京大学、清华大学、哈尔滨工业大学、北京农业大学、北京医学院 6 所大学为全国性重点学校，其任务是培养质量较高的各类高级建设人才及科研人才，为高等学校培养师资，并在教学工作和教学资料等方面给其他学校以帮助。1959 年 5 月，为了整顿全日制高等院校，中共中央颁布了《关于在高等学校中指定一批重点学校的决定》。文件称，在目前师资不足、设备不全、学生来源不多的情况下，为了保证一部分学校能够培养较高质量的科学技术干部和理论工作干部，更有力地提高我国高等学校的教育质量和科学水平，中央决定指定 16 个基础较好的高等院校为重点院校，即北京大学、清华大学、北京工业学院、中国人民大学、天津大学、北京航空学院、上海复旦大学、上海交通大学、北京农业大学、中国科学技术大学、西安交通大学、北京医学院、上海第一医学院、华东师范大学、北京师范大学、哈尔滨工业大学。翌年，中央又决定增加中国医科大学、哈尔滨军事工程学院、第四医科大学、通讯工程学院 4 所为重点院校，总计 20 所。

中共中央八大二次会议后，全国各行各业掀起了"大跃进"运动，高等学校数量飞速增长。1957 年全国有高校 229 所，1958 年发展为 791 所，1959 年达 841 所，1960 年又增至 1289 所。在此背景下，中共中央于 1960 年 10 月 22 日颁布《关于增加全国重点高等学校的决定》。文件指出，两

---

[1]　本书根据中央档案馆提供之档案复制件刊印，原件附件不完整，未录。

年来全国高等学校数量增长迅速，为了支援新建高等学校的工作，更有力地推进我国高等教育事业的整体发展，中央决定在原先20所重点高校的基础上新增44所，共计64所。其中综合性大学13所，工科院校32所，师范院校2所，农林院校3所，医药院校5所，政法、财经学院3所，外语学院1所，艺术学院1所，体育学院1所，军委所属院校3所。北京政法学院即为新增加的44所重点院校之一，也是全国政法类院校中唯一一所重点高校。

北京政法学院被列为全国重点院校后，国家加大了对学院的支持力度，主要体现在领导关系调整、专业设置、招生范围、师资调配等方面。

（1）学院的隶属关系由北京市领导转由中央教育部和公安部共同管理。1958年，在教育"大跃进"运动中，为了充分调动各方面积极性，中央提出下放教育管理权限，北京政法学院随之被下放到北京市人民委员会管理。1960年学院被确定为全国重点高等学校后，中央决定，从1961年起，学院的领导关系转由中央教育部和公安部共同管理，同年在制定与贯彻《高等学校暂行工作条例（草案）》时，北京政法学院成为教育部直属高等学校。

（2）增设政教系。北京政法学院于1952年初创时，担负着轮训在职干部和培养青年学生的双重任务，干部轮训班的期限为1年，青年学生为2年制专修。1954年，为了适应过渡时期政法工作的发展需要，全国政法教育会议决定，政法学院由2年制专修科发展为4年制本科。1960年，北京政法学院被列入全国重点高校，增设政治理论教育系，学制4年，继续承担为北京市代训中学政治课教师的任务；原有的政法系学制改为5年，主要培养政法工作干部。

（3）招生范围扩大。1958年学院被下放北京市管理后，招生范围主要面向北京市，但北京市高中生生源有限，加之部分学生对学习政法专业信心不足，学院一度出现生源短缺、难以完成招生任务的现象。1959年上级领导部门还曾商议，将北京政法学院更名为北京文法学院，后因考虑到国际影响，学院才得以幸存。1960年，学院虽进入全国重点大学行列，但当年的招生仍局限于北京地区。为了完成当年的招生任务，经最高人民法院、最高人民检察院、公安部商洽决定，学院在全国公检法系统，临时内招了240名在职干部。随后的几年里，学校的招生范围扩至华北、东北甚至南方部分省市，生源数量有了较大提升。

1960—1963 年北京政法学院政法系招生情况一览表

年度	招生地区	招生人数	性别		政治面貌		
			男	女	党员	团员	群众
1960	北京	289（另在全国公检法系统内招 240 人）	371	158	145	238	146
1961	北京、河北、山西、辽宁、河南	350（实数370）	229	128	69	234	54
1962	北京、河北、山西、辽宁、河南	300	215	85	18	204	78
1963	北京、河北、山西、辽宁、河南、山东、江苏、上海、四川、湖北、陕西	400（实数414）	322	92	13	358	43

注：表中数字均据中国政法大学档案馆馆藏原件刊录，1961 年实际招生人数有误，应为 357。

（4）补充调整干部，加强师资队伍建设。北京政法学院被列入重点院校后，根据招生任务和专业的增加，在上级部门的支持下，补充配备了干部，增强了师资队伍，教师与学生的比例逐年改善。统计数字显示，1958年，全院共有教职工 390 人，其中教学人员 151 人，在校生 1294 人，师生比为 1∶8.57；1959 年，教职工总数为 391 人，其中教学人员 129 人，在校生 1116 人，师生比为 1∶8.65；1960 年，教职工总数 391 人，其中教学人员 157 人，在校生 1358 人，师生比 1∶8.65；1961 年，教职工总数 391人，教学人员增加到 167 人，在校生 1319 人，师生比为 1∶7.9；1962 年，全院教职工 496 人，教学人员 231 人，在校生 1771 人，师生比 1∶7.66。1960~1962 年，学院每年补充专业教师 30~50 人不等，师资紧张的局面初步得以缓解。

（5）经费由北京市财政局转交教育部管理。1958 年，北京政法学院下放北京市人民委员会后，财务领导关系由司法部转移到北京市财政局，1959 年划归北京市教育局。1960 年 10 月 22 日，教育部颁布《关于全国重点高等学校暂行管理办法》，要求"全国重点高等学校的经费和基本建设投资，按照学校的领导关系分别列入中央教育部或中央主管部门的预算，由各部直接划拨给学校，或交与地方转发各校"，但由于种种原因一直未办理交接手续。直至1962年8月，公安部政治部就北京政法学院经费关系致函教育部，同年9月，高等教育部以《关于北京政法学院的经费关系和招生政治审查标准问题的意见》答复公安部，同意北京政法学院的经费开支和基建投资等工作自1963年元月起转由教育部管理。

自1960年被确定为全国重点院校，北京政法学院的教学、科研、政治思想、基本建设等工作进入了新的发展阶段。

中共中央关于在高等学校中指定一批重点学校的决定[1]

（1959年5月17日）

（一）高等教育的发展，是我国所极为需要的。但是在目前师资不足、设备不全、学生来源不多的情况下，高等教育的大发展，可能招致高等教育质量的降低。为了既能发展高等教育，又能防止平均使用力量，招致高等教育质量的普遍降低，和为了便于将来逐步提高高等教育的质量起见，从现有的比较有基础的高等学校中，指定少数学校，从现在起就采取措施，着重提高教育质量，是必要的。为此指定下列16个高等学校为全国重点学校：

北京大学、清华大学、北京工业学院、中国人民大学、天津大学、北京航空学院、复旦大学、上海交通大学、北京农业大学、中国科学技术大学、西安交通大学、北京医学院、上海第一医学院、华东师范大学、北京师范大学、哈尔滨工业大学。

（二）上列学校，从现在起，即应着重提高质量，非经中央同意不得再扩大学校规模，不得增加在校学生数目和增设科系。在招生时应保证新生具有较好的政治条件、文化水平和健康条件。在办学中仍应遵守精简机构和勤俭办学的原则，不得铺张浪费。

（三）上列重点学校，必须招收和认真培养研究生，适当地担负高等学校教师进修的任务，同其他学校交换教材、交流教学经验等等，以这些方式为提高全国高等教育的质量服务。

---

[1] 转摘自何东昌主编：《中华人民共和国教育文献》，海南出版社1998年版，第902页。本文为附件三。

（四）上列重点学校，其领导关系照旧不变。

（五）重点高等学校的名单供内部掌握，不公开宣布。

中共中央关于增加全国重点高等学校的决定[1]

（1960 年 10 月 22 日）

1959 年 3 月，中央决定设置全国重点高等学校，是在高等教育事业大发展中，为了保证一部分学校能够培养较高质量的科学技术干部和理论工作干部，更有力地提高我国高等学校的教育质量和科学水平。由于两年来高等学校大量增加，中央原定 20 所重点高等学校的数量感到太少，为了更有力地促进我国高等教育事业和支援新建高等学校的工作，中央决定再增加一批全国重点高等学校。全国重点高等学校的专业设置不宜过多，各校之间要有适当分工；学校的发展规模不宜过大，应该加以控制；以便集中力量，迅速达到提高质量的目的。

一、原有的全国重点高等学校（校名前面有☆的）和新增加的全国重点高等学校共 64 所，名单如下：

1. 综合大学 13 所

☆中国人民大学　　　　　　　☆北京大学

☆复旦大学　　　　　　　　　☆中国科学技术大学

吉林大学　　　　　　　　　　南开大学

南京大学　　　　　　　　　　武汉大学

中山大学　　　　　　　　　　四川大学

山东大学　　　　　　　　　　山东海洋学院

兰州大学

2. 工科院校 32 所

☆清华大学　　　　　　　　　☆上海交通大学

☆西安交通大学　　　　　　　☆天津大学

☆哈尔滨工业大学　　　　　　大连工学院

东北工学院　　　　　　　　　南京工学院

---

〔1〕　本文转自陈大白主编：《北京高等教育文献资料选编 1949—1976》，首都师范大学出版社 2002 年版，第 519—520 页。

华南工学院	华中工学院
重庆大学	西北工业大学
合肥工业大学	☆北京工业学院
☆北京航空学院	北京石油学院
北京地质学院	北京邮电学院
北京钢铁学院	北京矿业学院
北京铁道学院	北京化工学院
唐山铁道学院	吉林工业大学
大连海运学院	华东水利学院
华东化工学院	华东纺织工学院
同济大学	武汉水利电力学院
中南矿冶学院	成都电讯工程学院

3. 师范院校 2 所

☆北京师范大学	☆华东师范大学

4. 农林院校 3 所

☆北京农业大学	北京农业机械化学院
北京林学院	

5. 医药院校 5 所

☆北京医学院	☆上海第一医学院
☆中国医科大学	北京中医学院
中山医学院	

6. 外语学院 1 所

北京外国语学院

7. 政法、财经学院 3 所

国际关系学院	北京政法学院
北京对外经济贸易学院	

8. 艺术学院 1 所

中央音乐学院

9. 体育学院 1 所

北京体育学院

10. 军委所属院校 3 所

☆哈尔滨军事工程学院	☆第四医科大学

☆通讯工程学院

二、全国重点高等学校是我国高等教育的主要骨干，办好这些学校对于迅速壮大我国科学技术队伍和理论队伍具有重要意义。因此，在高等教育工作中，集中较大力量办好全国重点高等学校，这应作为中央教育部、中央各主管部门和各省、市、自治区党委共同的首要的职责。

除了必须首先办好上述的全国重点高等学校以外，中央各主管部门和各省、市、自治区，还应在自己所属学校中，指定本部门、本地区的重点高等学校，并把这些学校努力办好。

三、全国重点高等学校招生，应保证新生具有较好的政治条件、文化水平和健康水平。

四、全国重点高等学校的名单，供内部掌握，不公开宣布。

中华人民共和国最高人民法院、
最高人民检察院、公安部函

（60）法司字第 35 号、（60）检办人字第 123 号、（60）公政治发字第 725 号
（1960 年 9 月 13 日）

中共北京市委大学科学工作部、北京市教育局：

北京政法学院已被教育部列为重点学校，但今年新生，仍在北京地区招收。由于北京地区高中毕业生数量有限，完成今年招生任务有一定困难，为此北京政法学院请求能在全国政法系统，内招一部分在职干部。我们考虑到政法工作的实际需要，认为所提意见是适当的。在商得教育部同意后，经中央政法小组批准，决定北京政法学院除在北京地区根据市委决定，招收一定名额的高中毕业生外，另在全国公安、检察、法院系统，内招 240 名学生，并由北京政法学院向市委作了汇报。

据北京政法学院报告，目前，内招学生已陆续到齐，请求明确经费、设备的来源。我们意见，在教育部对新列为全国重点学校的经费管理办法尚未统一规定前，这部分内招学生的经费、设备，请你处予以解决。特此函达，希即研究见复。

附件：

1. 中华人民共和国最高人民法院、最高人民检察院、公安部关于北京政法学院在全国公安、检察、法院系统内内招学生问题的联合通知。

2. 北京政法学院 1960 年内招 240 名新生经费年度预算表。[1]

1960 年 9 月 13 日

1961 年北京政法学院招生计划报告

（61）政字第 24 号

（1961 年 3 月 28 日）

中央教育部人事司：

接教育部 3 月 23 日电话通知：1961 年暑假我院政法系招生名额为 400 名，招生地区为华北地区与河南、辽宁两个省，要我们作出地区分配计划，于月底报部。

根据上述通知，我们进行了研究，现将名额分配计划报告如下。请审查批示。

河北省 110 名、辽宁省 60 名、河南省 90 名、北京市 65 名、山西省 65 名、内蒙〔古〕自治区 10 名。

1961 年 3 月 28 日

中华人民共和国教育部附发修订后的
"一九六一年中央各部门所属高等学校分省、
市、自治区录取新生调配方案"的通知

（61）教人密发字第 214 号

（1961 年 7 月 10 日）

各省、市、自治区高教、教育厅（局），中央有关业务部门，各全国重点高等学校及其他中央部门所属高等学校：

今年全国高等学校统一招生考试确定在 7 月 31 日至 8 月 2 日举行。现随函附发修订后的"一九六一年中央各部门所属高等学校分省、市、自治区录取新生调配方案"，请即按照办理招生工作。我部 5 月 11 日（61）教人密发字第 161 号文附发

---

〔1〕 本文根据中国政法大学档案馆馆藏刊印，原档案附件缺失。

的"一九六一年中央各部门所属高等学校分省、市、自治区录取新生调配方案"应予作废。各有关高等学校在接到此方案后，必须在两天之内，将本学校在各省、市、自治区分系（或专业）的招生计划，以最快的方式通知有关省、市、自治区招生委员会。各校在制定分系（或专业）分省招生计划时，应尽可能按照原订的方案。不要作大的变动，以利各地招生工作的进行。

因招生时间紧迫，今年高等学校的国防尖端专业和教育部主管的学校的机密专业暂不重新规定，请各省、市、自治区参照 1960 年的有关规定办理。对去年划为绝密专业而今年列为第二批录取的学校，应予适当照顾，以保证新生质量。

附件：如文。

1961 年 7 月 10 日

1961 年中央各部门所属高等学校分省、市、自治区录取新生调配方案[1]

人数	合计	北京	河北	山西	内蒙[古]	辽宁	吉林	黑龙江	上海	江苏	浙江	安徽	江西	福建	山东	广东	广西	湖南	湖北	河南	四川	云南	贵州	陕西	甘肃	青海	新疆	宁夏
北京政法学院	350	140	150	10		10									40													

教育部关于北京政法学院的经费关系和招生政治审查标准问题的意见

（62）教计事段字第 771 号

（1962 年 9 月 17 日）

公安部：

8 月 11 日（62）公政治发字第 449 号函悉。关于北京政法学院的经费关系和今后招生政治审查标准等问题，我部意见如下：

一、同意该院经费开支和基建投资等工作自明年元月份起转由我部管理。为了

---

[1]　该表仅摘录了北京政法学院部分。

便于移交工作衔接，请将该院编报的今年度的财务预、决算抄报我部一份。

二、关于该院今后招生政治审查标准问题，根据中央批转聂荣臻同志关于审定高等学校录取新生和各方面录用高等学校毕业生政治审查标准的报告，政法专业不能列为机密专业，但是学校可以在录取新生时，根据统一规定的录取原则和办法，从报考本校的考生中录取政治质量较好的学生。

中华人民共和国教育部

1962 年 9 月 17 日

教育部关于附发一九六三年中央各部所属高等学校分省、市、自治区录取新生调配方案

（63）教人密发字第 28 号

（1963 年 5 月 29 日）

各省、市、自治区高教（教育）厅（局），中央有关业务部门，教育部直属高等学校：

随文附发一九六三年中央各部门所属高等学校分省、市、自治区录取新生调配方案，请参照执行。

中央各部所属高等学校接到本方案后，应当立即制定本校各系（或专业）在有关省、市、自治区的录取新生方案，并及时通知有关省、市、自治区高等学校招生委员会，以便各地迅速进行招生工作。

附件：如文

中华人民共和国教育部

1963 年 5 月 29 日

一九六三年中央各部所属高等学校分省、市、自治区录取新生调配方案

说明

一、一九六三年中央各部门所属高等学校计划招生 67 700 人（其中包括军事院校计划招生 5070 人），本方案实际招生计划为 67 140 人，比原订招生计划少 560 人。这是因为武汉工学院、开滦煤矿医学院、北京广播学院在这次调整中是否保留，尚待国务院文教办公室审批确定，所以上述学校计划招生 560 人，暂时没有列

入本方案。

二、制订本方案的原则是：

1. 本方案在保证高等学校新生质量的前提下，根据各地区学生来源和学生质量情况，并结合各校过去招生的传统习惯和地区之间避免大量调动的原则研究确定；

2. 全国重点高等学校，除少数学校仍同往年一样，可在全国范围招生外，其余学校原则上可在全国主要省、市或学校所在大区和临近大区范围内招生；

3. 非全国重点高等学校，原则上在学校所在地区的大区范围内招生，个别情况特殊的学校，可结合厂矿生产基地，到有关省、市、自治区招生；

4. 为了照顾地区的要求和学生的生活习惯，学校所在省、市、自治区的招生名额，应该适当多安排一些。

三、中央各部门所属高等学校的分校分地区招生调配方案，是由各校主管部门提出的，经商得有关部门同意，我们作了部分调整。

四、经我部批准的高等学校附中或预科毕业生直升本科的名额，以及少数民族院校内招的名额都包括在学校所在省、市、自治区的调配方案中。

五、文化部、体委所属艺术、体育（运动系）院校因情况特殊，只列招生地区，不规定分地区的招生名额，所以招生名额暂时都列在本省、市、自治区的调配方案中。[1]

人数	合计	北京	河北	山西	内蒙[古]	辽宁	吉林	黑龙江	上海	江苏	浙江	安徽	江西	福建	山东	广东	广西	湖南	湖北	河南	四川	云南	贵州	陕西	甘肃	青海	新疆	宁夏
北京政法学院	400	70	60	25		30	40		50	30					30				25	30	30			20				

---

[1]　表中仅摘录了北京政法学院部分。

五、学术委员会制度

内容提要

建校初期，北京政法学院大量的精力都投放于配备师资与干部，建立各项制度方面，教学和科研工作未完全纳入议事日程。直到 1955 年，学院为了贯彻党和国家关于提高教学质量的方针，进一步加强对教学和科学研究工作的领导，决定学习苏联高校的经验，成立全院性的学术委员会。其任务是审查学院的工作计划、教学计划、科研计划、师资培养计划，并监督其执行情况；讨论教科书、教学大纲、论文及其他重大科学问题。该委员会由院长、副院长、教务长、各教研室主任和部分教学经验丰富的教师组成。

当时，国内没有现成的经验可资借鉴，一直引领风气之先的中国人民大学也只有校代会，尚未设立学术委员会，甚至连高等教育部都没有学术委员会的相关资料。学院领导听取苏联专家的建议，广泛吸纳苏联莫斯科大学、基辅大学等多所大学的先进经验，结合本院实际，建立了院学术委员会。1955 年 9 月 7 日，北京政法学院举行院学术委员会成立大会，钱端升院长、苏联专家楚贡诺夫等在会议上作了讲话。

学术委员会的成立，标志着北京政法学院的教学和科研工作进入了新的发展阶段。

北京政法学院关于成立学术委员会的报告

(55) 政字第 590 号

(1955 年 9 月 15 日)

中华人民共和国高等教育部：

为了加强对教学和科学研究工作的领导，我们根据专家的建议并经院务会议讨论通过，决定成立"北京政法学院学术委员会"，该委员会由钱端升等 21 人组成（名单附后），并于 9 月 7 日举行成立会议。会上由院长钱端升作了《关于上学年教学工作和本学年教学和科学研究任务的报告》，□由专家楚贡诺夫同志就学术委员会的任务和工作方向作了重要的发言。最后展开了讨论，大家一致欢迎学术委员会的成立，并对我院过去不够重视科学研究工作和学术空气不够浓厚的现象进行了批评、自我批评。

　　附上我院学术委员会名单，请批示。

北京政法学院

1955 年 9 月 15 日

北京政法学院学术委员会名单

（经院务会议通过）

主席：钱端升

副主席：刘镜西

委员：王　润（中共党史与哲学教研室主任）

　　　王禹夫（中共党史与哲学教研室副主任）

　　　余叔通（兼秘书）（马列主义基础教员）

　　　高　潮（民法教员）

　　　凌力学（哲学教员）

　　　徐敬之（马列主义基础与政治经济学教研室主任）

　　　张　杰（民法教研室主任）

　　　张　鑫（国家法权理论教员）

　　　张子培（刑法教研室副主任）

　　　张召南（马列主义基础教员）

　　　张亚民（马列主义基础与政治经济学教研室副主任）

　　　曾炳钧（财政法教员）

　　　程筱鹤（国家法权理论教员）

　　　雷洁琼（副教务长）

　　　赵　先（哲学教员）

　　　刘　昂（教务长兼刑法教研室主任）

　　　鲁　直（国家法权理论与历史教研室主任）

　　　欧阳本先（政治经济学教员）

　　　严景耀（国家法与行政法规教研室主任）

高等教育部
关于北京政法学院学术委员会组成人员的批复

（55）综于字第 747 号

（1955 年 9 月 20 日）

北京政法学院：

9 月 15 日政字第 590 号报告及附件收悉，同意你院学术委员会名单，并希你院在苏联专家指导下，抓紧建立与健全学术委员会的组织制度，充分发挥其作用，以改进与提高教学工作。同时应注意及时总结经验报部，以便介绍给其他政法院校参考。

高等教育部

1955 年 9 月 20 日

钱端升院长在学术委员会成立大会上的讲话

（1955 年 9 月 7 日）

北京政法学院学术委员会成立了，它在高等学校走向正规的发展过程中，也就是说，在提高教学质量方面有它的重大作用。现在，我首先请刘副院长宣布学术委员会的成员名单。

北京政法学院原来有个院务委员会。院务委员会经常为行政事务所牵连，很少讨论教学研究有关方面的问题。但是，高等学校的教学有它的高度科学性，为了提高教学质量，我们需要学术委员会这样一个组织，特别是科学研究方面更需要这样一个组织。根据苏联先进经验证明，全院性的学术委员会无论在提高教学质量或推进科学研究方面全起了重大作用。我们学校成立学术委员会，总的目的也是要在这些方面改进我们的工作。关于学术委员应当做哪些具体工作，以及学术委员会的每个成员如何进行工作，这对我们来说，是项新的工作，也需要有一个摸索的过程，好在有专家经常指导我们，我相信，学术委员会是会起它应起的作用。

过去几年来，我们学校肩负双重任务，从去年以来培养三种对象——四年制本科、二年专修科和调干。3 年来，我们学校轮训了在职干部 840 人，培养专修科学生大约 590 人。以轮训在职干部来说，我们除了对他们进行政治思想教育外，也要求他们比较系统地学习马克思主义理论及各种必要的专业课程。尤其是去年的调干同学，在理论学习方面比前两年更系统了，在学习苏联的先进经验方面，分量也增加了。以培养专修科学生来说，在学习苏联先进经验方面也要比前两年更丰富更系统。他们不但跟调干生在一起学习了苏联民法、刑法，并且初步地学习了苏联民诉法、刑诉法。他们运用了 48 天功夫在法院、检察院进行了生产实习，共受审 609 件案子。就考试考查的成绩来说，去年的专修科同学比前两年也有了显著的提高。例如在参加考试的 279 个学生中，成绩优的占 27%，成绩良的占 52%，这就是说，有 79% 的同学取得了优良的成绩，这为我校历届毕业学生所没取得过的成绩。再以二年级的同学来说，根据高等教育部在 1954 年召开的全国政法教育会议上讨论通过的统一教学计划，在此以前的调干和专修科虽然也有教学计划，但是这个教学计划是比较不正规的，因此历届重复很多。从去年起，我们学校的教学计划接近于正规了，而且我们也比较严格地执行了教学计划，完成了教学任务。二年级同学共有 9 门课程：马克思列宁主义基础、政治经济学、国家与法权理论、苏联国家与法权通史、苏联国家法，等等。在第一学期，他们考试了两门课程，在第二学期，他们考试了 5 门课程。就第二学期的考试成绩来说，参加考试的共有 233 人，其中，成绩优的占 33%，成绩良的占 46%，加起来，成绩优良的占 79%。

经过一年的学习，二年级同学的社会主义觉悟普遍提高了，他们当中的大部分人初步地树立了政法的专业思想，仅有一小部分人还抱有抵触情绪。如果就全班学生来说，政法专业思想巩固起来了。其次，他们的共产主义道德品质也普遍有了增长，例如，他们能够进一步批判各种各样的资产阶级思想，克服了过去对待生活、对待劳动的一些不正确的看法，认识到，在现在的社会主义建设过程中必须养成艰苦朴素的作风。但这并不是说，我们的政治教育已经做得差不多了。相反的是，从他们经常的思想检查和肃反运动中，可以看出我们的政治教育还是做得不够的。

就我们学校的教员来说，1954 年以前，这是凤毛麟角，少得很。但是从去年起却有了比较大的提高，很多教员过去没有开课，但在去年却开课了，尽管教学量不大好，从不能开课到能开课，算是前进了一步。例如在 100 多个教员中，有 43 个教员讲课了，有 13 个教员上辅导课了，不论讲课还是上辅导课方面都取得了一定的成绩。

在培养师资方面，过去一年来，我们输送了不少的同志到其他学校去进修，如中国人民大学、马克思列宁主义学院等院校。我在这里还必须强调一点，那就是我们学校在去年初步地建立了一个统一的师资培养计划，尽管这个计划还不够完善，需要在实践中纠正。我们在计划中树立了"边教边学"的中心思想。尽管我们的教学任务很繁忙，教学质量不够好，但是一般来说，教员同志们通过对教学计划的讨论，基本上克服了急躁情绪，扭转了不正确的思想，有计划地、有步骤地把自己培养成为一能够胜任自己职位的优秀的人民教师。

经过过去一年来的政治思想教育，教员同志们的阶级觉悟和马克思列宁主义理论水平都有了普遍的提高。这一方面表现为，我们的教员同志进一步地认识到各种各样的资产阶级唯心主义思想会给教育方法和教学内容带来莫大的危害性，所以在去年我们给资产阶级唯心主义思想作了更进一步的批判和更好的揭露；另一方面表现为，我们的教员同志更能够对工作负责，例如在教学方面发扬了集体主义精神，树立了对待劳动的正确态度，踊跃地参加义务劳动，在教学联系劳动方面做得很好。由于大家的阶级觉悟和马克思列宁主义理论水平提高了，从而更充分地认识到政法教育的阶级性和艰巨性，更充分地认识到政法工作在我国的社会主义建设中的重大作用。

下面，我再谈谈本年度的教学任务和科学研究任务。在谈到这个问题之前，我首先应当提醒同志们注意，我们的中心任务是提高教学质量。但是，我们必须在科学研究基础上提高教学质量。如果我们不能在科学研究方面取得成绩而高谈"提高教学质量"，那一定会是空空如也的口号了。我们在提高教学质量的口号下，必须从科学研究方面集中主力改进工作，科学研究工作应当首先从教员同志做起，进而扩展到同学方面。

我们学校现在只有本科一年级和二年级同学，对一年级同学是按照高等教育部所修正的教学计划进行教学。这个新的教学计划比起去年的教学计划有些改动，在课程安排方面学时也有所增加。关于二年级同学，还是按去年高等教育部颁布的教学计划进行学习。

关于考试考查，一年级同学考试 7 门课（第一学年考 3 门，第二学年考 4 门），考查 8 门课（第一学年考查 4 门，第二学年考查 4 门）；二年级同学考试 6 门课（第一学年考 2 门，第二学年考 4 门），考查 8 门课（第一学年考查 5 门，第二学年考查 3 门）。按照现在的教学计划，一年级同学没有学年论文，我们的专家顾问同志建议，一年级的同学也要写学年论文。院领导方面对专家的意见经过再三考虑认为，我们的教学质量差，还是按照高教部的教学计划办事，不打算改动，二年级同学按高教部的教学计划，有学年论文，我们打算执行这一教学计划。

关于班次的安排，以往我们学校除了实行大班上课以外，课堂讨论和辅导课也是按照大班进行的。现在我们接受专家的建议，下决心把课堂讨论和辅导课的班缩减到基本上合乎高教部规定的 30 人一班。从今年起，一年级、二年级的班次都大大缩小了，因此，同志们的负担有所加重，困难是不小的。虽然如此，只要我们努力，在去年发挥集体主义精神的基础上更进一步发挥集体主义精神，互相帮助，互通有无，加上专家的帮助，困难一定可以克服。

今年，我们学校新设一个［年］级主任制。对这样一个制度，我们考虑再三不一定能搞好，正在试验中，不过，我希望有关同志能做好这一工作，使它能起一定的作用。

关于研究生的数目，现在还不能最终确定，现到校的有 40 个研究生，其中有 21 人学习刑法、刑诉，有 19 人学习民法、民诉。此外，中国人民大学还准备保送 11 人，其中有 7 个研究生，4 个进修生；国家统计局准备保送 5 个进修生；中央政法干部学校也在考虑保送几位同志来，现来校的有 56 人。研究生有民法、民诉，刑法、刑诉两个教学计划。民法教学计划里规定 734 个总时数，刑法教学计划里规定 754 个总时数。这两个教学计划的制订都得到了专家的同意，两个学年里有这样多的总时数，在高等学校的教学计划中还是比较少的。高等学校的进修生，特别是研究生应有很大一部分自学时间，进行独立思考。不是所有的知识都能在课堂里弄清楚，教员的课应该讲明白。领导课堂讨论也应该是有计划地进行，好在有专家方面大小都作经常的指导，有了这样一个有利条件，只要大家肯努力，这些困难也是可以克服的。

研究生教学计划本来没有规定写毕业论文，原因是我们考虑到研究生的水平不高，怕毕业论文写不起来，而中央司法部也同意这样的意见。而专家却指出毕业生应当写毕业论文，院领导方面考虑拟建议司法部采纳专家的这一宝贵意见。同时，专家还准备帮助我们建立［一］个实验室，我们建议高教部准许我们学校建立一个实验室。

今年，一年级、二年级共有 17 门课程，其中 9 门课程作了新的排列，不按去年的讲稿讲。研究生共有 4 门课程：民法民诉、刑法刑诉、中国国家法与法权理论和辩证唯物主义与历史唯物主义。今年有 44 个教员预备讲课，有 19 个教员上辅导课。

从现在的情况看来，教员同志们对教学法比过去有了进一步的重视。过去，我们对教学法当然也做过讨论，但总是"雷声大，雨点小"，重视不够，今后，我们教员同志之间应该进行各种各样的大大小小的经验交流。

就科学研究来说，去年大家自动提出 21 个题目供院领导考虑，要求对这些题目进行研究。今年我们接受了专家的意见，提倡教员同志们从这学年开始尽可能结合教学实际搞些科学研究工作。为了从今年起大力开展科学研究工作，我们学校的机构也有了调整，便于加强对科学研究的领导。大家知道，科学研究有一段由浅入深、由质量差到质量好的劳动过程，教员同志们必须从思想上重视科学研究工作，在专家的真挚帮助下，我们只要努力，是会取得一定成绩的。

本学年的排课是学术委员会讨论拟定的。由于专家的建议，并结合大家的自愿，因此增加了教员同志们的一些负担。例如把过去五六十人一班的大班改成 30 人一班的小班，把研究生和同学们的全部课程都排在下午 3 点 20 分以前，这样就便于教员同志集中力量备课。如果大家能长此这样干下去，我对同志们的辛勤劳动则表示感谢，并希望同志们很好地掌握时间，注意自己的身体健康。

3 年来，由于我们大家的辛勤劳动，给今后提高教学质量打下了一定的良好基础。但是，这距离我们理想中的良好还差得远，为了培养好的国家建设干部，我们的教学质量必须大大提高。我们不能自己原谅自己，如果要原谅的话，那是错误的。党和国家要我们快点提高教学质量。我们的条件虽然差一些，但是，只要我们从事忘我的劳动，发挥集体主义精神，在专家的热忱的帮助下，我们是有可能完成我们的任务的。

雷洁琼副教务长的讲话

（1955 年 9 月 7 日）

今天，学术委员会宣布成立了，这是北京政法学院的一件大善事，也就是说从今天起，政法学院在教学方面或科学研究方面都进入了新的阶段。

过去 3 年来，北京政法学院忙于配备干部和建立学校制度，至于教学和科学研究工作，没有提到工作议程上来，只有个别教员在自发地进行科学研究。今年，我们在扩大院务会议上，决定了逐步开展科学研究工作的方针。根据这个方针，各教研室普遍拟定了科学研究计划，参加科学研究的教师共有 21 人：民刑法教研室有 4 个人，国家与法权理论教研室和国家法教研室有 8 个人，中国共产党党史和哲学教研室有 5 个人，俄文教研室有 5 个人。[1] 但是，从全校的 100 多个教师的比例来看，只有 21 人参加科学研究还算是很少。所以，我们还不能说我们学校已经开展科学研究工作。刚才，钱院长在报告中提到，最近有很多人踊跃报名参加科学研究，这是一个好消息。不过，根据当前的情况来看，我们学校的科学研究工作尚未

---

〔1〕 总数与分项之和不符，原文如此。

开展，只是有一个初步的科学研究计划。由于我们缺乏科学研究工作经验，在科学研究过程中，将一定遇到很多很多困难。但是有了学术委员会的领导和专家对我们的帮助，我相信，我们一定能够克服困难，使我院的科学研究工作能够蓬勃开展起来。

高等学校的根本任务是培养国家建设干部（我院的任务就是培养国家的政法干部）。这就规定了高等学校科学研究的首要任务，是提高教学质量。高等学校所培养的人才不仅要具有丰富的科学知识，更重要的是，要具有独立工作能力。这就要求教师们不仅能够掌握本课程的最新成就，能够积累、扩充和发展自己的业务知识与经验，而且更要端正自己的态度，善于用创造性的科学方法来教导学生。一个高等学校教师如果没有科学研究的精神那就很难达到专门化，为了正确地培养研究生，和善于指导研究生的生产实习和写毕业论文，高等学校教师必须从教学中努力提高自己，我们要用进行科学研究的成果来丰富教学内容，提高教学质量。

进行科学研究有两种不同的做法。一种是以教研室为单位，首先明确科学研究的方向，然后依靠既定的方向，选择比较大的问题进行综合性的研究，全体教研室成员在共同的目标下实行科学合作；另一种是以个人为单位，个人在现有的科学基础上，从自己的志趣出发，适当结合教学需要和国家建设的需要，选定题目进行分散的研究。就北京政法学院的目前情况来说，由于受到种种条件的限制，确定共同研究的方针，选择共同的题目，实行科学合作，还有一定的困难，所以个人研究的方式是必要的。虽然如此，集体研究的方式应该作为我们努力的方向，因为只有遵照集体研究的方式，方能集中大家的智慧，发挥集体的力量，解决科学中的主要问题，方能够提出不同的意见加以讨论和辩论，方能够有助于科学研究向前发展。无论集体研究或个人研究都要有既定的科学计划。只有在执行既定的科学研究计划的进程中，方能克服科学研究的盲目性，方能有明确的科学研究方向，方能使科学研究工作经常化和制度化。

加强科学研究的计划性，关键就在于加强对教研室的领导。教研室是个教学集体，也是个科学研究集体。教研室集合了进行各种科学研究的教师。在统一领导下实行互助合作，朝着共同的方向迈进。只要领导得当，教研室在科学研究方面会发挥无穷的潜力。

开展学术上的自由批判和争论，是发展科学和提高理论水平的最有效手段。只有在争论和批评与自我批评当中，我们方有生气，方能够活跃起来，方能对科学研究的成果做出正确的评价，也只有这样，方能产生出新的和富有成效的科学思想。为了开展学术上的自由批判和自由争论，召开科学讨论会是十分必要的。我希望各教研室的各教研组经常举行小型的科学讨论会，只有在这个基础上，方能够使全院性的科学讨论会开得更好更有内容。

在开展科学研究过程中，我们是会碰到困难的。就现在来说，我们已遇到两个问题。第一个是，图书资料很缺乏，没有必要的图书和资料，科学研究没有办法进行。北京政法学院成立不久，科学研究资料很不够，由于受经费的限制，要想一下子把科学研究的物质资料弄得很完备，那也是不可能的。我们要认识到，资料室和图书馆的工作只有在科学研究的过程中逐步健全起来。如果不通过科学研究工作的开展，资料室和图书馆的工作也就很难建设起来。第二个是，教师的时间问题。一般地说，我院教师的教学任务是非常繁重的，这一问题只有由教研室和教师共同想办法来解决，教师要充分利用一切可能利用的时间，院行政上必须合理安排全院的活动，减少不必要的社会活动和院务会议，加强各项工作的计划性，改善工作方法和工作作风。

高等学校教师应该把主要精力放在教学和科学研究方面。列宁格勒大学校长亚历山大说过："一个热爱科学的人不会没有时间进行科学研究，正如一个谈恋爱的人不会没有时间去见到自己的爱人。只要我们热爱科学，是会从百忙中找到空余时间的。"

各位教师，我希望你们当中已经报名参加科学研究的同志们能够切实执行和完成你们的计划，没有参加科学研究的同志们应该努力创造条件争取投入到科学研究里来。我相信，在学术委员会的领导和苏联专家的帮助下，只要大家共同努力，一定能够使我们学校的科学研究工作开展起来，并将获得成就。

刘昂教务长的讲话

（1955 年 9 月 7 日）

学术委员会成立了，这标志着我们学校的教学工作和科学研究工作进入了新的阶段。过去几年来，我们学校的教学工作是有成绩的，这是党、政府和院长领导暨同志们努力的成果。

过去，我们对教师任务好像是明确的，比如也知道教师的任务是：①教学工作，②科学研究，③教学法，这三者是有机结合的。但是，正如钱院长所说："我们虽然取得了一些成绩，缺点也还是有的。"几年来，由于大家努力得不够，特别是我个人做实际工作有不少缺点，以致教学工作还完成得不够好。

大家知道，任务确定了，紧接着就需要建立一个相应的组织形式来保证任务的完成。现在，我们的任务明确了，相适应的组织形式也建立了，通过这样一种组织形式，加强计划，规定制度，在学术委员会的领导下，特别是在苏联专家的帮助指导下，我相信，只要大家努力，在教学和科学研究方面一定会获得良好的成绩。

为了保证教学任务的完成，把书教得更好，把学术研究更好地开展起来，教师们应该在学术委员会的领导下将教学工作和科学研究工作结合起来。根据我院的实际情况，从科学研究方面来说，既有有利条件，也有困难条件。例如在 100 个教员中，有 25 个教员担任业务和理论上的讲课，以及领导课堂讨论，有一部分同志正在准备下学期讲课，还有一部分同志正在先学后教。这种情况说明我们教员同志应怎样积极工作来完成当前的教学任务。但是，教学工作应该和科学研究工作密切地结合起来。那么，这里有没有时间和力量呢？25 个教员将要与学生进行面对面的教学，就 25 与 100 来比，进入教学的只有 1/4，加上文体教员，也不过占 1/3。这种情况，要求我们很好地把教学工作和科学研究工作、教学法结合起来。这样做的结果，不仅教学任务完成了，而且科学研究工作也会活跃起来。我同意雷副教务长所说的，我们自己应该积极地找时间进行科学研究。教学工作和科学研究并不是对立的，而是能够很好结合在一起的。

过去，我院的行政工作、教学工作和科学研究工作组织得不够好。今后在这些方面应该做合理的安排。学校的行政工作是为了保证更好地完成教学任务和实现科学研究，尽可能减少从事教学工作和科学研究工作的同志们的不必要的行政事务负担，同时，我希望全体教师要很好地发挥工作积极性和创造性，大家的任务是一个，目标是一致，加以在学术委员会的领导和苏联专家的指导和帮助下，我预祝并且相信，我们的教学工作和科学研究工作在一年以后就会有明显的成绩。

刘镜西副院长的讲话

（1955 年 9 月 7 日）

我以很愉快的心情祝贺学术委员会的成立。

钱院长所谈到的，我们学校过去一年来的工作情况是完全符合实际的。接着，同志们的发言也都很好。专家对我们的帮助很重要，今后我们要很好地贯彻苏联专家的建议。

下面，我想着重于在学术委员会方面提出几点意见：

第一，学术委员会虽然到今天才成立，但是，这并不是说我们过去不知道有这样一个组织，而是知而不行，犹豫不决。只有在专家的忠诚真挚帮助下，打破了我们的保守思想和犹豫情绪，才能建立起学术委员会，应该说，很早就要成立学术委员会。但是，由于学校领导方面因循保守，没有针对学校需要这样一个组织而认真加以考虑，苏联专家的帮助确实把我们学校的领导同志从事务的纠缠中拯救出来，投入到学术委员会，从而提高领导水平。

今天学术委员会成立了，我相信，大家都怀着同样的感激心情，向苏联专家致以谢意。大家都一致认为，学术委员会的成立对我们学校起了划时代的作用，标志着我们学校进入了新的时期。学术委员会不论对我们学校的教学质量的提高、科学研究的开展和师资的培养都是一股很大的力量，所以我们应该把学术委员会的工作做好。不过，正如陈光中同志刚才说的，学术委员会的工作对我们来说是项新工作，不能一下子做好，即使有了专家的帮助，也还要有个探索经验的过程。但是，我们相信，在专家的直接帮助下，我们不仅应当而且可能不是很慢而是很快地把学术委员会工作做好，不过，要想做好这一工作，不是单靠学术委员会的二十几个成员，而是要靠一百多个教师的共同努力才能办到。

最后，我还要强调陈光中同志曾提到的一个很重要问题，这就是在学术上要展开自由争辩，自由争辩是科学研究的灵魂和关键，可是，正如陈光中同志说的，过去在我们学校里，批评与自我批评是做得不够的。毛铎校长传达的访苏见闻给了我很大启发，他说，在苏联，遇到学术上的问题，充分发扬民主，展开自由争辩。这点，今后我们要好好向苏联学习，要朝着我们领袖所指导的那样去做。我记得《人民日报》曾刊登一篇文章，上面写道，在学术上要充分发扬民主，提倡自由争辩。在学术领域里不能是少数服从多数，不能强制，强制是违反学术原则的。即使在这个问题上作了结论，如有不同意见还应允许提出争论。只有这样，才能逐步提高科学研究水平，我们决不能认为科学上的自由争论对个人的面皮有什么伤害，如有这种想法，那是庸俗的想法，是科学研究的敌对思想，所以，我认为再一次地强调这个问题不是没有意义。

楚贡诺夫同志的讲话

（1955 年 9 月 7 日）

亲爱的同志们！

北京政法学院今天实行了一件很隆重的事情，这就是成立了"北京政法学院学术委员会"。

由于你们的国家很缺乏政法干部，这就给各高等政法院校加重了培养新型的纯洁的政法干部的责任。我们苏联专家来到中国，与中国专家在一起进行工作，我们一定尽自己所能来带动同志们把工作做好。我确信，在学院院长的领导下，大家一定能够把本科学生培养到像毛主席曾经提到的三好的程度，现在，北京政法学院的任务主要是培养人民法院干部、人民检察院干部和民政部门的干部。但是，在来年，北京政法学院的任务就更要加重，还要培养科学研究人才。

中华人民共和国高等教育部根据北京政法学院领导上的请求批准组成"北京政法学术委员会"，这个学术委员会的任务和工作方向主要是领导全校的教学工作和科学研究工作。学术委员会应很少搞行政工作，学术委员会对研究生的培养也要加以重视，并且要负责领导各教研室的工作，并帮助他们工作。

学术委员会主要讨论两方面的问题：在教学方面包括教学计划，讲稿内容、教学大纲及教学法等，这是学术委员会的主要工作方面；另一方面，学术委员会还要讨论科学研究工作计划，科学研究的主要题目应该是今天实践所迫切需要的问题和总结科学成果，学术委员会要领导从事科学研究工作的同志共同商讨，如何把科学研究工作做得适当。我相信，在院长的坚强领导下，学术委员会一定会在教学方面和科学研究方面很好地完成任务。

现在，我对政法学院的全体教师同志们有这样一个愿望：你们应贡献出自己的一切力量培养出忠于祖国社会主义建设事业的新型的政法干部来满足国家的需要。

最后，请允许我解释，我们苏联专家从到政法学院的几天来，并没有做像钱校长刚才听说的我们做的那些工作。

教务长刘昂关于师资培养计划与
教学工作量问题的报告（草案）[1]

（1955 年 9 月 7 日）

师资培养是学校建设中一项极为重要的工作，它是保证完成教学任务的一个关键性问题，因此，我院自创建之初便重视这一问题。建校头一年，由于师资缺乏，为了保证教学质量，曾采取了由外聘教师（主要是中央各业务部门的负责同志）担

---

〔1〕　根据中国政法大学档案馆原件刊印，原文缺正本，无月日标示。经编者考订，该文形成日期当为 9 月 7 日。

097

任讲授，本院教师担任辅导的办法；到第二年，本院教师除担任辅导外，亦尽可能担任部分讲授工作，不过某些叶［业］务课程的讲授，仍然依靠外聘教师；第三年则除调干班的某些叶［业］务课程外，全部教学工作基本上由我院教师担负起来。几年来，我们在师资培养工作上坚持了"大力支持、具体帮助、严肃对待"的方针，采取了以"边教边学"为主，辅以"专门外出学习"到"业务机关学习"及"在校进修"等方式进行培养，从而使我院教师的水平有了不同程度的提高。同时，教师的人数也由开始时的 17 人逐渐增补到目前的 110 人，并基本上确定了教师的专业分工。因此，我们认为，我院师资培养工作是有相当的成绩的，教师培养情况如下：

类别	经过专门学习的教师数	边教边学的教师数	参加叶［业］务部门工作的教师数	已经过或正在进修的教师数		共计
				内	外	
人数	32	51	1（13人）	11	15	110
附注：1. 括号内的人数是既参加过业务部门工作，也经过其他方式的培养，计算教师人数时它是虚数。 2. 表中人数包括本学期新增补的教师在内，是按今年培养计划分别填入各栏内。						

但是，师资培养的工作的缺点仍然是不少的，某些根本性的问题，由于主客观条件的限制，还一直没有获得彻底的解决。这些问题主要是：

第一，没有根据现有的教学任务及将来的发展计划，较为切实地计算出我院所需教师的数目。因此，在教师的增补调配上"心中无数"，以致某些课程所配备的教师人数与教学任务不相适应。

第二，对现有教师的基本情况缺乏深入的了解和研究，对我院教师所应具备的基本条件没有一个较为明确的标准，更未能据此制订出通盘的、比较长期的师资培养计划。

第三，没有结合教学改革，并在保证与提高教学质量的前提下，为实现教学工作量制度做好准备。

为了适应当前教学任务及将来发展的需要，提高教学质量，并为实施教学工作量制度准备条件，目前应该实行下列措施：

第一，根据最近几年内的教学工作总量，计算出我院所需的教师数量。按教学计划规定要开设的全部课程，以各年级均为 500 人、3 个大班、16 个小班计算，我院正常年度全年的教学工作总量为 64 398 小时，按高教部所颁办法中各级教师工作量低额的最低限计算，共需教师 125 人；这样，除现有的 110 位教师外，尚需增补 15 人始能担负起全年的教学工作量。又根据我院教师水平一般是不高不齐的情况，教师的配备数量除需有足够担当当前教学任务的人数外，尚需配备一定的编外人员（约为 21 人），以便采取轮番脱产进修的办法，提高教师的水平，同时并为即将担负的函授工作和学校将来的发展提供后备力量。此外，为了加强资料建设工作，尚需增补专职资料员 9 人（原有 2 人，共 11 人），因此需要增补教师及资料员共计 45 人，并且应当在明年暑假前基本上补齐。其具体分配详见北京政法学院教学人员配备意见表。

第二，必须明确对我院教师的基本要求及对教师培养与使用的几项基本原则。我院教师包括下列三种类型：

其一，从事实际革命工作较久的老干部，他们一般是工农出身，阶级感情深，政策思想水平较高，有较丰富的实际斗争知识。其中一部分人虽然通过"边教边学"的方式初步掌握了□□□的课程。但是他们的情况是文化基础较差，未经过系统学习，目前还不能在业务领导方面发挥较大的作用。

其二，原来大学中的老教师，他们有较高的文化程度，一般具有较丰富的旧学术知识和教学经验，几年来经过各种政治运动、政治学习和思想改造，也有了不同程度的进步。但是今后还需要加强学习与锻炼，以进一步端正立场和观点。

其三，青年知识分子，他们的特点是，文化基础较好，学习热情较高，但是政策思想水平不高，缺乏实际斗争知识，还没有能深入掌握基本理论，这类教师大抵可区别为三部分：

1. 解放前后参加革命的知识青年，他们经过数年来的实际工作和教学工作，已具有一定的马列主义理论水平，并能初步掌握自己的专业知识，但是缺乏系统的理论学习，缺乏实际斗争知识。

2. 解放后在人民大学或其他学校经过系统学习、新参加教学工作的，他们业务知识较广，具有一定的教学能力，但是尚缺乏教学经验，专业知识也钻研不深，实际斗争知识尤其缺乏。

3. 专修科毕业、新参加工作的学生，他们的各方面水平均较上述两部分为差，需经一定时期的进修，方能负担起教学工作，其中有一些是提前毕业并参加过一二年教学工作的，已能部分掌握专业，协助进行教学。基于上述较为复杂的□□情况，我们对师资的培养与提高，应该采取不同的方式，必须不断地提高教师的质量，使每位教师均具有较高的政治水平，具备马列主义的基本知识，掌握本门专业知识，熟悉党的政策和社会主义建设的实际知识，因此有必要规定下列的培养与使用教师的原则：

（1）原来未经系统的学习，转入教学的工作时间较短的老干部不宜负担过重的教学任务，他们担任讲授工作应该"宁可少些，但要好些"，采取稳步地前进办法，同时应该先给予他们以离职学习的机会。

（2）老教师主要是在工作中来提高，因此，要根据不同的情况，尽可能地让他们在教学工作和科研工作中担负更多的任务，充分发挥其积极性和创造性，以便在工作中不断求得进步。

（3）凡已经过系统学习或在"边教边学"过程中基本掌握专业课程内容并具有一定教学经验的教师，应尽量使其多担任教学工作，在教学及科学研究工作的过程中逐步提高；但另〔一〕方面，在可能条件下，也应设法给予进修和参加实际工作的机会。

（4）参加工作时间较短的青年教师，目前的主要工作是领导课堂讨论和进行辅导，其中个别人如教学成绩优秀，准备又较充分，也可担任部分讲授工作，以提高其业务能力，还应有计划地组织他们参与实际工作，他们基本上是要在工作中来提高，在有条件时，也应考虑让他们离职进修。

目前因为教学任务繁重，我院还必须以"边教边学"为培养师资的主要方法。留校"边教边学"的教师应该具体计划如何通过备课、参加夜大学学习、旁听研究生及本科课程和到业务机关及地方上参加短期实际工作等方式，进一步提高政治及业务水平，教研室应协助及督促教师拟定计划，抓紧进修。

但是，为了适应新的要求，我们应该比以前更加重视离职学习的培养方法，应尽可能抽调更多的教师离职进修，根据教师不同的情况，选送他们充当研究生或进修生，到他校教研室见习，到业务机关参加实际工作或留校专门进修等。

第三，从本年度起开始计算教学工作量。目前我院教师所担负的教学工作量一般是偏低的，根据各教研室的计划，本年度教学工作量达到高等教育部定额 60% 的教师，只有 38 人。[1]

---

〔1〕 根据中国政法大学档案馆原件刊印，原文不全。

学术委员会关于师资培养计划和
教学工作量问题的决议（草案）[1]

（1955 年 9 月 7 日）

学术委员会同意对刘昂委员所作的"关于师资培养计划与教学工作量问题的报告"，特作如下决议：

一、由教务处按照原报告所提教师增补数字，拟出教师逐年增补的计划，呈请高等教育部批准，各教研室可暂按此数字具体安排最近 3 年内的教学工作。

二、各教研室应即根据师资培养方案，仔细研究每位教师的情况，拟出本室较长期的师资培养计划。培养方案分为离职学习及边教边学两种。

离职学习可包括充当研究生、进修生、到他校教研室见习、参加业务机关的实际工作及留校专门进修等方式。离职学习时可免去全部教学工作量，期限一般为一年，最多不超过两年。下列类型的教师应优先抽调离职学习：①原来未经系统学习，转入教学工作的时间比较短的老干部；②有一定的业务基础及教学经验，准备培养为教研室的科学骨干的教师；③新参加工作、不经系统学习即难于担任教学工作的教师。

目前留校"边学边教"的老师，其主要的任务是从事教学工作，同时，在教学过程中通过备课、夜大学理论学习、旁听研究生或本科生课程、到业务机关或地方上参加短期实际工作等方式进一步提高政治及业务水平。教研室应切实协助教师拟定进修计划，并随时督促调查。

目前，"边教边学"仍是我院培养师资的主要方法，离职学习的教师只能是少数的。全体教师应正确认识这一问题，排除各种思想障碍，努力完成教研室所分配的教学任务，并在工作中积极克服困难，抓紧学习。

三、从本年度起开始计算教学工作量。除离职学习及该专业课程部分或全部未开设的教师外，凡参加教学工作的教师应最少完成下列教学工作量定额：

---

〔1〕　根据中国政法大学档案馆原件刊印，原文缺正本。

学　　年	最少应该完成的部定教学工作量百分比
1955~1956 年度	30%
1956~1957 年度	60%
1957~1958 年度	80%
1958~1959 年度起	100%

注：政治理论及专业课程按部定教学工作量低额的最低限计算；现代汉语、俄文及体育等课程按部定教学工作量计算。

各教研室在分配教学工作量时应注意：

（1）应在保证教学质量的前提下，适当增加教师的教学工作量以节约人力，减少国家开支；每位教师所担负的教学工作量应逐年增长，不得降低或停滞不前；

（2）同一专业课程内各教师所担负的教学工作量百分比不应过分悬殊，以免畸轻畸重；

（3）每年留校"边教边学"的数目不应过大，只要能满足当前工作教学工作需要及适当保持后备力量即可，有可能抽出的教师应尽量使其离校学习，离校学习的教师人数不得少于已配备的机动人数；

（4）逐步取消"接力讲授"办法，从 1956~1957 学年起，同一班的同一课程，每学期应由一人负责全部讲授。讲授工作应更多地分配给教学效果较好的、相当于讲师以上的教师担任；相当于助教的教师，其主要工作是领导课堂讨论及进行辅导，其中个别人如教学成绩优良，准备又较充分，亦可担任部分讲授工作。

各教研室应即根据上列精神，修订最近 3 年内教学工作的具体分工计划，连同师资培养计划于 12 月 10 日以前送交教务处转请院长批准。

北京政法学院关于学术委员会工作任务的意见

（1955 年 10 月 4 日，学术委员会第二次会议一致同意）

一、性质

学术委员会是本院在教学和科学研究工作上的最高会议，是教学工作及科学研究工作的组织者与推动者，它应在院长的领导下充分发挥集体领导的作用，同时又在集体领导的基础上保证院长负责制的实现。

二、任务

1. 审查全院性的工作计划及工作总结；

2. 审查本科及研究生的教学计划及其执行情况；

3. 审查科学研究工作计划及其执行情况；

4. 审查师资培养计划及其执行情况；

5. 讨论全院师生员工的政治思想工作；

6. 审查教研室关于教学工作、教学法工作及科学研究工作的报告；

7. 评定及授予学衔（教授与副教授学衔的评定结果，由院长提请高等教育部批准，讲师及助教学衔的评定结果由院长批准）；

8. 讨论某些教科书、教学大纲、科学论文及重大的科学问题；

9. 审查本院预算、决算及其他重大问题。

三、会议制度

1. 每 3 周开会一次，会期固定在星期二下午，必要时主席可以召集临时会议；

2. 每次会议必须有 2/3 以上委员出席，始得开会；

3. 会议决议须以出席委员的过半数通过；

4. 会议决议经院长批准后生效，决议一旦生效全院各部门都应严格遵照执行。

为了充分发挥学术委员会的作用，应注意下列几点：

1. 在学术委员会中，应该充分发扬民主精神，开展批评与自我批评，树立自由论辩，特别是在学术问题上自由论辩的风气；

2. 应做好每次会议的准备工作，会议的有关文件应简练，各委员应认真阅读文件，事先考虑好意见，发言应扼要。

树立新的工作作风，各委员应按计划办事，严格执行决议，决议尚未通过时，应尽量发表意见，一旦做出决议，即应严肃、认真、准确地贯彻执行。

《光明日报》：北京政法学院成立学术委员会

（1955 年 11 月 2 日）

北京政法学院学习苏联高等学校的先进经验，从本学期起成立了院学术委员会。新成立的学术委员会将帮助领导上进一步面向教学，成为该院教学工作及科学研究工作的中心，并将在院长的直接领导下起集体领导的作用，保证院长负责制的实现。

该院学术委员会已经制订了一个全学期的工作计划，通过了本年度的教学工作计划，并确定了进一步开展该院科学研究工作的方针和有关措施。

在该院工作的苏联专家，十分重视学术委员会的工作，对学术委员会的组织机构、工作内容和工作方法，都提出了很多宝贵的建议。

——根据 1955 年 11 月 2 日《光明日报》刊印

学术委员会关于研究生培养工作的决议

（1956 年 1 月 10 日第 6 次会议通过，1 月 20 日院长批准）

学术委员会审查了民法民诉教研室和刑法刑诉教研室关于研究生培养工作的初步小结，并听取了教务处检查小组的检查报告，一致认为：半年来研究生的培养工作，在苏联专家辛勤的指导与帮助下是有成绩的。这表现在：各有关教研室均能按照教学计划完成教学任务，并努力学习苏联先进经验不断改进教学，研究生的学习已基本纳入正轨，学习上也有一定的收获。教研室所总结的几点体会，基本上是正确的，应该在会后工作中加所贯彻。但是，目前研究生培养工作中尚存在下列缺点：

（1）民法民诉教研室和刑法刑诉教研室主任对研究生的具体领导不够，负责辅导的教师，与研究生联系不够密切，院领导上也缺乏经常的督促检查。

（2）三门基本理论课程的教学要求不够明确，讲授比较一般化，没有深入地阐述课程中较重要的问题，课堂讨论的质量不高。

（3）教学活动稍多，容易影响研究生深入钻研专业课程。

（4）少数研究生的专业思想尚不牢固，也有部分研究生对基本理论课程不够重视，偏重学习业务课程；另外，有个别研究生水平较差，学习上有较大困难。

为了克服这些缺点，进一步改进研究生培养工作，学术委员会决议：

（1）由教务长负责统一领导研究生培养工作，民法民诉教研室和刑法刑诉教研室主任应加强对研究生的具体领导，深入地了解情况，及时帮助研究生解决困难，指定高潮和陈光中二人分别兼职负责指导民法组及刑法组研究生的学习，加强与研究生的联系和加强辅导工作；此外，教研室应指派若干教师分工具体指导研究生的业务学习和科学研究工作，并帮助学习上困难较大的研究生改进学习。

（2）三门基本理论课程的教师应进一步改进教学，在系统讲授的基础上深入地阐述较重要的问题，并力求讲授内容能联系专业课程，此外，必须注意提高课堂讨论的质量。

（3）研究生在两年内只写作一篇科学论文，第一年做准备工作，第二年完成。减免研究生的生产实习，但每位研究生必须与一定的业务机关建立联系，经常到业务机关了解实际工作情况和收集资料，以充实实际知识和便利写作论文，教学实习仍然保留。研究生除按照教学计划参加基本理论课程的国家考试外，业务课程中只参加本人所学专业课程的国家考试，其他业务课程，只参加考查。《中国刑事诉讼》改在第三学期讲授，《中国刑法》改在第四学期讲授。

（4）本届研究生的培养目标是法律专业课程的师资，而且培养期限较短，因此，研究生在学习中应当首先重视业务课，但也必须注意学好基本理论课程。目前某些研究生忽视基本理论课程的偏向，教研室迅速加以纠正。

（5）民法民诉教研室和刑法刑诉教研室应注意加强研究生的政治思想工作，及时地解决学习方面的思想问题。

学术委员会 1955～1956 年度
第一学期工作小结

（1956 年 3 月 6 日）

学术委员会成立以来，举行过六次会议和一次报告会，比较显著的成绩是推动了科学研究工作，研究了师资培养及教学工作量问题和检查了研究生的教学工作。学术委员会的工作制度已经初步建立起来，在工作方法上也已经积累了一些经验和教训。半年来的工作证明，学术委员会这种组织形式，如果很好地加以利用，就可以使领导更加面向教学加强对科学研究及教学工作的领导，便于统一认识和动员全院各部门一致行动。

学术委员会工作中有很多重大的缺点，这就是，计划的拟定未能完全配合全校工作进程，议题不尽符合当前教学工作的需要，会期过密，会议的准备工作还不够充分，批判与自我批判开展得不够，没有很好地注意组织全院贯彻会议的各项决议。

学术委员会的委员一般是认真负责的，但是有些委员对学术委员会的工作关心是不够的，表现在：有些委员随意请假早退，不认真阅读文件提出意见。

本学期起，学术委员会应该着重从下列几方面来改进工作：

一、计划要和全院的工作部署相配合，着重解决几个重大问题，特别是要注意解决当前教学工作中迫切需要解决的问题，会期可以改为每月一次。

二、学术委员会的成员应加调整，使各教学单位、各类型教师均有适当人员参加。为便于经常研究学术委员会的工作，可以由院长、副院长、教务长、副教务长及学术委员会秘书组成学术委员会的领导小组。

三、要更注意组织和检查会议决议的贯彻。全院各部门应注意认真传达学术委员会的决议，在实际工作中贯彻决议；每学期终了的时候，学术委员会领导小组应系统检查一次决议执行情况，向学术委员会提出报告。

四、每次会议应从学期初即开始准备，务求情况掌握得深入，提出的解决办法明确，文件简短；要尽量缩短会议时间；每次会议议题不要过多，时间不超过3小时，并且可以适当采取限制发言时间的办法。

五、学术委员会委员应该重视这一集体领导的机构，认真阅读文件，准备意见，特别是会议的发言要简短明确，贯彻批评与自我批评精神；如有要事必须请假时，应该直接得到主席或副主席同意后，方得缺席；委员们还应该注意切实联系群众，充分反映群众的意见及要求。

学术委员会 1955~1956 年度
第二学期工作计划

（1956 年 2 月 27 日）[1]

甲　学术委员会会议

会议顺序	日　　期	星　期	议　　题	负责准备人	备　注
第 7 次	1956 年 3 月 6 日	2	1. 讨论上学期工作小结及小学期工作计划 2. 讨论学术委员会成员的调整问题	钱端升	每次会议均从下午 2 时开始

---

〔1〕　原文标注时间为 1955 年。根据内容推断，文件形成时间应为 1956 年，原文有误。

续表

会议顺序	日　期	星　期	议　题	负责准备人	备　注
第8次	4月3日	2	研究如何贯彻中共中央关于知识分子问题会议的精神并确定学院的全面规划	刘镜西 刘　昂	
第9次	4月24日	2	讨论本院第一次科学讨论会的筹备工作	雷洁琼	
第10次	5月22日	2	评定教师的学衔	钱端升 刘　昂 王　润	只评定部分教师的学衔
第11次	7月3日	2	检查全学年教学工作并讨论下年度学年计划	刘　昂	重点检查

乙　报告会

日　期	方　式	内　容	负责筹备人	邀请单位	备　注
3月中旬	全院师生员工大会	关于苏联共产党二十次代表大会以及在教学中如何贯彻大会精神的报告	王　润	中国人民大学巴甫洛夫专家	与党委会合办
4月上旬	教学人员大会	关于如何准备副博士考试的报告	刘　昂	由楚贡诺夫专家作报告或请楚贡诺夫专家转邀	着重讲法学副博士考试方面的问题
4月下旬	全院师生员工大会	关于社会科学部门最新成就的报告	钱端升	中国科学院哲学社会科学部	具体题目另定
5月中旬	教学人员大会	关于自然科学部门最新成就的报告	钱端升	中国自然科学专门学会联合会	着重讲与社会科学及当前阶级斗争有关的问题

六、党委领导的院务委员会负责制度

内容提要

　　党委领导下的院务委员会制度，是我国高等学校内部管理体制的一次重大变革，它标志着中国共产党在高等院校领导地位的确立。

　　1952 年大规模的院系调整时，学院根据 1950 年 6 月第一次全国高等教育会议通过的《高等学校暂行规程》，实行校长（院长）负责制。校长（院长）由中央人民政府任命，其职责是领导全院一切教学、研究及行政事宜；领导全院教师、学生、职员的政治学习；任免教师、职员；批准院务委员会的决议等。学院下设教务长及总务长，形成院长、教务长、系主任三级领导的体制。这种系主任受教务长领导的体制，在当时特定的环境下，对接管的旧中国高校的调整和改造起到了一定的稳定作用，但因系主任直接受教务长领导，党总支虽然在政治上起核心作用，但对系行政没有领导或指导关系，使得教育工作在一定程度上忽视了政治、忽视了党的领导。1956 年党的八大以后，党章规定，基层党组织对本单位要发挥领导作用，高校的领导体制也随之发生变化。1958 年 9 月 9 日，中共中央、国务院做出《关于教育工作的指示》，"在一切高等学校中，应当实行学校党委领导下的校务委员会负责制……学校党委，应当配备党员领导年级和班的工作，配备党员去做政治思想工作、学校的行政工作和生产管理工作，党委书记和委员力求担任政治课的教学、研究工作。"由此，中央加强了党对学校的领导，确立了中国共产党在高校的领导地位。

　　北京政法学院于 1953 年 4 月经上级党委批准成立中国共产党北京政法学院委员会，1956 年 6 月，学院第二次党代会选举刘镜西等 19 名同志为党委委员，同年 8 月，中共北京市高等学校委员会批复同意。经中共北京市高等学校委员会批准，1957 年 1 月，北京政法学院撤销党组，实行党委领导，刘镜西为党委书记。

　　1959 年 4 月，根据中共北京市委的指示，北京政法学院提请成立了由 26 人组成的院务委员会，其中党员 19 人，群众 7 人。同年 6 月，院务委员会名单得到北京市人民委员会批准。院务委员会的宗旨是，由党委全面领导学校的政治思想教育、行政管理、教学、科研和生产等工作，保证党的教育方针得以正确地贯彻与执行。

关于党委会组织机构及分工制度等的初步意见

（1956 年 8 月 13 日）

一、组织机构

1. 成立党委办公室：设主任一人、秘书二人。秘书一人管教学及科学研究、统战工作等问题。另秘书一人管记录、汇报整理及一般党务工作。

2. 成立教学科学工作委员会：此委员会是党委的一个部门，与部平行，是党委领导教学与科学工作的助手。由管教学的党员副院长一人参加任主委，党员教务长及教学部门党委参加，根据工作需要可吸收党员讲师或助教参加。

3. 成立组织委员会：由做党务工作的党委书记参加，吸收有关部长及党委委员参加（人数约五人）。

4. 成立统战部：党委书记中一人主要负责领导，统战委员任部长并可吸收适当党员参加。

5. 组织部与宣传部与原同。

二、工作范围

1. 党委会的工作任务。

（1）研究决定有关党和政府对高等学校的教育方针、政策决议的贯彻执行问题及其他重大政策措施的传达和讨论。

（2）全院的教学工作、师资培养工作与科学研究工作的长期规划与年度计划的制订或重大的变更的决定。

（3）党务工作的年度或学期计划及政治思想教育、宣传、组织、统战工作中的重大问题。

（4）关于党代会的召开及准备问题。

（5）组织机构的重大变更的讨论与决定。

（6）有关干部政策、评定学衔及调级调薪等问题的原则精神的研究和决定。

（7）各项工作的年度大检查和总结。

（8）其他重大问题需经党委会讨论决定的问题。

2. 常委会的工作任务。

（1）提交党委全体委员会讨论的各项问题的准备工作，定期总结工作向党委会报告。

（2）有关教学、科学研究、师资培养等方针、政策、决议贯彻执行情况的检查及具体措施的确定。

（3）党委各部、会日常工作的汇报检查和存在问题的研究解决。

（4）一定时期思想情况的研究和发扬民主开展批评问题的研究和决定。

（5）科长以上干部的提拔调动等问题的讨论决定。

（6）学生中各项重大措施及存在问题的研究解决。

（7）工会、青年团、学生会工作计划及存在的重大问题的研究解决。

（8）较大的基本建设问题和各行政部门工作中有关政策方针性的重大问题。

（9）重大的政治活动。

（10）其他有关的重大问题。

3. 教学科学工作委员会的工作任务。

（1）对教学方针措施执行情况进行了解和研究，发现问题提出改进意见和办法。

（2）对师资培养工作进行督促和检查。

（3）及时检查了解科学研究工作开展的情况，发现问题向常委会提出解决的意见。

（4）对科学研究和教员讲课中的学术观点问题进行检查研究，必要时配合行政组织讨论，开展批评。

（5）对有关教学科学研究工作中的其他重大问题进行研究和解决。

（6）有关教学和科学研究工作提交党委或常委会讨论的准备工作。

（7）市委高教部布置的有关教学、科学研究等方面的工作。

4. 党委办公室的工作任务。办公室是党委的办事机关，与各部平行，它在常委及书记的领导下处理党委的经常工作（不包括各部的工作）。

（1）根据党委和常委的决议督促各单位贯彻执行，并在书记领导下定期检查各行政单位和各支部贯彻执行的情况和问题，向常委和书记汇报。

（2）负责党委会及常委会的记录，根据党委和常委的讨论草拟文件和总结报告。

（3）负责党委会和常委会召开会议的通知及其他准备工作。

（4）负责与上下级党组织及校内各行政单位的联系。

（5）文件的收发保管及组织阅读。

（6）处理校内外人民来信来访等工作（不包括调查材料的接待）。

（7）在书记委托下向各支部布置工作和接受各支部的汇报。

（8）深入重点支部了解情况，积累经验协助书记指导工作。

（9）办理党委书记和常委所交代的其他党务工作。

5. 组织部宣传部的任务基本上与过去相同，具体另订。统战部主要管统战工作，不再规定。

三、党委的领导分工及与行政的关系问题

1. 设书记3人。第一书记负责全面，并管教学，科学研究方面的工作。第二书记负责行政、人事、基建等工作。第三书记负责政治思想教育及一般党务工作及对群众团体的领导（书记设几人，名称如何叫，等市委批示，这里暂以一、二、三代之）。

2. 与行政关系。党委会对全院工作进行领导监督，研究决定党的方针政策，并通过各部门的党员干部贯彻执行。党委会或常委会在可能情况下吸收非党行政负责人参加会议，以便统一认识进行贯彻。如某些会议非党行政负责人不能参加则可通过院行政会议上研究通过，然后贯彻执行，党委定期检查执行的情况和问题。

四、制度

1. 党委会每月一次，每学期不少于3次。

2. 常委会每周一次。

3. 各部（委）的部务会议每月一次。

4. 为了实现集体领导，提高会议质量，缩短会议时间，开会前应将会议的内容提纲通知到会同志，各委员应认真进行准备，准时出席，如因故不能参加者需事先向书记请假，不得无故缺席。

五、几个问题

1. 党总支和党支部对于行政是保证监督还是领导关系应该明确，我们认为保证监督较好，否则易形成以党代政或党政不分。

2. 如学生级办公室取消则总支是否仍存在？我们初步意见是仍设总支，这样可减少党委会许多繁琐事务。否则亦需设立学生工作委员会，需有专职干部负责。

中共北京市高等学校委员会
关于北京政法学院党委委员的批复

发字第 00227 号

（1956 年 8 月 17 日）

中共北京政法学院委员会：

同意刘镜西、徐敬之、鲁直、王润、刘昂、张杰、张亚民、修恒生、张子培、赵先、张召南、崔衍勋、郭迪、赵吉贤、杜澄、杨达、侯冠儒、司青峰、欧阳本先等 19 位同志为你校党委委员。特复。

中共北京市高等学校委员会

1956 年 8 月 17 日

北京政法学院党委
关于撤销党组、成立党委及人选的请示

（1957 年 1 月 14 日）

高校党委会：

根据新党章规定及上级党委的指示。今后对学校全面工作的领导应施行党委制。我院党组即行撤销，并于 1957 年 1 月 12 日上午召开了全体委员会议，选出了党委书记、副书记及常务委员会。

我院本届党委委员共 19 人，此次会议出席的委员 13 人，因事请假缺席的委员 6 人。

原定我院选举书记 1 人，副书记 3 人，常务委员 6 人，投票选举的情况是：

｛……｝〔1〕

按照党的组织原则，下列同志正式当选：

书记：刘镜西

副书记：鲁直、徐敬之、郭迪

常委会委员：刘镜西、鲁直、徐敬之、刘昂、修恒生、郭迪

---

〔1〕 原文此处为个人得票情况，未刊录。

以上人选，请速批示。

北京政法学院党委会

1957 年 1 月 14 日

中共北京高等学校党委会
关于北京政法学院党委书记人选的批复

（1957 年〔1〕）

中共北京政法学院委员会：

　　同意刘镜西同志任你院党委书记，徐敬之、鲁直、郭迪 3 位同志为副书记。关于书记、副书记的任职问题，现正报请市委批示，在市委批示前即可按上述分工意见进行工作，待市委批示后再行通知。

　　特复。

中共北京高等学校委员会

1957 年

北京政法学院
关于党委常委会第一次会议决议的报告

（1957 年 1 月 28 日）

高校党委会：

　　我校党委常委会在 1 月 17 日召开第一次会议，讨论了党委会组织机构和干部配备问题，并做出决议。现报告于下，请予备案。

---

〔1〕　原文件形成时间无具体月日。

一、党委办公室

主任：郭迪（兼）

秘书：张守蘅、徐桂英（现作审干工作）

二、组织部

部长：王绪之（现有病休养）

副部长：张凤桐

干事：张玉森、丁书新

三、宣传部

部长：赵吉贤

干事：严振生〔声〕

四、统战部

部长：侯冠儒（兼）

另指定兼职干事 1~2 人

五、教学工作部

部长：鲁直（兼）

干事：赵克俭

六、学生工作委员会

副书记：司青峰（兼）

委员：王晓书（兼）、任群（兼）、周慎芳（兼，学生会主席）

七、组织工作委员会

书记：郭迪（兼）

委员：杜澄（兼）、王绪之、张凤桐、张玉森

八、监察委员会

书记：徐敬之（兼）

副书记：杜澄（兼）

委员：司青峰（兼）、王持（兼）、张文林（兼）

秘书：杨彦林

中共北京政法学院委员会

1957 年 1 月 28 日

北京政法学院关于党的组织机构与分工的通知

（1957 年 2 月 20 日）

根据上级党委指示，为了加强党对学校的领导和充分发挥集体领导作用。我院于 1957 年 1 月 12 日开始实行党委制。现将我院党的组织机构及分工通知全党，党委书记和副书记在市委未正式批准前暂先按此工作，以后如有变更，再按市委决定改变之。

党委书记：刘镜西

党委副书记：鲁直、徐敬之、郭迪

常委会委员：刘镜西、刘昂、鲁直、徐敬之、修恒生、郭迪

党委办公室主任：郭迪（兼）

组织部部长：王绪之

副部长：张凤桐

宣传部部长：赵吉贤

统战部部长：侯冠儒（兼）

教学工作部部长：鲁直（兼）

学生工作委员会：

副书记：司青峰（兼）

委　员：王晓书（兼）、任群（兼）、周慎芳（兼）

组织工作委员会：

书　记：郭迪（兼）

委　员：杜澄（兼）、王绪之、张凤桐、张玉森

监察工作委员会：

书　记：徐敬之（兼）

副书记：杜澄（兼）

委　员：司青峰（兼）、王持（兼）、张文林（兼）

秘　书：杨彦林（专职）

中国共产党北京政法学院委员会

1957 年 2 月 20 日

北京政法学院关于成立院务委员会的请示

（1959 年 4 月 16 日）

高校党委：

　　根据市委对各高等院校成立院务委员会的指示，我院党委会于 3 月中旬提出了院务委员会名单。通过党内外的酝酿讨论后，现已初步确定组织成员，除 3 个副院长外，包括教学、党团、行政和学生会各单位负责人共 26 人，其中党员 19 人，占 73%，非党群众 7 人，占 27%。

　　现将院务委员会名单随文报去，请审核批示，并请任命。

　　附：院务委员会名单 1 份

1959 年 4 月 16 日

院务委员会名单

姓　名	性别	年龄	单　位	职　别	政治面目	备　注
刘镜西	男	43		副院长	中共党员	
李进宝	男	41		副院长	中共党员	
周俊烈	男	46		副院长	中共党员	
雷洁琼	女	53		副教务长	群　众	
郭　迪	男	37	党委会	副书记	中共党员	
崔衍勋	男	45	教务处	副处长	中共党员	
修恒生	男	51	总务处	处　长	中共党员	
刘少农	男	47	人事处	处　长	中共党员	

续表

姓 名	性别	年龄	单 位	职 别	政治面目	备 注
赵德洁	男	49	图书馆	副主任	群 众	
徐敬之	男	53	马列主义基础教研室	主 任	中共党员	
赵 先	男	37	哲学研究室	主 任	中共党员	
鲁 直	女	45	国家与法的理论教研室	主 任	中共党员	
曾炳钧	男	53	国家与法的历史教研室	副主任	群 众	
严景耀	男	54	国家法教研室	主 任	群 众	
姜达生	男	47	刑法教研室	主 任	中共党员	
张子培	男	36	审判法教研室	主 任	中共党员	
张 杰	男	36	民法教研室	主 任	中共党员	拟调任教务处处长
赵宗乾	男	44	语文教研室	副主任	群 众	
金德耀	男	50	体育教研室	主 任	群 众	
任 群	男	30	团委会	书 记	中共党员	
杜 澄	男	34	人事一科现兼四年级办公室	科 长级主任	中共党员	
马云鹏	男	40	三年级办公室	级主任	中共党员	
谢润滋	男	42	二年级办公室	级主任	中共党员	
薛岫岭	男	39	一年级办公室	级主任	中共党员	
张 力	男	35	政法学院附设中学	副主任	群 众	
周慎芳	女	26	学生会	主 席	中共党员	

北京市教育局呈请批准北京师范学院、北京艺术师范学院、北京政法学院等三校校务委员会委员名单

(59) 教人谭字第 137 号

(1959 年 5 月 15 日)

北京市人民委员会：

送上北京师范学院、北京艺术师范学院、北京政法学院等三校的校务委员会委员名单，请予审核批准。

附：各校校务委员会委员名单

北京市教育局

1959 年 5 月 15 日

北京政法学院校务委员会委员名单

刘镜西	副院长	（党员）
李进宝	副院长	（党员）
周俊烈	副院长	（党员）
雷洁琼	副教务长	（民进）
郭　迪	副书记	（党员）
崔衍勋	副处长	（党员）
修恒生	处　长	（党员）
刘少农	处　长	（党员）
赵德洁	副主任	（群众）
徐敬之	主　任	（党员）
赵　先	主　任	（党员）
鲁　直	主　任	（党员）
曾炳钧	主　任	（群众）
严景耀	主　任	（群众）
姜达生	主　任	（党员）

张子培	主　任	（党员）
张　杰	主　任	（党员）
赵宗乾	副主任	（群众）
金德耀	主　任	（群众）
任　群	书　记	（党员）
杜　澄	科长级主任	（党员）
马云鹏	级主任	（党员）
解润滋	级主任	（党员）
薛岫岭	级主任	（党员）
张　力	副主任	（群众）
周慎芳	主　席	（党员）

北京艺术师范学院校务委员会委员名单

｛……｝

北京师范学院校务委员会委员名单

｛……｝

北京市人民委员会办公厅公文批办通知〔1〕

（1959 年 5 月）

教育局：

1959 年 5 月 25 日教人谭字第 137 号，关于请批准北京师范学院、北京艺术师范学院、北京政法学院等三校校务委员会名单，吴副市长批示同意。

北京市人民委员会办公厅

1959 年 5 月

---

〔1〕　本文为文件批办通知单，文中的吴副市长指的是当时担任北京市副市长的吴晗。

北京市人事局关于同意北京师范学院等三个单位成立院务委员会及委员会委员名单的通知

（1959 年 6 月 10 日）

教育局：

　　1959 年 6 月 6 日市人民委员会第 18 次行政会议通过同意北京师范学院、北京艺术学院、北京政法学院三校成立院务委员会和院务委员会委员名单（名单附后）。

北京市人事局

1959 年 6 月 10 日

北京政法学院院务委员会委员名单

刘镜西	李进宝	周俊烈	雷洁琼	郭　迪	崔衍勋	修恒生	刘少农
赵德洁	徐敬之	赵　先	鲁　直	曾炳钧	严景耀	姜达生	张子培
张　杰	赵宗乾	金德耀	任　群	杜　澄	马云鹏	解润滋	薛岫岭
张　力	周慎芳						

北京艺术学院院务委员会委员名单

{ …… }

北京师范学院院务委员会委员名单

{ …… }

北京市教育局关于同意北京政法学院
成立院务委员会及名单的通知

（1959 年 6 月 15 日）

北京政法学院：

　　1959 年 6 月 6 日市人民委员会第 18 次行政会议，通过同意你院成立院务委员会和院务委员会委员名单，特此通知。

北京市教育局

1959 年 6 月 15 日

第十四次扩大院务委员会议程
报告事项

（1962 年 5 月）

一、关于干部配备的报告

　　1. 根据工作需要，经院行政会议讨论，拟确定以下 4 位同志为教研室主任和副主任：

　　杜　澄：任中共党史教研室主任

　　史　越：任政策法律教研室副主任

　　王子雄：任国家与法的历史教研室副主任

　　薛岫岭：任国家与法的理论教研室副主任

　　2. 对从中央政法干部学校调来我院干部 13〔14〕人的工作安排：

　　郭巨三：任院长办公室副主任

　　吕国珍：任哲学教研室副主任

　　孟繁顺：任政法系二年级办公室主任

　　徐步楼：任政教系办公室主任

　　王尚勇：任总务处科长

　　（拟将事务科分为事务、房产两科，待分后再确定科别）

　　王振华：任总务处伙食科副科长

郑　斌：任教务处教务科科员

吴希田：任图书馆职员

王淑珍：任图书馆职员

康兰芳：任总务处伙食科管理员

张玉书：任人事处人事二科科员

李桂荣：任院长办公室秘书

段宝珠：到医务室工作

王新粟：任政法系三年级办公室主任

二、关于福利补助办法的修改报告

过去对教职工家属困难补助是每季度进行补助一次，不分长期、临时，自今年4月份起，改为长期和临时补助两种，长期补助主要解决教职工长期生活困难的，定为每半年由福利评议委员会评定一次，临时困难补助定为每两个月评定一次。

三、关于校庆十周年筹备工作的报告

为了及早进行十周年校庆的筹备工作，成立筹备委员会，由以下9人组成：

雷洁琼　张　杰　齐〔亓〕瑞华　郭巨三　王继暹　张玉森

曹子丹　王继勋　程味秋

并确定雷副教务长任主任，郭巨三同志任副主任。

5月12日上午由雷副教务长主持开过第一次筹备会，会上大体上决定了各项筹备工作的轮廓，并确定筹委会分设以下机构，进行具体工作：

校庆办公室　　　　　　（院长办公室负责）

校友联络招待组　　　　（人事处、总务处负责）

宣传组　　　　　　　　（宣传部负责）

学术组　　　　　　　　（教务处负责）

总务处　　　　　　　　（总务处负责）

文艺组　　　　　　　　（党、团、工会负责）

院务委员会关于审查规划问题的议案

（1962 年 5 月）

　　我院贯彻"高教六十条"12 个方面的规划草案已拟出，为了院务委员会讨论方便起见，院行政会议建议，先组织一定人力进行审查，并提出审查报告，交院务委员会讨论通过。如果此案可行，会议需要研究一下如何组织人力审查规划问题。

　　目前在校的院务委员有 14 人，考虑再增加 1 名有关方面的同志，准备划分以下几个审查小组，报请院务委员会讨论通过。

　　1. 师资培养、体制、教师主导作用小组：

　　曾炳钧（召集人）

　　解润滋　薛岫岭　钱端升　高　潮　夏吉生

　　程筱鹤　涂继武　凌力学　刘保凡（藩）

　　2. 知识分子政策、"双百"方针、科研、教材、图书小组

　　严景耀（召集人）

　　赵宗乾　杜　澄　戴克光　卢　昆　欧阳本先

　　王香毓　王建华　王继暹

　　3. 事业、基建、总务小组

　　齐〔亓〕瑞华（召集人）

　　金德耀　张　力　张文林　郭双明

　　以上议案，请院务委员会审议。

北京政法学院

1962 年 5 月

院务委员会会议决议

（1962 年）

　　一、从 1963 年 1 月 13 日到 1964 年 1 月 18 日共开 6 次院务委员会会议。

　　二、每次会议的主要内容：

　　（1）1963 年 1 月 13 日第 21 次会议讨论政法系教学计划（草案）。

　　（2）1963 年 3 月 30 日第 22 次会议讨论并通〔过〕了政法系教学计划。此外，

会上报告了我院 1963 年招生计划、全院工作总结和规划情况，并通过了"北京政法学院学生结婚的几项规定"。

（3）1963 年 5 月 3 日第 23 次会议，报告和讨论我院如何开展"五反"运动。

（4）1963 年 6 月 28 日，报告我院 1962 年决算、1963 年预算；1963 年北京市高等学校体育运动会情况；讨论我院科学研究工作计划。

（5）1963 年 10 月 25 日第 25 次会议，传达全国政法教育会议精神。

（6）1964 年 1 月 18 日第 26 次会议内容：报告和讨论 1963 年至 1972 年师资培养规划（草案）；报告我院科学研究工作情况；报告我院 1963 年决算和 1964 年预算。

北京政法学院院务委员会（扩大）会议纪要

（1964 年 1 月 18 日）

出席：刘镜西等 13 人

列席：戴克光等 14 人

缺席：李进宝等 9 人

记录：田辉

会议由刘镜西副院长主持。

会议内容：

（一）报告和讨论我院 1963～1972 年师资培养规划（草案）；

（二）报告我院科学研究工作情况；

（三）报告我院 1963 年决算和 1964 年预算情况。

首先，教务处处长张杰同志就我院 1963～1972 年师资培养规划（草案）作了说明。这个规划是根据中央教育部的通知，结合我院目前的实际情况，在 1962 年制订的师资培养规划（草案）的基础上写出来的，新的规划贯彻了周扬同志[1]去年 10 月在科学院作的"哲学社会科学工作者的战斗任务"报告的精神，以毛泽东思想为指导，以反对现代修正主义为纲，重新教育干部，重新培养师资。

规划的内容分为师资基本情况、今后培养提高师资的工作任务、培养师资的途径方法和保证措施等四部分。

---

〔1〕 周扬，时任中共中央宣传部副部长。

　　张杰同志在说明了师资培养规划（草案）之后，将我院第五届科学讨论会（校庆 11 周年学术活动）情况作了报告，已经写出的文章有 28 篇。尚未写成文章但已在大会和分组会上发言的有 11 人。大会开了 2 天，讨论了 1 篇文章；联组（几个教研室）会上讨论两篇文章；小组（一个教研室）会上讨论了 15 篇文章。此外邀请校外的同志作了一次报告。

　　这次科学讨论会，内容比较广泛。结合目前阶级斗争形势比较紧密，质量上也有提高。参加会的人踊跃，讨论热烈，大家比较满意。总之这次科学讨论会是比较成功的，它对教学工作起了一定的促进作用，现在积极为第六届科学讨论会作准备。

　　接着大家对师资培养规划（草案）进行了讨论。大家一致认为，从总的来看，这个规划比 1962 年制订的师资培养规划（草案）更加完备，符合我院的实际情况，经过努力是可以实现的。但规划中也有不足的地方，需要进一步修改和补充。

　　此后，财务科科长徐淑娴同志报告了我院 1963 年决算和 1964 年预算。

　　1963 年的决算是，全年上级总共实拨我院 1 157 964.04 元（包括政法系、政教系 1963 年拨款和 1962 年转拨的经费），收支相抵尚余 62 629.10 元，余款已上缴。

　　1964 年预算，现在上级已经下达给我院 940 000.00 元的预算指标（不包括政教系经费）。总务处根据上级下达的指标，结合我院的实际情况进行了初步安排。

　　规划和预算另报。

　　刘副院长在会上指出，通过讨论，大家一致认为，新制订的师资培养规划（草案）较之 1962 年制订的师资培养规划（草案）有进步，规划中应该贯彻去年 10 月周扬同志报告的精神，培养师资应该在重点中还有重点，使得几个人先上去，更多的人跟上去。

　　关于预算决算问题，会上不作最后决定。大家可以继续提出意见。我们应该贯彻勤俭办校方针，本着节约的精神花钱，要以实事求是的精神安排预算，不需要的钱要上交，以后急需用而不足时，可再向上级请示，不批准就不办。不仅总务处要这样做，其他各单位都应当本着节约的精神花钱。

第二章　北京政法学院的复办[1]

内容提要

　　1976年粉碎"四人帮"后，司法战线面临着拨乱反正、整顿与恢复工作。1978年4月24日至5月21日，最高人民法院在北京召开了第八次全国人民司法工作会议，会议的中心议题是，联系司法战线的实际，深入揭露反革命分子破坏人民法院的反革命罪行，分清路线是非，确定新时期人民司法工作的任务。会议讨论通过了《第八次全国人民司法工作会议纪要》，并由中共中央转发，文件要求尽快恢复政法院系，培养司法人才。1978年7月6日，最高人民法院、最高人民检察院、公安部、教育部四部门联合向国务院提交《关于恢复北京、西北政法学院的请示报告》，就恢复北京政法学院的建制、校舍、图书资料和师资调配等提出初步意见。7月11日国务院批准此报告。8月5日，四部委印发《关于国务院批准恢复北京、西北政法学院的通知》，规定北京政法学院实行最高人民法院和北京市双重领导，以最高人民法院为主，1979年恢复招生，仍用原校舍，在校学生1600人，学制4年。

　　在最高人民法院的直接领导下，北京政法学院筹备小组迅速成立，开始了艰难的复办筹备工作。首先需要解决的是校舍问题。"文化大革命"时期由于北京政法学院被撤销，学校校区被北京市第174中学、北京戏曲学校、北京歌舞团、北京曲艺团等单位占据，校区面积从190亩缩减为150亩。其次图书资料的接收，学校被撤销时，23万册图书资料全部被首都图书馆接收，筹备小组积极联系相关单位，清点与接收归还的图书。最后师资力量，学校被撤销后，部分老师被分配到北京各大专院校从教，部分在安徽省各单位任职，筹备小组经过中央批准，通过与有关单位的协

---

〔1〕　1971年2月，北京政法学院被撤销。

调，陆续调回了原政法学院的教职工。

经过 3 个多月的努力，准备工作基本就绪。1979 年 9 月恢复招生，10 月 24 日北京政法学院迎来了复办后的第一批新生，其中本科生 403 人，研究生 35 人。

在随后的几年里，学院在争取校舍、改善办学条件方面做了异常艰辛的努力，但由于各方面因素的影响，收效甚微。其他单位虽已返还部分校舍，但学校依然狭小局促，且被分割得支离破碎，学校不得不到郊县谋求更广阔的发展空间。

一、班子组建与开学典礼

最高人民法院、最高人民检察院、公安部、教育部
关于恢复北京、西北政法学院的请示报告

（78）法司字第 58 号

（1978 年 7 月 6 日）

国务院：

遵照党中央批转《第八次全国人民司法工作会议纪要》中关于"恢复政法院系，培养司法人才"的指示，我们就如何恢复政法学院的问题进行了认真的讨论。

大家一致认为，中央这一指示对于改变当前政法干部"青黄不接"的状况，贯彻新宪法，加强社会主义法制建设，更好地实现新时期总任务，意义十分重大，我们必须坚决照办。除西南政法学院已经中央批准恢复之外，全国还需要恢复北京、西北、华东政法学院，并在原湖北大学法律系的基础上改建成立中南政法学院。政法院系仍照原高等教育部（65）高计事密字第 362 号通知，按绝密专业政审标准录取新生，以保证学生政治质量。

除华东、中南两学院待与上海市委、湖北省委商妥后，再报批外，现将恢复北京、西北政法学院的意见报告如下：

一、北京政法学院已商得北京市委同意恢复，仍用原校舍，学制为 4 年，在校学生规模 1600 人，面向全国。北京市文化局所属单位占用该院部分校舍，北京市委已同意撤出。该院原有教师基本上在北京市内大专院校或机关，应根据教学需要，调回一批教学骨干力量。该院交首都图书馆的图书至今封存未动，全部收回。

二、西北政法学院，陕西省革委会已于去年 11 月报请国务院恢复，仍用原校

舍，学制为4年，在校学生规模1000人，面向西北地区五省、区。五九一六〇部队（装备研究所）占用该院部分校舍，现正在撤出中。该院原有教师基本上在西安市内各大专院校或机关，陕西省革委会决定根据教学需要，将教学骨干力量调回，并从政法业务机关调配一部分干部，充实师资力量。该院分散在延安大学等校的图书归还原校。

三、北京、西北政法学院实行最高人民法院和所在省市委双重领导，以最高人民法院为主。所在省市高级人民法院、人民检察院、公安局，要积极协助办好这两所政法学院。

以上意见妥否，请批示。

1978年7月6日

最高人民法院、最高人民检察院、公安部、教育部
关于国务院批准恢复北京、西北政法学院的通知

(78) 法司字第82号

(1978年8月5日)

北京市革委会、陕西省革委会：

经国务院批准恢复北京政法学院、西北政法学院。

北京政法学院仍用原校舍，学制为4年，在校学生规模1600人，面向全国。1979年开始招生。

西北政法学院，仍用原校舍，学制为4年，在校学生规模1000人，面向西北地区。1979年开始招生。

这两所学校实行最高人民法院和所在省市双重领导，以最高人民法院为主。领导分工，参照国务院国发〔1978〕27号文件的有关规定办理，所在省市高级人民法院、人民检察院、公安局，要积极协助办好这两所政法学院。

最高人民法院

最高人民检察院

公安部

教育部

1978年8月5日

中共最高人民法院党组关于任命
曹海波为北京政法学院党委书记兼院长的通知

法组（1979）25 号

（1979 年 6 月 21 日）

北京政法学院：

6 月 7 日，中共中央组织部（79）干任字 149 号通知，中央同意曹海波同志任北京政法学院党委书记兼院长。现通知你院，并在全院宣布。

中国共产党最高人民法院党组

1979 年 6 月 21 日

国务院司法部副部长李运昌同志
在北京政法学院开学典礼上的讲话

（1979 年 10 月 24 日）

同志们、同学们：

我今天来参加这个开学典礼，我代表司法部全体同志，代表司法部部长魏文伯同志向大家祝贺！

｛……｝

彭真同志本来想来给大家讲话的，你们的院长去请了二次，我也帮了忙去请了，但是彭真同志由于工作太忙，实在来不了，告诉我代他向同学们致以祝贺！他今后有工〔功〕夫的时候来看大家。

今天江华院长把全部的问题都讲了，我没有什么讲的。曹院长让我讲，我还是恭敬不如从命吧！还得讲几句。

我们国家经过十年动乱，无法无天，把大家搞得很苦，很多教职员工下放了，吃了很多苦头。由于中央的决定，中央的关怀，今天把政法学院恢复了，这使大家有重新工作的机会，也是大家的幸福。同时今年招了四百多个学员，很多都是优秀的学生。相信今后教学工作会取得很多的成绩，会取得很大的胜利。

我们国家经过了十年动乱，现在进入了一个新阶段。这个阶段就是法治阶段，我们要建立法治了。过去我们有法，｛……｝。同时过去的法律也不完备，从中央"人大"成立了法制委员会以后，用了很短的时间，制定了 7 个法，经过五届人大二次会议通过，这是我们国家一个新阶段的开始。｛……｝。现在我们有了法律，今后我们办事就有规矩可循了，要以事实为根据，以法律为准绳，用法律为武器来保障国家的安定团结，保障国家顺利地实现四个现代化。我们政法战线在这个问题上担负着很大的任务，政法战线包括法制委员会、公检法、司法部，还有民政部，我们是上层建筑。我们的任务就是要维持国家的安定，和维持国家的秩序，使得我们在国家工作重点转移到建设的时候，要起重大的作用。大家知道，战争时期是靠军队，和平时期靠什么呢？要靠法治。中央作了决定，人大通过决议，加强法治，加强政法战线的队伍，好使我们的国家真正能够实现四个现代化。今后我们的战斗就不是在战场上了，而是用法律的武器来进行战斗。为此，中央决定要改变我们干部队伍的结构，就是要抽调一大批优秀的同志到政法战线上来，小平同志两次讲话说，二三年内抽调 100 万人加强政法战线，还有一部分原来做政法工作，学过法律的人，由于在"文化大革命"期间分散了，停止培养了，号召归队。适合政法工作的人，在政治上，身体上适合的人要归队，北京的要归队，各地的也要就地归队，充实政法战线队伍。另外一个改变，就是加强教育战线的队伍，增加200 万人。第三个就是加强科技队伍，增加 500 万人。这样，干部队伍有很大的变动，从党政机关、经济部门、军队转业干部中间，要吸收一大批优秀的同志，参加我们的队伍，中央下了决心要这么办，有它的深远的意义，不仅仅是为现在，而且也为将来。

　　｛……｝。没有法治，国家是不能长治久安的，"人存政举"，"人亡政息"。有了法治，情况就变了，就可以人亡了，政治还可以继续办下去了，不至于人亡政息。从我们中国来讲，可以说经过 15 个朝代了，从夏商周起，到中华民国国民党，到我们现在社会主义国家，15 个朝代了。哪一个朝代如果有了法律，而且搞得比较好，国家就可以安定若干年。汉有萧何律、唐有唐律、清还有大清律。清朝本是少数民族，那么腐败，它还统治了 270 年，为什么？它有它的法。｛……｝。彭真同志十多年没有工作了，骂他骂了 10 年，他回来后用了很短的时间，拼着老命工作，现在制定下 7 个法，这都是五届人大二次会议通过的。这些法原来有草稿，多少次了，10 次、20 次、30 次了，就是没有公布，没有公布不能实行，在口袋里装着不算数，必须通过人民代表大会通过公布才行。我们有了大家认为比较满意的法了。这个法是中央政治局讨论原则通过的，人大正式通过的，这是最高的权威，代表党和国家的意志的东西，必须遵守。在法律面前人人平等，任何人不能超越这个法律之上，或在法律之外。所以我讲，我们现在是到了一个新阶段——法治阶段。

要保证法律的实行，还要有组织措施，光写文章、决议放在那里是不行的，还得有人去办，谁去办呢？就是我们政法战线上的同志去办，公安部、检察院、法院、司法部去办，法制委员会是立法的，执法就靠我们。如果我们公布的法不能够实行，我们国家还要乱，我们在国际上也就没有信誉，在人民面前就失去信仰。所以事关重大，我们必须言出随。立了法就要有法必依、执法必严、违法必究。不管任何人，在法律面前人人平等。封建社会时代叫王子犯法与民同罪，那是假话。我们现在讲的话要算数，无产阶级国家的法律应该大家遵守，共产党员、干部，特别是高级干部，应该以身作则，首先带头遵守。｛……｝。

公检法三家办的是一件事，一件事情三道工序，公安部门侦察〔查〕、抓人，检察院起诉，法院判决，三家办的是一件事情，分工合作。法制委员会是立法机关，司法部成立了干什么？好多人问我们，好多同志不晓得司法部是干什么的。我刚调到司法部工作不到3个月，司法部有四个任务：一个是司法战线的组织部，就是设机构、定编制；第二个是教育部，培训干部、管理政法院校；第三个是宣传部，宣传法律，我们还建立一个法律出版社；第四个是后勤部，盖学校、盖监狱、造囚车，把这些东西合起来，为的就是惩治坏人，保障我们国家法律的执行。我们是不带枪的人，但是掌握刀把子的人，我们公检法和司法部、法制委员会都是掌握刀把子的，我们同志必须认识到，要胜利地完成任务必须精通法律，掌握刀把子整治坏人，保护好人，首先整反革命分子、刑事犯罪分子、破坏社会主义建设的分子，各种各样危害国家的人。｛……｝。中国人是勇敢、聪明、勤劳的，外国干的事情我们可以干，外国人没有干的，我们祖先都干了的。三大发明是我们中国人搞的，火药、造纸、印刷术，咱们的丝绸，咱们的瓷器在全世界都是有名的。唐朝的时期，咱们中国是全世界第一流国家，为什么我们落后了，｛……｝。我们建国以后，前几年是搞得很好的，几年内就把中国的面貌改变了，｛……｝。叶副主席30年讲话，是建国30年来的工作总结，也是对"文化大革命"的初步总结，是经过中央反复讨论修改，征求各省意见，征求民主党派意见，最后定稿的。这篇文章跟普通的文章不同，等于是中国共产党中央的决议，我们全党全国人民必须拿这个文件做武器，看问题，解决问题，把我们全国人民的思想，在这个文件基础上统一起来。这样，我们才能够有共同的语言，才能真正的搞社会主义建设。这个文件是三中全会以后的发展，三中全会是我们中国乾坤扭转的进一步，｛……｝。工作摆在我们的面前，等待我们去做。

同志们在这里学习，学什么呢？学通法律，掌握有力的武器，跟敌人作斗争。

在政法这个工作岗位上，保障国家的安定团结，保障"四化"的真正实现，{……}。只有巩固安定团结的局面，建立了革命秩序，实行了法治，巩固了无产阶级专政才有希望。现在外国人在看我们，能不能实行法治，我们颁布了七个法，能不能实行，全国人民也在关心，这个问题对我们中国人是很大的考验。我们这些在政法部门工作的同志，在政法学院学习的同志，必须加倍努力，加快努力，加快培养干部，加快组织革命队伍，来执行这个任务，我们司法部愿意和大家一起努力，完成党中央、国家交给我们的光荣任务。让我们大家共同努力吧！前途是光明的！

中共北京市委组织部
关于同意北京政法学院建立临时党委的通知

京组通字（81）143 号

（1981 年 12 月 30 日）

北京政法学院：

经研究，同意北京政法学院建立临时党委，由曹海波、郑文卿、戴铮、任时、姜达生、张杰六同志组成。

特此通知。

中共北京市委组织部

1981 年 12 月 30 日

《简报》：北京政法学院临时党委会成立

（1982 年 2 月 18 日）

中共北京市委组织部以京组通字第 143 号文件通知我院，同意由曹海波、郑文卿、戴铮、任时、姜达生、张杰六同志组成北京政法学院的临时党委会。寒假开学以后，即在全院的教职员工党员大会上，郑重地宣读了上述《通知》，并于本月 17 日上午，召开了院临时党委会第一次会议，就我院当前的重大问题进行了认真地研究和讨论。

现谨将院临时党委会第一次会议上所作的分工公布如下：

书　记　曹海波同志：负责党委的全面工作；

副书记　郑文卿同志：协助书记负责全面工作之外，着重负责党委的组织工作与纪检工作；

副书记　戴铮同志：着重负责党委的宣传、统战、工会、共青团的工作；

委　员　任时同志：着重负责党对教学思想的指导和教务部门的工作；

委　员　姜达生同志：着重负责党对行政、保卫、科研部门的工作；

委　员　张杰同志：着重负责党对函授部与图书馆的工作。

院临时党委会会议明确指出，以上分工，必须认真负责，各尽其责。而又必须坚决贯彻集体领导的原则；任何重大问题，一定要经过党委认真讨论，一经决定即须坚决贯彻执行。

二、商调教职工

中共最高人民法院党组关于商调原北京政法学院教职工致教育部政治部函

(78) 法组字第 26 号

(1978 年 9 月 6 日)

教育部政治部：

经国务院批准恢复北京政法学院，该院原有教职员有 36 人分配在你部及所属北京大学等五所重点大学内工作，为了当前复校和明年开始招生后的教学需要，亟须将这些教职员调回。现将名单送去，请按商定的办法，通知有关学校在近期内准办干部调动手续，以利工作。

附：原北京政法学院教职员名单

中国共产党最高人民法院党组

1978 年 9 月 6 日

现在教育部及部属北大等校工作的
原北京政法学院教职员名单[1]

教育部：高教司张杰

教育出版社：陈光中、张定远

北京大学：涂继武、段瑞林、潘怀、曹长盛、马桂珍、王守瑜、奚桂珍、吕子明、夏吉生、雷洁琼

北大汉中分校：杨金范、梁斌

清华大学：宁汉林、杨瑞亭、林木森（在清华附中）

北京语言学院：甘迹〔绩〕华、段世芝

北京第二外国语学院：王建华、王金魁、史 越、康于明、张立英、董淑珍、夏国恩、刘裕中、张捷钦、洪增仁、胡庆忠、邹德慈

北京师范大学：车淑兰、姜达生、肖存孝、崔衍勋

中共最高人民法院党组关于商调原北京
政法学院教职工致国务院政工小组的函

（78）法组字第 23 号
（1978 年 9 月 19 日）

国务院政工小组：

经国务院批准恢复北京政法学院，现正积极进行复校工作，明年开始招生。该院是下放到安徽省后，于 1972 年撤销的。原有教职员 400 余人，除部分在北京地区外，分配在安徽、河北等 17 个省市地 142 人。现因在北京地区的教职员不敷教学需要，故需将分配在安徽、河北等地的教职员调回进行复校和开学的准备工作。现报请批准，以便同有关省市商办干部调动手续。

中国共产党最高人民法院党组

1978 年 9 月 19 日

---

〔1〕 本附件标题与正文稍有出入，原件如此。

中共最高人民法院党组
关于商调原北京政法学院教职工致
中共北京市委组织部函

（78）法组字第 24 号

（1978 年 9 月 19 日）

中共北京市委组织部：

经国务院批准恢复北京政法学院，实行北京市革委和我院双重领导。该院原有教职员 131 人分配在北京市属机关、学校或由北京市革委同有关部委双管的大专院校工作。为了当前复校和明年开始招生后的教学需要，亟须将这些教职员调回。现将名单送去，请按商定的办法，通知有关学校和机关在近期内准办干部调动手续，以利工作。

附：原北京政法学院教职员名单

中国共产党最高人民法院党组

1978 年 9 月 19 日

现在北京市及所属机关、学校的原北京
政法学院教职工名单[1]

北京市教育局：

张玲元　徐锡琪　徐〔许〕显侯　董生林　皮继增　孟文铎　马改秀

李荣甫　姚兆辉　江　平　　宁致远　张淑芳　马学珍　回石亮

张　忠　徐敬之　王继暹　　刘少卿

北京师范学院：

郭新持　陆　敬　卢汉章　王淑敏　严　端　金德跃〔耀〕　孙友梅

张雅萍　许志江　马逢平　金树湘　许存良　张泽膏　　　方学昌

曾炳钧　陈家〔嘉〕梁

---

〔1〕　本附件标题与正文所示不同，原件如此。

北京市艺术学校：邵景华

北京市体委：介〔亓〕瑞华　张振美

北京市公安学校：陈立骅

北京市法院：李春林

北京市科技局：方　坤　王新粟　马云鹏　康兰芳

北京市冶金局：岳茂华

北京市仪表局：吴〔武〕延平

北京市一经局：李梦福

北京市粮食局：郑治发　杨伯攸

北京市汽车工业公司：孙在拥〔雍〕　骆友生　崔润辉

海淀区党校：杨育英

西城区：于　峰　郭巨三　王尚勇

通　县：樊崇义　杨竟成

丰台区法院：郝殿海

北京市六中：许悫儒

北京东城 166 中学：王志文

怀柔县岳各庄中学：岳德安

北京无线电元件四厂：刘富霞

海淀镇街道办事处：曹善兴

北京电子管厂：司青峰

宣武区委：张召南

房山石化区法院：周志〔智〕勇

顺义县教育局：方彦

北京有机化工厂技校（北京第三化工学校）：王耀廷　李长春

朝阳区工会：顾克光〔广〕

朝阳区教育局专属单位：

张爱和　徐桂英　杨育棠　杨鹤皋　刘圣恩　严敬敏　孙丙［炳］珠

凌力学　温慧莲　金永华　黄方敬

现在北京市和国务院有关部委双管大专院校
工作的原北京政法学院教职员名单[1]

北京广播学院

薛岫岭　罗大华　徐　飞　白录玄　张大元

北京中医学院

秦炳荣　贾增珍　张文贵　霍荣〔荫〕环　柯明中　徐作山　张景岳

中央民族学院

崔洪夫　庚以太〔泰〕赵振宗　白国华　徐礼〔理〕明　吕国珍

徐觉非　方孝功

北京航空学院

陈年顺　黄菊丽　高景亮

北京医学院

杨　达　刘少农　鲁　直　杨振山　梁华仁　许淑娴　路静君

北京化工学院

金蔼珧　王　斌　张玉淑　何长顺

北京钢铁学院：王　波　张子培

北京工业学院：杨炳芝

北方交通大学：李少清　田建华

北京体育学院：任中杰

北京工业大学：杜汝辑〔楫〕

北京经济学院

苗彦德〔得〕　付振如　潘华仿　赵建德　王绪之

北京中医院：王惠民

北京第二医学院：侯丙寅

北京建筑工程学院：郭　迪　林振〔正〕吾

---

〔1〕　本附件标题与正文不同，原件如此。

中共最高人民法院党组
关于商调原北京政法学院教职工致
中央组织部函

(78) 法组字第 25 号

(1978 年 9 月 19 日)

中央组织部：

经国务院批准恢复北京政法学院，现正积极进行复校工作，明年开始招生。该院原有教职员 54 人分配在中央机关和国务院所属部委工作，为了当前复校和明年招生后的教学需要，亟须将这些教职员调回。现□送调干名单一份，请审批，并通知有关单位在近期内准办干部调动手续，以利工作。

    附：调干名单一份

中国共产党最高人民法院党组

1978 年 9 月 19 日

现在中央机关和国务院所属部委工作的
原北京政法学院教职工名单 [1]

中共中央联络部：薛木铎　郭　群

中央党校：蔡长水　彭宝亭　张华林　陈瑞生　卢一鹏　罗子桂

国务院政工组：陈立元

邮电部 506 厂：段宝珠

煤炭部：教育司吕世兴　情报所蔡锡芬

冶金部钢铁研究院：吴昭明、马登民

交通部交通科学研究院：郭　翔

外交部国际关系研究所：钱端升

卫生部系统

---

〔1〕 本附件标题与正文不同，原件如此。

卫生部：杜　澄　闫秀英

药物研究所：梁淑英　李郁琴〔芹〕

日坛医院：潘英芷〔藏〕　张风楼　高宝贵　华　宇　胡国荣

国家计量局出版社：姜文赞

国家地震局

局本部：殷　杰

地质所：任　群

地震仪器厂：黄厚仁　李德身　杨彦林　张玉书

地质局地质科学研究所：董　非

一机部：于维奇

七机部系统

五　院：张文一

X院工厂：马晶淼

三机部系统

304研究所：白　岚

华北物资供应站：崔炳锡

国防工业出版社：李福成　吴书亭　张秀勤

中国科学院所属单位：

政治部：李士伟　孟凡〔繁〕顺

地理研究所：吴焕宁

环境保护所：李相章　林道廉〔濂〕

地质研究所：王继暹

中国社会科学院

情报研究所：王振华

法学研究所：吴恩裕　程延陵

经济研究所：陈　绥

古人类和古脊椎动物研究所：祝忠毅

北京图书馆：徐振国

商务印书馆：欧阳本先

民政部关于商调原北京政法学院干部给安徽省人事局的函

(79) 民人字第 24 号

(1979 年 1 月 12 日)

安徽省人事局：

　　根据中共中央批转第八次全国人民司法工作会议纪要中关于"恢复政法院系，培养司法人才"的精神，经国务院决定恢复北京政法学院。为了解决北京政法学院办学所必需的教学骨干，与中央组织部研究，拟将 1970 年该院撤销后分配到你省工作的陈汉邦等 58 名同志调回北京政法学院工作（拟调人员名单附后），请大力支持，如同意调出，请即予办理调动手续为盼。

　　致以

敬礼

中华人民共和国民政部

1979 年 1 月 12 日

拟调人员名单

陈汉邦	男	安徽省芜湖市一中
郭燕清	女	安徽省芜湖市聋哑学校
黄才生	男	安徽省铜陵市公安局
金光正	男	安徽省太平县人事局
李国铭	男	安徽芜湖荻港水泥厂
何春苑	女	安徽芜湖荻港水泥厂
周树显	男	安徽省泗县墩集中学
朱奇武	男	安徽省农学院
李镜莹	女	安徽省一机部通用机械研究所
张佩林〔霖〕	男	安徽省滁县师范
田　辉	男	中国科技大学
王桂焕	女	中国科技大学
贾鼎中	男	中国科技大学
田玉英	女	中国科技大学

柳振杰	男	安徽科协
倪才忠	男	安徽医学院
陈煜兰	女	安徽医学院
张守蘅	女	安徽农学院
杨 新	男	安徽省休宁县中学
张凤桐	男	安徽省淮南煤炭学院
王遂起	男	安徽大学
张霭灿	女	安徽大学
王敬藩	女	安徽省蚌埠医学院
刘金国	男	安徽省蚌埠医学院
苏炳坤	男	安徽省政法干校
王 印	女	安徽省公安局
陶 髦	男	安徽省医学院
王启富	男	安徽省五·七干校（淮北农学院）
宋世昌	男	安徽省组织部
邬名扬	男	安徽省池州师范学校
宋振国	男	安徽省委宣传部
薛梅卿	女	安徽省皖南师范大学
任国钧	男	安徽省芜湖皖南医学院
牛青山	男	安徽省工交办
刘永欣	女	安徽省计委
徐步楼	男	安徽省公安局
沈国锋	男	安徽省芜湖县农林局
黄道秀	女	安徽省芜湖县一中
周 仁	男	安徽省滁县师范学校
蔡秀珍	女	安徽省合肥工业大学
张 尧	男	安徽省合肥工业大学
黄文添	男	安徽省合肥市体委
张观发	男	安徽省黟县中学
郭锡龙	男	安徽省怀宁县中学
郭飞凤	男	安徽省贵池地区卫生学校

随调家属 13 人

黄卓著	男	安徽皖南师范大学
王瑞华	女	安徽省高级人民法院
石　琪	女	安徽省贵池师范学校
孙　进	女（工人）	安徽省电力局中心实验所
李　芳	女	安徽省五·七干校（淮北农学院）
韩永葵	女	安徽医学院
孙惠敏	女	安徽淮南煤炭学院
翟先俊	女（工人）	安徽怀宁县卫生局
项学明〔敏〕	女	安徽省科委
周清秀	女	安徽省芜湖医学院
于海燕	女	安徽省滁县师范学校
张青〔春〕荣	女	安徽省合肥市法院
袁美玲	女	安徽省黟县中学

安徽省人事局关于商调原北京政法学院
干部给安徽省劳动局的函

人干字（79）第 003 号

（1979 年 1 月 17 日）

省劳动局：

接民政部（79）民人字第 24 号函称：根据中共中央批转第八次全国人民司法工作会议纪要中关于"恢复政法院系，培养司法人才"的精神，经国务院决定恢复北京政法学院。为了解决北京政法学院办学所必需的教学骨干，与中央组织部研究，拟将 1970 年该院撤销后分配到你省工作的同志调回北京政法学院工作。请大力支持，如同意调出，请即予办理调动手续。

鉴于拟调人员中有两名是工人（附名单），转请你们协助办理调动手续，如同意，请即通知有关单位直接介绍前往北京政法学院报到。

安徽省革命委员会人事局

1979 年 1 月 17 日

安徽省人事局商调原北京
政法学院干部给安徽省委组织部的函[1]

人干字（79）第 004 号
（1979 年 1 月 17 日）

省委组织部：

民政部（79）民人字第 24 号商调函称：根据中共中央批转第八次全国人民司法工作会议纪要中关于"恢复政法院系，培养司法人才"的精神，经国务院决定恢复北京政法学院。为了解决北京政法学院办学所必需的教学骨干，与中央组织部研究，拟将 1970 年该院撤销后分配到你省工作的陈汉邦等 58 名同志调回北京政法学院工作（拟调人员名单附后）。请大力支持，如同意调出，请即办理调动手续。

鉴于拟调人员中有 5 名处级干部（拟调人员名单附后）及在你部工作的宋世昌同志，为此，特函请你部审定办理。

安徽省革命委员会人事局

1979 年 1 月 17 日

附：拟调人员名单

徐步楼：省公安局四处处长
张凤桐：淮南煤炭学院组织部长
陶　髦：安医办公室副主任
刘金国：蚌医办公室副主任
田　辉：科技大学总支副书记
宋世昌：省委组织部

---

[1]　文件首页有安徽省委组织部领导的批示："拟同意调回，调动手续由省人事局统一办理，请部长阅批。卫、付、吕、屠。""同意，请赵达、鲁克同志阅示。范。"

滁县地区革命委员会人事局
关于免调张佩林〔霖〕等三同志的报告

人干字（79）第 98 号

（1979 年 3 月 19 日）

省人事局：

你局革人干字（79）第 001·131 号函悉，调张佩林〔霖〕、周仁、于〔俞〕海燕（工人）三同志到北京政法学院工作，因滁县教学点是新建单位，师资力量极缺，张、周二同志均在教学点任教，实难调出。经研究，请予免调，特此报告。

滁县行政公署人事局

1979 年 3 月 19 日

北京政法学院
关于张佩林〔霖〕等三同志调动的函

（1979 年 3 月 27 日）

安徽省人事局：

我院接滁县行政公署人事局 1979 年 3 月 19 日《关于免调张佩林〔霖〕等三同志的报告》抄件。经研究：我院是深受"四人帮"迫害的单位。1978 年 7 月经国务院批准恢复，现正在筹建，今年暑假又要招生开学，师资极感缺乏。而张佩林〔霖〕、周仁二同志，原都是我院的骨干教师。

张佩林〔霖〕同志，原系我院 1957 年民法研究生毕业。从 1952 年到 1972 年从事政法教育长达 20 年；周仁同志，1948 年北大政治系毕业，长期从事国际法的教学工作。调回张、周二同志，一方面是工作的需要，另方面也有个专业归队、落实政策的问题。我们意见还是将张佩林〔霖〕、周仁、俞海燕三同志调回为好，请省人事局大力支持。

　　致

敬礼

北京政法学院筹备小组

1979 年 3 月 27 日

安徽省革命委员会人事局关于请支援张佩霖等 三同志到北京政法学院工作的函

人干字（79）第050号

（1979年4月9日）

滁县行署人事局：

你局（79）98号关于要求免调张佩霖等三同志的报告悉。鉴于北京政法学院经国务院批准恢复，现正在筹建，今年暑期就要招生开学，师资较缺。同时据了解，张佩霖同志从事政法教育长达20年，周仁同志长期从事国际法的教学工作。调回张、周二同志一方面是工作需要，另方面也有专业归队、落实政策的问题，因此，我们认为，还是请你们支援回校工作为好。如同意调出，请即办理调动手续，直接介绍张佩林〔霖〕等三同志去北京政法学院报到。

安徽省人事局

1979年4月9日

北京政法学院筹备小组关于王遂起、 张霭灿准备返校工作的通知

（1979年1月9日）

王遂起、张霭灿同志：

你好！

学院已于78年7月报经国务院批准恢复，学制为四年，在校学生规模一千六百人，定于今年暑假招生开学，现正紧张地进行筹备工作。分散在北京的教职工已陆续返校，分散在外地的同志现业经报请国务院民政部人事局和中央组织部同意将你调回，欢迎你回校工作，民政部人事局的调函已于近日发往各省市人事局和组织部，请你在当地予以配合，有什么问题可同学校联系。

祝同志们工作好。

北京政法学院筹备小组

1979年1月9日

三、追还校舍

北京政法学院留守处
关于校舍变动情况给北京市委科教部的报告

（1977 年 11 月 23 日）

市委科教部：

根据办事组电话通知精神，现将我院校舍变动情况报告如下：

我院原有校舍建筑面积为 485 369 平方米。

1969 年北京卫戍区借用学生宿舍 1 幢。

1970 年又续借学生宿舍及食堂各一部分。

1971 年 2 月 3 日市委科教组意见交第 174 中学（原政法附中）一部分，建筑面积为 8966.32 平方米；交北京卫戍区四八七四部队一部分，建筑面积为 31 605.6 平方米，其中包括留守处使用约 4900 平方米。

1972 年初四八七四部队撤出，转交第二外语学院。

1972 年初第二外语学院转交市文化局所属艺术学校和曲艺团。

1974 年市委科教组意见在留守处使用的部分中又交艺术学校一部分。

1976～1977 年市文化局建家属楼 1 幢。

1976～1977 年在操场统建居民楼 6 幢，中学楼 1 幢。

现在留守处使用［面积］约为 2500 平方米，家属宿舍 7965 平方米。

政法学院留守处

1977 年 11 月 23 日

北京政法学院留守处
关于校舍情况给最高人民法院的报告

（1978 年 5 月 20 日）

最高人民法院：

北京政法学院是在 1952 年院系调整时成立的，撤销于 1972 年，撤销后现还有一个留守处，且根据上级党委决定，党的核心小组仍继续保留，办理善后事宜。

北京政法学院 1956 年定为全国 64 所重点高等学校之一，1961 年又成为全国 28 所中央直属重点高等学校之一〔1〕。建校以来，尽管在教育战线上有修正主义路线的干扰，但毛主席的革命路线始终是占主导地位，教师、干部的多数和大多数是好的和比较好的，培养了 200 多人的专业教师队伍，其中党团员占 70% 以上，为政法部门培养了近 7000 人的新生力量，不少同志经过实际锻炼，现已成为基层政法机关的领导和骨干。｛……｝。

在"四人帮"砸烂公检法的破坏下，政法机关青黄不接、后继乏人的现象比较普遍，华主席〔2〕在五届人大报告中指示：人民公安机关、检察机关和人民法院，是无产阶级专政的重要工具，要进一步搞好整顿和建设。叶副主席在修改宪法报告〔3〕中提出："强化人民的国家机器"、"加强社会主义法制"。邓副主席在全国科技大会上讲话〔4〕也强调："各行各业都要来支持教育事业，大办教育事业。"为此，公安部、最高人民法院去年为恢复北京政法学院曾征得教育部同意，也和北京市委联系，市委已函复表示同意尊重公安部、最高人民法院复办北京政法学院的意见，原政法学院的教职工对复办政法学院颇为焦急，殷切希望尽早恢复。

我们认为既是需要复办，最好抓紧时机尽快解决，不然将会造成更大的困难，

---

〔1〕　1959 年 3 月，中央确定了 20 所全国重点高等学校。1959 年至 1960 年，我国高校大量增加，中共中央为了更有力地促进我国高等事业的发展，又于 1960 年 10 月 22 日，颁发了《关于增加全国重点高等学校的规定》，将全国重点高校增加为 64 所，北京政法学院即为新增加的 44 所院校之一。

〔2〕　这里指时任中共中央主席、中央军委主席的华国锋。

〔3〕　1978 年 3 月 1 日，第五届全国人民代表大会第一次会议在北京召开，中共中央副主席叶剑英受中共中央委托向大会作了关于修改宪法的报告。

〔4〕　1978 年 3 月 18 日至 31 日，中共中央、国务院在北京召开了全国科学大会。时任中共中央副主席、国务院副总理的邓小平同志在这次大会作了重要讲话，他明确指出"现代化的关键是科学技术现代化"，"知识分子是工人阶级的一部分"，重新确立了"科学技术是生产力"的指导思想。这次大会澄清了束缚科学技术发展的重大理论是非问题，打开了"文革"以来长期禁锢知识分子的桎梏，使广大知识分子解放了思想，放下了精神包袱，在精神上重获新生。全国科学大会是划时代的重大事件，在当代科技史上具有里程碑的意义。

比如校址问题，学校主楼（教学楼）现被 174 中占用，由于 174 中已建好校舍，暑假时即可迁出，若政法学院复办问题暑假前能够得到解决，暑假期间即可进入主楼筹备招生，否则别的单位进入主楼后，将来则增加处理问题的困难。

另外，一些房子为北京艺校占用，艺校现在没有学生，如暑假前政法学院筹办问题能确定下来，即可与北京市委协商将艺校迁回原处，否则暑假后艺校将要进行改建和扩建，那样不仅浪费国家资财，且会造成不合理的格局。至于师资和图书等问题也有类似的情况。

为此，恳请尽早解决。不当处请批评。

中共北京政法学院留守处党的核心小组 （代）

1978 年 5 月 20 日

最高人民法院
关于北京政法学院校舍问题致中共北京市委的函

（78）法司字第 72 号

（1978 年 7 月 14 日）

中共北京市委：

关于恢复北京政法学院的问题，我们根据中共中央中发（1978）32 号文件中"恢复政法院系，培养司法人才"的指示，已会同最高人民检察院、公安部和教育部报请国务院审批。随函附去请示报告一份，请阅。

北京政法学院复校用原校舍，该院校舍分别为北京 174 中和市文化局所属单位占用。据了解，北京 174 中新校舍已建成，可于暑假期间迁出。市文化局所属单位占用的校舍，我们请市委按照全国教育工作会议的规定，设法予以撤出，以便迅速进行复校筹备工作。

中华人民共和国最高人民法院

1978 年 7 月 14 日

最高人民法院
关于北京政法学院校舍再致中共北京市委的函

（78）法司字第 233 号

（1978 年 12 月 12 日）

中共北京市委：

　　国务院批准北京政法学院在原校舍恢复，并于明年招生。北京政法学院的发展规模，根据高等教育事业要有一个大发展的精神和加强社会主义法治建设的需要，经同最高人民检察院和公安部商定为 4000 人。该院现有校舍总面积为 40 000 平方米，除该院留守处自用 2000 平方米和市文化局所属艺术学校等单位为建宿舍拆掉 3000 平方米外，其余 35 000 平方米，全为市属单位所占有。其中：市文化局学习班、艺术学校歌舞团和曲艺团共占用 25 000 平方米（如：文化局学习班不经常开班，工作人员不到 10 人，占用 2300 平方米；艺术学校仅有学员 90 人、教职工 300 余人，占用 14 000 平方米）。市 174 中学占用 10 000 平方米。我们曾于 7 月 14 日函请市委设法撤出。国务院国发（1978）166 号文件批转教育部《关于退还被占用校舍的请示报告》下达后，我们曾同市委有关部门多次协商，到现在为止，尚未退还给该院一间房屋。北京政法学院明年要招生开学，被占用的校舍不撤出，严重影响复校工作。为此，再次函请市委按照国务院国发（1978）166 号文件精神，将市文化局等单位占用北京政法学院的校舍迅速退还，以利进行复校工作。

最高人民法院

1978 年 12 月 12 日

北京政法学院筹备处
关于归还校舍问题致中共北京市委教育工作部的函

（1978 年 9 月 24 日）

市委教育工作部：

　　经国务院批准，北京政法学院在原校址复办，筹备工作已经开始，由于原校舍被占，现在的几间办公室已无法解决当前急需用房问题。

　　我们曾请求教育工作部给予解决校舍问题，部的领导同志表示大力支持，拟议在贯彻国务院（1978）国发 166 号文件之前，先帮助解决 174 中学占用的教学楼问题。

为便于部领导了解情况，解决问题，我们曾查看过 174 中学的新建校舍，该工程已基本竣工，室内粉刷、油漆、水电暖卫均已完工，院墙及附属工程也大部完成，只有锅炉房、校办厂尚待完工，但不影响教学使用。所以 174 中学近期迁进新校舍，不仅是可能的，而且可以促使施工单位抓紧完成扫尾工程。

我院的教学楼失修多年，特别是 174 中学占用以来，损坏更为严重，门窗残缺不全，玻璃打碎近 1/3，教室灯光不亮，灯具大部损坏，教员备课要拉临时灯。上水跑水漏水，下水堵塞不通。暖气设备损坏也十分严重，墙皮脱落开裂，屋顶漏雨更是普遍现象，如入冬以前不抓紧维修，将会造成更大的损失。

鉴于以上情况，建议部领导对 174 中学的搬迁时间问题做个具体安排，以便于我们协商联系，进行修缮工作。

当否，请批示。

北京政法学院革命委员会

北京政法学院筹备处

1978 年 9 月 24 日

北京政法学院筹备处
关于归还校舍问题致中共北京市委的函

（1978 年 9 月 27 日）

中共北京市委员会：

经国务院批准，北京政法学院在原校址复办，筹备复校工作已经着手进行。

关于校舍问题，除市文化局及其所属单位和 174 中学占用外，于 1976 年冬至 1977 年春，市建委占用我院学生操场建居民楼 6 幢，中学 1 所。1978 年春又在我校园内东北部建居民楼 3 幢，其中 1 幢已基本竣工，1 幢建至 3 层，另一幢建完 1 层，工程仍在进行。

国务院国发（1978）166 号文件批转教育部关于退还被占用校舍的请示报告，已于 8 月 31 日印发下达。人民日报、北京日报也已分别于 9 月 21 日和 20 日公布了文件精神。根据国务院 166 号文件第 3 条规定："凡占用学校的土地、运动场进行的基本建设工程，应立即停止施工。听候上级领导机关与同级教育部门共同研究决定。"我们曾持文件找施工单位，但施工单位不予理睬，仍继续施工。更为严重的是，9月24日（星期日），竟在我院一号楼北边一次伐树9棵（洋槐树直径最大40公分，最小20公分），以图扩大施工范围。

我们认为这是抗拒中央文件，无视国家法纪的行为，是决不能允许的。为此，特建议：

一、严肃执行国发（1978）166号文件，立即停止施工，听候上级领导机关与同级教育部门共同研究决定。

二、已竣工的楼房，不应分配住人，退还我院，或交领〔导〕机关处理，避免造成更多的损失。

三、对少数无视党纪国法，抗拒中央文件的单位和人员，应予严肃处理。

当否，请批示。

北京政法学院筹备组

1978年9月27日

北京政法学院筹备处关于市统建办公室
在我院内新建和已建工程的处理意见

（78）政字第5号

（1978年10月28日）

市委教育工作部：

近年来，北京市统建办公室在我院原操场和北校门内兴建了一批居民楼。据闻，该室尚拟在我操场上新建商场一处，在校园东北角和西北角新建居民楼等建筑；另外，沿一至四号楼西侧自南向北，一至五号楼北侧自西向东筑起围墙，这将进一步把我院场地划去一大片。为了不致影响我院今后的规划和布局，希望市委尽快召集有关方面共同开会，对市统办在我校园内已建和将建工程加以通盘研究，妥善解决。

我们的意见是：

一、市统建办在我校园内拟建的新工程和围墙，望暂勿开工，待开会协商确定后再行动工。

二、市统建办在我校园内除已建成并搬进了住户的居民楼留待以后研究解决外，其余已建和在建而尚未交付使用的居民楼望移交我院，其他单位和个人不要迁入，移交办法和有关问题，可通过开会协商解决。

当否，请批示。

北京政法学院筹备小组

1978 年 10 月 28 日

北京政法学院筹备处
关于归还校舍、图书、家具等问题给林乎加同志的报告

（78）政字第 7 号

（1978 年 11 月）

林乎加同志：[1]

　　北京政法学院惨遭 ｛×××｝ "彻底砸烂公检法" 反动口号的严重破坏，于 1972 年被迫停办，人员失散，校舍移交，物资、设备分散。现经最高人民法院、最高人民检察院、公安部和教育部联合报经国务院批准，在原址复办，明年招生开学。

　　我校停办后，除保留第一宿舍楼外，其余校舍均经市委分给其他单位使用，计：教学楼为北京市 174 中学使用；办公楼，第二、三、四、五、六宿舍楼，饭厅和礼堂等均为市文化局所属艺术学校、曲艺团和读书班等使用。此后，市统建办公室和文化局又在原校园内兴建了一批家属宿舍楼。

　　我们自 7 月着手复校筹备工作后，即多次以书面或口头向市委教育工作部、文化出版部、市文化局等要求尽快解决我院校舍、场地、图书、家具等的归还问题，并一再向有关单位进行联系、交涉。8 月 12 日还向毛联珏[2]同志写了书面报告。但是，直到现在，这些问题一个也没有得到解决。

　　目前，我院筹备工作正紧张进行，急需收回校舍场地加以整修，原有教职工正陆续返校，也急需房舍加以安置，如不抓紧解决，势将影响筹备工作的正常进行和明年的如期招生开学。为此，特向您紧急报告望予指示。

　　根据国务院国发（1978）166 号文件精神，我们意见是：

　　一、占用单位应尽快归还我院原有全部校舍，各自迁往其原址或新址，最迟不要超过明年 2 月。

---

　　〔1〕　林乎加，山东长岛人。时任中共北京市委第一书记、北京市革命委员会主任。
　　〔2〕　毛联珏，山西昔阳县人。时任中共北京市委书记处书记，北京市革命委员会副主任，分管文教工作。

二、有关单位在我校园内新建的家属宿舍楼 11 栋，除已经迁进住户的 7 栋，缓后议处外，其余即将竣工的 3 栋和已建成尚未交付使用的 1 栋，我们意见，移交我院使用，因为中央政法领导机关的意见，我院在校学生发展的规模为 4000 人，原有建筑物全部收回不够使用，且这几栋宿舍楼又在我教学区内，若外单位迁入不仅不好管理，也势必影响教学秩序，移交办法和有关问题，请市委指定主管负责人召集有关方面尽快研究解决，以免迁进住户后给移交工作造成更大的困难。此外，我院原大操场已被占用，建起楼房，望另拨场地。

三、市 174 中学新址已建成，即可迁往而腾出所占教学楼大部房间；曲艺团占用的礼堂现搁置未用；第六宿舍楼之一部为市文化局读书班占用，现该班最近一期已结业。望将这三处房屋立即退还我院以供急用。

四、我院停办后，22 万余册图书及有关的书架、阅览台等移交给首都图书馆，家具移交给北京大学等校，望按国务院批准我院复校的有关规定，责成有关单位尽快退还我院。

当否，请予批示。

北京政法学院筹备小组

1978 年 11 月

最高人民法院党组
关于北京政法学院校舍问题给谷牧同志的报告

（78）法组字第 36 号

（1978 年 12 月 15 日）

谷牧同志：[1]

国务院于今年 7 月 11 日批准北京政法学院用原校舍复校，并于明年招生。该院原为高等教育部的重点学校，面向全国，负责培养政法专业人才，为适应实现新时期总任务，加强社会主义法制的需要，经我们同最高人民检察院、公安部商议，北京政法学院本科发展规模为 4000 人。此外，根据需要培养和训练一定数量的研究生和在职政法干部。

但是，在 ｛×××｝ 鼓吹"砸烂公检法"的反革命口号下，北京政法学院于 1970 年撤销。原有校舍 40 000 平方米，除该院留守处自用 2000 平方米，占用单位为盖宿舍拆除 3000 平方米外，下余 35 000 平方米全为北京市文化局、教育局及其

---

[1] 谷牧，山东荣成人，时任国务院副总理兼国家建委主任。

所属单位174中学、艺术学校、歌舞团和曲艺团所占用，至今尚未退还一间房屋，严重影响复校工作。尤其是，1976年，经市文化、卫生组批准，市文化局与市统建办公室签订合同，在该院校区和操场内兴建174中学校舍和一批居民楼（其中已建成8栋，即将竣工的3栋），这样一来，北京政法学院不但存在占用单位应退还占用校舍的问题，还有一个长远规划的问题。为此，我们特向您报告，请对解决该院被占用校舍、土地及今后的规划给予支持和指示。我们提出如下初步意见：

一、北京政法学院明年要招生开学，至今被占用的校舍还没有退还，为此应责成北京市文化局、教育局必须按照国务院国发（1978）166号文件的规定，立即采取措施，迅速退还占用的校舍。

二、北京市三建应加紧完成174中学新校舍的扫尾工程，使该校能于明年2月以前腾出占用北京政法学院的教学楼，以便修缮。

三、北京政法学院的发展规模为4000人，请按此规模做相应的规划，确定扩建学校的土地。同时市建委占用该院原有的校园和操场盖了中学和居民楼，应如数另拨土地补还，以作操场用地。

四、市建委在该院北校门所建3栋居民楼（即将竣工），操场内6栋居民楼中有1栋尚未交付使用，这4栋楼请拨给北京政法学院，由我们向计委申请基建投资拨给北京市建委。

以上意见，当否，请批示。

最高人民法院党组

1978年12月15日

北京政法学院关于解决招生用房的紧急报告

（80）院政字第9号

（1980年4月25日）

我院1978年复校后，在最高人民法院和北京市革委会领导和关怀下，经过多方努力，1979年，北京市174中学归还了我院教学楼6800平方米，文化局归还了读书班占用的六号楼东半部2400平方米和食堂300平方米，加上原留守处占用的一号楼2145平方米，共约11 145平方米。经过维修，于1979年10月，招收了复校后第一批新生438名（内有研究生35名）。

由于我院是被"四人帮"彻底砸烂的单位，不少教职工全家被分配到外省市，复校后陆续调回了一批骨干教师和干部。因此，六号楼的 2400 平方米房子，暂时用来做教工宿舍，现住教工 60 余户，一号楼 2145 平方米住了 438 名学生，教学楼的 6300 平方米分别作了图书馆、阅览室、教室和党政机关以及 16 个教研室的办公室。目前，无论是教工和学生宿舍，或者是教学办公用房，都十分拥挤，已影响了教学和工作的正常进行。

1980 年分配给我院的招生名额 450 名，还有 10 余名研究生。目前新生入校后的宿舍、教室、食堂、礼堂等用房，一间也没有落实。为此，我们先后于 1979 年11 月 2 日和 1980 年 3 月 5 日，给北京市革命委员会和市人民政府写了报告，要求将市文化局现仍占用我院的约 19 000 平方米校舍中，归还我院 6400 平方米，即：

（1）将戏曲学校和歌舞团共同占用的二号楼（2145 平方米），退还我院作学生宿舍；

（2）将戏校占用的联合楼（4153 平方米原系我院办公楼）归还我院 2000 平方米，作我院办公用房；

（3）将曲艺团占用我院的礼堂（现曲艺团放道具及排演用房）归还我们作我院开大会及放映电影用，如曲艺团需排练我们可以合用；

（4）将厨房及南餐厅（600 平方米）归还我们作新生食堂；

（5）将现曲艺团占用的六号楼靠西边的部分（3300 平方米）归还我们 800 平方米，作从外地调回的教师及研究生宿舍之用。

此后，我们又多次找北京市人民政府副市长白介夫同志（主管文教及归还校舍工作），向他汇报了情况，白介夫同志也于 3 月 29 日来我院实地察看了解情况，但时至今日，仍杳无音讯。

关于文化局所属的戏校、曲艺团及歌舞团能否退还我们提出的这部分校舍呢？我们也作了一些调查。

他们三个单位总人数 900 人左右，而戏校的学生只 70 名左右，教职工 200 余人，家都住在城里，平时也很少来上班，房子空了不少。曲艺团和歌舞团共约 500 人左右，也都家住在城里，大部分时间在外面演出，设在这里的办公室基本上是空的。所以，他们只要稍微调整一下，挤出 6000 余平方米的房子，归还我院是完全可能的。但他们怕退回了一部份〔分〕房子退还我院后，市里少给他们基建指标。因此，宁愿让房子闲着也不愿退还我们，不仅如此，他们还宣称房子紧张，制造一些假象，以抵制归还我院校舍。

现在我院离新生入学只有 4 个月的时间了，就这仅有的几个月中，退还的校舍还要进行必要的维修，如不迅速解决住房问题，势必造成极大的被动。为此，特将情况报部领导，请部向北京市人民政府发一公函，请市人民政府督促市文化局，尽快归还我院要求的部分校舍，以解决我院今年招生之急需。

以上报告是否妥当，请示。

北京政法学院

1980 年 4 月 25 日

北京政法学院
关于收回被占校舍情况及存在问题的汇报

（1982 年 9 月 17 日）

调查组并报部党组：

我院复办以来，迄今大部分校舍仍被外单位占用，给我院的教学秩序和工作以及师生的生活造成了不少困难，现将情况汇报如下：

（一）

我院是 1952 年院系调整时建立的，经过 10 余年的建设，在"文化大革命"前是全国重点大学之一，当时有在校本科学生 1900 人左右，教职工 600 余人，校园占有土地约 190 亩，建筑物共约 33 000 余平方米（不包括职工宿舍），计有教学大楼、行政办公楼、教师办公楼各 1 栋，学生宿舍 4 栋，附中及单身职工用楼 1 栋，另有食堂、铅印厂、锅炉房、汽车房等平房若干栋，平均每个学生占有教学及办公生活用房为 17.36 平方米。此外，还有一个 400 米跑道的田径场、10 余个篮排球场、1 个游泳池、1 个不大的人工湖。总之，当时无论是学习条件、生活环境都是比较好的一个学校。｛×××｝ 1971 年将北京政法学院迁往安徽，1972 年春天，宣布撤销北京政法学院，教师和干部在安徽就地分配，把整个校园几经转手，最后交给了北京市文化局，学校的图书、教学设备及家具车辆全部分配给首都图书馆、安徽省直机关和北京市教育局以及一些大专院校，好端端的一所政法学院就被"四人帮"｛×××｝彻底砸烂了。

（二）

粉碎"四人帮"后，1978 年 7 月，国务院批准北京政法学院就地复办。但当时北京政法学院只有 1 个留守处，有少数干部、工人处理学校撤销后的善后事宜。大部分干部、教师分散在全国 10 余个省市，校园和建筑物被瓜分殆尽、面目皆非。整个运动场地和北校门两块空地被北京市统建办公室（现改为北京市城市开发公司）占用，他们在这些地面上建了 9 栋家属宿舍楼（计划还要修建 3 栋大楼现尚未建），1 座锅炉房，把游泳池填了，盖了 1 所中学，在学校的中心区教学楼的西南侧原来的人工湖南侧被文化局盖了两栋宿舍。整个建筑物除一号楼 2000 平方米左右为我院留守处使用外，其余都被外单位占用了。教学大楼全部被 174 中占用，门窗和厕所全遭破坏，行政办公楼和 2、3、4 号楼全部、1 号楼的一部分以及 1700 平方米的食堂、锅炉房等全被北京市戏曲学校占用，6 号楼（原为教师办公楼）被曲艺团和文化局读书班占用，800 平方米的小礼堂也被曲艺团作道具仓库，5 号楼（原一部分为附中学生宿舍，一部分为单身职工用房）被歌舞团占用，当时除北京政法学院一块牌子外，几乎是一无所有，我们就是在这个基础上复办的。

（三）

我院批准复办时，留守处的干部虽然很少，他们在最高人民法院领导下，积极设法调回干部和教师，着手购置设备物资，联系收回校舍和家具等复校招生的准备工作，至 1979 年第一季度，一部分干部、教师陆续返回学校。领导考虑，要实现 1979 年招收新生，关键是设法收回校舍，为此，学校主要领导人亲自找北京市委和市革委会主要领导人反映情况，提出要求，并亲自到有关单位联系，要求归还我院校舍。以后院领导又指定了姜达生等几位同志组成一个小组，根据国务院国发（1978）166 号文件精神，专门负责收回校舍事宜。当时在市委和市革命委员会关怀和支持下，经过同志们的努力，至 1979 年底，收回了教学楼的 2/3，约 6000 平方米左右，6 号楼 2000 余平方米，以及医务室、总机房等用房和一号楼的 10 余间房子，共约 8500 平方米左右，解决了从安徽、河北等地调回的教师干部的临时住宿用房和 1979 年招收的新生宿舍、教室、食堂，以及干部教师的办公用房。经过十年动乱，终于在 1979 年 10 月 24 日政法学院恢复后招收了第一批 406 ［438］名新生。市统建办公室也从我院西南侧拨给我们土地约 44 亩，作为偿还我院操场用地。但是由于北京市计委和建委未能及时给占用我院校舍的几个单位基建面积和投资，更未落实地址。因此，从 1980 年起，收回校舍的工作困难和阻力越来越大。市委虽于 1979 年 5 月工作会议上表示，占用我院的校舍于 3 年内分期分批归还，但措施不落实，1980 年我们给 174 中盖了十几间教室后，174 中把教学大楼的 3000 平方米归还了我院，而市文化局所属单位虽经多次交涉，他们占用的部分房子明明空着，但他们却用各种方法欺骗领导，拒绝归还我院。曲艺团占用我院教学用的小礼堂作道具物资仓库，致使我们花了近 9 万元安装的电影机也无法使用，我们曾多次和他们交涉，由我们拿钱盖一部分临时房子，把他们的道具等迁出，把礼堂归还我们，或者两家共用，都遭到他们的拒绝，后经白介夫副市长亲自做工作，召开有关部门会议，这 3 个单位才退还我们 30 余间房子，同时其中 14 间还是暂借的，致使 1980 年 450 名新生的宿舍无法解决，当时只好让北京的 100 名学生走读，其余大部分学生住在教室内，最多的一个大教室住 80 余人，给教学及学生的生活带来极大的困难。到 1980 年底新建的 4000 平方米教工宿舍竣工，住在六号楼职工家属迁往新楼后腾出了原教师办公室 40 余间，作为学生宿舍，勉强度过。此后，1981 年、1982 年一间房子也未再收回。1981 年的新生 450 余人只好暂用新建的职工家属宿舍，而 1982 年 300 名新生只能待新建的学生宿舍竣工后才能入学。

（四）

1982 年 300 名新生入学后，我院本科学生达 1610 名左右，研究生 80 余名，加上外地进修生，学生总数为 1650 名左右，教工以 650 名计，而占有的校舍（不包括教工宿舍）只 15 000 平方米左右，其中包括学生宿舍、食堂、教室、图书馆、阅览室、干部教师的办公室，以及锅炉房、车库等附属用房，平均每个在校学生只占有 9 平方米房子，如按学生和教工总数 2300 名计算，则每个人占用房子只 6.5 平方米。而北京戏校约有师生 450 人左右，占用校舍则为 11 500 平方米左右，平均每人占有房子约为 25.55 平方米，等于我院师生用房的 4 倍（见附图）[1]。曲艺团和歌舞团的用房条件比起我院也宽得多。由于北京市文化局下属戏校等单位迟迟不退还占用我院的校舍，使校园成为既有我院师生，又有文娱团体，还有外单位的职工和家属，再加上几个基建队伍，的〔是〕名副其实大杂院，给我院的教学、工作及师生的生活带来极大的困难。

---

〔1〕 原文附图缺失。

1. 严重影响和干扰教学活动。

（1）干扰学生听课和自习。我们是文科院校，学生主要靠听课和自习增加知识，但我院有这么多文娱团体，经常是：我们学生在上大课，而戏校则敲锣打鼓唱京戏，他们的声音压住了教师讲课的声音；早晨我院学生念外文，而戏院学生则吊嗓子；下午和晚上我们学生自习，而他们则舞枪弄剑，唱歌跳舞。总之，使学生心烦意乱，无法安静下来听课和自习。这种状况，恐怕在全国高等院校中也是独一无二的。为此，两校学生间曾多次发生冲突，由于我们及时进行工作，才未曾引起较大的事端。

（2）因教室紧张，有些课程只能安排在晚上，影响了教学效果。

（3）因阅览室缺乏，有些教学参考资料不能拿出来给学生阅读，有些资料虽在阅览室可看到，但因座位太少，学生自习时，要在阅览室争到一个座位很不容易，争不到座位也就无法阅读参考资料。

（4）由于教师办公楼大部被外单位占用，教师在校内基本上没有备课和阅读资料的地方。再加上不少教师居住条件又差，学习和备课的条件受到很大限制，直接影响了教学效果。

2. 学生的生活条件太差，影响了学生的身心健康。

（1）居住拥挤。一间不足 16 平方米的宿舍住 8 个学生，除放 4 张双层床外，连书架、桌子和学生的必需生活用品也无地存放，学生有病，连隔离的地方也没有。

（2）学生无吃饭的餐厅。我院原有两个大餐厅大部被戏校占用，而我院 1600 余名学生挤在不到 500 平方米的餐厅内，光排队就挤满了，无法在食堂用餐，大部分学生只能在外边用餐，遇到刮风下雨，只能打回宿舍去吃，到冬天打到宿舍饭菜已凉，严重影响学生的健康。

（3）因教学礼堂被占用，无法放映电影，学生看一场电影至少到北太平庄或者新街口，因学习紧张加上学生的经济条件的限制，不少学生终年看不上电影，也无法开展正常的文娱活动，致使少数学生饮酒、玩牌，或者刚上一年级就谈情说爱，影响了学习和正常的生活。

（4）缺乏体育活动的场地。我院复校时，因原有操场和空地都被统建办公室和文化局盖了大楼，后统建办虽归还了我院 40 余亩土地。但加起来不足 160 亩，比"文革"前减少了近 30 亩，而且归还我院操场用地上还有一个村庄，占地约 15 亩左右尚未搬迁，戏校等单位占了一大片土地和建筑物，可供我院使用的校园面积不足 100 亩，加上搞基建，到处堆放基建材料，形成学生打排球打羽毛球的地方也没有，影响了学生德、智、体全面发展。

3. 安全得不到保证。整个大院四通八达，居住的人员复杂，学校虽有专门人员晚上巡逻，但流氓和盗窃案仍时有发生，复办以来至今年 8 月底止，据不完全统计，几年来共发生盗窃案 70 起，流氓案 19 起，打架斗殴 15 起，曾一度引起人心惶惶，缺乏安全感，唯恐东西被盗，直接影响了学生的学习情绪。

4. 由于我院条件太差，今年来中央有关单位多次安排外宾来校参观访问被谢绝。

总之，我院校舍紧张和大杂院的混乱局面，必须尽快解决，否则，不仅影响教学效果和质量，影响学生的身心健康，而且随时可能发生闹事的危险。1980 年人民大学为校舍问题上大街到市委请愿活动时，我院不少学生也要求上街，后被劝阻。之后，学生曾多次要求强行搬走礼堂里曲艺团存放的道具，以使我院有放映电影的场所，对戏校占用的食堂利用率低和他们居住条件宽等意见也很大，如不是院党委和各年级总支及时做工作，随时都有发生事端的可能，因此，校舍紧张和拥挤以及学习上的干扰，是我院当前潜在不安定的主要因素。

北京市委和人民政府多次表示，要尽快归还我院的校舍，特别是 1980 年 9 月间，白介夫副市长召集的有市计委、建委、市委大学工作部、高教局及我院、戏校、曲艺团、歌舞团等单位参加的会议上，明确表示从会议时起，3 年之内全部归还政法学院的校舍，如到时戏校等单位还没有地方搬迁，下命令关闭这些单位也要还政法学院的校舍。但 2 年已过去了，据了解，市人民政府也确实给这些单位安排了基建任务和投资，但迄今有些单位地址和基建队伍等还未落实，这样，1983 年 9 月份前能否把占用我院校舍和地皮全部归还我校还是问题。根据国务院国发（1980）231 号文件精神，请求司法部抓紧与市人民政府联系，请他们作出归还我院校舍的具体计划，认真落实。

（五）

对我院今后建设的初步设想。

我院原校舍全部收回后，今后按在校学生 3000 人，教职工 1000 人计算，对我院到 1985 年的建设作如下设想：

1. 原有联合楼收回后，稍加修理，除两个大教室继续作课堂外，其余可基本满足党政部门办公用房。

2.6 号楼仍做各教研室的用房。

3.1、2、3、4 号学生楼，可容纳学生 1900 人。但 4 号楼建筑质量太差，又多年未加维修，我们计划收回后 1984 年进行翻建，并将原 3 层改成 5 层，建筑面积可达 4000 平方米，1985 年竣工，翻建后可住学生 850 人，加上 1、2、3 号楼住学生 1350~1450 人，共可居住学生 2200~2300 人。现正在新建的 7 号楼，建筑面积为 6800 平方米（连地下室为 7500 平方米），1983 年 6 月可全部竣工，按设计标准可住学生 1800 人，实际可住学生 1500 人左右，这样不仅可解决 3000 名学生的住宿，而且还可解决一部分单身职工的宿舍和部分青年的结婚用房，如 4 号楼不同意翻修，可进行一次大修，1、2、3 号楼和新建的 7 号楼作学生宿舍（可容纳 3000 人），4 号楼作单身职工宿舍和部分青年结婚用房。

4. 5 号楼大修后，拟用 1 层作为托儿所，2 层作为招待所，其余 2 层均作单身职工用房和炊事员休息室。

5. 2690 平方米的新食堂至迟 1983 年第一季度可建成，可容纳 2000 余人用餐，原有餐厅稍加修理后，一个可作学生餐厅，另一个可改作教工食堂，这样可解决 3000 名学生、1000 名教工的就餐用房。

6. 计划 1983 年兴建 6500 平方米图书馆一座，争取 1985 年建成，现图书馆占用的教学楼可全部作教室，3000 名学生教室和自习场所便可解决。

7. 教工宿舍现有宿舍楼共 14 500 平方米左右，如按 1000 名教工考虑，远不敷需要，拟在今年争取在我院操场用地西侧和南侧征购 10 余亩土地，修建职工宿舍楼两栋，7000 平方米左右，其中 3000 平方米作为操场搬迁用房，其余 4000 平方米除解决一部分确有困难急需解决的住户外，主要用作城里东高房宿舍的搬迁用房，然后在该地面上修建 15 000 平方米左右高层或多层的家属宿舍，其中 6000 平方米（70 套左右）作为高级知识分子和部分离休老干部用房，标准稍高一些，其余均按标准设计，预计 1986 年以前修建完毕。

以上计划如能实现，从 1984 年起，每年可招收新生 750 人，到 1987 年在校学生可达 3000 人，但是实现上述计划困难很大，主要是被外单位占用的校舍能否在 1983 年底以前全部归还我院，图书馆和职工宿舍能否按期建成，这些，都需部领导支持和帮助，特别希望部领导亲自与北京市委和市人民政府联系，促使他们尽快归还我院校舍。

以上汇报，如有不当，请批评指正。

北京政法学院

1982 年 9 月 17 日

中国政法大学

第一章 建立中国政法大学

一、筹备

内容提要

从 1979 年始，我国的法制建设进入了恢复和迅速发展的新时期，为了适应新形势的发展，中央政法小组提出要"着手办一所全国性的政法大学"。扩大、充实、整顿和提高政法队伍，培养高水平的法学师资和科研人员。1980 年，司法部、最高人民法院、最高人民检察院、公安部、民政部五个部门联合向中央政法委员会提交报告，拟定在北京新建中国法律大学。当时，国家计划把这所大学建成我国法律教育的最高学府和我国法律教学研究和法学图书情报的中心。它与一般的政法院系不同，不仅设有本科，还将设有研究生院和进修学院。本科也不同于一般的政法院系，它的重点是培养法学教学、研究人员，法律顾问和律师，而不是审判、检察的司法工作干部；在课程设置上要求知识面比较广泛，基础比较雄厚，学制五年。最初设想的是这所新型的法律大学由中央政法委员会领导，委托司法部管理，中央政法委书记彭真同志任名誉校长，曾任中央政法干校校长的毛铎同志组织领导筹备工作。

由于筹建工作头绪多、牵扯面宽，经过几个月的准备，进展缓慢。1981 年 10 月，司法部向中央政法委及国务院提出报告，建议将公安学院的恢复、中央政法干校的迁建与中国法律大学的筹建等问题统筹考虑、协调解决，即以北京政法学院为基础迅速筹建中国政法大学。同年 12 月，政法委员会秘书长刘复之、全国人大常委会副委员长、中共中央书记处书记彭冲同志以及国务院副总理杨静仁同志先后签署意见，批准了司法部的报告。

1982 年 1 月，中共中央在《关于加强政法工作的指示》中提出，要恢复与扩大建设政法院校、政法干校、公安学院、警察学校、司法学校和各种训练班，大力加强干部的培训。要抓紧筹办中国政法大学，把它建成我国政法教育的中心。1982 年 2 月，中央政法委员会和国务院批准筹建中国政法大学。3 月，司法部和教育部联合发出了《关于筹建中国政法大学的通知》。9 月，国家计委批准了中国政法大学计划任务书，筹建工作正式启动。

随后，经中央组织部批准，成立了由刘复之同志为组长的中国政法大学筹建领导小组。筹建领导小组召开了两次会议，讨论解决了基建工作、本科学制与招生、专业设置、师资配备一系列重大问题。1983 年 4 月，筹备工作结束，1983 年 5 月中国政法大学正式成立。

司法部党组、最高人民法院党组、最高人民检察院党组、公安部党组、民政部党组关于建立中国法律大学的请示报告

(80) 司发党字第 19 号、法组字 (1980) 第 26 号、
高检党发 (1980) 20 号、公组 (80) 57 号、
(80) 民组字 24 号
(1980 年 8 月 21 日)

中央政法委员会：

为了改变我国法律教育和法学研究的落后状态，培养造就高水平的法学师资、科研人员，以及精通法律、能够解决国内和涉外法律事务的专门人才，拟在北京新建一所中国法律大学。中国法律大学除了培养法律专门人才外，还应在建立马克思主义法学体系和总结我国司法实践经验方面做出贡献。它既是我国法律教育的最高学府，又是我国法律教学研究和法学图书情报的中心。

一、中国法律大学设本科、研究生院、进修学院。

本科设置若干专业，主要培养法学师资、研究人员、法律顾问、律师等专门人才，学制为 4 年。规模 4000 人。

研究生院主要培养高级法律专门人才。学制 2 至 3 年。

进修学院的任务，一是接受法律院校专业师资的进修；二是担负县以上主管政法工作的党政领导干部的法律培训。

二、中国法律大学按重点大学筹建，校址设在北京，土地面积 600~800 亩，基建面积 15 万平方米。基建和购置图书设备投资，列入国家计划，分年拨款，力争 5 年建成。

三、中国法律大学由中央政法委员会领导，委托司法部代管。司法部与北京市委的领导分工按国务院国发【1978】27 号文件的规定办理。名誉校长建议由彭真同志兼任，设若干名专职校长、副校长，由毛铎同志负责组织领导筹建工作。明年请拨筹建费 500 万元。

以上意见，妥否，请批示。

司法部党组

最高人民法院党组

最高人民检察院党组

公安部党组

民政部党组

1980 年 8 月 21 日

司法部教育司
关于建立中国法律大学两个问题的复函

（80） 司教字第 63 号

（1980 年 12 月 19 日）

教育部计划司：

前曾送去《关于建立中国法律大学的请示报告》，征求你部意见。现就你司对建立中国法律大学提出的两个问题简复如下：

一、中国法律大学与政法院系的分工问题

建立中国法律大学的目的，是培养造就高水平的法学师资、科研人员，以及精通业务、能够独立解决国内和涉外法律事务的高级专门人才。中国法律大学既是我国法律教育的最高学府，又是我国法律教育研究和法学图书情报的中心。除培养法律专门人才外，它还要在建立马克思主义法学体系、总结我国法律教育和我国司法实践经验方面做出贡献。因此，它与一般政法院系不同，不仅设有本科，还设有研

究生院和进修学院。中国法律大学的本科，也不同于一般的政法院系，它主要培养法律教学、研究人员、法律顾问和律师，而不是着重培养审判、检察等司法工作干部；而且在课程设置上要求知识面比较广泛，基础比较雄厚。为此，学制仍以五年为宜。

二、中国法律大学的师资来源

根据中国法律大学的性质和任务，中国法律大学必须有一批具有较高水平的教师。为此，我们考虑并拟提请中央批准：①从全国现有政法院系中统一调配有真才实学的教授、副教授以及具有多年教龄和丰富教学经验的讲师 50 人作为骨干；②从法学研究机构和业务部门聘请第一流的学者专家兼课；③从社会上招聘一些能胜任法律教学的人作教师；④择优选留政法院系近几年毕业的研究生、本科学生进行培养。

中华人民共和国司法部教育司

1980 年 12 月 19 日

中共司法部党组关于迅速筹建中国政法大学恢复公安学院和迁建中央政法干部学校的请示报告[1]

（81）司发党字第 45 号

（1981 年 10 月 9 日）

中央政法委员会并国务院：

为了贯彻落实耀邦同志最近关于"政法干部队伍必须加强，明年以前必须取得决定性的进展"的指示精神，我们认为应迅速采取有力措施，加强政法干部队伍的教育训练工作。

---

〔1〕 文件首页有领导批示：刘复之于 12 月 7 日批示"彭冲同志：这是协商多次取得比较一致的意见，建议原则批准，具体问题由两部负责去办理"。彭冲 12 月 10 日批示"同意复之同志处理意见，请静仁同志阅"。杨静仁 12 月 12 日批示"同意彭冲、复之的意见"。刘复之（1917—2013），广东梅县人。时任中央政法委员会秘书长、全国人大常委会法制委员会副主任。彭冲（1915—2010）福建漳州人，时任第五届全国人大常委会副委员长、中共中央书记处书记。杨静仁（1918—2001），甘肃省兰州市人，回族，时任国务院副总理，主管民族和政法工作。

现中央政法干部学校是 1959 年和公安学院两校合并而成的，担负着公安、法院、检察院、司法行政县级以上干部的培训任务，一年办两期，每期 1300 人，很不适应新形势发展的需要。

根据中共中央中发【1979】64 号文件精神，司法、公安干部的培训工作，应由司法部、公安部分别管起来。我们完全同意中央政法委员会的意见，迅速筹建中国政法大学，恢复公安学院和迁建中央政法干校。因这三个问题互有牵连，三位一体，应统一考虑。从实际情况看，筹建中国政法大学是关键，应首先考虑。建议以北京政法学院为基础，并从中国人民大学、北京大学等院校调进一批骨干教师，另选校址，新建中国政法大学；北京政法学院迁入新建的中国政法大学以后，即将该院校舍移交给中央政法干部学校办学；中央政法干部学校的现校址移交给公安学院办学。我们认为，这是个多快好省的方案，现将具体意见请示报告如下：

一、北京政法学院的现校址较小，不能扩大规模。目前还住有北京市 3 个文化团体，应限期归还所占校舍，尔后再稍加扩建，可作为中央政法干部学校的校址。该校规模 2000 人，由司法部领导。

二、中央政法干校迁至北京政法学院校址以后，该校原校舍移交公安学院办学。在未迁出之前，仍在原校址继续轮训干部，每期轮训法院、检察院、司法行政方面 650 人，不能停顿。在分校时，教职工、图书资料、物资设备的分配，由司法部与公安部协商解决。原则上原来是哪个学校的仍归哪个学校，属于合校后增加的，应视业务需要具体商定。

三、中国政法大学的筹建，1980 年 8 月 21 日，司法部、公安部、最高人民法院、最高人民检察院、民政部党组曾送上联合报告（现复印一并送上）。鉴于情况变化，我们建议：以北京政法学院为基础，迅速选址新建，列为全国重点高等学校。

1. 中国政法大学建成后的规模 8000 人。计分：

本科一院：3000 人，学制 5 年，为全国培养水平较高的司法干部，科研人员以及大专助教，特别要为研究生院输送合格的人才。

本科二院：4000 人，学制 4 年，仍担负原北京政法学院任务，主要为华北五省市培养政法干部。

研究生院（或称研究院）：500 人，培养硕士博士研究生，并从事法学研究工作。

进修学院：500 人，培养各院校进修教师以及轮训地委以上的各级政法领导干部。

2. 中国政法大学校址，建议选在北京市安定门外大屯公社所属四环路附近

（大田地），或清华大学以北邮电学院分院及其附近农田，以便于与兄弟学院相互兼课、使用资料，便于取得领导机关的领导，便于安排本科生的实习和研究生学位论文的写作。

3. 基建投资：

购地：730 亩（按每生 0.09 亩计，另外研究生面积 10 亩）建议一次征购。

建筑面积：总计 23.4 万平方米，总投资估计 7000 万元。拟分两期建设：

第一期：1982~1985 年，先建 4000 人规模的校舍。预计建筑面积 11.7 万平方米，4 年投资 4300 万元。

第二期：1986~1988 年，完成全部基建。预计建筑面积 11.7 万平方米，3 年投资 2700 万元。

4. 由于师资队伍的建设是办学的重要条件，必须在进行校舍建设的同时，狠抓师资的调配、培养。除上述请求其他院校支援一部分外，我们计划，在批准中国政法大学建立之后，立即制订计划，收集一批法学教授副教授，成立法律科学研究院培训研究生以及归队师资，以保证 1985 年后大量招生的急需。

司法部党组

1981 年 10 月 9 日

司法部
关于筹备中国政法大学初步方案（讨论稿）[1]

（1982 年 2 月 18 日）

早在 1979 年，中央政法小组在中政法第 3 号文件中就曾提出"着手办一所全国性的政法大学"的问题。1979 年司法部成立时，也曾提出建立中国政法大学的问题。1980 年又以司法部、公安部、最高人民法院、最高人民检察院、民政部五机关联名向中央写过报告。1981 年 10 月，司法部再次起草报告，送中央后，于同年 12 月 8 日政法委员会秘书长刘复之同志签署了"建议原则批准"的意见，12 月 10 日、12 日彭冲同志、国务院副总理杨静仁同志先后签署了"同意刘复之同志意见"的批示。1982 年 2 月 8 日方毅副总理业已圈阅。现在，中共中央 1982 年 5 号文件

---

〔1〕 根据中国政法大学档案馆档案原件刊印，原件无定稿。

已指示"抓紧筹办中国政法大学，把它办成我国政法教育的中心"。据此，即可正式宣告成立。

中国政法大学定为全国重点大学。由司法部（代管）、北京市实行双重领导。

现在，向筹委会汇报三个问题，即：对中国政法大学的设想，近期抓哪些工作，有待解决的问题。

第一，对建设中国政法大学的设想

（一）从我国政法教育的历史与现状看，建立中国政法大学的迫切性和必要性。

我国是一个 10 亿人口的大国，健全社会主义法制，加强政法工作，对保障我国的社会主义现代化建设、保障人民的政治权利和经济权益，发展安定团结的大好形势，有着十分重要的意义，这就需要培养造就一大批法律专业人才。但是，从我国政法教育的历史与现状来看，都说明我国政法教育很不发达，不适应新形势的需要。

从我国的人口与法律工作者的比例来看：我国有 10 亿人口，法律干部只有 10 万余人，每万人中才有 1 个法律干部。日本 1.15 亿多人口中，法律工作者（包括审判官，检察官和律师）有 1.6 万多人，每 7000 多人中有 1 个法律工作者。美国 2.18 亿多人中，法律工作者有 48 万人，每 450 人中就有 1 个法律工作者。

从法律教育的情况看，我国目前只有 4 所政法学院（中南政法学院才开始筹备），加上原有和新建的 22 个大学法律系，也才有 26 个院系。日本 1.15 亿多人口，大约有 55 所高等法律院校（1979 年统计）。美国 2.18 亿多人口，约有 228 所高等法律院校。

从法律学科学生在高等学校学生总数中所占的比重来看，我国 1980 年政法院系在校学生占高等学校在校学生总数的 0.5%，1976 年只占 0.1%。1949 年到 1978 年毕业政法学生 2.8 万人，占全国大学毕业生总数 294.6 万人的 0.9%。解放后 30 年毕业的政法学生，只相当旧中国政法毕业生的一半。根据联合国 1977 年统计资料，日本法律学科在校的学生占学生总数的大约比例数是 5% 至 10%，美国是 3.3%，泰国是 17.8%，南斯拉夫是 11.7%，苏联也占 1.9%。

从我国政法教育的历史来看，解放前，政法大学生最高年为 37 682 人，我们 1949 年是 7338 人，1981 年是 8612 人（等于解放前最高年的 22.85%）。政法专业在高校招生总数中的比例为：1947 年，占 24.4%；1949 年占 1.0%；1952 年占 1.6%，1954 年占 2.4%，1962 年占 0.4%，1965 年占 0.8%，1976 年占 0.1%，1978 年以后稍有回升，占 0.3%，1980 年占 0.5%。

从我国法律干部的法学水平来看，我们现有司法干部中，受过高等法律专业教育的只占 3% 左右，受过短期专业训练的占 36%，尚有 61% 的干部没有受过专业训练。

广东省政法干校第 23 期训练班入学后举行了一次测验，参加测验的有政保、预审、检察、司法干部 399 人，其中有地县科局长 106 人，股长 238 人，一般干部 55 人，测验结果为：80 分以上的 2 人，占 399 人的 0.5%；及格的 88 人占 22%；不及格的 311 人，占 77.9%；30 分以下的 62 人，占 15.5%。总平均为 47.3 分。

根据以上情况，我国的法律工作者，数量必须增加，质量必须提高，而我们法律教育的现状却远远不能满足社会的需要，因而成立中国政法大学，势在必行。

（二）中央要求，把中国政法大学办成我国政法教育的中心。这是一个光荣的任务，要达到这一目标，必须高标准、严要求。我们设想，可以从以下四个方面考虑：

1. 办成培养法律人才的中心。

本科。招高中青年学生，学制五年，培养水平较高的专业人才。

研究院。招收博士、硕士研究生，并创造条件使法学的主要学科（二级学科）都有权授予博士、硕士学衔。

进修学院。为各院校培训法学师资并轮训省、地两级政法领导干部。

2. 办成法律科学研究的中心。任务是：

（1）研究党和政法部门提出的新问题。

（2）科研工作要为教学服务，研究教学中提出的问题，提高教学质量。

（3）促进法律学科本身的发展。

通过刻苦深入的研究工作，应该使学校成为国内外法学学术交流的中心。

3. 办成法学图书资料中心。

（1）搜集古今中外法学书籍。

（2）逐步实现图书资料设备、管理现代化。要有录音、录像、缩微照相、复印等设备，对外国专家的讲学、重要的科学讨论会，典型案件的审理都可录音、录像，作为资料保存，为教学与研究服务。

4. 办成法律教材编译的中心。

（1）要编写出以马列主义为指导的、社会主义制度下的、有中国特色的各科的教材。

（2）翻译出版外国有参考价值的图书资料。

（3）组织出版一套大学法律丛书和普及性丛书。

（4）组织古法律书籍的注释。

（三）规模与专业设置。

1. 规模：计划校内学生 8000 人，函授 2000 人，校内外学生共 10 000 人。学校设 4 院：

一院是大学本科，五年制，4000 人，面向全国招生与统一分配。

二院是北京政法学院的任务（或称中国政法大学分校），四年制，3000 人，为华北五省、市培养政法干部。

三是法律科学研究院，招研究生 500 人，培养硕士（学制三年）和博士（学制四年）研究生。

四是进修学院，包括师资进修和省、地两级政法领导干部的进修，500 人，学制一年到两年。

2. 教工数。按学生与教工比例为 3∶1 的规定，教工总数为 2660 人，其中教师 1300 多人，包括外籍教师。

3. 专业设置。按照学位委员会规定的 11 门二级学科（法学基础理论、法制史、法律思想史、宪法、行政法、民法、刑法、诉讼法、经济法、国际经济法、国际法）逐步开设外，可增设国际私法、刑事侦察〔查〕学、法医学、政治学、社会学、管理学等。

（四）教学管理。

1. 实行学分制，使学生既能侧重学习自己爱好的学科，又较为灵活主动。

2. 实行助学金加奖学金制度，逐步过渡到以奖学金为主。

3. 实行严格的教学管理，树立优良的校风和严肃的校纪。

4. 树立浓厚的学术空气，建立学术奖励制度。

5. 后勤工作为教学服务，力争实行社会化。学校除自建一部分校舍外，公寓、食堂都实行社会化，由服务公司来管。

6. 要使政治教育与专业教育有机地结合起来。

（五）校园规划。

1. 搞中国风格和形式，使校园大方适用，整洁美观，幽静爽朗，布局合理。

2. 校舍建造与投资。

第一方案：

两期工程：计划 1985 年暑假完成可供使用的 15 万平方米，投资 4000 万元，可招本科学生 1000 名；到 1988 年完成 23.4 万平方米，投资 3000 万元，可供 5000 名学员用房。

第二方案：

国家作为重点工程，像建造重点企业那样，集中力量突击，1985 年基本完成，1986 年扫尾。

第二，近期（一、二年内）抓哪些工作

近期主要抓三件事：师资的培训、基建设备、图书资料。

我们认为，办学校领导是火车头，也是办学成败的关键；师资队伍的建设是办学的根本；思想政治工作是完成任务的保证；后勤工作是办学的物质基础。

（一）师资的调集与培训。

对师资队伍构成的设想：计划全校教师共计1300人，其中法学教师约800人，其他（政治理论、体育外语等）500人；其中教授、副教授应达到200~300人，讲师600~800人，助教300~400人。逐步做到新增教师都是研究生毕业，多数都应取得学位。

教师来源：

1. 筹委会成立后即印制聘书，把全国各院、校和研究机构知名的正副教授、研究员选一些聘为兼职教授、副教授。

2. 请北大、人大等兄弟院校支援一部分骨干教师，包括教授、副教授和老讲师。北大、人大两校，争取每校支援30人。

3. 请中央、中组部、国家人事局批给100名（家属另算）进京的户口指标，调进专业骨干，即教授、副教授及1966年以前的讲师，要求政治上较好又确有真才实学。

4. 1982年内要克服一切困难建起研究院，9月开办研究班与教师培训班。

研究班招生100~200人，学制二年，学生来源为分配到本校的大学毕业生。现在教育部已答应给我们分配150~200人。毕业后成绩特别优秀的可给予讲师待遇，成绩优良的可做助教，成绩较差的可当行政干部。

师训班招生50~100人，学制一年至一年半，登报公开招收，毕业于大学法律系的人员，多录取北京报考人员。总的设想是：老的带班，四五十岁的做骨干，带领年轻教师迅速成长。我们对待教师应该是看本事不看资格，要看成果和水平。

1. 校址的选择。最好建在市区，如安定门外，大屯公社所属四环路附近。不行就选到十三陵水库附近昌平卫星城范围内。

2. 1982年一季度搞好计划任务书，下半年要搞好规划设计，1983年春开始施工。

3. 1982年要10 000平方米基建指标，用以购买一部分统建的房屋；或要求拨给一部分撤、并单位的房屋，以便调进教师开办研究班。

4. 1982年需要拨给200万元的开办费，以便购买图书、家具、文具、汽车以及发给调进人员工资等。

（二）搜集、购买图书资料。召开政法院系图书工作领导人的会议，动员大家将有价值的资料拿出复制，互通有无；5、6 月份外国图书展览会后，购置一套；登报征购私人藏书；请华侨赞助向国外代购。

第三，有待解决的问题

（一）校址问题。校址最好在安定门外，如不可能就建在昌平，北京政法学院仍原地不动，继续扩建办学。

（二）投资问题。

1. 按中央指示一定要"抓紧筹办"，争取 1985 年招生，1988 年完全建成。

2. 如有海外爱国人士投资捐助，可以接受。如建造图书资料中心、体育馆或大礼堂，或者利用他们资助的外汇购置现代化设备等。

3. 争取教育部拨给部分国际银行文教基金。

（三）人事问题。

1. 进教师先要通过业务考核，不合格者一律不予考虑。成立教务组，负责考核工作，业务合格者再交人事部门考核办理。

2. 党政管理干部要选择熟悉教育工作的人员担任，可考虑由各部整顿机构中选调年富力强德才兼备的干部，要一个人顶一个人用，不能把学校变成安置干部的场所。

3. 要堵塞走后门的不正之风，坚持进干部选贤任能的原则。

1982 年 2 月 18 日

司法部、教育部关于筹建中国政法大学的通知

（82）司发教字第 124 号、（82）教计事字第 063 号

（1982 年 3 月 31 日）

最高人民法院、最高人民检察院、公安部、民政部、财政部、北京市人民政府：

司法部《关于迅速筹建中国政法大学，恢复公安学院和迁建中央政法干部学校的请示报告》，业经中央政法委员会和国务院批准。

中国政法大学在北京选址新建，规模 8000 人，设五年制本科，四年制本科，研究生院和进修学院。其中四年制本科 4000 人，是担负原北京政法学院的任务。在中国政法大学筹建期内，北京政法学院仍在现校址办学；在并入中国政法大学之

后，原校舍交给中央政法干部学校。

中国政法大学由司法部和北京市人民政府双重领导，以司法部为主。领导分工按照国务院国发〔1978〕27 号文件有关规定办理。根据中共中央〔1982〕5 号文件《关于加强政法工作的指示》中提出的要"抓紧筹办中国政法大学，把它办成我国政法教育的中心"的精神，司法部将积极进行筹建。有关筹建事项，由司法部与国家计委、财政部和北京市人民政府商办。

中华人民共和国司法部

中华人民共和国教育部

1982 年 3 月 31 日

国家计划委员会
关于中国政法大学计划任务书的批复

计基（1982）744 号

（1982 年 9 月）

司法部：

你部 3 月 31 日《关于新建中国政法大学基本建设计划任务的报告》和 6 月 26 日《关于建设中国政法大学的修订方案的请示报告》均收悉。经与教育部研究，批复如下：

一、同意在北京新建中国政法大学，培养政法教学师资和政法专业人才等。

二、建设规模为 5000 人，其中本科 3400 人，研究生 400 人，进修生 1200 人。本科学制 4 年。

三、总建筑面积 15 万平方米，总投资 5000 万元。1982 年进行规划设计，建设进度在年度计划中审定。

四、这所大学规模较大，希望认真搞好建设前期准备工作，按基本建设程序办事，努力提高投资效率。

五、职工配备要同招生工作相衔接，在校舍基本具备招生条件之前，可组织一个精干的工作班子，负责学校的基本建设。

国家计划委员会

1982 年 9 月

中共司法部党组、中共最高人民法院党组、中共最高人民检察院党组、中共公安部党组、中共民政部党组关于成立中国政法大学筹建委员会的请示报告

（82）司发党字第 8 号

（1982 年 2 月 10 日）

中共中央政法委员会并国务院：

中共中央和国务院已原则批准成立中国政法大学。该校拟在北京市昌平县城以东、十三陵水库以南处新建，规模 8000 人。

遵照中共中央【1982】5 号文件关于"抓紧筹办中国政法大学，把它办成我国政法教育中心"的指示精神，为了迅速进行中国政法大学筹建工作，我们建议成立中国政法大学筹建委员会，由下列有关单位派负责同志参加：中共中央政法委员会、人大法制委员会、司法部、最高人民检察院、最高人民法院、公安部、民政部、教育部、财政部、国家计委、国家人事局、社会科学院、北京市人民政府、北京市政法委员会。

筹建委员会设正、副主任 5~6 人，由中央政法委员会派负责同志担任主任，副主任由司法部副部长王文同志，人大法制委员会宋汝棻同志，北京市副市长赵鹏飞同志担任，专职副主任由毛铎、云光等几位同志担任。

筹建委员会下设办公室、教务、人事、基建、总务等组。专职筹建班子暂定编制 200 人。在筹建委员会的领导下，具体工作由司法部负责进行。

为了抓紧筹备，应积极进行师资培训。今年应先成立一个研究院，以便调集师资和培训研究生。研究院暂定编制 300 人。连同筹备班子的专职工作人员，请先批准 500 人的编制，并请拨给开办费 200 万元。

以上报告如蒙同意，请通知有关部门，请他们提出参加筹建委员会的负责同志名单，以便定期召开会议，抓紧进行工作。

中国共产党司法部党组

中国共产党最高人民法院党组

中国共产党最高人民检察院党组

中国共产党公安部党组

中国共产党民政部党组

1982 年 2 月 10 日

中共中央组织部
关于同意中国政法大学筹建领导小组的批复

（82）干任字 840 号

（1982 年 11 月 5 日）

中共司法部党组：

中央同意中国政法大学筹建领导小组由下列 6 名同志组成：

组长：刘复之

副组长：邹瑜、张百发

成员：陈卓、叶子龙、云光

张百发同志兼任基建工程总指挥。

中共中央组织部

1982 年 11 月 5 日

中华人民共和国司法部办公厅
关于启用中国政法大学筹建领导小组印章的函

［82］司办字第 28 号

（1982 年 11 月 11 日）

国务院办公厅、中央政法委员会办公室：

根据国家计委今年 9 月 10 日"关于政法大学计划任务书的批复"，筹建工作已经开始。现刻制了"中国政法大学筹建领导小组"、"中国政法大学筹建领导小组办公室"、"中国政法大学筹建领导小组基建办公室"印章三枚，自即日起用。

附印模｛印模未刊录｝

中华人民共和国司法部办公厅

1982 年 11 月 11 日

司法部关于中国政法大学
领导体制和机构设置的报告

（82）司发人字第 381 号

（1982 年 12 月 25 日）

教育部并报国务院：

遵照中央关于中国政法大学办学方针的指示，最近我们反复研究了中国政法大学的领导体制和机构设置方案，并征求了中宣部干部局和北京市委的意见，大家一致认为，学校拟在校党委统一领导下，实行校院两级管理：校部设精干的领导机构；下设法学院（即本科院）、研究生院和进修学院三个学院。各学院在行政上可保持相对的独立性。

为了充分发挥北京政法学院的潜力，加速中国政法大学的建校工作，拟将北京政法学院划归中国政法大学的建制，作为中国政法大学法学院的一部分基础。中国政法大学拟在中央任命了领导班子以后，即宣布正式成立。

以上意见，我们已向彭真、丕显同志汇报过，如无不妥，请予批准。

中华人民共和国司法部

1982 年 12 月 25 日

中国政法大学筹建工作小结及
1983 年工作要点

（1983 年 1 月 31 日）

1982 年 10 月 28 日第一次筹建领导小组会后，中国政法大学的筹建工作有了新的进展。司法部党组把中国政法大学的筹建工作［作］为重点来抓，刘复之同志亲自挂帅，多次主持会议，研究解决一些重大问题，进行具体部署。教育部、北京市的领导同志和有关部门都给予了大力支持，筹建工作进展比较顺利。现将 1982 年工作小结如下，并提出 1983 年工作计划要点。

一、1982 年筹建工作小结

1982 年 2 月中央政法委员会和国务院批准筹建中国政法大学，3 月司法部和教育部联合发出了《关于筹建中国政法大学的通知》，9月国家计委批准了中国政法大学计划任务书。据此，中国政法大学的筹建工作正式开始。到目前为止，主要做了5件工作。

（一）成立筹建领导小组，组建筹办机构

经中央组织部批准，成立了由刘复之同志为组长的中国政法大学6人筹建领导小组。之后，召开了两次筹建领导小组会议，讨论解决了一系列筹建工作的重大问题，开展了筹建工作。

领导小组下设办公室、教务、基建、人事等办事机构，暂定编制为50人，现已配置干部10人。

（二）初步拟定了建校方案

建校的指导思想是：以十二大精神为指针，紧密结合我国实际，为实现我国四化建设服务，为我国民主与法制建设服务。遵照中央关于"抓紧筹办中国政法大学，把它办成我国政法教育的中心"的指示，争时间，抢速度，力争把这所社会主义的政法大学逐步办成培养法律人才的中心、法律科学研究的中心、法学图书资料的中心。

大学将根据社会主义建设的需要和社会主义法学体系逐步开设各种专业，建设以马列主义为指导的、中国式的社会主义的法律科学体系，教学要坚持高标准、严要求；学术水平要高，政治思想要求要严；注意改革教学内容、教学方法和各种规章制度；校园规划要美观、幽静，建筑要经济适用，具有中国风格。

（三）进行了基建前期工作

根据国家计委批准的计划任务书，中国政法大学建在北京。学生规模为5000人，总建筑面积15万平方米，总投资5000万元，建设进度在年度计划中安排。目前已进行了下列基建前期工作：

1. 选址划线。经与北京市领导商定，中国政法大学建在大兴卫星城，经大兴县、北京市规划局确定，校园（即教学区）建在卫星城西北部卢城路（现为清源路）以北一块农田的北半部；家属宿舍生活区建在大兴卫星城统一规划的生活区内。11月25日已办理了设计用地范围的划线手续。

2. 规划设计。筹建办公室在今年4月上报计划任务书的同时，曾将建设中国政法大学的设计向北京市建筑设计院做了预约挂号，规划局于11月23日将中国政法大学的委托设计通知下达给北京市建筑设计院。11月24日筹建办公室同北京市建筑设计院正式办理了委托设计手续，现正草拟设计要求。

3. 征地。11月23日，由司法部向北京市报送了申请征地的报告。按照规划局所划设计红线的建筑用地范围为435亩，代征道路等110多亩，共计550亩左右，北京市规划局正在办理向北京市政府呈报审批征地报告。12月27日，第二次筹建领导小组会议确定采取一次征地、一次付款、分期使用的办法，按建设计划暂不使用的部分土地可暂由农民耕种。

关于地价及征购建筑用地附加的房屋拆迁补偿费，已同大兴县领导及主管部门进行了初步协商。

按有关规定分摊总投资5%的市政工程款问题，已同大兴县主管部门达成了协议。北京市建委负责同志表示，市政工程的建设将保证学校基建需要，能够确保三通一平，使政法大学如期开工，不会因此影响建设速度。

校园建筑用地现有设施的拆迁问题，已同有关部门联系，正在办理委托迁建手续。

（四）招收研究生班的准备工作

中国政法大学按照规模计算，将需要教师800人，而师资队伍建设又是办好学校的关键之一。鉴于全国法学师资奇缺，中国政法大学的师资队伍除调进少量骨干教师外，主要靠自力更生，自己办班培训。经与教育部多次洽商拟定了如下措施：

1. 中国政法大学1983年将招收研究生100名。其中，从北大、人大和北京政法学院等院系当年研究生考生中扩招70名；5、6月间单独招生30名，后者只招收北京在职的法律专业的大学毕业生，年龄在42岁以下。两批研究生均于秋季入学，办学地点在中央政法干校。

2. 研究生班学制为二年、三年。前两年通过硕士课程考试，其中成绩优秀者，可再学一年，撰写硕士论文及进行学位答辩，其余大部分毕业后分配工作，在教学工作中，撰写学位论文，二、三年后，再进行学位答辩。

3. 研究生班实行集体导师制，坚持自学为主，集中校内外教学力量，组织水平较高的专家、学者讲课。

4. 研究生班拟设法学基础理论、中外法制史、中外法律思想史、宪法、民法、刑法、经济法、国际法、政治学、社会学等专业。

上述计划已备文向教育部申报，请求列入国家计划。

二、1983年工作计划要点

1983年，中国政法大学要进一步以十二大精神为指针，以新宪法为依据，解放思想，大胆改革，破除旧框框、旧作风，扎扎实实地抓好筹建工作。为此，制订1983年工作计划要点如下：

（一）搞好体制建设

中国政法大学准备以北京政法学院为部分基础，进行新的体制建设，校级领导机构上半年搭起架子，教学和基建干部优先选调，机构力求精干。北京政法学院在适当的时候改为中国政法大学的本科院（也可暂行保留北京政法学院牌子）。在开办研究生班的基础上，明年组建研究生院，年内配好筹备班子，调配一批教授、讲师，打下初步基础。在中央政法干校举办 180 人的省级政法领导干部轮训班的基础上，在 1985 年成立进修学院（干校牌子仍并存）。1983 年先组织一个筹备小组，负责进修学院的筹划工作。

学校体制和领导班子经与上级批准后，即启用中国政法大学印鉴，并报请国务院批准为全国重点大学，争取早日按重点大学招生。

（二）抓好基建工作

1983 年的基建工作，按照国家有关基本建设程序的规定，以抓好规划设计为中心，进行下列工作：

1. 第一季度完成建筑用地的征地工作。首先取得北京市人民政府关于一次征地的批件，同时与大兴县有关单位签署征购土地的协议，办理拨付地价及分摊市政工程款手续。

2. 请北京建筑设计院在第一季度中，尽快完成中国政法大学校园和教职工生活区的总体规划，并送有关主管部门审查批准。

请设计院在上半年，至迟在 8 月份完成 15 万平方米的初步设计，并报请司法部、国家经委基建办以及北京市主管部门审查批准。请设计单位争取在第三季度，完成校园和教职工生活区地下管道干线及主要道路的施工图和第一期 50 000 平方米建筑的施工图。

3. 在完成初步设计后，向国家计委、国家经委申报 50 000 平方米施工面积的基建指标。

4. 向承担施工任务的单位办理正式委托书。

5. 按照司法部领导的要求，校园和教职工生活区地下管道干线，主要道路和第一期 50 000 平方米的建筑力争在第四季度开工。

（三）开办研究生班

为了做好研究生班的招生以及教学工作，拟抓紧以下几项工作：

1. 尽快组建研究生班的领导班子，调集工作人员。

2. 精心组织招生工作，力争招足招好，按照专业组织研究生指导小组，并把教学任务落实到教师个人。

3. 为研究生提供必要的学习条件，订购教材和书刊。

购置必要的电化教学的各种器材，包括录像、录音、幻灯投影、电影、闭路电视、语言实验室装备和复印器材等。

（四）加速师资队伍建设

北京政法学院现有教师 200 多人，其中教授、副教授 20 余人，连同已经院学求〔术〕委员会通过，正规批准的，达 50 余人，这是政法大学的基本教师队伍。1983 年除开始自培教师外，还应加速从兄弟单位选调和选聘一批，使师资队伍更快地充实起来。

1. 1983 年上半年完成兼职教授的选聘工作，名单先报教育部批准，争取暑假召开一次兼职教师会议（在青岛或大连）。

2. 上半年争取北大、人大支援部分教授、讲师，把调进手续办完，并从京内选调若干师资。

3. 1983 年第一季度向中央写报告，申请 50～80 名进京户口指标，以便从京外选调一些教授和讲师。

三、亟待解决的问题

为了完成上述任务，当前急需解决以下问题：

1. 人事调动与任免问题：目前筹办人员奇缺，已大大影响工作进度，由部里管理全部人员的调动，不仅增加了部里的负担，也不适应工作发展的需要。建议暂按部属其他院校人事管理办法，由部里任免调动副处长、副教授以上干部。一般教师、干部和工人，均由中国政法大学调动与任免，请部人事司予以监督和协助。

2. 经费问题：基建经费十分宝贵，应尽量不用在非基建项目上，北京政法学院划入政法大学建制后，建议部里增拨常年的教育经费，作为政法大学的经费，以便发放工资、购置必要物品和设备，另请部里向财政部请拨一笔政法大学开办费，还需要申请一定数额外汇，以进口图书和设备。

3. 印鉴问题：随着工作的发展，中国政法大学筹建领导小组的印鉴已不敷用，例如教师聘书、研究生证件等等，特别是对外联系，很多应加盖中国政法大学印章，望部里及时颁发，俟中国政法大学挂牌子时即行启用。

4. 汽车的需要与月剧增，请部里先借给二三辆，并即申请购买。

以上总结，如有不妥，望予指示。

中国政法大学筹建领导小组

1983 年 1 月 31 日

司法部关于中国政法大学建校方案和
政法教育改革问题座谈纪要

（83）校发 2 号

（1983 年 2 月 19 日）

2 月 5 日上午，司法部邹瑜、朱剑明副部长，邀请北京大学法律系教授王铁崖、副教授沈宗灵，人民大学法律系主任李焕昌、副教授高铭暄，教育部高教一司副司长夏自强，北京市高教局局长刘镜西和中共北京市委大学部副部长谭元堃等同志，就中国政法大学建校方案和政法教育改革问题进行了座谈。云光同志介绍了筹建设想，到会同志发言热烈，对中央决定创建中国政法大学表示拥护，认为这是开创政法教育新局面的重大措施，并就如何加快筹建步伐，各抒己见。纪要如下：

一、本科学制问题

座谈中有两种意见：一种认为，应分为三年和五年两种，因为目前我国政法人才奇缺，为了早出人才，多出人才，既有提高，又有普及，应分两种学制；另一种意见主张学制应为四年，因为中国政法大学培养出来的学生，应该具有较高的水平。如果学制三年等于大专，还不如其他政法学院，和大学的牌子也不相称。假如国家需办大专的政法教育，可由其他院系承担。

二、专业设置问题

到会同志一致认为，本科以不设置专业为宜，至少在目前一段时间内不必划分专业。因为分专业［的话］毕业后适应性较小，不易按专业分配。有的同志强调，即使分专业也不必设国际法专业。因为这个专业需要量小，要求质量高去路不多。目前已有北大、武大和吉大三所大学开办国际法专业，另外还有外交学院专门培养这方面人才。该专业目前不仅不应增加而且应该缩减。

关于研究生院，与会同志一致认为应设置若干专业，至于设哪些专业，应该和国家学位委员会的专业设置统一起来。

三、本科招生问题

与会同志指出，当前，学生中普遍存在考上大学就有了"铁饭碗"，毕业时不愿搞司法，愿搞经济尤其是和外事有关的经济，不愿离开北京，留京的不愿到郊区县等思想。20 年来，北京分配到京郊的大专毕业生 8000 多人，已返回市区的占 3/4，剩下 1/4 也难保住。当前的教育改革，招生问题是重要的一环，必须予以重视，今后要实行定向招生，定向分配。参加会议的同志提出，法律专业学生，仅从青年学生中招收，并不理想，应该招收一些在职干部，年龄可适当放宽些。在职干部有一定的实践经验经过几年正规培养容易出人才，对实际工作有力。与会同志还认为，本科院规模 3400 人，与国家需要不相适应。南斯拉夫贝尔格莱德大学 20 万人，美国哥伦比亚大学几万人，相形之下，中国政法大学规模小了，应办成 20 000 人的规模。可采用走读、函授、办分校等办法，只要有足够的教师和图书资料，学生质量是可以保证的。

四、师资问题

与会同志一致认为，要把中国政法大学办成全国政法教育的中心，关键是要有一支高水平的师资队伍。目前，最大的困难是如何组建这样的教师队伍。这所大学教师来源有二，一是选调原有教师，二是新培养。

北京政法学院教师，除现在校的外，还有一批分散在北京地区兄弟院校和单位。这些教师仍是一支不小的力量，当中还有一些具有相当水平的骨干，应该争取他们回来。同时，要下决心从北京和外地有关院系调集若干高水平的优秀教师。这些教师以调入为主，也可同有关院系或教师签订合同，采用一定期限的聘请制，期满后可续聘。与会同志认为，解决教师的问题，还可聘请已经或将要离开政法战线的老同志或者有丰富学识与教学经验的老教师来校任教，还应该尽可能争取调入若干从国外学成归来或国内毕业、成绩优秀的学生和有关单位不拟留京的研究生。

新培养的师资主要靠本校开办研究生班，不断充实教师队伍，研究生院应作为中国政法大学的工作重点。

五、图书资料问题

与会同志认为，把中国政法大学办成全国图书资料中心，具有重大意义。以北京政法学院原有的图书资料为基础，发挥中国政法大学的有利条件，从全国各地搜集更多、更全面的图书资料。同时，应该和国外建立较广泛的图书资料联系，为此，现在就应配备称职人员，尽快开展工作。

六、后勤问题

与会同志认为，当前各地方、各部门、各单位都在进行改革。中国政法大学的后勤工作也要大胆改革，要实行社会化，组织服务公司，否则后勤事务牵扯校党政领导的时间和精力太多，无法集中力量领导作为学校中心工作的教学。

此外，与会同志建议，中国政法大学摊子不要大，早点把骨干调进来，牌子应该早点亮出来。

最后，邹瑜副部长提出三个问题，请继续深入探讨：

1. 中国特色的法学教育应该包括哪些特点？

2. 如何解决法学教育中的理论联系实际问题？

3. 如何解决司法干部的知识化、专业化问题？

1983 年 2 月 19 日

中国政法大学建校方案座谈会纪要

（1983 年 4 月 18 日）

根据中央（1982）5 号文件关于"抓紧筹办中国政法大学，把它办成我国政法教育的中心"的指示，司法部、教育部于同年 3 月联合发出《关于筹建中国政法大学的通知》。中央组织部于 11 月批准成立了筹建领导小组。自 1982 年春起，中国政法大学的筹建工作，便逐步全面开展，至 1983 年初，筹建工作已有较大进展，为了集思大〔广〕益，办好政法大学，刘复之同志曾邀请了中央、北京市有关部门领导同志，首都法学界知名人士、教授、学者，及若干地方政法部门领导干部 40 多人，就中国政法大学建校方案和政法教育改革问题，先后开了 6 次座谈会。与会同志对中央决定创建中国政法大学表示拥护，一致认为，这是加强法制建设的需要。大家为办好政法大学，献计献策，现简报如下：

与会同志认为，政法大学办学的指导思想应该是：以马列主义毛泽东思想为指导，坚持四项基本原则，从我国实际情况出发，把学校办成具有中国特色的社会主义新型政法大学，特别是在教学内容上要体现中国特色；主要应强调经济建设问题，注意和社会主义精神文明相联系，法制要保证社会主义民主，法学本身需要现代化。

政法大学的体制和培养目标，一些同志指出，中国政法大学下设本科生院、研究生院和进修学院，实行校、院两级管理，各院具有相对独立性是对的，但容易出现校实院虚，或院实校虚的情况，要注意调整好两者关系，否则各院的积极性将得不到发挥。

与会同志指出：政法大学将成为全国法学教育的最高学府，它培养的学生应高于其他政法院系。即：除坚持四项基本原则外，知识面要更广些，理解更深些，具有更强的应用能力。到会同志突出地强调了汉语的重要性，因为汉语水平很低，文字、修词〔辞〕不通，司法文书不会写的毕业生，是很难胜任工作的。

本科生院是否设系，有三种意见：①按课程分设民法、刑法、经济法、刑侦、国际法等系；②主张设审判、检察、司法行政、政治学和社会学等系。③以不设系和专业为宜，至少在目前一段时间内不设。后一种意见认为，这种全面掌握法学，毕业后适应性强，既可以从事审判、检察和律师等工作，也可到政府、企业担任法律顾问，即可从事政法实际工作，也可以从事教学和科研工作。学制问题，与会同志多数主张目前以四年为宜。有的主张五年制，即应高于其他政法院系，保证学生具有较高水平。有的主张兼办三年制的专修科，以适应急需。在招生问题上，参加座谈的同志有三种意见：①大多数同志主张，通过全国统考，招收中学毕业生，还应招收一些在职干部，年龄可适当放宽些，毕业后回原单位。②有的同志主张，采用内招办法，招收实际部门的在职干部。③有的同志认为，作为全国重点学校，本科生应招收高中毕业生，务求和国家培养人才相衔接，不宜搞权宜之计。与会同志一致指出，当前学生中普遍存在上大学有了"铁饭碗"，学法律不愿搞司法，愿搞经济，尤其是和外事有关的经济，不愿离开北京，留京的不愿到郊区县等思想，当前的教育改革，招生问题是重要的一环，要实行定向招生，定向分配。有的同志认为，本科生院规模 5400 人，与国家需要不相适应。贝尔格莱德大学（南）20 万人，哥伦比亚大学（美）几万人。中国政法大学应办成 2 万人，可采用走读、函授、办分校办法。

研究生问题，与会同志一致认为，研究生院办得好坏关系到我国法学教育质量和研究的水平，是中国政法大学的工作重点。一些同志提出培养研究生的三种形式：一是培养博士、硕士研究生要按国务院学位条例办理，学制三年，对学生要严格选拔；二是培养无学位的研究生，学制二年，解决当前法律院系师资的不足；三是短期进修班，学制一年，训练政法院系、政法干校、司法学校的在职教师。与会同志认为培养方式有两种：①按照不同专业成立指导小组，该小组由有关的专职、兼职和聘请的教师组成。②学位研究生的培养以导师制为宜，无学位研究生以培训班的方式较合适。同志们一致认为研究生院应设教学行政、政治思想和总务后勤等机构，以利于各项工作的开展。对于研究生院个别专业的研究生，是否需要有外校代培问题，一种意见认为，个别专业在缺乏必要的师资时，可由外校代培；另一种认为，即使聘请教师来校讲课，也不宜由外校代培，否则，有损于政法大学的声誉。

对进修学院，与会同志指出，培训省、市、自治区政法领导干部是政法大学的一项重要任务。有的同志指出，培训的对象应包括：一是五十岁左右的在职领导干部。二是准备提任省、市、自治区政法领导职务的年轻干部。三是政法部门的老年领导同志入学后的课程安排应该是：①请第一流的教师讲授马列主义基本原理、国家与法学的基本理论，以及宪法、经济法和刑法等部门法；②请中央及部门领导同志作专题报告；③学员总结实践中的经验与问题。

教师队伍和教研室设置。与会同志一致认为，要把中国政法大学办成全国法学教育中心，关键是要有一支高水平的师资队伍。据悉，外国曾研究西南联大在极端困难的情况 ［下］ 所以能培养出大量人才，结论是它集中了一批名教授。王铁崖教授曾向北大建议集中若干学校知名教授，负责各校国际法课程的讲授和教材编写。这个设想虽未能实现，但是可行的。政法大学教师来源有二：①选调原有教师。北京政法学院现有教师是基础力量，该校尚有一批教师分散在北京地区，有一些具有相当水平的骨干，应争取他们回来。要下决心从北京和外地有关院系调进若干高水平的优秀教师。这些教师应以调入为主，也可签订合同，采用聘请制。还可聘请已经或将要离职的政法战线老同志和有丰富教学经验的老教师，来校任教。如吴启玉，年事已高，全用英语讲课，愿为四化做贡献，却无人承认其教授名义。尽可能调入若干毕业的留学生。②培养新师资，主要靠本校的研究生院培养。与会同志指出：在师资队伍问题上，政法大学要注意解决两个问题，要十分注意教师队伍的质量，现在不少教师搞现买现卖，这和提高法学教育质量是不相适应的。教师能知十讲一，效果便好；知三讲一效果就差；知一讲一就不行了。教师队伍存在着知识老化，要注意为他们创造条件，扩大知识面。诸如组织教师到实际部门参加司法实践；中央政法部门开业务会，让他们参加，为他们提供参考资料、案例；请出访归来的同志介绍国外有关法学教育情况；甚至可组织教师到国外考察；为教师提供些国外有关书刊、资料。

政法大学下设三个院，教研室的设置问题。与会同志意见不一，一种认为：校部要精干，重点要放在三个院，各院培养对象、培养目标、教学计划，都各有特点和要求，因此应逐步建立三支与各院相适应的教师队伍。另一种认为：在大学初创时期，教学机构和人员应集中校部，统一使用为宜，如果把现有教研室和教师一分为三，势必削弱力量，无法支撑局面，以致影响教学和科研。

理论联系实际是提高政法教育质量的关键问题之一。与会同志对此极为重视，普遍认为有待采取全面有效的措施。他们指出，在外国，各学科的教育都很重视实践问题，重视历史。在西德，一个警察学校就搞了一个展览，展出该国各时期的警察服装样式。有关消防方面，盖了10层楼高的展览馆。50年代的苏联也搞了不少，在克格勃内部就有好几个展览馆。与会同志指出，我国政法教育也可搞些展览，比如中国法制史。

函授教育问题。到会同志对此兴趣很大，认为应予重视。鉴于当前政法队伍的专业知识、文化水平都很低，各系统大专毕业的，司法9.7%，法院7%，检察1.7%，干部多数是初中程度，采用各种办法提高政法干部水平是件紧迫任务。加强函授教育是中国政法大学一项重要任务，应积极开展和扩大函授教育。

图书资料问题。与会同志认为，把中国政法大学办成全国图书资料中心，具有重大意义。办好该大学，必需"兵马未动，粮草先行"。建立图书资料中心和成立出版社是建校一开始应尽先考虑的。要从全国各地搜集更多、更全面的图书资料，同时应和国外建立广泛的图书资料联系，要挑选有名望的教授主持工作。印刷出版是教学和科研的必需，大学自设出版社，扩建印刷厂，势在必行，应抓紧筹办。

后勤工作。到会同志认为，政法大学的后勤工作要大胆改革，要实行社会化，组织服务公司，否则后勤事务牵扯校党政领导时间和精力太多，无法集中力量领导教学工作。

座谈会上提出各种建议，对于办好中国政法大学是很有启发，很有帮助，很有教益的。我们准备逐一进行认真研究采纳。

二、成立暨一校三院体制

内容提要

1982年2月，在司法部起草的中国政法大学筹备方案中，最初的设想是一校四院制：本科一院，五年制，面向全国招生与统一分配；本科二院是北京政法学院（或称中国政法大学分校），四年制，为华北五省、市培养政法干部；法律科学研究院，招研究生，培养硕士（学制三年）和博士（学制四年）研究生；进修学院，包括师资进修和省、地两级政法领导干部的进修，学制一年到两年。

1982年12月25日，司法部向教育部和国务院提交《关于中国政法大学领导体制和机构设置的报告》，在广泛征求了中宣部干部局和北京市委的意见后，提出学校实行校院两级管理：校部设精干的领导机构；下设法学院即本科院、研究生院和进修学院三个学院，各学院在行政上可保持相对独立性。

1983年2月，中组部任命中国政法大学领导班子，司法部部长刘复之同志兼任中国政法大学校长，陈卓同志任中国政法大学党委书记。同年4月，国务院批准中国政法大学成立。5月7日中国政法大学举行大会，我国第一所综合性法律大学宣告成立。5月16日，教育部颁发通知明确了中国政法大学是我国历史上规模最大的法学教育最高学府，总规模为在校学员7000人，实行一校三院管理体制：一是以北京政法学院为基础建立本科生院；一是以中央政法干校为基础建立进修学院；一是设研究生院。

中共中央组织部
关于任命中国政法大学领导班子的通知

（83）干任字 162 号

（1983年2月28日）

中共司法部党组：

中央同意下列四名同志的职务任免：

刘复之同志兼任中国政法大学校长；

陈卓同志任中国政法大学党委书记；

云光同志任中国政法大学党委副书记、第一副校长兼北京政法学院党委书记；

余叔通同志任中国政法大学副校长，免去其司法部教育司副司长职务。

中共中央组织部

1983年2月28日

教育部
关于批准中国政法大学正式成立的请示[1]

(83) 教计字055号

(1983年4月7日)

国务院：

司法部《关于申请批准正式成立中国政法大学的请示报告》及补充报告，国务院办公厅秘书局批转我部研究提出处理意见。

经与国家计委研究，为了加强政法人才的培养，以适应"四化"建设的需要，拟同意批准正式成立中国政法大学并开始招生，校址在北京市，规模7000人，其中大兴县新址按5000人规模建设。本科学生5400人，研究生400人，进修生1200人，由司法部和北京市双重领导，以司法部为主。

中国政法大学正式成立后，北京政法学院并入，原北京政法学院即行撤销。

妥否，请批示。

教育部

1983年4月7日

教育部关于批准成立中国政法大学的通知

(83) 教计字082号

(1983年5月16日)

司法部、北京市人民政府：

经国务院批准，成立中国政法大学，并将北京政法学院并入该校，从1983年起开始招生。

中国政法大学校址在北京市，规模7000人（新址按5000人规模投资5000万元建设），其中本科生规模5400人，研究生规模400人，进修生规模1200人。本科学制4年，设法律专业，以后根据需要与可能，逐步增设刑事侦查学、经济法

---

[1] 文件首页上方显示，4月8日，时任国务院副秘书长吴庆彤批示"拟同意，请万里同志批"。时任国务院副总理的万里在文件上圈阅。

学、国际法学、政治学和社会学等专业，中国政法大学由司法部与北京市双重领导，以司法部为主。

北京政法学院并入中国政法大学后，该学院即行撤销。

中华人民共和国教育部

1983 年 5 月 16 日

司法部转发
关于批准成立中国政法大学的通知

(83) 司发教字第 188 号

(1983 年 5 月 27 日)

中国政法大学：

据教育部 (83) 教计字 082 号通知，国务院批准成立中国政法大学，并将北京政法学院并入该校，从 1983 年开始招生。北京政法学院并入中国政法大学后即行撤销。

中国政法大学校址在北京市，规模 7000 人（新址按 5000 规模投资 5000 万元建设），其中本科生规模 5400 人，研究生规模 400 人，进修生规模 1200 人。本科学制 4 年，设法律专业，以后根据需要与可能，逐步增设刑事侦查学、经济法学、国际法学、政治学和社会学等专业，中国政法大学由司法部与北京市双重领导，以司法部为主。

司法部

1983 年 5 月 27 日

《中国法制报》：中国政法大学正式成立

(1983 年 5 月 13 日)

[本报讯] 我国第一所综合性法律大学——中国政法大学 5 月 7 日宣告成立。

中共中央书记处书记陈丕显、胡启立出席了 5 月 7 日上午在北京隆重举行的政法大学成立大会，向全体师生员工表示热烈祝贺，并且讲了话。

司法部部长兼中国政法大学校长刘复之主持成立大会并介绍了学校筹建情况。

中央政法委员会、中央宣传部、公安部、最高人民检察院、最高人民法院、司法部、民政部、教育部、北京市等有关部门的负责人蒋南翔、郑天翔、杨易辰、郁文、张承先、刘复之、凌云、邹瑜和法学界知名人士张友渔、钱端升、陈守一等出席了大会。

中国政法大学是我国历史上规模最大的法学教育最高学府，总规模为在校学员7000人。它实行一校三院制：一是以北京政法学院为基础建立本科生院；一是以中央政法干校为基础建立进修学院；一是设研究生院。

刘复之同志在介绍中国政法大学筹备工作的情况时说，中国政法大学在党中央、国务院的关怀下，筹备工作进展比较顺利。1980年彭真同志提出要办中国政法大学，胡乔木同志对办政法教育很关心很支持。1982年2月，国务院批准了这所大学的筹备工作计划，党中央在1982年关于加强政法工作的指示中提出，要"抓紧筹办中国政法大学，把它办成我国政法教育的中心"。1980年以来，司法部根据中央的要求，在有关部门的大力支持下，积极进行筹备工作。今年2月，中央任命了政法大学的领导班子。4月，国务院批准了教育部有关同意中国政法大学正式成立的报告，现在校部设在原北京政法学院，新的校址定在北京市黄村卫星城，目前正在加紧筹建，基建工程将在今年内正式动工。刘复之说，政法大学是全国政法教育的中心，是培养又红又专的法律人才的国家重点大学，任重而道远，我们将努力克服困难，把我国第一所综合性的法律大学办好。

陈丕显同志在讲话中要求中国政法大学从一开始就十分注意学生的政治思想、法制观念和道德品质的教育，要培养学生忠于法律、执法如山、刚正不阿的职业道德和革命情操，成为有理想、有道德、有文化、守纪律的新型法律工作者。他希望中国政法大学不仅要办成我国法学教育的中心，成为法学知识财富集中的最高学府，而且要成为精神文明荟萃的场所。

胡启立在讲话中说，政法战线是一条非常重要的战线，全国各省、市、自治区都要十分重视政法干部的培训和教育，以适应新形势的需要。中国政法大学的建立，使这一十分重要的工作有了良好的开端。他希望各有关部门给予中国政法大学必要的支持，使它担负起自己的光荣使命。

中国政法大学进修学院开学典礼于5月7日同时举行。

——根据1983年5月13日《中国法制报》刊印

陈丕显[1]在中国政法大学成立大会上的讲话

(1983 年 5 月 7 日)

同志们：

经党中央、国务院批准，今天中国政法大学正式宣告成立。中国政法大学是以原北京政法学院为基础建立起来的，现在有三个学院：进修学院、本科生院和研究生院，本科生院、研究生院已有一定的基础，进修学院第一期也在今天正式开学。在此，我向你们，并通过你们向中国政法大学三个学院的全体师生员工表示热烈祝贺！

党中央、国务院十分重视教育工作，把教育作为实现党的十二大提出的战略目标的重点之一。对高等教育尤为关心，指出"加速发展高等教育事业已成为刻不容缓的大事，必须采取有力措施，促使我国高等教育事业在近期（五年左右）就有计划、按比例地有一个较大的发展，并为今后更大的发展打下基础。"中央政法委员会在彭真同志主持下，坚决贯彻党中央有关政法工作的路线、方针和政策，一向十分重视培训干部，加强法学教育。法学教育是整个教育事业中的一个重要部分，从我国目前政法队伍的实际状况和形势发展的要求来说，法学教育也是教育工作中的一个短线，必须大力加强。希望教育部和有关部委把法学教育提到重要的议事日程上来，为国家更多、更快地培养出大批合格的法律人才。

最近，中央批准召开了公安工作会议，与会同志一致认为，随着党的工作重点的转移和客观形势的发展，我国政法工作要继续前进，必须进一步加强和改革，使之适应变化了的新形势的需要，并逐步走出一条适合中国特点的社会主义政法、公安工作的新路子，使我国的政法、公安工作更有利于加强和巩固人民民主专政，保卫和促进社会主义物质文明和精神文明的建设。会上，我根据中央领导同志多次指示精神和同志们这几年做政法工作的实践体会，讲了一篇话，其中讲到在大力加强政法、公安队伍革命化前提下的知识化、专业化。为此，要立即着手认真改革政法教育训练体制，逐步实现政法教育、训练的正规化、系统化。通过严格的教育训练和经常的思想政治工作，把我们的政法、公安队伍真正建设成为一支有深厚群众基础的，党性强、作风好的，熟悉法律知识、掌握先进技术、有战斗力的队伍。应该看到，现在不但政法部门急需大批法律人才，其他机关、团体、企事业单位也需要大批的法律人才。拿专职律师来说，900 多万人口的北京，我们伟大祖国的首都，

---

〔1〕 陈丕显，时任中共中央书记处书记兼中央政法委书记。

政治、文化的中心，只有律师254名，每10万人口中仅有2.8名，这个比例还是全国最高的；上海作为拥有1000万人口的全国第一大城市和国家的经济中心，只有185名律师；天津700多万人口，只有律师146名；广州，作为祖国的南大门，在政治、经济、文化等各个方面都有着显要位置，却只有律师47名；南京市，373万人口只有律师34名，每10万人口还不到1名。这怎么行呢？现在已出现走后门请律师以及少数人非法包揽诉讼的现象。要解决法律人才供不应求的矛盾，必须培养大量的法律人才。建国以来，我们一共只培养了25 000名法律专业毕业生，其中没有归队的还有10 000人左右，即使大部分归队了，也是远远不够的。

怎样培养法律人才呢？我赞成"两条腿走路"的方针，一方面培养新的大学毕业生，给政法队伍补充新鲜血液；另一方面，要迅速而大量地培训现有的干部，把那些年龄适中的、有一定文化基础的、有培养前途的在职干部提高到大专或中专的法律专业水平。小学文化程度的，要经过两年文化学习提高到初中水平。看来，后面这条腿应当更粗一些，因为培养大学生周期长，人数又有限，现在全国法律专业在校学生只有13 000人左右，平均每年只有毕业生3000人，今年只有1900人，要单单靠这一头，是杯水车薪，远水难解近渴。而在职干部中很多是有经验的，如果给他们2年左右的时间学习，提高理论水平、法律知识水平，回到岗位后马上就能起骨干作用，工作一定会出现新的气象。所以，在办好本科法学教育、扩大招生名额的同时，要十分注意在职干部的培训。在职干部的培训任务，除了各级政法干校担负外，政法院系也应考虑做点贡献，拿出一部分教学力量办二年制的干部专修科，办函授、夜大、电大，也应该提倡法学自学考试。还要定个办法，在大学生名额中招收部分在职干部，就像50年代的调干班一样。

中国政法大学作为法学教育的最高学府，除了完成好以上所讲的培训在职干部的任务外，还应该充分发挥法学理论和教育人才集中的优势，既要吸取古人和外国人的知识的精华，更要总结我国长期法制建设经验并使之理论化、系统化，在这个基础上，建立具有中国特色的、比较完整的社会主义法学理论。比如，我国不论是在立法还是司法方面，都有许多独创。我们的新宪法，体现了广大人民群众的意志，就其明确和完善程度来说，是世界上其他类型的宪法所不能比拟的。我们的综合治理社会治安即积极治安的方针，惩办与宽大相结合的政策，司法各部门办理刑事案件分工负责、互相配合、互相制约的制度，死刑缓期执行的制度，工读学校制度，人民调解委员会和治安保卫委员会，群众自己管理治安的制度等，都是具有中国特色而为世界瞩目、人们交口称誉的。可以说，我国社会主义的法律制度是先进的。我们有很多长期法制建设经验和新的经验有待总结，有待从理论上做出科学的系统的概括。目前，我们的法学理论还落后于实践，在这方面，你们应该下更大的功夫，做出成绩来。

你们的教学与科研工作还应该紧密地联系实际，更好地为经济建设，为经济基础服务。科研题目应该从实践中来，要能够解决实践中亟待解决的问题。当前，我国进入了以经济建设为中心的四化建设的新时期，出现了许多新的情况，对我们的实际工作、政法教学和理论研究提出了许多新课题。比如，现阶段阶级斗争已不是我们社会的主要矛盾，绝大部分人口都属于人民的范畴，大多数违法犯罪都是人民内部犯法的性质。在这种情况下，我们在坚决打击各种严重现行破坏活动的同时，如何加强综合治理，及时、正确地调解民间纠纷，防止一般矛盾转变为犯罪，搞好思想上的疏导工作，教育和挽救失足者，以及随着对内搞活经济、对外经济开放政策的实施；如何防止资产阶级生活方式和腐朽没落的思想意识的侵蚀；如何有效地打击和预防经济犯罪；如何针对刑事犯罪中多数是青少年的特点，研究和制定预防青少年犯罪的对策；如何有效地运用法律手段来促进和保卫经济建设，正确地解决各类经济权益纠纷，保障国家、集体和个人的合法权益等等。这些，都是急需我们深入调查和研究的。总之，你们的教学内容应该是生动的、现实的、与实践能对上号的。所以，我仍要提倡老师们多到实践中去调查研究，多去"蹲点"，多了解社会情况和具体案件，要适当增加学生的实习时间，让学生不仅学到理论，而且学会做实际工作，我们的政法部门应当帮助师生打通联系实际的渠道，积极提供一些教学科研所必需的资料、文件和案例，积极支持教师和学生到实际部门工作和学习。

最后，我希望中国政法大学从一开始就十分注意学生的政治思想、法制观念和道德品质的教育，使学生毕业后在实际工作中能够自觉地坚持四项基本原则，不但懂法，而且能够遵纪守法。要培养学生忠于法律，执法如山，刚直不阿的职业道德和革命情操，成为有理想、有道德、有文化、守纪律的新型法律工作者。中国政法大学不仅要办成我国法学教育的中心，成为法学知识财富集中的最高学府，而且要成为精神文明荟萃的场所。

祝同志们在学习中取得优异成绩！祝中国政法大学的工作蒸蒸日上，为中国的法学教育事业作出应有的贡献！

胡启立[1]在中国政法大学成立大会上的讲话

（1983 年 5 月 7 日）

今天这个大会正式宣告中国政法大学成立，宣告大学的进修学院正式开学。这标志着我国的法学教育有了自己的最高学府，政法干部的培训工作也将在新的水平上进一步开展起来。这是一件很有意义的大事，我向政法大学的全体师生员工同志们表示衷心的祝贺！

丕显同志刚才的讲话，代表了党中央书记处共同研究的意见，讲得很好，我没有太多的补充了，仅提几点希望。

政法战线是一条非常重要的战线，政法工作是党和人民十分重视的工作，它关系到我们国家的兴亡，社会的安危，人民正常的生活、工作、学习、劳动能否得到切实的保证。我们党的十二大提出的建设社会主义物质文明和社会主义精神文明的任务，争取实现三个根本好转的目标，都和政法、公安工作息息相关，都要由政法、公安工作作为前提和保证。在座的学员同志们都是政法、公安部门的领导骨干，同志们从入学的第一天起，自然而然地会想到党和人民对自己的重托，想到自己肩负的光荣而艰巨的职责。我们公安干警的帽徽就是中华人民共和国的国徽，这意味着我们政法、公安工作在国家政权中的崇高地位，意味着我们全体干警的思想作风、言论、行动，处处都要体现出国家的尊严和法制的权威。列宁曾经把捷尔任斯基领导的"契卡"称作是无产阶级"出鞘的宝剑"，我们党和毛泽东同志也历来把政法、公安工作看做是人民民主专政的锐利武器，党和人民将这把锐利的宝剑，把"刀把子"交给了同志们，这是多么巨大的信任和重托！同志们是执法的，要刚正不阿、执法如山；同志们是管治安的，要打击敌人，保护人民；同志们是光荣的政法、公安干警，要处处表现出对党对人民的无限忠诚和优良的战斗作风。同志们如果牢牢地记住了自己的光荣职责和应该起到的表率作用，那么，在进修、学习期间，就一定能够克服任何困难，胜利完成自己的学业，以更高的政治觉悟和更多的本领，投入到本职工作中去，为党为人民做出新的贡献。这是我对同志们的第一点希望。

第二点，这几年我们的政法战线进行了拨乱反正，努力整顿社会治安，实行综合治理，使得我们的社会风气和社会秩序有了显著的好转，取得了很大的成绩，这应该给予充分的肯定，以鼓舞我们的信心。在这同时，还必须看到，我们的社会风

---

〔1〕　胡启立，时任中共中央书记处书记。

气、社会治安还存在着不少的问题，距离根本好转还有相当大的差距，要实现十二大提出的目标，还要做艰苦的努力。根据统计，今年第一季度，全国刑事案件的发案率比去年同期下降了 9.5%，可是重大杀人、伤害、抢劫、强奸等恶性案件却连续发生。一些反革命分子和敌对分子，有的结成团伙，有的内外勾结，虽然数量很小，但危害极大。这说明阶级斗争虽然已经不再是我国社会的主要矛盾，但阶级斗争还将在社会的一定范围内长期存在，并且在某种条件下还有可能激化，我们千万不能放松警惕。另一方面也说明我们的政法、公安工作还有很多薄弱环节和漏洞，我们的政法、公安队伍在政治业务素质、水平、战斗力等方面，还不能适应形势发展的要求。为了适应新形势下出现的新情况，最近政法战线进行了一系列改革和调整，为我们进一步做好政法、公安工作创造了更为有利的条件。但是，要把这种可能性变为现实，归根结底要靠人，靠我们全体公安干警去努力工作。因此，加强政法队伍的建设，特别是各级领导骨干的革命化、年轻化、知识化、专业化，是具有头等重要意义的大事，是我们政法战线的当务之急。希望政法大学把培养法学人才、培训在职干部的光荣任务担当起来，为政法队伍的建设做出贡献。

第三点，是希望中央有关部门和各省、市、自治区党委，都要加倍重视对政法干部的教育、培训，重视法学人才和各方面专业人才的培养，下决心花点本钱，把培训政法干部的工作抓好，尽快改变我们政法队伍中存在的一部分干警文化程度较低，法律知识、现代科学知识较差的状况。司法部担负着管理培训政法干部和法学教育的工作，希望把这件事情作为一项战略任务来对待，要采取有力的措施，促使法学教育事业在近期内有一个较大的发展，并且为今后更大的发展打下基础。现在全国政法学院在校师生有一万多人，只占全国高等学校在校学生的 0.6%，这个比例是很不合理的。如何解决这个问题，希望教育部、财政部、国家计委等有关单位都给予关心和必要的支持。

中国政法大学的成立，标志着我们全国法学教育事业有了一个新的开端，我们希望这所法学教育的重要大学早日建成，成为一个有中国特色的社会主义政法教育的中心，预祝政法大学的全体师生员工取得成功！

中共中国政法大学委员会
关于确定我校建校时间及筹备校友会的报告

校党字（85）第 22 号

（1985 年 4 月 17 日）

司法部党组：

在邹校长召开的教师座谈会上及其它场合，一些教职工多次提出我校建校时间从何时算起的问题，要求学校领导认真研究，妥善加以解决。现将我们研究的意见报告如下：

中国政法大学是在原北京政法学院的基础上建立起来的。原北京政法学院是 1952 年 11 月，在全国高等院校调整时，由北京大学、清华大学、燕京大学和辅仁大学的法律系、政治系、社会学系合并建成的。建院以来，为全国输送了法律专业研究生 134 人，本科和专科毕业生 4689 人，培训在职干部 822 人；同时还为北京市培养了政教专业毕业生 473 人。这些毕业生，长期战斗在全国政法战线、党政机关和政法教育的岗位上，已成为各单位的业务骨干，有相当数量的毕业生已担任省、地、县各级政法部门的领导职务。他们有的至今和母校保持着联系，关心着母校的发展，是我们贯彻"三个面向"的教育方针，把我校办成法学教育、科研和图书资料中心的重要力量。将我校建校时间追溯到北京政法学院成立的 1952 年，有利于团结广大校友、充分发挥他们热爱母校的积极性，这对办好政法大学将具有重大作用。其它兄弟院校的校史也都采用"寻根求源"的做法，以建校历史悠久作为学校成熟的标志之一而引以为荣。此外，中央政法管理干部学院的成立将顺理成章地与原中央政法干校的校龄挂起钩来，这样解决我校校龄问题的条件就更加成熟了。

基于上述理由，我们建议：校庆纪念日仍为 5 月 5 日，而校龄自 1952 年起计算，并准备在今年校庆时成立中国政法大学校友筹备会，待适当时候宣布校友会正式成立。凡是中国政法大学和北京政法学院的历届毕业生（包括研究生、本科生、专科生、调干生）和工作过的同志都可作为校友之列。目前，正在着手进行筹备工作。

以上报告当否，请批示。

中共中国政法大学委员会

1985 年 4 月 17 日

司法部关于中国政法大学建校时间的批复

（85）司发教字第190号

（1985年4月25日）

中国政法大学：

你校校党字（85）第22号报告收悉。中国政法大学是在原北京政法学院的基础上建立的，同意校庆日定为5月5日[1]，校龄按原北京政法学院成立的1952年起计算。

中华人民共和国司法部

1985年4月25日

司法部关于成立学位评定委员会的批复

（83）司法教字第266号

（1983年7月30日）

中国政法大学：

1983年6月20日报告收悉。经审核，同意你校学位评定委员会由17名成员组成，目前暂定学位评定委员会委员13人，由云光同志任学位评定委员会主席，尚缺的4名学位委员会委员，待条件成熟时补齐。

附件：学位评定委员会成员名单

1983年7月30日

学位评定委员会成员名单

学位授予单位名称：中国政法大学

学位评定委员会名额拟定为17名，其他余额以后补充。

---

[1] 2004年3月31日，中共中国政法大学第4次常委会研究决定，将校庆日调整为每年的5月16日。

姓名	性别	出生年月	学位评定委员会职务	行政职务	学术职称	专　长
云　光	男	1919	主　席	党委副书记	副教授	政治学
				第一副校长	研究员（兼职）	
余叔通	男	1927-08	委　员	副校长	副教授	刑　法
					（报批教授）	
欧阳本先	男	1925-09	委　员	本科生院党委	副教授	政治经济学
				副书记		
张　杰	男	1924-01	委　员	本科生院		民　法
				第一副院长		
江　平	男	1930-02	委　员	本科生院	副教授	民　法
				副院长		
张晋藩	男	1930-07	委　员	研究生院筹备	副教授	中国法制史
				小组组长	（报批教授）	
曾炳钧	男	1904-06	委　员		教　授	外国法制史
程筱鹤	男	1921-07	委　员	研究生院筹备	教　授	法学理论
				小组副组长		
杜汝楫	男	1920-09	委　员		教　授	逻辑学哲学
朱奇武	男	1917-11	委　员	本科生院	教　授	国际法
				科研处负责人		
汪　瑄	男	1914-06	委　员		副教授	国际法
					（报批教授）	
张子培	男	1922-11	委　员		副教授	刑事诉讼法
曹子丹	男	1929-03	委　员	刑法教研室主任	副教授	刑　法

中共司法部党组
关于成立中国政法大学临时党委的通知

(83) 司发党字第 71 号

(1983 年 10 月 13 日)

中国政法大学：

经与中共北京市委研究，同意你校成立临时党委，由陈卓同志任党委书记，侯良、云光同志任党委副书记，郝双禄、欧阳本先同志为党委委员。特此通知。

中国共产党司法部党组

1983 年 10 月 13 日

中国政法大学
关于校院体制及有关工作问题的意见

(83) 校发字 2 号

(1983 年 7 月 2 日)

中国政法大学于 5 月 7 日成立。自 5 月底至 6 月下旬，校党政领导和本科生院党委以及有关同志，就校、院机构设置和 7 月 1 日启用中国政法大学印章涉及的有关问题，进行了多次研究。现将讨论的意见综合如下：

中国政法大学下设本科生院、研究生院和进修学院。校党委设组织部、宣传部、办公室和纪律检查委员会。行政设校长办公室、人事处、教务处、科研处、财务处和基建办公室。这些机构将根据具体情况逐步建立、健全起来。近期，党委办公室和校长办公室合署办公，并负责外事工作。本科生院将在校党委领导下具有较多的自主权。其原有机构，除少数将进行必要调整、改革外，基本上保持原建制。研究生院和进修学院各暂设两室（办公室、教研室）一处（教务处）。

全校保卫、工会和共青团的工作，暂时委托本科生院的保卫处、工会、共青团统一管理，即：两个牌子，一个班子。这些工作，研究生院和进修学院，根据目前情况，可配备必要的人员专管或兼管。

在 7 月 1 日中国政法大学及其所属单位印章开始启用和原北京政法学院行政印章停止使用后，由此涉及到的一些问题，按以下精神办理：

1. 一切向上级的报告，均以中国政法大学名义行文。各院上报的文件，也由校领导签发。鉴于当前校领导班子尚不健全，本科生院的事情又多，该院某些需上报的事项，在校领导已有原则意见的前提下，呈文上报时，可由本科生院主管领导代签，校长办公室主任复核后办理发文。

2. 全校所有外事活动，统由校长办公室组织、办理。

3. 各院所属部门与校外单位的日常业务联系，均使用加盖各院办公室印章的信函；重要的工作联系，应使用盖有校部印章的信函，各部发给各院有统一编号、盖有校部印章的介绍信，由各院办掌握使用。

4. 全校的后勤总务工作，包括办公等用品的供应，暂由本科生院总务部门负责。设在公安学院内的进修学院和研究生院的行政后勤工作，照原有规定不变，仍由公安学院有关部门承担。研究生院需向公安学院支付的费用，参照师资班的办法办理。各种车辆，除校部必须掌握的若干部小车外，统由本科生院有关部门管理、调度，要保证校部的必要用车。校部财会人员与本科生院财务部门合到一起办公，统管全校财务经费。各单位经费开支应严格控制在计划内，报销手续按规定办理。

5. 全校各类人员的调进、调出，统归校部人事部门掌握办理。本科生院对科级干部的任免和与此相当的业务职称的确定，暂委托该院人事部门办理。但需征得校部组织、人事部门同意。一般工作人员的调入和调出，由本科生院决定，有关手续可由校部人事部门办理。

6. 积极准备，创造条件，尽快实现图书馆、学报、校讯、医务室和印刷厂为校部机构或附属单位的过渡。

7. 加强图书管理。全校所需各种图书、期刊的采购、预订，由图书馆会同有关单位，统一计划，统一购买，统一编目，保证需要，分别使用。要尽快成立校图书馆委员会。

8. 新校的规划和建设，由校部基建办公室负责；原北京政法学院内的基建由本科生院基建办公室负责。

9. 本科生院的医务室暂时承担全体师生员工的医疗、卫生和保健任务。

10. 体育教研室除担负本科生院的教学任务外，还要协同公安学院的体育教研室，指导研究生院和进修学院的体育活动。

11. 计划生育办公室为全校计划生育机构，由本科生院代管，负责全校计划生育工作。

12. 中国政法大学函授部，暂委托本科生院代管。

13. 原北京政法学院的机要室、收发室划归校部领导。机要室同时兼管本科生院机要文件。

14. 要密切校部各职能部门与各院有关部门的业务联系，并加强指导。

15. 在校党委正式成立之前，北京政法学院党委的印章继续使用。

中国政法大学成立以来的工作
进展情况和今后设想

（84）校发字 3 号

（1984 年 1 月 25 日）

司法部党组：

中国政法大学于 1983 年 5 月 7 日成立以来，对于建立健全组织领导机构、进行教学改革、加强政治思想工作、整顿校纪校风等项工作均取得了不同程度的进展。

全校现师生员工 3156 人。其中教职工 898 人，本科生 1709 人，硕士研究生 143 人，研究生院进修教师 15 人，进修学院学员 391 人，另有函授生 1012 人。

一、调整充实各级领导班子

目前，校、院两级临时党委已经组成，行政领导均已任命，各级职能部门大都筹建，各教研室已正式任命了一批年富力强、教学经验丰富的教师担任主任、副主任，在校党委统一领导下，本科生院、研究生院和进修学院都已相对独立地开展工作。

二、积极稳健地进行教学改革

1. 采取导师组的形式，集体培养研究生。为了适应大规模培养研究生的需要，以弥补目前我校师资力量的不足，我们从北京大学、人民大学、法学所及各政法院校及司法机关聘请了 50 余名教授、副教授和具有丰富实践经验的领导同志为兼职导师，共组成 16 个专业导师组和 3 个公共课教学组，他们热情很高，教学效果也好。经过实践初步证明，导师组的形式是适应法制建设新的要求，多培养高级法学人才、快出人才的一条途径。它比过去的个人导师负责制更有可能综合各校成功经验，更宜于发挥各家所长，提高教学质量。

2. 参加实际斗争，密切理论与实践的联系。1983 年 8 月中旬，本科生院 1980 级 450 名学生在 24 名教师带领下，分赴北京及河北 8 地、市司法机关实习，直接参加严厉打击刑事犯罪的斗争，共独立办案 4526 件，协助办案 5981 件，收集案例

1600 余件，写出了各种形式的论文和调查报告。回校后举办了实习成绩展览。此外，还有 40 名教师到北京市严厉打击刑事犯罪斗争办公室协助工作。通过参［与］实践斗争，广大师生经受了考验，得到了锻炼，是一次理论联系实际、改进教学提高质量的极好机会。

3. 改革政治理论课的教学。首先以《政治学》和《国际共产主义运动史》两门课作为试点，要求教师深入讲解基本原理，密切联系学生思想实际，帮助学生用马列主义的立场、观点、方法，分析社会现实中和他们思想中的问题，提高认识，力求做到教书育人。

4. 改革进修学院学制。根据国家对司法干部的迫切需要，进修学院于寒假后将部分学员改为二年制，现已制订出二年制的教学和实习计划，正组织实施。

三、加强政治思想工作，整顿校纪校风

校党委为坚决贯彻党的十二大路线，使广大师生员工在政治上同党中央保持完全一致，积极组织全校师生学习《邓小平文选》和二中全会文件，并举办了五期科级以上党员干部读书班，为整党做思想准备；组织师生积极学习中央关于严厉打击刑事犯罪和清除精神污染的指示，并要求将有关精神贯彻到教学中去。按照中央和北京市委指示，抓紧清查"三种人"，其中"学生记录在案"的工作，业已上报。并且清查了非法出书问题，纠正了一些强占、多占住房的不正之风。

为了加强党的政治思想工作，调整充实了政工队伍，建立了德育教研室，成立了校工会、团委会和学生会，各部门积极配合，通过各种渠道开展政治思想工作，通过表彰先进，处理违犯校规校纪的行为，严明了纪律，整顿了校风校纪。并在学生和教工中本着成熟一个发展一个的原则，吸收了 100 名优秀分子入党。

四、今后设想

一手抓教学，一手抓基建，并力争新校 1987 年基本建成。本此要求 1987 年之前，在教学上应是打基础、摸经验，为 1987 年后的起飞做好准备。

1. 把培养研究生、办好研究生院列为我校今后几年工作的重点，从师资、图书资料、后勤等各方面加以保证。与此同时，发展进修学院，培训在职干部，并努力不断提高本科生院的教学质量。

2. 以马列主义为指导，进一步加强理论联系实际的教学。我校是司法部直接领导的重点大学，具有深入实际、接触实际的方便条件，我们要利用这一优势，在加强马列主义理论修养的同时，密切联系实际情况，使我校的政法教育形成理论密

切联系实际的学风，摸出新经验、走出新路子，为实际部门提供较多的合格人才。

3. 努力把我校办成政法教育的最高学府和法学研究的中心。为此，要采取一切积极措施，加强对科研工作的领导，为保证科研计划的实施，提供资金、资料和设备等必要的条件。同时，积极开展对外学术交流，有计划地聘请外国学者来我校讲学和选派出国进修教师。

4. 大力发展函授教育，积极创办函授学院，为函授教育多做贡献。

5. 根据需要，调整专业设置。拟在现有条件下，逐步增设政治学、社会学、经济法学、司法鉴定和劳动改造等专业。

6. 进一步发扬创业精神，建立各职能部门的责任制度，讲究工作实效，严明奖惩制度。

五、存在的主要困难和问题

1. 校舍方面严重困难，中央领导同志对此十分关心，将我们的报告批给市委后，市文化局除答应有条件地腾出小礼堂为几家合用外，占用的其余楼房的退还工作毫无进展，脏、乱、噪的情况没有改善。因此，1984 年本科招生只好由 600 人减为 400 人，即使如此，仍将有不少难以解决的困难。

2. 丕显同志批准的 80 户骨干教师进京指标，调进工作进展迟缓，大大影响了师资队伍的建设。

3. 校级领导班子现状与任务要求很不适应。要求采取措施，迅速予以解决。

以上报告，当否请批示。

中共中国政法大学党委

1984 年 1 月 25 日

三、研究生院暨集体导师制

内容提要

1980 年 12 月，司法部等五部委在《关于建立中国法律大学的请示报告》中提出，准备筹建的中国法律大学与一般的政法院系不同，不仅设有本科，还设有研究生院和进修学院。1982 年 12 月，司法部对中国政法大学领导体制和机构设置予以规划，学校实行校院两级管理：校部下设法学院即本科院、研究生院和进修学院三个学院。1983 年 5 月 16 日，教育部颁发通知该校正式成立，明确了中国政法大学实行一校三院制：其中，研究生院招生规模 400 人，职责是培养高素质的法学师资人才，并从事法学研究工作。

为了适应大规模培养研究生的需要，弥补中国政法大学师资力量的不足，学校从北京大学、中国人民大学等单位聘请了 50 多位专家学者，共组成 16 个专业导师组和 3 个公共课教学组，实施集体导师制，其优势在于：一是综合各校、各个导师的成功经验制订出最佳的培养方案和教学计划；二是发挥各家所长，提高教学质量，同时也便于启发学生广开思路，汲取各家精华；三是取人之长，补己之短，填补了某些空白学科。这是在当时法学师资奇缺的状况下，充分调动各方面力量，运用集体智慧大力培养法学人才的一种措施。

中国政法大学从 1983 年开始试办研究生院，建立了相应的组织机构管理制度和导师组教学实体。1983 招收研究生 125 名，至 1985 年，在院研究生即达到教育部规定的 400 人规模。1985 年 5 月，经学校领导研究，向司法部提出申请，转报教育部补办成立研究生院的批准手续，希望中国政法大学研究生院能纳入全国研究生院体系，得到教育部充分的领导和指导。

中华人民共和国司法部
关于在中国政法大学开办研究生班的申请

[83] 司发教字第 24 号

（1983 年 □ 月 19 日）

教育部：

遵照中共中央关于"抓紧筹办中国政法大学，把它办成我国政法教育的中心"的指示，中国政法大学的筹建工作正在加速进行。根据总体规划，政法大学共需师资八百余人，鉴于全国法学师资奇缺，难以调集。中国政法大学对教师的质量要求又较高。因此，教师队伍的建设只能自力更生，主要靠开办研究生班，自己培训。

经与你部反复协商，根据你部关于"政法师资培训要采取紧急措施"以及开办研究生班的具体意见。中国政法大学拟于 1983 年开办研究生班，招收研究生 100 人。请予批准。列入国家计划，拨给教育经费。随文送去中国政法大学研究生班开办计划，招收计划及教学计划要点，请审核。

中华人民共和国司法部

1983 年□月 19 日

附件一：

中国政法大学研究生班开办计划

一、培养目标：为中国政法大学培养具有一定马列主义理论水平和较牢固的专业基础理论，德才兼备的教师和科研人才。

二、招生人数及招生办法：1983 年，中国政法大学计划分两次招收研究生 100 名，具体办法是：

1. 由中国政法大学单独考试招收研究生 30 名。这次单独组织考试的招生范围仅限于北京市，招生对象必须具有北京市正式户口。法律专业考生必须是具有一定实践经验的历届法律专业及邻近专业大学毕业生；政治学与社会学专业考生一般应为历届政治、历史、哲学、中文、经济专业大学毕业生，年龄不超过 42 岁。

这次招生，拟于 2 月报名，5 月考试，9 月入学。考试和录取办法，原则上按教育部有关规定进行，具体办法另报。

2. 在报考北大、人大、北京政法学院等院校法律专业的研究生考生中选录 70 名。1983 年，报考上述院校法律专业研究生的人数较多，我们拟与这些院校协商，按照研究生统一录取标准，请他们协助，为中国政法大学选录 70 名。

三、学制、专业设置及培养方法。学制暂定二年、三年两种。学完两年硕士课程后，一律要通过严格考试。其中成绩优秀者，可延长一年，撰写硕士论文并进行答辩；其余毕业生则分配工作，在教学实践中撰写论文，二、三年内再进行学位论文答辩。

专业设置：法学理论、法制史、宪法、刑法、民法、诉讼法、经济法、国际法、政治学、社会学，共 10 个。

研究生班采取集体导师制，学生以自学为主，由导师根据情况采取讲授、个别辅导等方式进行指导。

四、开办研究生班的基本条件。

北京政法学院即将改为政法大学的法学院（本科院）。目前，学校已有正副教授 27 名；已经院学术委员会通过、正报市高教局审批的正副教授 28 名；讲师 100 余名。

现有 7 个二级学科招收了研究生，其中 5 个学科，即法理、法制史、刑法、诉讼法和国际法有学位授予权。

中国政法大学调进和选聘若干骨干教师的工作正在积极进行。随着骨干教师队伍的扩大和教学水平的提高，将申请更多的学科具有学位授予权。

研究生班的地点和用房，我部已确定拨中央政法干校的一幢楼房给中国政法大学办班使用。北京政法学院和中央政法干校的图书资料可供研究生班使用。

附件二：

中国政法大学 1983 年招收研究生计划

学科专业	研究方向	指导教师小组	招生人数	考试科目	备　注
法学理论	法学基础理论 法律思想史	程筱鹤　教授 张　浩　副教授 杨鹤皋　副教授 周树显　待批副教授 甘绩华　待批副教授 杨伯攸　待批副教授	总 100 人	汉　语 中国法律思想史 外国法律思想史 法学基础理论	共同考试科目：政治、外语（英、法、德、日、俄任选一门）
法制史	中国法制史	曾秉钧　教授 潘华仿　副教授 薛梅卿　待批副教授		汉　语 中国法制史 外国法制史 法学基础理论	
宪　法	中国宪法	许崇德　副教授 廉希圣　待批副教授 孙炳珠　待批副教授		中国宪法 外国宪法 中国法制史 法学基础理论	
刑　法	刑　法	余叔通　副教授 宁汉林　副教授 曹子丹　副教授 苗　巍　副教授 何秉松　副教授 崔炳锡　待批副教授 邢同舟　待批副教授		中国法制史 刑事诉讼法 刑　法 法学基础理论	
民　法	民　法	江　平　副教授 巫昌祯　待批副教授 张佩霖　待批副教授		婚姻法 民事诉讼法 民　法 法学基础理论	

续表

学科专业	研究方向	指导教师小组	招生人数	考试科目	备　注
诉讼法	诉讼法	张子培　副教授 严　端　待批副教授 陶　髦　待批副教授 杨荣馨　待批副教授		汉　语 刑事诉讼法 刑　法 法学基础理论	共同考试科目：政治、外语（英、法、德、日、俄任选一门）
经济法	经济法	罗典荣　副教授 欧阳本先　副教授 卢一鹏　副教授 徐　杰　待批副教授 康德琯　待批副教授		汉　语 经济法 民　法 法学基础理论	
国际法	国际法	朱奇武　教授 汪　瑄　副教授 钱　骅　待批副教授		汉　语 宪　法 国际法 法学基础理论	
政治学	政治学 社会学	云　光　研究员 杜汝楫　教授 凌力学　副教授 杨　荣 刘圣恩　待批副教授 宋振国		汉　语 法学基础理论 世界近代史 中、英、美 政治制度	

教育部关于中国政法大学开办研究生班的批复

（83）教研字 003 号

（1983 年 2 月 26 日）

司法部：

（83）司发教字第 24 号文收悉。关于中国政法大学开办研究生班的问题，经研究，答复如下：

一、鉴于当前全国法学有关各专业师资奇缺，现筹办中国政法大学，调集师资，更为困难，为此同意你部委托有一定条件的重点院校开办研究生班，1983 年计划招生 100 名，以解决师资队伍建设问题。

二、中国政法大学现正处于筹建阶段，尚未正式成立，1983 年以北京政法学院名义招收研究生为好。

三、同意你们与北京大学、中国人民大学等招收法学专业研究生的高等院校协商，从有关专业的考生中调剂录取部分研究生，不必再另行组织报名、考试。

四、社会学专业目前指导力量不足，是否招生，请斟酌。

五、为有利于培养合格的师资，招生工作请按我部有关招收研究生的规定执行，必须贯彻德、智、体全面衡量，择优录取，确保质量，宁缺毋滥的原则。

中华人民共和国教育部
1983 年 2 月 26 日

中国政法大学研究生培养管理规则（试行）

（83）校发字 3 号

（1983 年 8 月）

总 则

一、根据《中华人民共和国学位条例》和教育部《高等学校研究生工作条例》，结合我校实际情况，制定本规则。本规则仅适用于培养攻读法学硕士学位的研究生。

二、研究生培养工作必须坚持又红又专，德、智、体全面发展的方针。

对研究生的具体要求是：

1. 拥护中国共产党的领导，拥护社会主义制度，遵纪守法，品行端正，愿为祖国社会主义现代化建设积极贡献力量。

2. 在本学科内掌握坚实的基础理论和系统的专门知识，至少通晓一门外语，具有独立从事教学和科学研究工作的实际能力。

3. 坚持体育锻炼，增强体质，具有健康的体格。

思想政治工作

三、加强对研究生的政治思想教育，培养他们不断提高共产主义思想觉悟，刻苦钻研业务，成为有理想、有道德、守纪律的法学专门人才。

四、建立政治工作机构。在大学和研究生院党委领导下配备若干专职政治工作干部，成立研究生党、团支部和总支，具体进行研究生的思想政治工作，加强研究生的党团组织建设。

五、成立研究生学生会，在校、院团委领导下，开展有益的学习、思想和文体活动。

六、导师组在做好教学工作的同时，应当关心研究生的政治思想，做到教书又教人。

业务培养

七、研究生的学习应坚持理论与实践相结合、系统理论学习和科学研究相结合的原则，提倡在马克思列宁主义、毛泽东思想指导下的百家争鸣，养成严肃认真、生动活泼的学术空气。

八、研究生的学制为三年，第一、二学年为专业课程学习时间，第三学年写作论文。三年内，教学实习与社会调查共安排两个月左右。

九、研究生的课程分必修课和选修课两类。马克思主义理论、第一外国语是统一的必修学位课程。专业必修课程3~4门。选修课分限制性选修和非限制性选修两种：限制性选修课暂定2~3门，非限制性选修课3~4门。各专业应当按照培养计划设置课程和组织教学。

十、研究生对已掌握的必修和限制性选修的课程，可申请参加免修考试。成绩优良者，准予免修，其成绩正式记入成绩单。

十一、马克思主义理论课规定第一学期学完。第一外国语，按教育部1983年《研究生外国语学习和考试的规定》，语言基础部分应当在第一学年内学完并通过考试；从第二学年起，着重培养专业外文资料的阅读能力。专业外文资料阅读能力的考核，至迟在答辩前举行。选修第二外语，必须先通过第一外语考试，并经导师小组批准。

十二、课程的考核分考试和考查两种。必修课进行考试，选修课进行考试或考查。

考试成绩的评定，笔试采用百分制，口试采用五级制，考查成绩分合格和不合格。研究生在整个学习期间，如有2门学位课程考试不及格，或1门学位课程考试不及格，经补考一次仍不及格者，不能撰写论文。

十三、非本科法律专业毕业的研究生，应补修法律课程，由导师组视专业需要和研究生个人情况确定3~4门。补修的课程，一律进行考试。

十四、论文工作

1. 研究生在学位课程的考试全部通过后，方得撰写论文。

2. 研究生应在导师指导下，制订论文工作计划（内容包括选题、文献阅读、科研调查、研究方法、完成时间等），经导师小组通过，报教务处备案。

3. 论文完成后，由研究生本人提出申请，经指导教师同意，组织论文答辩。

十五、研究生通过学位论文答辩，经校学位委员会批准后，发给学位证书。学位论文答辩不合格者，由学校发给结业证书，分配工作。但一年内，可经答辩委员会同意再次进行学位论文答辩。如仍不能通过，不再答辩。

教学组织与领导

十六、培养研究生采用专职导师与兼职导师相结合、集体指导与个人指导相结合的方式。各专业成立导师小组，其职责是：

1. 提出研究生招生人数，参加命题、阅卷和复试，提出录取审查意见；

2. 制订研究生培养计划，对本专业的培养目标、研究方向、课程设置、教学安排及论文工作等作出具体规定；

3. 组织实施培养研究生计划，审阅各门专业课程的教学大纲，安排研究生的学术活动和科学研究；

4. 审查学位论文题目，安排论文指导工作，组织学位论文答辩。

十七、导师组指导教师的具体职责是：

1. 拟定所任课程的教学大纲，明确规定本课程的主要教学内容、学习要求、教学方法、考核形式和学习参考书目等；

2. 参加授课，具体指导研究生的学习和科研活动；

3. 指导研究生的论文写作；

4. 对研究生进行思想政治工作；

5. 处理其他应办事宜。

十八、研究生院实行在院党委领导下的院长负责制，院长、副院长负责研究生培养的领导工作，教务处负责教学管理工作。

学籍管理

十九、新录取的研究生，必须按规定日期报到，每学期必须按期注册，无故逾期十天不到校者，取消入学资格。

二十、研究生入学后，一律进行政治、健康复查。必要时对个别人进行业务复查；凡复查不合格者，经院长办公会议决定，报校领导批准，取消其研究生资格。

二十一、研究生入学后，非因专业调整需要，一般不允许本人改变原报考专业，如确有特殊情况需改换专业，需经导师组同意、院长批准，并报司法部和教育部备案。研究生一律不得转学。

二十二、研究生必须坚持在校住宿和学习。凡因病因事请假，需经同意。请假超过三天报教务处批准。无故旷课者，应给予批评教育，对于情节严重的，给予纪律处分，直至取消其学籍。

二十三、因病休学，需有县以上医院证明，经院长批准，报校部备案。

休学以一学期为限，期满不能复学可申请继续休学。休学超过一年，作退学处理。

申请复学时，需有县以上医院证明，并经校医室复查确认后，方可复学。

二十四、研究生在校学习期间，年龄不满 30 岁的不能结婚。确有特殊原因，需经院部批准后方可办理结婚手续。

二十五、研究生必须遵守国家法纪和学校的一切规章制度。触犯国家法律或违反学校规章制度的，视其情节轻重，分别给予批评教育、纪律处分，直至开除学籍。

二十六、对于品学兼优以及在学术上有重大成绩的研究生，给以表扬和物质鼓励。

二十七、建立健全研究生学籍管理和档案管理工作。

二十八、本规则已经研究生院办公会议通过，校部批准，于 1983 年 9 月 1 日起施行。

中国政法大学

1983 年 8 月

《中国政法大学简报》：中国政法大学
召开研究生导师座谈会情况

（1983 年 7 月 19 日）

7 月 10 日上午，中国政法大学在人民大会堂召开了研究生导师座谈会，有一百多位法学专家、教授和有关部门领导同志应邀参加了会议。司法部部长邹瑜[1] 同

---

〔1〕 邹瑜，1983 年 6 月至 1988 年 3 月担任司法部部长。

志出席并作重要讲话。

这次座谈会的中心议题是：如何采取集体导师制，高质量地培养法学硕士研究生，尽快为国家输送一批法学师资和科研人才。

会上，云光同志首先汇报了政法大学成立后在师资队伍建设和教学改革方面的工作进展情况及今后任务，提出政法大学在政治上一定要与中央保持完全一致。在组织人事上搞五湖四海，在纯学术问题上坚持"百家争鸣"。如何办好这所大学，请与会同志提出意见与建议。余叔通同志汇报了研究生院筹备小组工作和招收攻读硕士学位研究生的情况。他说，中国政法大学今年从全国招收的 127 名研究生，占全国法科招生数的 40% 多，培养任务很重，需要下决心想办法把法学教育上的这件大事做好，在录取标准上，严格依照国家有关规定除了笔试以外，还组织了严格的复试，对考生德智体进行了全面衡量，择优录取，录取的考生，质量上是好的，做到了对国家负责，对考生负责，会上宣布了 15 个专业导师组的成员名单。

与会的专家、教授对首次举行这种形式的座谈会非常高兴。在热烈的讨论中一致认为，在目前法学师资奇缺的状况下，充分调动各方面的力量，运用集体智慧大力培养法学人才，这一措施，应当充分肯定。

北京大学法律系在本校的兼任教授王铁崖兴奋地说，中国政法大学将是具有中国特色的一所法律大学，是很有希望的，我愿意同大家一起为办好这一所大学贡献力量。当前，发展法学教育的关键是培养师资，解决师资问题的根本措施是培养好研究生，政法大学狠抓研究生培养，这是完全必要的。他就当前大量培养研究生的工作提出四点建议：①集体指导与个人指导相结合；②教学与科研相结合；③各校加强联系，教员沟通，学生沟通，利用各方优势，交叉培养；④办学要有气魄，要争取在国际上占有重要地位，得敢于请进来，派出去。

北大法律系在本校的兼任教授张宏生认为，要办好研究生院，要在我们现有的基础上群策群力，坚持五湖四海，反对门户之见，充分发挥各校优势，吸收各国之长，按照我国的实际情况和需要，走培养中国法律人才的道路。

此外，杜汝楫教授、王珉灿副研究员等也发了言。

著名法学家张友渔同志还就研究生培养中质量和数量的关系、理论联系实际、学术上的百家争鸣等问题发表了意见。他强调指出，法学硕士研究生的培养一定要坚持理论联系实际，按照我国建设社会主义的特点，尽快为国家培养出一大批能解决我国实际问题的法学人才。

邹瑜同志讲话着重指出：我们对加速发展法学教育要有紧迫感，对加速培养大批师资要有紧迫感。必须采取一些有力措施，迅速改变法学教育落后于四化建设需要以及法学师资奇缺的状况。研究生院采用导师小组、专职与兼职导师相结合的方式培养研究生，是一个新的尝试，是一种改革，我们应该支持和提倡，并注意总结经验。邹瑜同志强调，培养研究生必须要做到四个统一，即数量和质量的统一，理论与实践的统一，教学与科研的统一，导师集体指导与个人负责的统一。他说："山不在高，有仙则名，有各大学大批教授的支持，中国政法大学一定有可能办好。"

中国法学会副会长王仲方同志、中央政法委员会副秘书长顾林昉同志也在座谈会上发了言。王仲方同志谈到了国外许多学术团体、专家学者对办好中国政法大学以及开展中外学术交流活动的祝愿和希望。顾林昉同志表示，中国政法大学在办学过程中凡需要中央政法委员会帮助和支持的，政法委员会都将予以全力支持。

此外，与会同志还就有关研究生的培养办法、教学方案、校际间教学方面的相互配合与协调、教师队伍与图书资料的建设等问题，提出了许多建设性意见。

——《中国政法大学简报》1983 年第 2 期

《中国政法大学简报》：导师组集体
培养研究生是个好办法

（1983 年 11 月 26 日）

目前，政法教育是短线的短线，师资奇缺，人才匮乏，不能适应形势的需要。如何采取积极措施，培养国家急需的具有较好理论基础和一定实践经验的法学专门人才，就成为政法教育战线所面临的一项紧迫任务。为更好地完成历史赋予的重任，我校在各兄弟院校的大力支持下，采取了以专业导师组集体培养研究生的应急措施。经过几个月的实践，初步证明导师组的形式是在师资力量有限的现实条件下，多培养人才，快出人才的一条途径。

一、从招生工作看，它有利于集中教师的优势力量，广开门路，突破框框，可以多招收一批符合标准的研究生。

1983 年，教育部批准我校招收 125 名研究生，占全国招收法学研究生总数的 40% 以上。当时，我校仅有 20 几名带硕士生的教授和副教授，力量和任务是很不相称的，在教育部和司法部党组的关怀支持下，经与北京大学、中国人民大学以及各政法院校和科研机关的反复协商，聘请了一批教授、副教授为兼职教师，组成了总共 70 多名教授、副教授 10 多名讲师参加的 16 个专业导师组和 3 个公共课教学组，有了这样一支较佳阵容的教师队伍，才使我们有可能完成招收 13 个学科 125 名硕士生的任务，并为以后的教学工作打下了基础。当时如不采用导师组的形式，要招收这样大数量的硕士研究生，是根本不可能的。以往的经验还证明，仅靠一校的力量采取导师个人负责制，不仅招收数量受到限制，也很难保证各个学科齐头并进。

二、从教学工作看，它有利于组织更多的法学优秀教师，依靠集体的才干和智慧，为培养国家需要的各种法学人才创造了好的条件。这主要体现在：

1. 有可能综合各校、各个导师的成功经验制订出最佳的培养方案和教学计划。研究生院尽管处于初创阶段，却能较为完善地开设 16 门专业课程，这就是导师组集体智慧和努力的成果。

2. 易于发挥各家所长，提高教学质量，同时也便于启发学生广开思路，汲取各家精华。现有导师组成员来自全国各地，他们通过教学把各地各校的教学特点和研究成果进行介绍和传授，这对培养一代高质量的硕士生极为有利。

3. 取人之长，补己之短，填补了某些空白学科。

根据我校原有师资力量，只能有 7 个学科招收研究生。而在组成 16 个专业导师组后，整个教学力量得到了充实，有可能填补了一些空白学科，如行政法、政治学、刑事侦查学、西方法律思想史等专业都是通过导师组才开始了正常的教学活动。如果不是依靠导师组的力量，这些学科在近几年内还不可能招收硕士研究生。在研究生专业的设置上，这种由不全面到较为全面，由不整齐到较为整齐的发展变化，正是专业导师组组成以后所带来的可喜成果。

三、从中国政法大学的发展前途看，专业导师组的建立不仅能尽快培养出一大批优秀的法学人才，而且由于导师们在国内外的学术地位和影响，对于争取把我校法学教育提高到一个更高的水平，也起着积极的作用。

第一，导师组成员不同于一般的或单一的教授课程的教师，他们本身承担着对国家，对学校和研究生负责的责任感，这种责任感决定着这一集体的每个成员严肃地对待自己的使命，促使导师组全体成员凭借集体的力量，同心同德搞好教学工作。这一点，在研究生院三个月的教学活动中已经得到初步体现。如王铁崖教授担任国际法导师组长，为保证研究生的专业外语过关，他不仅与导师组成员反复研究教学计划的具体落实，而且在百忙中亲自担任专业外语的教学。教学态度之认真，使研究生深受感动。其他各专业的导师组成员，在制订教学计划和实施计划时也同样表现出严肃认真、一丝不苟的态度。

第二，由于导师组不是临时性的组织，而是具有连续性的一个教学集体，从而保证在一个相当长的时期内在各个环节承担起培养研究生的任务。目前，八四级研究生招生工作正在进行，按照现在的培养规模持续下去，将会为国家培养一大批优秀的法学人才。这种持续性，比起导师个人负责制，更具有相对的稳定性，不会因为某一位导师的特殊原因而中止培养工作或改变整体规划。

第三，师生都具有一种荣誉感。对研究生来说，由于导师组集中了一些有威望的学者、教授而感到自豪。导师组的成员也为参加这样一个集体而认为是一种学术荣誉。这种师生共有的荣誉感，决定着相互之间的尊敬、共勉，为完成各自的任务而携手共进。有的研究生说："我们的导师是一流的，我们的学习条件也比较好，如果我们自己不努力，完不成学习任务，出不了成果，那我们就对不起党和导师们的培养了。"现有研究生学习上之所以勤奋刻苦，与上述原因密切相关。

四、如何进一步充分发挥专业导师组的作用？

我们已经汇集了这样一批有经验的法学，政治学专家、学者和教授，如何进一步发挥他们的作用是今后提高研究生教学质量的关键。我们的想法是：

1. 进一步加强理论联系实际的教学工作，拟再聘请一批长期在实践部门工作、有较为丰富实际经验，而且具有一定理论水平的专门人才担任兼职教师，充实导师组的力量。

2. 继续加强薄弱学科的导师力量，创造条件促使这类学科迅速赶上去。同时，力争早日成立劳改法、环境法、劳动法、法医学、社会学等专业的导师组。

3. 在研究生进行业务课程教学的同时，充分利用现有的教学条件和师资力量，着手编辑研究生用的一部分专业课、基础课的教材和教学参考资料。

4. 研究生三年级硕士论文的写作，拟采用集体导师制与个人导师制结合的方式进行。

5. 着手组织导师组的科研工作。

——《中国政法大学简报》1983 年第 9 期

研究生院导师组成员登记表

专　业	姓　名	性别	职　称	职　务	工作单位
法理7（外1）	程筱鹤	男	教授	组长	本校
	张　浩	男	副教授	副组长	本　校
	孙国华	男	副教授	成员	人　大
	王勇飞	男	副教授	成员	本　校
	吴　山	男	讲师	成员	本　校
	王启富	男	讲师	成员	本　校
	郑静仁	男		秘书	本　校
中国法律思想史6	张国华	男	教授	组长	北　大
	杨鹤皋	男	副教授	副组长	本　校
	饶鑫贤	男	副教授	副组长	北　大
	高　潮	男	副教授	成员	本　校
	林　中	女	讲师	成员	本　校
	崔　伟	男		秘书	本　校
西方法律思想史4	张宏生	男	教授	组长	北　大
	沈宗灵	男	教授	副组长	北　大
	周树显	男	讲师	成员	本　校
	刘全德	男		秘书	本　校
中国法制史6	张晋藩	男	教授	组长	本　校
	薛梅卿	女	副教授	副组长	本　校
	蒲　坚	男	副教授	成员	北　大
	曾宪义	男	副教授	成员	人　大
	沈国峰	男	讲师	成员	本　校
	郭成伟	男		秘书	本　校
外国法制史6	曾秉（炳）钧	男	教授	组长	本　校
	潘华仿	男	副教授	副组长	本　校

续表

专　业	姓　名	性别	职　称	职　务	工作单位
	林榕年	男	副教授	副组长	人　大
	由　嵘	男	副教授	成　员	北　大
	许显侯	男	讲师	成　员	本　校
	王云霞	女		秘　书	本　校
宪法7	许崇德	男	副教授	组　长	人　大
	廉希圣	男	副教授	副组长	本　校
	王珉灿	男	副研究员	成　员	法律出版社
	董成美	男	副教授	成　员	人　大
	孙丙〔炳〕珠	女	副教授	成　员	本　校
	董璠舆	男	副教授	成　员	本　校
	徐　放	女		秘　书	本　校
行政法4	张尚鷟	男	副研究员	组　长	法学所
	王名扬	男	副教授	成　员	本　校
	应松年	男	讲师	成　员	本　校
	朱维究	女	讲师	秘　书	本　校
刑法10	高铭暄	男	教授	组　长	人　大
	曹子丹	男	副教授	副组长	本　校
	杨春洗	男	副教授	副组长	北　大
	王作富	男	副教授	成　员	人　大
	宁汉林	男	副教授	成　员	本　校
	何秉松	男	副教授	成　员	本　校
	崔炳锡	男	副教授	成　员	本　校
	童　颜	男	讲师	成　员	本　校
	梁华仁	男	讲师	成　员	本　校
	田文昌	男	讲师	秘　书	本　校
劳改法6	余叔通	男	教授	组　长	司法部
	邵名正	男	讲师	成　员	本　校

专　业	姓　名	性别	职　称	职　务	工作单位
	李钧仁	男	局　长	成　员	司法部劳改局
	金　源	男	副院长	成　员	国际政治学院
	徐觉非	男	讲　师	成　员	本　校
	李慧玉	女		秘　书	本　校
民法9	佟　柔	男	副教授	组　长	人　大
	江　平	男	副教授	副组长	本　校
	张佩霖	男	副教授	副组长	本　校
	李志敏	男	副教授	成　员	北　大
	巫昌祯	女	副教授	成　员	本　校
	史　越	男		成　员	本　校
	李慧君	女	讲　师	成　员	本　校
	任国均	男	讲　师	成　员	本　校
	姚新华	男		秘　书	本　校
经济法8	徐　杰	男	副教授	副组长	本　校
	杨　洪	男	局　长	成　员	国家经委法规局
	胡志新	男	局　长	成　员	财政部条约司
	潘静成	男	讲　师	成　员	人　大
	杨紫烜	男	讲　师	成　员	北　大
	刘忠亚	男	讲　师	成　员	本　校
	黄卓著	男	讲　师	成　员	本　校
	杨　云	女		秘　书	本　校
环保法6	罗典荣	男	副教授	组　长	本　校
	金瑞林	男	副教授	成　员	北　大
	林道濂	男	副研究员	成　员	社科院环化所
	马骧聪	男	副研究院	成　员	法学所
	文伯屏	男	副研究院	成　员	法学所
	许可祝	女		秘　书	本　校

续表

专 业	姓 名	性别	职 称	职 务	工作单位
刑诉法 8	张子培	男	副教授	组 长	本 校
	严 端	女	副教授	副组长	本 校
	陈光中	男	副教授	成 员	本 校
	王国枢	男	副教授	成 员	北 大
	陈一云	男	副教授	成 员	人 大
	陶 髦	男	副教授	成 员	本 校
	程味秋	男	讲 师	成 员	本 校
	王 伟	男		秘 书	本 校
民诉法 5	柴发邦	男		组 长	公安大学
	杨荣馨	男	副教授	副组长	本 校
	周道鸾	男		成 员	市高法
	唐德华	男	民庭副庭长	成 员	最高法院
	许志建	女		秘 书	本 校
刑侦 4	金光正	男	副教授	组 长	本 校
	张振藩	男	讲 师	副组长	本 校
	刘 文	男	副局长	成 员	公安部五局
	赖青龙	男	讲 师	秘 书	本 校
国际法 7	王铁崖	男	教 授	组 长	北 大
	周 仁	男	副教授	副组长	本 校
	汪 瑄	男	教 授	成 员	本 校
	朱奇武	男	教 授	成 员	本 校
	马 骏	女	教 授	成 员	外交学院
	何春超	男	副教授	成 员	二 外
	周忠海	男	研究生院教务处副处长	秘 书	本 校
国际私法 5	钱 骅	男	副教授	副组长	本 校
	任继圣	男	副研究员	成 员	法学所

续表

专 业	姓 名	性别	职 称	职 务	工作单位
	姚 壮	男	副教授	成 员	外交学院
	吴焕宁	女	讲师	成 员	本 校
	马 勤	女		秘 书	本 校
政治学 7〔1〕	杜汝楫	男	教 授	组 长	本 校
	云 光	男	研究员	成 员	本 校
	周纪荣	男	研究员	成 员	现代国际关系所
	李殿勋	男	副教授	成 员	本 校
	周春元	男	待批副教授	成 员	本 校
	徐理明	男	讲 师	成 员	本 校
	张文镇	男		成 员	本 校
	张春来	男		秘 书	本 校
马列主义基础理论 10	杨荣	女	副教授	组 长	本 校
	康德瑄	男	副教授	副组长	本 校
	俞明仁	男	教 授	成 员	人民日报
	李秀林	男	教 授	成 员	人 大
	凌力学	男	副教授	成 员	本 校
	刘圣恩	男	副教授	成 员	本 校
	欧阳本先	男	副教授	成 员	本 校
	卢一鹏	男	副教授	成 员	本 校
	林白鹏	男	副教授	成 员	本 校
	金茹	女		秘 书	本 校
外语 11	王可仲	男	副教授	教研室主任	本 校
	张达仁	男	讲 师	副主任	本 校
	刘德滋	男	副教授	成 员	退 休

---

〔1〕 总数与分项之和不符，原文如此。

续表

专 业	姓 名	性别	职 称	职 务	工作单位
外语 11	张维谦	男	副教授	成 员	本 校
	李树岚	男	讲 师	成 员	本 校
	张克福	男	讲 师	成 员	本 校
	诺尔布	男	讲 师	成 员	本 校
	李东来	女	讲 师	成 员	本 校
	朱珊霞	女	讲 师		退 休
	杨新芝	女	讲 师		本 校
	黄 瑾	女		秘 书	本 校

中国政法大学
关于从实际部门聘请兼职教师的报告

（84）校办字第 1 号

（1984 年 1 月 6 日）

剑明同志〔1〕并司法部党组：

　　中国政法大学的任务，是培养为我国法制建设服务的、又红又专的法学研究人才和司法干部。这些人，不仅必须具备全面、系统的法学理论知识，并且必须具有较强的业务能力，必须了解和掌握我国法制建设的特点和内部规律，善于分析和解决司法实践中错综复杂的各种问题。特别是我校的进修学院，担负着为政法机关培养、输送中高级领导干部的任务，更迫切地需要从理论与实际的结合上，进一步提高教学质量。

　　当前，我校法律专业教师量少质弱，加上各方面条件的限制，实践经验也比较欠缺，为此，除继续选调必要的专职教师，并采取措施加强现有教师的培养提高外，根据彭真同志及政法委、部党组的指示精神，有必要加速对我校法律专业教师队伍的结构做适当的调整。经过多次酝酿，拟从中央和北京市的政法机关和有关部门，分别聘请若干有丰富立法、司法实践经验和较系统理论知识的干部到我校

---

〔1〕　朱剑明，时任司法部副部长。

·兼课。

一、兼职教师的任务和要求

根据教学计划的要求认真备课，并写出讲授提纲，承担有关课程的讲授任务。同时，还应积极参加制订教学计划、教学大纲和提供一些必要的教学资料等活动，对于兼课的领导同志，主要是请他们就政法工作中的重大理论与实践问题做一些专题讲座。

建议有关单位党组织对兼课教师的工作应积极支持，并给予必要的时间保证。

二、兼职教师的职称评定

兼职教师应力求稳定，按照教育部规定的有关条件，评定兼职教授、兼职副教授和兼职讲师等职称。在未评定职称前，暂统称为兼职教师，由学校发给聘书。

三、兼职教师的补贴，按教育部和学校的有关规定执行。

以上意见妥否，请予批示。

中国政法大学

1984 年 1 月 6 日

附：第一批聘请兼职教师名单和新聘导师名单（草案）

第一批聘请兼职教师名单

姓名	工作单位	职称或职务	担任专业课程
王怀安	最高人民法院	顾问	刑　法
祝铭山	最高人民法院	副院长	刑　法
马　原	最高人民法院	民庭庭长	民　法
单长宗	最高人民法院	政策研究室研究人员	刑　诉
唐德华	最高人民法院	民庭审判员	民　诉
江　文	最高人民检察院	副检察长	
冯锦汶	最高人民检察院	副检察长	
曾龙跃	最高人民检察院	政策研究室研究人员	刑　诉
程时权	最高人民检察院	政策研究室研究人员	
王然冀	最高人民检察院	一庭检察员	

续表

姓名	工作单位	职称或职务	担任专业课程
毛健华	最高人民检察院	检察委员	
李友义	人大法制工作委员会	副教授	民法
高锡江	人大法制工作委员会	副主任	
项淳一	人大法制工作委员会	副主任	
王汝琪	司法部	顾问	
王明毅	司法部	研究人员	
李钧仁	司法部	劳改局长	
姚伦	公安部	顾问	
于浩成	群众出版社	总编	
兰明良	法律出版社	副总编	国际法
孙延祜	司法部	《法制建设》编辑部主任	
刘云峰	北京中级法院	院长	
周道鸾	北京高级法院	研究室主任	
陈建国	北京高级法院	研究室人员	
张思之	北京市律师协会	副会长	
杨洪	国家经委法规局	局长	经济法
胡志新	财政部条法司	司长	经济法
胡其安	外交部条约司		
朱云	退休人员	司法部公律司	
秦志新	退休人员	最高法院刑庭	
杨诗厚	退休人员	最高法院经济庭	

新聘兼职导师名单（草案）

编号	任课专业	姓　名	职称或职务	现任职单位
1	法　理	吴大英	研究员	法学所
2	宪　法	王叔文	研究员	法学所
3	经济法	▽杨洪	局　长	国家经委法规局
4	经济法	王家福	研究员	法学所
5	经济法	▽胡志新	局　长	财政部条约司
6	环境保护法	欧阳鑫	讲　师	武汉大学
7	刑　法	陈建国	刑庭副庭长	北京市中级法院
8	劳改法	舒鸿康	副教授	杭州大学
9	国际法	邹德慈	副研究员	国家海洋局
10	政治学	林　英	副教授	政治学所
11	政治学	▽周纪荣	研究员	现代国际关系所
12	政治学	孙承谷	副教授	外交学院
13	政治学	沈叔平		北京大学
14	政治学	胡其安	法律顾问	外交部条约司

注：划"▽"者为我院导师组成员。

中国政法大学
研究生院硕士研究生导师组和指导教师职责

（1987 年 10 月 25 日）

　　本院硕士研究生教学组织采用专职导师和兼职导师相结合，以专职导师为主，校内专家学者和校外专家学者相结合，以校内为主的方式组成各专业导师组，在导师组内实行集体培养和个人指导相结合的办法对研究生进行培养工作。

　　导师组是在研究生院领导和各系的协助下，领导和组织本专业研究生教学的基本单位，在正副组长具体领导下以相应的教研室或研究室、所为依托，充分运用教研室、研究室、所培养研究生的力量和条件。

一、导师组的主要职责

1. 提出研究生招生人数，进行命题，阅卷和复试，确定录取预选名单。

2. 贯彻执行国家教委和校、院的有关规定和决定，制订研究生培养方案，审查每个研究生的培养计划，对本专业的培养目标、研究方向、课程设置、教学安排及论文工作等作出具体规定。

3. 组织实施研究生培养方案，审阅各门课程的教学大纲，安排研究生的学术活动、科学研究、教学实践和社会调查。

4. 定期研究检查研究生的学习情况，并听取指导教师关于培养研究生工作情况的报告。

5. 负责研究生的筛选考核工作，组织命题考试、考核、评定成绩。根据考试成绩提出筛选意见。

6. 审查学位论文题目，安排论文指导工作，审定学位论文，提出可否提交答辩的意见，组织学位论文答辩。

7. 做好研究生的思想政治工作，推动指导教师教书育人，对研究生的奖惩，提出建议。

8. 提出对研究生毕业分配的建议，协助有关部门做好研究生的毕业分配工作。

9. 组织讨论并总结研究生培养工作的经验。

二、指导教师的主要职责

1. 参加招生工作的有关事宜。

2. 参加制订本专业的培养方案，指导研究生制订个人培养计划。

3. 拟定所任课程的教学大纲，明确规定本课程的主要教学内容、学习要求、教学方法、考核方式和学习参考书目等。

4. 参加授课，具体指导研究生的学习、科研、社会调查和教学实践活动，并定期（每学期至少两次）向导师组汇报研究生的学习思想情况。

5. 参加研究生的筛选工作，完成自己所承担的任务。

6. 指导研究生文献阅读、论文选题和写作。完成论文后，进行审定，提出推荐答辩与否的意见。

7. 做好研究生的思想政治工作，主动关心他们的成长，在课程学习阶段，每学期至少两次和所指导的研究生谈话，了解情况，并经常和研究生年级办联系，共同进行研究生的思想政治工作。

8. 教育研究生服从国家分配，做好对研究生的政治思想表现和业务水平的评价意见，协助有关部门做好毕业分配工作。

9. 经常研究研究生教育和学位制度的工作，不断探索和掌握培养工作的规律，总结经验，不断提高培养质量，深化教育改革。

研究生院

1987 年 10 月 25 日

中国政法大学
关于请予补批建立中国政法大学研究生院的报告

（85）校办字第 29 号

（1985 年 5 月 18 日）

司法部：

根据司法部、教育部（82）司发教字第 124 号、教计事字第 063 号《关于筹建中国政法大学的通知》和教育部（83）教计字 082 号《关于批准成立中国政法大学的通知》的决定，我校从 1983 年开始试办研究生院，建立了相应的组织机构管理制度和导师组教学实体。1983 年招收硕士研究生 125 人，助教进修生 15 人。1984 年招收硕士研究生 65 人，研究生班 35 人，助教进修生 4 人，博士研究生 3 人。1985 年将招收硕士研究生 65 人，研究生班 32 人，代培研究生 31 人。至 1985 年，在院研究生将达到教育部规定的 400 人规模。实践证明，以研究生院建制，集中培养和管理数量较多的研究生，是解决政法教育特殊困难的可行办法。经学校领导研究，认为我校已经具备建立研究生院的条件，请转报教育部补办成立研究生院的批准手续。

附：中国政法大学请予补批建立研究生院的意见

中国政法大学

1985 年 5 月 18 日

中国政法大学请予补批建立中国政法大学研究生院的意见〔1〕

(1985 年 5 月 18 日)

为了贯彻中共中央 ［1982］ 5 号文件关于"把中国政法大学办成我国政法教育中心"的指示，司法部、教育部 1982 年合发的 （82）司发教字第 124 号、教计事字第 063 号《关于筹建中国政法大学的通知》中决定，中国政法大学建立"五年制本科、四年制本科、研究生院和进修学院"。教育部 （83）教计字 082 号《关于批准成立中国政法大学的通知》中又决定"研究生规模 400 人"。自 1983 年开始招收研究生，并对逐年的招生数字作了具体规定。

根据上述决定，中国政法大学研究生院继社会科学院和中国科技大学成立研究生院后，于 1983 年成立，并建立了相应的组织机构，1983 年招收硕士研究生 125名，助教进修生 15 名；1984 年招收硕士研究生 65 名，研究生班 35 名，博士研究生 3 名；1985 年拟招收硕士研究生 65 名，研究生班 32 名，代培研究生 31 名，将接近教育部规定的在院生 400 名的规模。这样，从 1986 年开始，每年将有百余名取得硕士学位或研究生班毕业的研究生参加教学队伍，必将大大缓解我校和其他政法院系缺乏师资的矛盾，为进一步扩招本科生打下巩固基础。

中国政法大学研究生院目前的基本情况是：

一、研究生院共设专业 13 个，其中法学专业 12 个，基本上包括了法学二级学科和法学本科教学所设主要课程。有权授予博士学位的专业 1 个，有权授予硕士学位的专业 9 个，其中法学方面的 8 个。

二、导师方面。政法大学原有教授、副教授共 54 名，为了解决本校导师力量不足的困难，我们采取了导师组的组织形式，用广泛聘请校外导师的办法，充分利用北京地区高级政法人才集中的优势，发挥校外一切可以指导研究生的潜力。导师组是研究生院的教学实体，从教学计划的制订到实施计划，包括讲课、考试、指导论文、组织论文答辩等各个环节，对本专业研究生全面负责。导师组采用集体组织与个人负责相结合的方式，研究生的指导工作都落实到导师个人。实践证明，这一组织形式有利于解决政法教育中缺乏指导教师的特殊困难。现校外导师共聘教授、副教授和实际工作部门的领导同志 42 名。其中实际部门司、局以上的导师 10 名，加上一些有教学经验和学术水平的讲师，已形成一支指导研究生教学的骨干队伍，基本上能满足指导现有研究生的需要。

---

〔1〕 该标题与正文所示不一致，原文如此。

三、2 年来，已为研究生开设必修课 64 门，选修课 96 门。上课教师除校内外导师组成员外，还聘请了大量校外兼课教师，来校兼课的教授、副教授和实际部门的领导同志共 40 余人。

四、校用图书馆有政法方面的藏书 40 余万册。研究生院并有供研究生用的资料室，以各专业特需的资料为主，并有相当的视听资料。

五、已经初步建立了相应的组织机构。研究生院设院长 1 人，副院长 3 人，成立了党委，下设各职能部门，并建立了一套教学管理和思想政治教育方面的制度。

从 2 年的情况看，中国政法大学研究生院培养研究生工作的基本情况是良好的。去年参加中美法学教育交流委员会系统托福考试，成绩为国内各政法院系之首；两年来研究生在校内外刊物上发表的论文已超过 100 篇；研究生院在国内外已有相当影响。1984、1985 两届研究生招生中，报名数与录取数的比例普遍高于国内各高等法律院系；近年来的外事方面的接触表明，中国政法大学研究生院在国外法学界中也已经引起了注意。

综上所述，就我校原有的条件和基础来说，比起教育部批准建立研究生院的 22 所重点高等院校，虽有差距，需要我们努力提高。但根据政法教育对师资的迫切需要和特殊情况，以及两年来的试办实践，建立中国政法大学研究生院不仅是必须的，而且是有条件的、能够办好的。我校研究生院实际上已初具规模，建立研究生院的条件已基本具备。请司法部转报教育部，按照司法部、教育部《关于筹建中国政法大学的通知》中确定的原计划，补批建立中国政法大学研究生院，使中国政法大学研究生院能纳入全国已成立的研究生院的体系，得到教育部充分的领导和指导。

中国政法大学

1985 年 5 月 18 日

司法部关于请补办中国政法大学
成立研究生院手续的函

（85）司发教函字第 134 号

（1985 年 6 月 17 日）

教育部：

司法部、教育部（82）司法教字第 124 号、教计事第 063 号《关于筹建中国政法大学的通知》规定，中国政法大学设"五年制本科、四年制本科、研究生院和进修学院"。教育部（83）教计字082号《关于批准成立中国政法大学的通知》规定该校研究生规模400人。据此，中国政法大学于1983年开始试办研究生院，建立了相应的组织机构、管理机构和导师组教学实体，当年招收硕士研究生125人。1984年开始招收博士研究生，并举办研究生班，每年招收研究生都在100人以上。

　　根据该校现有师资、图书资料等条件，特别是通过近三年来办学实践，该校已积累了一些办研究生院的经验，基本具备建立研究生院的条件，我部同意中国政法大学成立研究生院，特报请补办批准手续。

附：中国政法大学《请予补批建立中国政法大学研究生院的意见》[1]

中华人民共和国司法部

1985年6月17日

中华人民共和国司法部关于请求批准为
中国政法大学进京教师户口指标的报告[2]

（83）司发教字第32号

（1983年□月12日）

陈丕显同志：

　　国务院于1982年2月批准建立中国政法大学后，我部即遵照中央关于"抓紧筹建中国政法大学，把它办成我国政法教育的中心"的指示，建立筹建领导机构，积极开展工作。近一年来，根据国家计委批准的中国政法大学计划任务书，在北京市委、市政府及有关部门的大力支持下，校址已经选定在大兴卫星城，正办理征地手续，委托规划设计，力争于1983年第四季度开始施工。

　　师资队伍的建设是办好学校的关键。按照预定的中国政法大学在校生5000人的规模，共需师资800余人。而作为中国政法大学基础之一的北京政法学院，现在仅有教师200多名，相差甚远。几经磋商，北大、人大能够抽调支援中国政法大学的师资，为数也很有限。因此，我们决心克服困难，立足于自行培训。经教育部同意，

---

〔1〕　参见本书《中国政法大学请予补批建立中国政法大学研究生院的意见》。

〔2〕　原文首页有陈丕显的批示"原则上同意，请司法部与有关部门商定"。

中国政法大学 1983 年将招收研究生 100 名，开办研究生班；同时拟于今年接收 130 名 1983 届大学毕业生，采取各种方式培训为师资。上述培训任务，必须有较高水平的教师担负。为应急需，同时为了配备各学科的学术带头人，建立较高水平的教学和科研队伍，该校拟于 1983 年和 1984 年从京外选调一批确有真才实学的教授、副教授和"文化大革命"前的老讲师。为此，特申请批给该校进京教师户口指标 80 名（每户 3 ~4 人）。此项指标将专项专用、宁缺毋滥，并成立专门小组严格审批。

是否有当，请予批示。

中华人民共和国司法部

1983 年□月 22 日

中国政法大学人事处
关于请求抓紧教师调京工作的报告

（84）校人字第 6 号

（1984 年 1 月 12 日）

司法部人事司：

为了把中国政法大学办成全国政法教育中心。1983 年，中共中央书记处和国务院批准，我校可从京外单位调入 80 户教师，以充实教学骨干力量。一年来经过各级领导的大力支持和兄弟单位的支援。我们已选择了一批教授、副教授，准备分批上报。为了把这项工作做好，早日调入所需教师，以保证按时开课。现将我校目前状况和长远规划报告如下，供领导审批调京教师时参考。

目前，中国政法大学在校学生：本科生 1709 名，研究生 143 名，进修生 300 名，折合本科生为 2295 名。此外，还有函授学员 1008 名，共计 3303 名。在校教学人员共 381 名，其中教辅人员 103 名，教师 278 名，包括教授 2 名，副教授 37 名，讲师 147 名，教员 34 名，助教 60 名。此外，4 名教授，9 名副教授，25 名讲师做教学管理工作，未作师资统计。教师与学生比例为 1∶8.2，大大超过教育部所规定的 1∶6.5 的比例指标。矛盾特别突出的是缺少骨干教师，全校仅有的 50 多名正、副教授，除完成本科生院的教学任务外，很难抽出更多的教授去研究生院任课。因此，我研究生院相当部分任课教师和导师组成员都是聘请外单位同志兼任的，长此以往，势必影响教育质量和教学任务的完成。

根据教育部、司法部的要求，1984 年我校将招收研究生 92 名，本科生 400 名，进修生 400 名。在校学生折合本科生 2716 名，外有函授生 1803 人，届时，教师与学生的比例将达到 1：9.75，同时，学校还将增设德育教研室和行政法教研室，因此，暑假前必须再增加教师 150 名，否则要完成教学任务是有很大困难的。

1990 年学校招生人数将达到国家设计要求 7000 人，即本科生 5400 名，研究生 400 名，进修生 1200 名。此外，函授学员达 5000 名，为满足这一需要尚缺教师近 900 名。而这些教师的来源，除国家统一分配部分外，主要是靠我研究生院培养。因此，现在抓紧调入外省市的法学、政治学、英语等教授和老讲师工作，意义十分重大，我们恳切希望领导给以支持，抓紧调京教师工作的进行。

特此报告。

中国政法大学人事处

1984 年 1 月 12 日

中国政法大学
关于调入董璠舆等 5 名年龄稍大教师的报告

（84）校人字第 56 号

（1984 年 5 月 31 日）

司法部：

为适应我国法制建设的需要，确保"四化"建设，中央书记处批准给我校 80 户调京教师指标，劳动人事部积极帮助选调，这对我校加速培养人才是个很大的支持。

遵照劳动人事部、司法部的要求，1 年来，我们已上报了近 30 名讲师、教授，请求审批。经查，其中有五名教师年龄在 57 岁左右，年龄偏大，近几年来，由于国内出现了大好形势，因而人才缺乏的矛盾逐渐突出，特别是法学教育界，全国法学教师仅只 1000 多人，老讲师以上水平的同志更少。"文革"期间，政法院校被停办，有职称的很多年龄偏大，为解决师资奇缺，我校以培养研究生作为重点，研究生已招收近 300 名，教学任务紧迫、繁重（仅有正副教授 8 人），就很难保证教学任务的完成。经考核，董璠舆等 5 位同志，虽然年龄稍大，但都是教育战线的老同志、老骨干，他们知识渊博，经验丰富，多次带过研究生，是难得的人才。按规定，他们可以工作到 65 岁。因此，我们请求能照顾到以上实际情况，将外国法副教授董璠舆、政治经济学副教授魏浩光、日语副教授张维谦、汉语副教授王思敏调入我校任教；另编辑出版专家唐飞霄同志年龄也稍大，但我校成立出版社，无带头把关的编辑，没有人搞不起来，大批教材就无法供应教学急需，所以，也希望能予以批调。特此报告，请审批。

中国政法大学

1984 年 5 月 31 日

中国政法大学
关于 80 户外地师资调入计划的报告

（1984 年 6 月 9 日）

　　根据劳动人事部和司法部的要求，现将我校拟调入的 80 户外地师资调入计划送上，请审阅。

　　本计划系根据我校实际需要及选配工作进展情况提出的初步意见，鉴于我国法学人才缺乏的矛盾比较普遍而又尖锐，部分专业的调入指标和年份有可能与计划不尽吻合。故此，在调配和审批时，请准予作适当调整，特此报告。

附：调入计划表一份

中国政法大学

1984 年 6 月 9 日

调京教师计划表〔1〕

专　　业	合计	1984 年调入数	1985 年调入数	1986 年调入数	备　　注
小　　计	80	41	31	8	
国家法及其理论	8	5	3		

---

〔1〕　本附件标题与正文所示不同，原件如此。

续表

专 业	合计	1984 年调入数	1985 年调入数	1986 年调入数	备 注
中外法制史 中外法律思想史	5	2	2	1	
国际法	4	1	2	1	
刑 法	4	2	2		
经济法学及民法	11	6	4	1	
刑侦、诉讼法	4	3	1		
司法鉴定、统计、会计 及心理学	3	1	2		
比较法	2		1	1	
政治社会学	6	3	2	1	
政治理论	9	3	5	1	
经济管理	3		2		
计算机、数学、电教	3	1	1	1	
古汉语	3	3			
英 语	6	6			
日 语	2	1	1		
法 语	1		1		
俄 语	1		1		
国际政治学	2	2			
编 辑	2	1	1		
土 建	1	1			

第二章 探索中推进

一、昌平新校区的建设

内容提要

1981年10月9日，中共司法部党组在《关于迅速筹建中国政法大学恢复公安学院和迁建中央政法干部学校的请示报告》中建议，中国政法大学的校址，选在北京市安定门外大屯公社所属四环路附近（大田地），或清华大学以北邮电学院分院及其附近农田，以便与兄弟学院相互兼课、使用资料，也便于取得领导机关的领导和安排本科生的实习和研究生学位论文的写作。

1982年，司法部经与北京市商定，在大兴卫星城兴建中国政法大学新校。具体位置在卫星城西北部卢城路（现为清源路）以北一块农田的北半部，家属宿舍生活区建在大兴卫星城黄村统一规划的生活区内。经过一年多的努力，至1983年7月，中国政法大学筹建领导小组在大兴征用土地547.7亩，并完成了地界的测量定位和打桩工作，校园总体规划设计初步方案也已完成。10月，考虑到当地噪音污染、地下水污染及所征用地区劳动力安排困难等诸多因素，中国政法大学与司法部、北京市共同商定，校址改在昌平卫星城。

1984年4月，北京市人民政府批准同意中国政法大学校址由大兴黄村变更为昌平城关。10月，北京市政府同意大学征用昌平县东关乡土地557亩，其中含代征道路用地88.65亩，新农村建设占用菜地30亩。

中国政法大学昌平新校区于1986年6月7日举行奠基仪式，各项工程先后开工建设。第一期工程42 000平方米，于1987年8月底交工，交付使用。9月，新校投入使用，迎来了新招的1438名新生。1993年，投资1.2亿元建设的中国政法大学昌平新校工程全部竣工。

中国政法大学筹建领导小组
第二次扩大会议纪要

（1983 年 1 月 19 日）

中国政法大学筹建领导小组 1982 年 12 月 27 日上午在人大会堂二楼会议室举行了第二次（扩大）会议。会议由刘复之同志主持，出席会议的有张百发、陈卓、叶子龙、云光等同志，还有司法部副部长朱剑明，教育部、司法部、市建委、市规划局、大兴县等有关负责同志参加。

云光同志介绍了前一阶段政法大学的筹建工作，介绍了建校方案，特别是体制建设的初步设想，基建前期准备工作的进行情况，以及筹办研究生班和建立师资队伍的计划。

会议着重研究了基建工作，就基建前期准备工作的几个问题商定如下：

一、校址问题。考虑到市政工程的进度可能影响教学区基建工程进度，汇报提出拟将原议定的教学区南移改在清源路以北一块农田的南半部。市、县有关同志认为，原定校址南侧、东侧的道路上下水等市政工程规划可以调整，能够确保政法大学基建工程 1983 年下半年开工，不致影响工程进度。会议最后议定，校址仍维持原议，不再变动。

二、征地问题。会议确定一次征地，一次付款，要尽快地办完征地审批手续。按建设计划暂不使用的部分土地，可以由农民暂时耕种，施工过程如损毁青苗，可适当给予赔偿，除此，不再补款。

三、建筑设计问题。建筑设计是施工前准备工作的关键一环，会议商定，委托北京市建筑设计院进行规划和设计。还应进一步落实设计委托手续。

四、申请基建指标问题。会议确定应迅速争取完成初步设计，然后报请国家计委正式列入国家 1983 年基建计划，并请国家经委下达第一期工程 50 000 平方米的基建任务。

五、协调各部门工作关系问题。会议商定：为了顺利开展工作，今后如有必要，请百发同志主持召开有关部门参加的协调会。在近期，由市建委副主任王建明同志主持，在大兴先开一次有关方面的协调会。

中国政法大学筹建领导小组

1983 年 1 月 19 日

《简报》：中国政法大学基建工作情况

（1983 年 4 月 6 日）

中国政法大学筹建领导小组第二次会议以后，有关大学的基本建设前期工作进展情况，汇报如下：

一、关于征地

在北京市领导和有关部门大力支持下，北京市人民政府于 1983 年 2 月 21 日以京政地字［1983］12 号文批复司法部，同意中国政法大学在大兴卫星城区征用粮田 547.7 亩（其中代征市政用地 113.7 亩），并规定一次征用，按建设进度，分期使用。

1983 年 3 月初，法大基建办接到批件后，即与北京市、大兴县地用部门联系。在洽谈征地中，遇到了新情况、新问题，去冬大兴县按北京市委指示，全县农村普遍推行了包产到户，承包户与生产队签订了承包合同，一定 3 年不变。由于征用土地是粮田，有两个问题无法解决：

1. 被征地的承包户，由于土地被征，口粮无着落。

2. 被征地的承包户，在承包的粮田被征后，生产、生活无着落。

3 月 23 日，陈卓同志到大兴县委，与县委刘志义书记面谈，关于被征地承包户的口粮问题，可由粮食部门返销供应，细粮部分可按规定标准补足。关于被征地承包户的生产、生活问题尚无解决办法。刘书记确定由分管建委工作的王伟彦副县长负责，组织县的有关部门成立一个工作班子，先进行调查研究，同时由县和政法大学向市有关领导反映这一问题，这一问题尚待解决。

关于地价问题，北京市规定，在大兴卫星城区征用粮田，每亩按征地前 3 年的平均年产量计算折合金额，给予 15 年的补偿（3 年土地补偿，12 年生活补偿），另加地上物如水渠、机井、树木等的补偿。按印刷学院征地费用，每亩约合 7000 元左右。我们征地近 550 亩，约计 400 余万元。

此外，为配合征地，规划局已委托市测绘处对政法大学校园区、生活区毗邻的道路打道路中心桩，我们正在争取测绘处早日到现场测量定位打桩。

二、关于规划设计

中国政法大学的设计由北京建筑设计院一室负责。我们已于 1 月 22 日将中国政法大学总体规划的设计要求（附有校园区总体规划平面图）报送北京建筑设计院。一室已组成以黄乔鸿工程师为组长的设计组，3 月 29 日设计组的几位工程师到大兴卫星城看了校园和生活区的场地，并与县建委商谈了设计的外部条件、市政工程等有关方面的情况，根据大兴卫星城市政工程已有资料，发现以下问题：

设计院、县市政工程处的工程师在研究校园区上、下水与市政工程的污水、雨水干线衔接时，根据地形图 [的] 标高资料，认为校园区地势偏低，如以地下管道自然排出污水、雨水尚有一定难度。设计院一室负责设计校园区给水、排水的田民强工程师表示，按照设计规范尽可能做自然排污的设计，如实在不可能，只好采取污水泵吸升排污的设计。这样做除加大工程造价外，学校建成后平时排污耗电量相当大，每年的电费也相当可观。雨水的排出也存在类似情况，在设计中如果不可能以地下管道排出时，只好做明沟排水。

设计院一室预计政法大学的总体规划第一次方案可望在 4 月份完成，并送司法部审查。这个方案可作为征地范围的依据文件。5 月份设计组的几位工程师到外地几所大学做调查研究，6 月份做出总体规划的修正方案和模型，送有关领导机关审查，如通过即可着手进行初步设计。

为了给设计单位提供所需的地质资料，已委托航空工业部勘测公司勘探队对校园区、生活区进行地质初勘，预计一个月完成现场作业，两个月内可提出初勘报告，此项费用约计 3 [万] ~4 万元。

此外，有关规划设计的学校长期用电、电话线路均在联系中，这两项费用大约要预付 40 [万] ~50 万元。

三、关于拆迁

校园区内有一条长约 1 公里的 11 万伏高压线和铁塔需拆迁，另建 4 个高压铁塔和线路。迁建线路已由规划局定位划线，这项工程已委托北京供电局输变电管理所设计施工，费用约计 12 [万] ~15 万元。

校园区内建有大兴县自来水厂的两眼水源井，地下有两条直通自来水厂的输水干线，地面有一条直通自来水厂的 10 千伏高压线路需要另建。每眼水源井建设费用约为 10 万元，输水干线、高压线路建设费用约为 30 万元，共为 50 万元。校园西北角一眼水源井可供自来水厂继续使用，这样可节省建设费用 10 万元。另建一眼水源井及输水、输电线路约计 40 万元，大兴县建委正在委托地质勘探队探测新的水源。

四、关于市政工程

根据北京市计委、建委规定，大兴卫星城的市政建设采取集资的办法兴建。新建单位要按总投资的 5% 分摊市政工程费用，政法大学需分摊 250 万元。基建办已与大兴县建委签订协议，1983 年先交付市政工程款 150 万元，余下的 100 万元在 1985 年一次付清。大兴县建委在协议中表示，在可能情况下，尽量满足政法大学对市政工程建设的需要，关于市政工程的建设，还需北京市建委进一步支持和落实。

五、关于施工准备

在百发副市长的支持下，北京市建委已安排中国建工一局二公司承担中国政法大学的施工任务，陈卓同志和基建办的同志已同一局及其所属的二公司、材料公司建立了联系，局和公司均表示，只要有了设计图纸，他们即可安排力量开工。

国家计委于 1983 年 3 月 14 日以计基〔1983〕308 号文下达司法部，规定政法大学一期工程 50 000 平方米的规划设计指标。国家计委基建局和基建办公室表示，中国政法大学初步设计批准后，即可将规划设计指标转为施工指标。今冬能否开工，关键在于设计。为了力争早日开工，请北京市、市建委、市规划局的有关领导对加速政法大学的设计进度给予支持。

六、关于基建工作班子

中国政法大学基本建设的前期工作，现阶段主要是抓征地和总体规划的设计。此外诸如初步设计资料的准备、拆迁、三通一平和通讯设施，预订设备、市政工程高压线路、水源井等所需三材，建设用地的勘探、测绘等工作均要进行，但基建办公室人力极缺，除吴觉同志外，最近有一名学法的归队人员和一名学电化教育的大学生临时帮助作征地和一些事务性的联系工作，至今还没有一个工程技术人员，很多工作无法进行，极〔亟〕需配备几名土建工程技术人员和材料员。这样大的工程，基建办公室也需再配备一两名负责干部。否则将延缓工作的进行，请领导给予解决。

中国政法大学基建办公室

1983 年 4 月 6 日

中国政法大学
筹建领导小组第三次（扩大）会议纪要

（1983 年 4 月 20 日）

1983 年 4 月 14 日上午，在人民大会堂二楼会谈室，召开了中国政法大学筹建领导小组第三次（扩大）会议。会议由刘复之同志主持，出席会议的有邹瑜、叶子龙、云光等同志，参加会议的还有司法部副部长朱剑明，教育部、司法部、市建委、市规划局、房地产局、设计院和大兴县等有关负责同志。

云光同志在会上汇报了政法大学筹建中基建前期准备工作进行情况。北京市人民政府批准了在黄村征地 547.7 亩，国家计委批准了 1983 年的规划设计指标 50 000 平方米，基建工程由中国建工一局二公司承担。在征地中遇到征地后部分社员劳动力的安排和因校园南北标高仅相差 30 厘米，出现校园区与市政的下水管道不能相衔接，地面雨水亦不好排泄等问题。会上还提出了作为中国政法大学一部分的北京政法学院尚有 18 000 平方米的房子被北京市文艺团体占用，吁请有关领导帮助解决。

会议着重研究了基建方面的问题。

大兴县主管建委工作的副县长王维彦同志谈，3 月 23 日，陈卓等领导同志与县负责同志研究了有关征地问题后，24 日县政府组织了调查组，对小营大队进行了调查。中国政法大学征地涉及黄村镇的小营、李庄、西黄村和芦城公社的康庄等 4 个大队，主要是小营大队的第一、三两个小队，在这两个小队共征地 456.5 亩。解决征地后对劳动力和农民的安排有两个办法：

1. 转户招工。征地后，采取按户计算，人均半亩地（含半亩）以下的，实行转户招工。转户，即由农业户转为非农业户。招工，即男 17 ~ 59 岁，女 17 ~ 55 岁的劳动力，均为招工范围。照此推算，小营大队需转户 89 家，招工 203 人，共 385 人由农民转为居民。

2. 由中国政法大学或北京市协助办企业。要求劳动力有活干，收入不低于征地前的水平，并且要有产、供、销和利润的保证。

经推算，征地 547.7 亩，大约需要解决二三百个劳动力的招工问题。

会议一致认为，第二种办法不符合党的经济改革方针，是不可取的。拟采用第一种办法，争取安排劳动力招工就业，一次性解决问题。会议建议由大兴县向市有关部门提出招工指标的报告，政法大学可配合向有关部门争取指标。

为了加速征地进程，刘复之同志指示云光和吴觉同志到黄村与大兴县领导共商解决征地中的有关问题。

会上，市设计部门提出，据测，新校址将遇到污水、雨水排不出去的问题。会议决定由市规划局召集有关部门开会，共同研究技术性问题。如有问题，请市建委王建明副主任主持会议，研究解决。

1983 年 4 月 20 日

《简报》：中国政法大学基建工作情况

(1983 年 7 月 5 日)

1983 年 4 月 14 日中国政法大学筹建领导小组第三次会议以后，有关大学的基本建设前期工作进展情况及存在的问题，汇报如下：

一、征地情况

中国政法大学在大兴卫星城共征用建筑用地 547.7 亩，其中家属生活区用地 55 亩，属西黄村大队，校园区用地及代征道路 488.7 亩，分属小营、西黄村、李庄、康庄大队，小营大队征地最多约 400 亩左右，该队已实行包产到户，征地后 3 队每人耕地平均不足半亩，1 队每人耕地平均不足 1 亩。产生口粮不足和生产、生活无法解决问题。经大兴县政府研究提出 2 个解决方案：一是由政法大学给建一个工厂，安排劳力，供产销要有把握，社员生活水平不因征地而降低；一是征地后，以队为计算单位每人耕地不足半亩的队，全队转户，劳力由政法大学安排招工，每人耕地半亩以上不足 1 亩的队，以征地前每个劳力平均耕种土地的数量为准，根据征地数量按地劳比例由政法大学负责招工，初步概算，大约要招工 250 人。在第三次筹建领导小组会上确定采用转户招工的方案，转户问题由大兴县报北京市解决，招工指标由司法部负责解决。

北京市测绘处已对校园区建筑用地的地界（即四至），邻近几条公路，以及生活区的地界进行了测量定位、打桩，现正根据桩位进行丈量土地，统计每个队征地的精确亩数和需要安排劳力的确切数字。

二、规划设计情况

北京建筑设计院一室在 6 月初已完成校园区总体规划，做出了两个总平面图的方案，并已将初步方案交我校。正式方案待做出生活区总体规划经该院讨论通过后再一并送交我校报审。

为了给设计单位提供地质资料，我们委托航空工业部勘测公司对我校校园区进行了初勘和物测。地质勘探资料分析的结果，校园区可建多层（六层以下）建筑，建高层楼房基础需做加固处理。

根据已有地震资料和波速测定，大兴卫星城为地震裂度八度预防区。

三、拆建与三通一平工作情况

校园区有长约一公里 11 万伏高压线和铁塔的拆迁另建任务，已委托北京市供电局输变电管理所设计，另建的 4 座高压线铁塔要由建设单位向鞍山铁塔厂或成都电力线路器材厂订货，国家订货已订到 1984 年，我们现在向电力部机械制造局订货要到 1985 年供货。

校园区内有大兴县自来水公司的两眼水源井及 1 公里的高压线、输水干管要拆迁另建。大兴县建委已委托北京市水文地质勘探公司勘探新水源，选在黄村京津铁路线西距自来水 2.8 公里处，自来水公司提出迁建的概算近 60 万元。

大学校园区，家属生活区长期用电，已与北京市供电局联系，初步匡算要 50 万元投资。

大学直通市内电话通讯路线已与大兴县电话局联系，初步匡算要投资 50 万元。

四、备料情况

为适应今冬或明春施工的需要，已由司法部拨大学水泥 1600 吨，木材 1000 立方米，钢材 500 吨。我校 50 000 平方米基建规划设计指标，尚未转为施工指标。不能支付备料款，经与中国建工一局材料公司联系，1600 吨水泥以该公司名义直接订货，木材、钢材指标拟交材料公司收存。

五、基建投资情况

1982 年为筹建大学从基建投资中共支出管理费 4.97 万元，1983 年司法部批准大学基建投资 696 万元。到 6 月底，支出勘测费、设备购置费、管理费等共 9.93 万元。

六、存在问题

1. 由于征地需要安排 250 名劳力（男 17~59 岁，女 17~54 岁）的招工指标问题，经与劳动人事部劳动计划局联系，该局初步答复，250 名招工指标不好解决。只能根据中国政法大学总的劳动计划在国家每年批准的劳动计划范围内，严格按照符合规定招工条件的逐年吸收少部分。看来以招工办法来安排 250 名劳力的问题，难度很大。

2. 从校园区勘测中，进一步发现自然环境污染。

噪声污染：京津干线从校园区西侧 1 公里距离处通过，据向有关部门调查，每日上下行客货运火车在 200 次以上，平均 6~7 分钟一次。校园区上空系南宛〔苑〕军用机场飞行训练的空中走廊，日夜均有飞机通过，上午 9~11 时为飞行高峰。

空气污染：黄村上空空气中二氧化硫含量超过市区，市区含量据环保部会议公布资料已大大超过规定标准。

地下水情况：据北京市水文地质勘探公司在大兴卫星城勘探新的水源资料，在校园区西北部 1.5 公里处，由于石景山、丰台区工业废水向大兴县内渗透，在浅水层经化验发现含有一定数量的酚、苯有毒物质。

鉴于征地碰到安排 250 名劳力问题，不是一时能解决的，设计进度比预计的要慢，部领导有关力争今年第四季度施工的要求，恐不易实现。

中国政法大学基建办公室

1983 年 7 月 5 日

中国政法大学关于变更校址的报告〔1〕

(83) 校建字第 19 号

(1983 年 10 月 31 日)

北京市建委：

中国政法大学原定选址在大兴黄村卫星城，由于诸多原因需要改变校址，经大学和司法部主要领导同志同北京市几位领导同志商定，校址改在昌平卫星城，已征得北京规划建设委员会、北京市建委同意。为此报请北京市建委批准，并请通知北京市规划局，以便办理征地、规划设计等手续。

中国政法大学

1983 年 10 月 31 日

---

〔1〕 原文首页有北京市副市长张百发的批示"李秀同志：此事希同市长已同意。我们尽快帮助在昌平定点。"希同，指时任北京市市长的陈希同。李秀，当时为北京市建委副主任。

中国政法大学关于补发校址变更批复文件的申请

(84) 校发字第 5 号

(1984 年 3 月 24 日)

北京市人民政府：

中国政法大学于 1983 年 10 月 31 日以（83）校建字第 19 号给北京市建委报送了《关于中国政法大学变更校址的报告》，校址由大兴卫星城变更到昌平卫星城，陈希同市长、张百发副市长批示同意。国家计委等领导机关需北京市人民政府关于中国政法大学校址变更的正式批复文件以作根据。为此，请市政府补发正式批复文件为荷。

附：张百发副市长关于（83）校建字第 19 号文的批示。[1]

中国政法大学

1984 年 3 月 24 日

北京市人民政府同意中国政法大学校址变更的函

京政地字（1984）34 号

(1984 年 4 月 17 日)

中国政法大学：

你校（83）校建字第 19 号和（84）校发字 5 号函收悉。经研究，同意你校校址改为昌平卫星城规划用地范围，请与市、县有关部门商洽办理选址、征地工作。市政府京政地字〔1983〕12 号关于在大兴黄村镇及芦城公社征地的复函，同时撤销。

北京市人民政府

1984 年 4 月 17 日

---

〔1〕（83）校建字第 19 号文为上文《关于中国政法大学变更校址的报告》。

北京市人民政府同意政法大学在昌平
征地并解决农转非问题的函

京政地字（1984）212 号

（1984 年 10 月 13 日）

中国政法大学：

你校（84）校发字 5 号文收悉。经研究，同意你大学因建校园，征用昌平县城关乡土地 557 亩（详见附表），其中含代征道路用地 88.56 亩，新农村建设占用菜地 30 亩。

为了解决征地后农民的生产、生活问题，同意将被征地生产队的社员 560 人转为城市居民户口（详见附表），其中 324 名劳动力由政法大学负责安置。转户口由市公安局负责审核，劳动力安置问题由市、县劳动部门和地用部门审核办理。

后附表。

北京市人民政府

1984 年 10 月 13 日

征地、农转非、安置劳动力情况表

	征 地			农转非人数	安置劳动力数	备 注
	合计	菜地	其他地			
二街大队一队	57	54.5	2.5	103	55	
二街大队二队	39.21	22.5	16.71	46	25	
二街大队三队	150	135	15	321	173	
东关大队七队	219.2	194	25.2	48	29	
东关大队八队	30	10	20			
松原大队	215.21	141.36	73.85			大队核算，新村建设占松原大队菜地 30 亩
城关乡猪场	63	大田 38	25	42	42	
合 计				560	324	

中国政法大学
关于报送"中国政法大学总体规划设计要求"的报告

（84）校建字第 16 号
（1984 年 2 月 22 日）

司法部：

　　兹送上"中国政法大学总体规划设计要求"，总建筑面积为 15 万平方米，附上建设项目、面积的明细表一份（不包括北京市下达的附属建筑面积），请审核批复，以便送设计院作为设计依据。

中国政法大学

1984 年 2 月 22 日

附：

中国政法大学总体规划设计要求明细表

编号	项　目	面积（平方米）	结　构	说　明
一	教学用房			
1	教学楼	11 400	框架式	
2	实验楼	2000	框架式	
3	电教楼	2000	框架式	
4	风雨操场	3200	框架式	
5	图书馆	12 000	框架式	
二	校系行政用房			
6	校行政用房	3900	框架式	
7	系行政用房	6350	框架式	
三	学生生活用房			
8	学生宿舍	31 400	混　合	
9	学生食堂	6750	框架式	已有设计图纸，一个食堂 2700 平方米
四	教工生活用房			
10	教工单身宿舍	6500	混　合	

续表

编号	项 目	面积（平方米）	结 构	说 明
11	教授、副教授宿舍	7200	混 合	80户，90平方米/户
12	讲师宿舍	10 500	混 合	150，70平方米/户
13	一般宿舍	26 500	混 合	530户，50平方米/户
14	锅炉房	300	混 合	
15	教工食堂	1350	框架式	已有设计图纸
16	外籍师生宿舍楼	2400	混 合	
五	福利用房			
17	医务所	1320	混 合	
18	幼儿园	1800	混 合	
19	服务楼	3000	混 合	包括浴室、理发室、招待所等
20	汽车库	1000	混 合	
21	地下式油库	200		
22	总务仓库	1300	混 合	
23	维修绿化用房	1000	混 合	
24	锅炉房	700	混 合	
25	配电室	100	混 合	
26	茶炉房	60	混 合	每个20平方米共3个
27	加压泵房	60	混 合	
28	警卫传达室	200	混 合	60平方米两个，40平方米两个
29	室外厕所	160	混 合	40平方米一个，共4个
30	印刷厂	2000	框架式	
六	其他用房			
31	礼堂兼模拟法庭	3200	框架式	
32	游泳池更衣室	150	混 合	男女分别使用
	合 计	150 000		
七	附属建筑			北京市规定项目，由市下达面积指标

续表

编号	项 目	面积（平方米）	结 构	说 明
1	人防工程	2000	混 合	北京市规定，五级
2	中小学校	3115	混 合	北京市规定，按家属宿舍面积7%计算
3	副食、粮店	2225	混 合	北京市规定，按家属宿舍面积5%计算
	合 计	7340		

其他项目：

游泳池　2 个　50m×25m

运动场　1 个　具有 400 m 跑道，场内为标准足球场一个，另有练习场

篮球场　25 个

排球场　20 个

网球场　4 个

垒球场　1 个

铅球场　10 个

器械场　10 个

障碍物场地　2 个

围墙、大门

地下马路通道　1 个

校园区内道路

校园区内上、下（雨、污水）水管道

校园区内供电地下电缆

校园区内通讯地下电缆

校园区内供暖管道

校园区内绿地

喷水池　1 个

水源井及水塔　1 个

中国政法大学
1984 年 2 月 22 日

中华人民共和国司法部对"中国政法大学
总体规划设计要求"报告的批复

(84) 司发教字第 134 号

(1984 年 3 月 27 日)

中国政法大学：

你校（84）校建字第 16 号文《关于报送"中国政法大学总体规划设计要求"的报告》收悉，现批复如下：

1. 风雨操场的建筑面积核减为 2000 平方米。

2. 图书馆的建筑面积核减为 10 000 平方米。

3. 教工单身宿舍的建筑面积核减为 5000 平方米。

4. 讲师宿舍的建筑面积核定为 15 400 平方米（220 户，70 平方米/户）。

5. 礼堂兼模拟法庭的建筑面积核减为 3000 平方米。

6. 游泳池核减为 1 个。

7. 网球场核减为 3 个。

8. 喷水池去掉。

其他项目不变，望严格按批复执行，总建筑面积控制在 15 万平方米以内。

中华人民共和国司法部

1984 年 3 月 27 日

关于报送"中国政法大学总体规划设计要求"的报告

(85) 校建字第 12 号

(1985 年 2 月 28 日)

北京市规划局：

中国政法大学在昌平卫星城新校的总体规划已由大地建筑事务所设计完毕，共两个方案（第一方案，第二方案），经我校研究并报司法部审查，一致认为两个方案各有特色，各有所长，赞成以第二方案为主，吸收第一方案的长处略作调整，具体意见如下：

一、为保持安静的教学环境，教学（行政）区向北移，离政府街稍远些，以减少噪音的干扰。

二、从方便生活出发，学生食堂也可从学生宿舍东侧移向西侧为好，以便于学生就近进餐，职工食堂向南移，以利于职工就餐。

现将两个方案和模型、校园规划说明书报送您局审查，请予以大力支持，在可能范围内早日审定，以便进入下一步设计。

中国政法大学

1985 年 2 月 28 日

中国政法大学
关于昌平新校舍初步设计的报批报告

（85）校建字第 44 号
（1985 年 9 月 7 日）

司法部：

中国政法大学在昌平卫星城建新校舍的初步设计，已由大地建筑事务所设计完毕，型［行］将初步设计文件（15 万平方米建筑的平、立、剖图、工程说明书、概算）报部审批。

按国家计委批准的计划任务书，中国政法大学初设总面积为 15 万平方米（北京市建委、规划局下达的 2000 平方米人防工程，3500 平方米中小学校，2500 平方米商业网点不在内）。

总概算 6976 万元。其中前期费用（包括征地、勘测设计、三通一平）为 1230 万元。工程造价（包括设备费）5746 万元。按 1982 年批准计划任务书当年规定的概算定额计算，总概算为 5500 万元。司法部与首都规划委员会已下达 1985 年施工面积 50 000 平方米，要求在 1987 年上半年竣工，初具办学条件，以便 1987 年新生入学使用。我校已与施工单位北京市城建五公司签署施工准备协议，50 000 平方米工程预定 1985 年 9 月初开工，1987 年 6 月底竣工，工期为 22 个月，否则需要延长工期。为此，请在 8 月底下达初设审批批件，以利早日开工。

以上报告，请批示。

中国政法大学

1985 年 9 月 7 日

中国政法大学关于昌平新校扩建用地的请示报告

(85) 校建字第 48 号

(1985 年 8 月 16 日)

北京市人民政府：

根据小平同志要加快政法学院的建设，加速政法人才的培养的指示精神，司法部党组报请中央书记处、国务院将中国政法大学从现有 7000 人发展为万人规模（学生数），中央书记处、国务院领导表示同意，批件不日即可下达。

中国政法大学昌平新校规模为 5000 人，按上述决定即将发展为 7000 人。现有建校用地 450 亩（每生折合 0.09 亩），尚需扩建用地 180 亩，为适应下一步扩建需要，请市领导给予支持。将昌平新校东西两侧尚未征用的土地能够规划为中国政法大学扩建预留用地，待正式批件下达后我校即办理申请征地手续。

以上所请，请予批示。

中国政法大学

1985 年 8 月 16 日

中国政法大学
关于补办昌平新校部分基建用地使用手续的函

(85) 校建字第 66 号

(1985 年 11 月 18 日)

北京市规划管理局：

我校昌平新校在批准建校用地时，原规定将北京手表厂东侧，我校用地西北角的一块土地与用地中部靠近东关街的一块土地（面积 7.24 亩）对换，后因手表厂不同意对换，改由我校使用此块土地并布置为服务楼。1985 年 8 月 31 日司法部召开的对我校初设的审查会上，你局远郊处出席会议同志亦表示同意这一办法，并载入会议纪要。但因此块土地未经钉桩，为了明确用地范围，避免今后手续不清，请准予补办用地手续。

中国政法大学

1985 年 11 月 18 日

《简报》：中国政法大学
新校奠基典礼在昌平隆重举行

（1986 年 6 月 13 日）

6 月 7 日上午，在昌平卫星城中国政法大学新校工地举行了奠基典礼。中共中央政治局委员、中共中央书记处书记、中共中央政法委员会书记、国务院副总理乔石同志参加了奠基典礼。参加奠基典礼的还有：全国政协副主席雷洁琼、中共中央政法委员会副书记刘复之，司法部部长邹瑜，副部长蔡诚、顾启良，最高人民检察院副检察长冯锦汶，最高人民法院副院长林准，原公安部副部长王文全，国家物资总局第一副局长罗志卿，中国法学会副会长朱剑明，北京市常委、教育工作部部长汪家镠，北京市副市长封明为等领导同志，兄弟院校、市、县各界代表及我校部分师生员工共六百多人。

奠基典礼在工地现场举行，会场入口处竖立着十几米高的中国政法大学新校俯瞰图，会场内外彩旗飘扬，主席台上悬挂着"中国政法大学新校奠基典礼"的会标，会标两侧对联是"发展法学教育，服务四化伟业"。摆放在大会主席台前的黑色大礼石上镌刻着邓小平同志题写的"中国政法大学"六个金色大字，格外引人注目。大会于十时开始，司法部党组成员、中国政法大学党委书记陈卓同志主持了大会，兼校长邹瑜同志在大会上讲了话。

邹瑜同志首先代表校党委和全体师生员工向一直关心着中国政法大学建设并亲自参加奠基典礼的各位领导同志和来宾表示衷心感谢和欢迎。接着，邹瑜同志讲到，中国政法大学的前身——北京政法学院在"文革"前的十几年中，得到了迅速发展，为国家培养了大批专门人才。"文革"期间被撤销。1978 年，国务院正式批准复办北京政法学院。1983 年 5 月，党中央、国务院决定，以原北京政法学院和中央政法干校为基础，成立中国政法大学，这一具有重大意义的决策，表明党和国家对法学教育和社会主义民主与法制建设的高度重视，标志着我国法学教育事业的新发展。

邹瑜同志说，大学建校 3 年来，遵照党中央、国务院关于把中国政法大学"办成我国政法教育的中心"的方针，全校师生员工同心同德、艰苦创业、锐意改革、开拓前进，学校的各项工作有了较大的发展，取得了可喜的成绩。现在在校学生已近 3000 人，注册函授生 2000 多人，科研与对外学术交往也日益活跃，仅 1985 年就完成 148 项课题，多次派出教师参加我国重要的法律、法规的起草工作。为了进一步落实邓小平同志关于"要一手抓建设，一手抓法制"的指示，党中央、国务院决定在昌平卫星城建设中国政法大学新校，并被列为国家重点工程，总投资 7400 万元，建筑面积 15 万平方米，小平同志还亲自为大学新校题名。邹瑜同志在展望学校远景时说，中国政法大学昌平新校将建设成为包括大型教学楼、图书馆、电教实验楼在内的，拥有现代化教学设备和完善的生活服务设施的建筑群。新校建成后，中国政法大学的招生规模将扩大到 7000~10 000 人，它将以崭新的风貌迎接海内外有志于法学事业的中华儿女，培养出有理想、有道德、有文化、有纪律，德、智、体全面发展，既有坚实的理论基础又有较强的实际工作能力的政法专门人才，为我国四化建设做出更大的贡献。

最后，乔石、雷洁琼以及中央各有关部门、北京市的领导同志兴致勃勃地为中国政法大学昌平新校挥锹奠基培土。

会后，部分代表参观了已陆续开工的第一期 50 000 平方米的工程，这部分工程将于 1987 年竣工，届时将首次在昌平新校招收新生。前来参加奠基典礼的著名书法家李铎、苏适、卜希阳为新校奠基礼挥毫题字，国家计委有关领导同志召集到会的各方有关来宾在休息室召开现场办公会议，研究了中国政法大学的建设工程的一些问题。

这次奠基典礼十分圆满，不仅简短精炼，而且隆重热烈，奠基典礼的举行和各新闻单位的采访报导〔道〕，进一步宣传了中央对法学教育、法制建设的高度重视和中央领导同志对中国政法大学的关心，扩大了中国政法大学的影响，也激励了广大师生员工，达到了动员各有关部门积极支持中国政法大学新校这一国家建设重点工程的作用，对中国政法大学的建设与发展将起到积极的作用。奠基典礼活动的圆满成功也与昌平县党、政、军等各界的支持分不开。

新校建设的奠基，标志着中国政法大学又开始了新的创业，又将有新的飞跃，我们将在党中央及司法部党组、北京市委的领导下为中国政法大学建设、发展而努力奋斗。

——中国政法大学简报（1986 年第 3 期）

中国政法大学：国家重点建设项目建设
中国政法大学昌平新校设计复查总结报告

（87）校建字第 069 号

（1987 年 7 月 10 日）

国家计委：

根据"计设（1987）258 号"文的规定，在司法部计财司的直接领导下，中国政法大学组织基建指挥部的工程技术、计划财务和预算工作人员，对已施工和未施工但已完成设计的工程项目逐一进行了设计复查。共进行了 14 项工程，建筑面积共 136 460 平方米，约占本项目总面积 150 043 平方米的 90%，另外还对总图、室外管网道路等进行了复查，初步统计共节省工程费用 50 万元。设计单位大地建筑事务所（国际）也根据有关文件精神进行了设计复查工作，并作出报告（见附件一[1]）。现将复查结果报告如下，请预审核。

一、本工程设计工作开始时，由于认识到国家经济情况尚不富裕，投资十分紧迫，因而能够在设计思想上贯彻勤俭建国和努力提高投资效益的方针。在征用土地、建筑设计总面积以及建筑标准上都贯彻了这种精神。

二、本工程不是分期建设工程，原订［定］于 1986 年开始动工，历时 4 年，到 1989 年底建成，达到在校学生 5000 人（其中本科生 3400 人、研究生 400 人、进修生 1200 人）的目标。但为适应国家急需法制人才的现状，在建设中采取了边建设边办学的办法，1987 年 9 月开始招入 1600 名学生，以后逐年陆续招入新生，这样虽然给施工带来许多困难，但能达到使投资提早受益的目的。

三、根据计划任务书和批准的扩大初步设计的要求进行了设计。在建筑规模、各类型工程比例、功能分区、工程配套、总体布局等方面，基本上是合理的，能满足 5000 名在校学生的基本需要，其标准与国内 80 年代建设的大专院校相比属中下水平。

四、本工程征用土地面积 557 亩（减除代征道路面积 88.65 亩，校园占地面积 468.35 亩），是经过市规划部门核定的，实际占用土地面积与此相符。

总面积布置图是经过多方案比较评定后，经市规划部门批准的。在建筑物布置方面，既考虑了近期，也适当考虑学校远期发展的可能。总的说来，用地定额水平偏低，建筑物布置拥挤，体育场地也达不到国家教委一般高等学校教育用地定额的

---

[1] 根据中国政法大学档案馆档案刊印，原件附件内容不全，未录。

要求，建筑物间距只能采取低水平。但由于在总图设计中考虑了功能分区，校区南部以教学及学生生活为主，北部以家属生活及后勤服务为主，南北以道路相隔，减少了对教学的干扰，使问题有所缓和，但总是由于校区面积偏小，使学校远期发展受到一定限制。

五、建筑面积（见附表1）

（一）已施工项目共8项，初设规定建筑面积共105 909平方米，实际设计建筑面积共100 367平方米，减少5542平方米，其中除锅炉房和变电室因初设面积过小，不能满足工艺要求，增加幅度较大外，其余项目增加面积均在5%以内。

（二）已完成设计尚未施工项目共6项，初步规定建筑面积30 551平方米，实际设计建筑面积32 157平方米，超过1626平方米，其中图书馆超过幅度较大，原因是在设计中为了充分利用空间增加藏书量，增加了3个楼夹层，此项工程尚未最后审定。

（三）以上两项共14个工程项目，初设规定建筑面积136 440平方米，实际设计建筑面积共132 524平方米，减少3916平方米。

（四）其余风雨操场、会堂（模拟法庭）、校医院等8个尚未完成设计项目，在严格控制建筑面积的原则下，整个工程项目的建筑面积不会超过150 043平方米，对于5000名学生规模来讲，如此建筑面积已属低水平。

六、从降低建筑标准等途径节省投资

（一）装修标准

从国家财政经济情况出发，根据双增双节方针确定装修标准，尽可能节约投资。

1. 三种家属宿舍及学生宿舍（建筑面积占全工程55%）均采取一般做法，无超标准处。家属宿舍外墙用清水墙，局部干粘石。学生宿舍因面临城市干道，全部外墙用干粘石。室内用纸筋灰罩墙面、喷浆水泥地面。

2. 学生食堂按一般食堂做法，考虑清洁卫生要求，无超标准处。

3. 教学楼（A、B、C三段）室内用纸筋灰罩面喷浆，现浇水磨石地面，仅A段大厅四个柱子用大理石贴面，石膏板吊顶，普通钢窗，C段电教中心及刑侦实验室根据工艺设计有恒温要求，采用了局部空调。

4. 外籍师生宿舍，目前室内装修做法有的偏高，拟适当降低。将原设计美术水磨石地面和铺地砖地面一律改为普通水磨石地面。

5. 校系办公楼设计，经复查后认为局部装修标准偏高，初步意见做如下调整：

（1）原设计的主次入口、贵宾室均为铝合金门，现除主入口外，均改为硬木门；

（2）首层铝合金窗改为钢窗；

（3）门厅、过厅、贵宾室铝合金天棚改为钙塑板或吸音板吊顶；

（4）门厅、大小贵宾室大理石地面改为美术水磨石地面；

（5）厕所耐酸地面砖改为马赛克地面；

（6）主入口半磨光花岗石地面改为缸砖地面；

（7）大厅柱子天然大理石贴面改为木护壁或美术磨石处理。

6. 其余工程项目按初设图纸及概算规定标准进行设计。

（二）从其他途径节约投资

1. 从设计方案考虑。风雨操场原设计考虑室内高度定为12米，经调查研究后同意设计单位意见改为8.5米，仅墙体即节约造价2万元。

会堂（模拟法庭）在施工图设计开始前，会同设计单位对初设进行了审查，决定降低舞台高度，使与前厅、观众厅高度相同；取消乐池；不建化装室；侧台面积缩小；舞台吊幕和灯光设计大为简化。以降低工程造价，估计节约工程费用16.63万元。

另外图书馆节约25.45万元，校系办公楼节约约8万元。

2. 从设备选型加工考虑。设备选型及非标准设备加工，尽量安排在北京地区解决，原设计暖气散热片全部用山东陵县产品，数量很大，约需20 000余米。运输费用很高，现改用北京产品，费用大为降低。又开水茶炉原设计用浙江产品，现改用北京四季青产品，20平方米热水罐原要求西安加工，现在北京加工。

七、环保、抗震、人防、消防和劳保、城建

（一）根据国家有关规定，所有建筑物按抗8度地震设防，没有提高设防标准的建筑物，也没有需要降低设防烈度的临建或小型建筑物。

（二）市规划部门审批本工程人防共2000平方米，按五级人防考虑。在设计中分别附于校系办公室和校医院地下，注意平战结合，发挥效益。

（三）在环保方面，本工程6台锅炉都采用国家有关部门核准的除尘设备，烟囱高45米。校医院的设计准备采用污水消毒处理设施，使医院污水达到国家排放标准。

（四）本工程日用水量按1500吨考虑，按每人日用水量120升计，属于中等水平并预留发展余量。用电量申请按3200千伏安考虑，是根据实际用电要求计算确定的。

（五）在校区供水管网中，按规定设置了室外消火栓，重要建筑物都设置了室内消防系统，对图书馆、会堂、服务楼等大型公共建筑物都采取专门消防措施。所有消防系统都经过消防主管部门的审批，既保证安全又不提高标准。

（六）在设计中重视劳动保护问题。锅炉房每年需燃煤 15 000 吨，设计中对供煤及排渣都采取了机械化程度较高的系统，学生食堂采用小型电梯解决餐厅二层上下运输，这些措施都降低了劳动强度。

八、本工程除 800 门程控电话交换机（目前国内无此种机型生产）及少量电教设备采用进口产品外，全部建筑材料及设备完全立足国内产品。

九、设计概算

本工程的设计概算，由于当时编制时间紧迫，比较粗糙，错漏项比较多，工程量计算不够准确，所用概算定额偏低，因此概算造价普遍偏低。如图书馆单方造价仅 416 元，其中还包括书库钢书架造价 83 [元] /平方米，扣除后土建造价（包括电梯、采通、室内上下水、强弱电）仅 333 元/平方米，与实际造价相差过大。又如室外工程（土方、道路、暖卫、电外线）原概算为 371.26 万元，概算批准后，设计单位又提出修正概算增加到 508.93 万元，相差 137.67 万元。锅炉房初设概算按 1610 平方米计，实际增为 2132 平方米，相差 32.4%，概算造价当然无法准确。综上看来，概算不能起到控制预算的作用，是导致整个工程投资缺口的原因之一，并带来一系列困难问题。

十、设计质量和深度

设计质量和深度，总的说来尚能满足要求。但不足之处较多，例如：

（一）出图日期拖后给施工安排造成困难。按双方协议规定，全部图纸应于 1986 年底出齐，但截至 1987 年 5 月底，尚有 9 个项目建筑面积近 20 000 平方米尚未出图。

（二）没有执行国务院、司法部和北京市人民政府的有关文件规定，对重点工程应派常驻工地设计代表，以便随时检查工程质量及时处理设计中的问题。

（三）有的图纸过于简单，表达不全，使施工无所适从。如全校区总平面图仅一张图纸，既无道路横剖面，又无土方平衡图，土方无法调运，造成施工困难。

（四）图纸中尺寸注错造成返工浪费，如教学楼预制水磨石窗台板宽度注错，货到后不能用。讲师宿舍的坐标注错，相差 8 米，已施工的化粪池报废。

（五）信息不灵。有的机电设备选型属淘汰产品，如锅炉房的某些水泵、电动机等。

（六）各专业间联系不够，使设计中出现漏洞。如学生宿舍厕所电灯开关设于厕所小间内，教学楼教室的电灯开关设于黑板后面等。

（七）设备选型只图省事，按标准图册或产品广告选用，不问制造厂家地点。如 20 平方米热水罐、食堂开水茶炉、暖气散热片分别采用西安、浙江和山东产品，现已改为北京产品。

（八）设备图纸过于简略，制造厂无法加工。如锅炉房的分水器、集水器，甚至选用的标准图册中设备有较大变更，只是出文字说明，不肯绘图表示，因此常常发生差误。其他专业设计图纸中也有说明过多，绘图表示太少的类似情况。

（九）有的项目设计方案考虑不够周密，如锅炉房设计，控制室建成则锅炉运不进去、不拆除控制室，锅炉又运不出来。又如室外管网设计中漏掉膨胀水箱的回水管，而且将膨胀水箱置于全校最高的校系办公室顶层，使整个热网都置于较高压力之下，对维修管理造成困难。

十一、设计中存在问题

（一）图书馆的施工图已经完成，虽经司法部计财司多次审定未能定案。主要存在问题是：

1. 通风问题；

2. 由于增加三个楼夹层，建筑面积超出 1400 平方米问题；

3. 装修标准较高问题；

4. 前厅面积较大问题。

关于通风问题，设计单位又进行了复查和计算，增加了机械排风。设计单位认为通过机械排风自然送风系统、自然通风换气系统，封闭楼梯间机械系统和阅览室加吊扇措施可以解决通风问题而且能源消耗不大（见附件二[1]），用电量 3.8 千瓦，年用电费用约 1000 元。

关于建筑装修标准可以降低。

关于三个楼夹层，虽造成建筑面积超出，但还是经济的，目前也可考虑不建，等将来需要时再建，这样可以使建筑面积控制在 10 000 平方米以内。

图书馆是学校最重要的建筑，目前设计虽有缺点，但优点不少，如节约占地面积，造型新颖，风格与全校建筑协调等，希望能全面考虑，慎重决策。由于此工程工期约需 2 年半左右，因此希望及早定案，如认为确实必要时，也可考虑重订方案重新设计。

（二）目前全校区采暖系统唯一的膨胀水箱放置于校系办公室屋顶（标高 50.2 米），致使全系统均在 7 千克/平方厘米的压力下运行，但全校区 15 万平方米建筑

---

[1] 根据中国政法大学档案馆档案刊印，原件附件内容不全，未录。

中，8 层以上者不足 3000 平方米，为此 3000 平方米而使整个系统提高工作压力 3 千克/平方厘米是不合理的，这将给维修管理工作带来很大困难，在较高压力下运行，对系统的压力平衡、电耗及能耗都是不利的。

这个问题，我们自 1986 年上半年即提出异议，但至 1987 年第一季度见到校系办公楼施工图后才发觉设计单位仍未采纳我们的合理建议，希望在此次设计复查中解决这一问题。

（三）学校建成后，全校区人口将近 10 000 人左右，但在设计中没有考虑粮库、菜库、杂品调料库、小型冷库和回民食堂，这将给伙食工作造成很大困难。

我们考虑，目前设计的教工食堂（建筑面积 2753 平方米）是重复使用学生食堂图纸，厨房和餐厅（两层）面积过大，不符实用要求，准备重新设计，缩小食堂面积（餐厅改一层），增加回民食堂和仓储面积，建筑面积可能稍有超出，是否可以请予审批。

中国政法大学

1987 年 7 月 10 日

附：

建筑面积检查表

	工程名称	初设建筑面积（平方米）	实际建筑面积（平方米）	增 减（平方米）	+%	说 明
一	已施工项目					
1	教学楼（A、B、C）	16 785	17 346	+561	3.3	初设中教学楼 B 段为 2 层，其余 A、C 段皆为 4 层，初设会审决定 B 段也改为 4 层，但取消 B 段所附 2 个 250 人阶梯教室，面积稍有增加
2	学生宿舍（8 栋）	32 332	31 538	−794		
3	学生食堂（2 栋）	2×2694	2×2753	+2×58	2.29	

续表

	工程名称	初设建筑面积（平方米）	实际建筑面积（平方米）	增 减（平方米）	+%	说 明
4	锅炉房	1610	2132	+552	32.4	初设面积小，容纳不下 6 台锅炉
5	变电室	400	519	+119	30	初设面积小，供电局审核后要求增加
6	一般家属宿舍（5 栋）	26 642	21 625	−5017		
7	教授宿舍（3 栋）	7273	7441	+169	2.3	
8	讲师宿舍（4 栋）	15 479	14 260	−1219		
	合计	105 909	100 367	−5542		
二	已完成设计尚未施工项目					
1	校系办公楼	10 230	10 546	+316	3.1	
2	图书馆	10 000	11 482	+1428〔1482〕	14.82	为充分利用空间，增大书库容量，书库部分增加了 3 个夹层
3	外籍师生宿舍	2401	2290	−111		
4	总务仓库	1279	1264	−15		
5	公共浴池（兼看台）	750	776	+26	0.035	
6	服务楼	5871	5799	−72		商业网点 2500 平方米未包括在内
	合 计	30 531	32 157	+1626		

《简报》：中国政法大学、中央管理干部学院
新校首届开学典礼隆重举行

（1987 年 9 月 28 日）

中国政法大学昌平新校第一期 42 000 平方米工程，于 8 月底竣工，交付使用。经过紧张的准备，初具办学能力。9 月在新校接纳了新招收的本科生 801 名，专科生 98 名，管理干部学院学员 323 名，加上原有专科生，共 1438 名学生。新生入校后，一切安排就绪。

1987 年 9 月 22 日上午 10 时，在国防大学外训系礼堂隆重举行中国政法大学、中央政法管理干部学院新校首届开学典礼，全国人大常委会副委员长陈丕显、彭冲，中共中央政法委员会副书记刘复之，司法部部长兼中国政法大学校长邹瑜，全国人大常委会法委会副主任、著名法学家张友渔、全国人大常委会教科文卫委员会副主任张承先、最高人民法院祝铭山、最高人民检察院副检察长王晓光、北京市副市长封明为、国家安全部副部长孙文芳、司法部副部长鲁坚、原副部长谢邦治、郑希文出席了大会。

出席开学典礼大会的还有：邮电部、水电部、北京市城建总公司、国家计委基建综合局、北京大学、清华大学、人民大学、北京师范大学、国防大学、北京邮电学院、警官大学和昌平县等单位的领导和代表近百人。

中国政法大学的前身北京政法学院历任主要领导也参加了开学典礼。

开学典礼大会有中国政法大学党委书记陈卓同志主持。

陈丕显和邹瑜分别在大会上讲了话。陈丕显在讲话中说，在实现四化的进程中，我们必须一手抓法制建设，应当用法制来保障建设和改革的秩序。法制建设必须贯穿于改革的全过程。他衷心希望广大师生以求实、开拓、勤奋、进取精神，深化法学教育改革，齐心协力把中国政法大学办成全国法学教育的第一流学府，为多出人才，快出人才，出好人才，做出更大贡献。他将"光阴似箭、日月如梭"送给同学们，勉励他们要珍惜时间，努力学习。

邹瑜在讲话中，首先对中央及各部委、北京市、昌平县在新校建设中所给予的支持和帮助表示感谢。同时，他说，在我国急需大批法律人才，多层次、多渠道、多形式办学的情况下，正规大学要成为骨干，起带头作用，因此他向同学们提出三点要求，即要认真学习马克思列宁主义；要认真学习专业科学，掌握经济知识和科学技术；要重视实践、重视社会调查。

教师代表巫昌祯副教授、本科生代表法律系学生高晓峰、管理学院学员代表陈

廷荣分别在开学典礼大会上发了言。

会上，学校领导向施工单位北京市城建总公司、北京市城建二公司赠送了锦旗，锦旗上写着：团结奋斗结硕果、提前完工保开学。

开学典礼前，中央首长和有关部门领导同师生员工代表一起合影留念，并视察了新校。

新校开学典礼热烈，隆重。参加大会的 1300 余名学生，表现了高度的组织性和纪律性，会议始终秩序井然、同学们精神饱满，情绪高昂。

会后，广大师生对这次大会给予了很高的评价。一致认为，这次开学典礼，能够有条不紊地进行，说明了大会筹备组织工作圆满充分，同时，这也同各系会前的深入动员、组织是分不开的。像这样秩序井然、圆满、隆重的大会，在我校历史上是不多的，这不仅体现了广大学生有良好的素质和纪律观念，而且也说明了我们完全可以在新校树立起新的学风和校风。这次开学典礼是建新校、树新风的良好开端。

广大学生对中央首长和各部门领导同志如此重视，并参加大会感到十分振奋。他们说，这体现了中央对我校建设的关心和对我国法制建设的高度重视，同时，也意识到肩负的重任，决心在今后四年的学习中，珍惜时间、努力刻苦，按照中央领导指示的求实、开拓、勤奋、进取的精神，完成学习任务，使自己成为一名合格的"四有"法律人才。

国家验收委员会：国家重点建设项目
中国政法大学新校工程国家验收证书

（1993 年 4 月 1 日）

1982 年 3 月 31 日司法部、教育部批准中国政法大学立项。1982 年 9 月 10 日国家计委以计基（82）744 号文批准中国政法大学计划任务书，1985 年 5 月由北京市批准新校总体规划。1985 年 10 月司法部批准新校工程初步设计，建筑规模占地 557 亩，建筑面积 150 041 平方米，在校学生 5000 人，投资 7400 万元。1986 年 3 月国家计委批准列为"七·五"重点建设项目，1986 年 6 月举行新校奠基典礼。在建设过程中，由于物价上涨原因，国家计委以计投资（90）75 号文批准投资调整为 11 106 万元。司法部于司发函（1991）356 号文和司发函（92）160 号、（92）386 号两年增拨 800 万元，使总投资达到 11 906 万元。截止到 1992 年底国家批准的

43 个单项工程，总计建筑面积 133 915.53 平方米，大型构筑物 5 项，全部竣工交付使用。实际拨款 118 868 400 元，实际完成投资 118 192 270 元占拨款额的 99.432%，结余投资 676 000 元占总拨款的 0.568%。

国家验收委员会经过讨论，同意 1993 年 1 月对该项目预验收的意见，会前审阅了单位工程验收及核验证明、工程档案。

国家验收委员会认为：中国政法大学昌平新校工程在有关部门的关怀和指导下，在司法部和中国政法大学的直接领导下，通过基建指挥部与勘察设计、施工单位的相互支持协作，共同努力，比较好地完成了建设任务。工程设计符合经济、美观、实用的原则。建设规模，工程投资均未超出批准限额。工程质量良好。竣工资料基本达到完整、准确、系统。财务账目清楚，投资使用基本合理。材料设备供应满足工程进度要求。三材使用注意节约，实际消耗量低于同类型建设项目。

新校工程边建设、边投入使用，较好地实行了尽早为国家培养政法人才的任务，建设效益是好的。中国政法大学昌平新校的建成，为国家政法教育建立了一个重要基地，验收委员会同意于 1993 年 4 月 1 日正式通过国家验收，并签发国家验收证书。

国家验收委员会

1993 年 4 月 1 日

二、两地办学

内容提要

中国政法大学昌平新校区于 1986 年 6 月 7 日奠基，1987 年秋季开始招收本科生和干部专修生。经过 5 年多的建设，1991 年基建工程基本完成，办学条件日臻完善，教学生活设施基本齐全，本科生的 4 个年级和干部专修生全部在新校就读，合计在校生已达 2000 多人，在昌平居住的职工也增加到 500 余户。全校工作重心的转移，势在必行。

早在 1987 年，学校党委就做出了《关于积极筹备两地办学、办好昌平新校的决定》，在思想上、组织上、物质上为一校两址、两地办学的新格局进行积极的筹备与规划。1988 年，学校党委再次决定，新学年开始之前将全校领导重心和办学主体转移到昌平新校，并对学校重点转移的必要性、转移的步骤以及转移后学院路的工作予以详细部署。1991 年 3 月初，学校成立了重点转移领导小组，对转移的有关问题进行研究，着手进行有关准备。暑假期间，各部门实施转移。9月19日，中国政法大学向社会发出通告，通告称，昌平新校建设已基本竣工，学校的本科生和干部大专生均在新校学习，校本部也已于8月底由海淀区学院路转移到昌平，研究生院、各研究所、函授部、出版社、学报等单位仍在学院路原址。至此，我校一校两址、两地办学的格局正式形成。

中共中国政法大学委员会
关于积极筹备两地办学、办好昌平新校的决定

党字（87）第14号

（1987年4月25日）

中国政法大学昌平新校的建设，在中央、司法部和北京市委的领导和关怀下，首批50 000平方米工程将于7月底竣工，初步具备办学能力。从今年秋季开始，将招收和住进本科生800名，大专班学生400名，中央政法管理干部学院学员400名，总数达1600名。届时我校便开始形成一校两址、两地办学的新格局。

昌平新校的建设和招生，是我校贯彻中央创办中国政法大学的决定并把它办成政法教育中心的重大步骤，是我校发展史上的一件大事。它标志着我校进入了发展的新阶段，是我校工作改革的深化。学校今后的工作，要在原有基础上，提高教学质量和工作效率，开创一代新风；要适应新的格局，两地办学，比翼齐飞。同时，还必须清醒地看到，两地办学出现的困难和需要解决的问题也增加了。如新校地处郊县，交通不便；托儿事业尚待兴办；医疗条件不如市内；校园道路尚未修成，而且要边教学边建设，难免互有干扰；新的人员，新的设备等等，要有一个逐步适应和完善的过程。昌平新校既展现了我校发展的远景，也面临着新的考验。当前，我们的任务就是动员全校人员同心同德，团结一致，识大局，创大业，建新校，树新风，积极把全校的各项事业推向前进。无疑这个任务是十分艰巨的。但是，我们有信心把学校办好，因为我们有司法部和北京市委的正确领导和全力支持，有几年来在昌平困难条件下开拓前进的实践经验，有全校教职工的不怕困难、艰苦奋斗的优良传统。只要我们全体党员和全校人员不畏劳苦，勇于开拓，深入改革，勤俭办校，就一定能够再立新功。

为了在思想上、组织上和物质上做好两地办学的各项筹备工作，特作如下决定：

一、健全我校两地办学的强有力的指挥系统和工作机构

为了适应两地办学的需要，从现在开始校部与各系领导及有关党政部门的注意力要逐步向昌平新校转移。今年秋季，校部和各系的部分人员转到昌平主持工作，具体要求是：

1. 在党委统一领导下，学校分别由一名分管党务、教务、总务的领导到昌平新校主持工作；校部各党政职能部门各有一名正职或副职领导干部和部分工作人员转至昌平，各系也照此原则做出安排。派到昌平新校工作的各级干部，原则上分配宿舍，以保证各职能机构正常进行工作。

2. 昌平新校的各级工作班子要力求精干，提高效率，合理地使用人才，把优秀的教职工派上去。要充分调动现住昌平的各类工作人员的积极性，避免两地人员对流往返，增加交通困难。组织部、人事处在调整、配备各类人员时，应优先保证昌平新校的需要，注意新老结合，在现有的教职工中解决，并尽快予以落实。

3. 根据一套机构、两地办学的特点，各级领导要统一认识，团结协作，增强事业心和责任感，制定和完善必要的规章制度，不断改进工作方法，提高管理水平。既要统一指挥，又要分工负责，互相配合，互通情况。

二、下大力气深入教育改革，全面提高教学质量

根据国家教委 1987 年教育会议的精神，高等学校的基本任务就是培养社会主义建设实际需要的有理想、有道德、有文化、有纪律的人才。我校的各项工作必须围绕这个基本任务进行。

1. 提高教学质量是教学改革的中心。我校研究生、本科生、进修生和函授生的教育均需认真改革，注意提高质量。今后的教学工作应以本科生为重点，必须强调办好本科，提高本科生的教学质量。要做到这一点，我们先从昌平新校的一年级学生抓起，使新生一进校就注意全面发展，面向实际，培养他们真正成为社会主义实际需要的"四有人才"。为此，在 6 月底以前，各系、基础部均需配合教务处，按照德、智、体、美全面发展的要求，重新研究和修订新生的教学计划、课程设置及各个教学环节的安排，以适应新形势，打破旧框框，使昌平新校的教学工作有一个良好的开端，在一个新水平上向前发展。

2. 积极创造条件，逐步地使教师大班授课过渡到小班授课，提高课堂质量。同时鉴于多年来学生年龄偏低，自学能力较差。要加强对他们的自学辅导，各门课程都要定时、定人、定点地进行辅导，辅导中要因材施教，以充分发挥学生的主动

性和创造性，提高学习兴趣和自学能力。

3. 加强教学同社会主义建设实践的联系，引导学生走正确的成长道路，今后在教学中要为学生创造条件，运用各种形式，包括社会调查、实习、法制宣传、军事训练等，加强学生的社会实际教育。要充分利用昌平的有利条件，试建多种形式的实习基地，增加实践课程内容，使学生能够正确认识社会，了解国情民情，正确地处理理想和现实、个人利益和人民利益的关系。

4. 提高教学质量的关键在于提高教师的水平。要继续坚持"双百"方针，凡是以严肃态度并进行了科学研究的学术领域的不同见解，可以在教学中介绍。但防止违反科学态度，采取不负责任的做法。今年秋季开学后，为保证昌平新校的教学质量，在教师配备上，应使昌平新校的教师阵容强于市内的教师阵容，对于两地同样需要的骨干教师，应优先安排到新校任课，同时要安排足够数量的教师住在昌平新校，以利于及时辅导、指导学生学习。

5. 要针对政法教育的特点，改进招生制度。由于政法专业同社会实践密切相关，今后在招收研究生和本科生时，应在德、智、体、美全面考核，择优录取的原则下，注重招收有实践经验的在职人员，逐步提高在职人员中招生的比例，以保证培养更多的高质量的政法专门人才，为社会主义民主和法制建设服务。

6. 严格校规校纪和学籍管理，实行必要的淘汰制度。从严治校、严格校规校纪管理，是使学生达到德、智、体、美等方面要求的必要保证。今后在教学工作和管理工作中，对学生应耐心教育，严格要求。凡违反国家法律、校规校纪，经过耐心细致的思想工作而屡教不改者，均按有关规定进行处理。

7. 现在我校学院路图书馆建设工程即将竣工，图书馆要做好迁移工作，并提高工作效率，保证工作质量，做好图书资料的采购、编目、管理和调配工作；新学年开始，昌平新校的图书应紧密配合教学的需要，配备图书40 000册，期刊500～600种，报纸40种。图书馆应立即开始准备，人事部门要抓紧从全校筹调图书馆的缺额人员。

8. 进一步强化电教设备，提高现代化教学水平。教务部门要在搞好现有电教中心的同时，为昌平新校配备好语言实验室、听力室和必要的投影电视、彩色电视、书写投影仪及有线广播等宣传教育设备，在8月底以前安装、试调完毕。电教中心在分配合理的经济收入时，应适当地照顾去昌平的工作人员，使其所得数额优于市内的职工。

三、坚持党的四项基本原则，加强思想政治教育工作

根据中央指示精神，今年高等教育的突出任务之一，是进一步贯彻德、智、体、美全面发展的教育方针，大力进行坚持党的四项基本原则教育，开展反对资产阶级自由化的斗争。几年来，我校的局势比较稳定，思想政治工作是有成绩的，但不能低估资产阶级自由化的影响，部分教职工在昌平办学问题上思想尚不统一，因此，我校今年的思想政治教育工作将是很繁重的。我们必须高度重视，在继续认真地开展坚持党的四项基本原则教育，彻底肃清资产阶级自由化的影响的同时，进一步统一广大教职工办学指导思想，充分调动去昌平办学的积极性，保证两地办学的顺利进行。

1. 健全党、团、工会系统，充实班子，突出思想政治工作。今后各级党的组织要定期讨论本单位的思想政治工作，第一把手要亲自负责，亲自过问，各级党组织要发挥战斗堡垒作用，全体党员要起先锋模范作用，在建新校、树新风中建功立业，争做先进党支部和优秀党员。明年"七一"在全校进行评选，召开表彰大会。工会要把主要精力放在着重抓好群众思想工作上。加强同各民主党派、各群众组织的联系，充分发挥他们对本组织成员的教育作用。昌平新校的党、团组织，目前可按系统建立若干临时党、团支部，负责思想政治教育工作，争取昌平新校一开学即有一个良好的工作基础，提高全体人员的思想水平，树立一代新风。

2. 建立马列主义理论教研部，加强马列主义教育。积极创造条件，在今年内，将哲学、政治经济学、国际政治、德育和中国革命史教研室从政治系分出来，归属党委直接领导，建立系一级的马列主义理论教学研究部，并扩大教师队伍，深入进行各门马列主义理论课的教学改革，把马列主义理论教育提高到一个新的水平上来，以加强政治理论教育，适应培养"四有"人才的需要。

3. 加强学校的民主管理，疏通各种民主渠道（教代会、新闻发布会、校领导接待日、对话会等），密切领导与群众的关系，吸引广大师生管理学校，对各级工作机构实行监督。对师生提出的合理要求和建议，要进行认真研究，并切实地改进工作；对那些一时做不到的事情，也要耐心解释。

4. 配备学生工作干部，充实学生思想政治工作队伍。学生在 400 人以上的年级，配备 2 名处级干部，200 人的年级配备 1 名处级干部，直接抓好学生思想政治工作和管理工作，2~3 个班设 1 名专职辅导员。组织部、人事处、宣传部、学生处要立即着手协商调配几名有政治工作经验的人员负责这项工作，其他人员则从 1983 级本科毕业生和青年教师中选配，并于适当时机集中一段时间予以培训。

5. 建立必要的劳动制度。学生要上好劳动课，教职工亦在校内参加一定的公益劳动。鉴于昌平新校园，亟待整理、绿化，从今年招收的新生起，组织学生开展栽植纪念树活动。

6. 开展文娱活动，丰富文化生活。由于昌平新校地处郊县，生活条件暂时比较艰苦，积极地开展健康的、丰富多彩的文化活动，将是一项很重要的工作。学校提供必要的经费，由工会、团委、学生会购置有关设备，组织文体活动，力求使师生的文化生活健康、丰富、活跃，并在健康的文化生活中受到教育。

四、加强后勤管理，提高工作效率

后勤部门面临的任务是总结经验深入进行改革，提高管理水平，讲究工作效益，提高工作效率，既能保证昌平办学的各项需要，又能改善市内办学条件，促进全校的教学、科研及其他各项工作的发展。

1. 切实推广食堂承包和管理工作经验，促进改革，提高工作效益。主要经验是：在思想方面，他们团结合作，全心全意为教学和科研服务，廉洁奉公，勤俭持家，遵纪守法，不谋私利，勇于同歪风邪气和各种不良现象作斗争；在管理方面，他们坚持实行岗位责任制、考核制和奖惩制，分工协作，奖惩分明，严格纪律，讲究效益，充分调动职工的积极性；在工作作风方面，食堂的领导干部和党员能够带头工作，严于律己，顾全大局，勇于开拓，多办实事，一心扑在工作上，热心为群众服务。实践证明，这些经验是行之有效的。全校各职能部门特别是后勤部门必须进一步重视并结合本部门情况全面切实地推广这些经验，组织各处、室、科和服务公司学习讨论，制订实施方案和工作计划，并于 7 月底以前检查落实。在推广这些经验过程中，要防止只重形式，不抓实质，只搞承包，不讲效益的倾向。

2. 为了适应昌平新校办学的需要，今年秋季应在昌平试办学生公寓，加强学生管理，为学生提供方便的生活条件。后勤有关部门应马上调查房舍和学生情况，研究试办方案，购置必要的设备，制定必要的规章制度，积极进行筹备。试办学生公寓，将是我校后勤改革的一项重要措施，务求妥善安排，办法得当，把学生公寓办好，既要使学生生活满意，又要为学校增加必要的经济收入，并为学校今后的学生房舍管理工作开创一条新路。

3. 抓紧校医院建设，提高医务水平。司法部现已批准我校建立医院，应提供必要的经费，增加设备，充实水平较高的医护人员，抓紧医院的建设工作。校医院今后应以保健为主，注意预防，特别是要预防中老年教职工易得的癌症、脑病和心脏病等急难病症。后勤部门和校医院必须尽快提出建设方案，制订预算，加快昌平新校医院的建设，并选派比较优秀的医务人员去昌平工作，以消除教职员工在医疗上的后顾之忧。

五、按期完成基建任务，保证工程质量

努力抓好昌平新校和市内家属宿舍等项工程的基本建设，是保证我校两地办学、促进全校各项事业发展的基本条件。后勤及其所属的基建部门必须高度重视，团结协作，在保证质量的前提下，力争加快工程进度，按期完成各项工程的建设任务。当前的要求是：昌平首批50 000平方米的建设工程必须确保，按期交付使用。为此要加强同有关协作单位联系，对各项工程建设要加强质量监督和经济核算，贯彻基本建设项目投资包干责任制，克服敞口花钱、吃"大锅饭"的弊病，想尽一切办法缩短建设周期，保证工程质量，降低工程造价，提高投资效益。今年秋季以后，昌平新校将面临边教学边建设的局面，基建部门和筹建处应及早统筹安排，校门、绿化、道路要做配套安排，创造学习环境，要采取措施，尽可能减少对教学工作的干扰。

六、密切联系群众，关心群众生活

两地办校既为我校的发展展示了新的前景，也给广大教职工的生活带来了新的困难。为了稳定学校的局势，把学校工作向前推动一步，当前必须采取适当措施，进一步关心和改善群众的生活。

1. 为了克服两地办学的交通困难，必须增加交通车辆，改善交通管理。今年秋季昌平开学起，每日在早、午、晚对开昌平—北京间的班车。对中老年教师和干部采取适当的照顾措施。同时要适当地解决月票，帮助零散教职工克服交通困难。

2. 凡到昌平新校安家的教职工住房标准均优于城内，并建立招待所，为在昌平任课的教师提供方便、安静的工作和学习条件。

3. 凡由市内到昌平新校工作的教师、干部和技工，均享受郊区补助和必要的岗位津贴。岗位津贴按照常住和通勤两种不同标准发放，以适当地照顾和改善去昌平工作教师、干部和技术工人的生活。

4. 办好昌平新校托儿所，并加强市内托儿所的管理工作，创造条件尽早开设长托班，以解除教职工的后顾之忧。

七、发扬勤俭办校、艰苦奋斗的优良传统，反对以权谋私、铺张浪费等不正之风

今年我校规模扩大，经费压缩，在财政上将是困难的。过去几年来，由于资产阶级思想影响和工作失误等原因，曾造成很大浪费。贪污和吃回扣的案件也时有发

生，这种现象是和学校事业的发展不相容的。为了克服财政困难，促进学校事业的发展，当前必须开展勤俭办校、艰苦奋斗的教育，提倡厉行节约，精打细算，少花钱多办事的精神，加强学校的财务管理，要严格财务监督，增加收入，节省开支；及时揭发一切贪污、浪费和吃回扣、滥发奖金、滥发实物的行为，严肃处理经济上的违法违纪案件，以保证我校各单位能够廉洁奉公，勤俭办一切事业。

八、同昌平县领导和人民建立长期友好协作关系

几年以来，昌平县对我校的建设工作曾给予热情的支持和大力帮助，今后还需要他们的关怀和支持。我们要主动地、热情地同昌平县领导和人民建立好长期协作、彼此尊重、互相支持的良好关系。全校人员要尊重昌平县的领导和人民群众，模范地遵守当地政策和各项规定，多做实事，在培养法律人才、法律咨询、法律宣传等方面为昌平人民做出自己的贡献。

1987 年 4 月 25 日

中共中国政法大学委员会
关于将全校领导中心和办学主体转移到昌平新校的决定

党字（88）第 7 号
（1988 年 5 月 10 日）

根据中央和司法部关于成立中国政法大学的总体规划，在"一校两址"的布局中，昌平新校最终将成为我校的办学主体。目前，鉴于新校的办学规模和发展趋势，需要积极创造条件，于 1988 年新学年开始之前，将全校领导重心和办学主体转移到昌平新校。

一、实现转移的必要性

1. 实现转移，是由我校的主要办学任务决定的。因为，本科生教育是发展高等教育的重点，昌平新校是本科生教育的基地。所以，随着本科生的逐年增多，工作量的逐年扩大，尽早将全校领导重心和办学主体转至新校，已是大势所趋。

2. 实现转移，是新校事业发展的需要。首先，新校办学规模逐年扩大。今年暑期后，在校生将逾 2000 人。其中，本科生 1400 人，大专生 150 人，中央政法管

理干部学院学员570人，学生总数比学院路老校的1670人超出近400人，以后，按照新校的设计规模，在校生还将逐年增加。其次，今年是新校基建关键的一年。年内，第二期工程也将于暑期前后陆续竣工，第三期工程也已经或将要破土动工。在四期基建任务中，第二、三期工程多属关键项目，不仅项目多、任务重，而且质量要求高，工期紧迫。最后，为了改善办学条件，稳定教学、工作和生活秩序，新校急需兴办一些福利事业。如创办幼儿园，开展各种后勤服务等。同时，还要开辟多种办学渠道。面对新校事业的发展，必须强化管理，加强领导。

3. 实现转移，是新校改革的需要。建新校、树新风，从严治校是新校建设的既定方针。为此，必须积极贯彻国家教委和司法部召开的高教工作会议精神，深化学校的各项改革。目前，新校正在本科生中推行淘汰制、奖学金制和贷学金制；在后勤管理工作上，食堂推行承包制，学生宿舍实行公寓化管理；在学生思想政治工作方面，也在积极探索改革开放条件下，培养"四有"人才的新路子。鉴于新校改革的任务重，难度大、基础差，也需要将学校的主要力量放在新校。

总之，"一校两址"已成定局，办学主体设在昌平，实现转移已是势在必行。

二、实现转移的方法和步骤

工作重点转移，就是把学校的指挥首脑、相应的职能部门迁至新校，从而使新校成为中国政法大学的办学主体。

转移标志着大学的新发展，既要积极，又要从实际出发，做出妥善安排。根据新校建设的需要，必须积极创造条件，务于今年9月1日前实现领导中心和办学主体的转移。届时，要实现以下两点：

1. 学校党委会、校长办公会设在新校，撤销新校领导小组。校级2/3以上、系1/2以上的党政主要领导干部，以及相适应的职能部门的负责人在新校办公，形成一个完整统一的指挥系统。

2. 各职能部门的转移，暂按四种情况处理。①继续留在学院路的单位是：研究生院、出版社、函授部、律师事务所、外事办公室（暂留）、科研处、学报（暂留）、老干部处及研究所（室）。②两地办公的单位是：三个系、图书馆、电教中心、保卫处、校医院、服务公司。这些单位的主要力量和1/2以上的负责同志必须配备在新校。③转移到新校办公的单位是：党办、校办、组织部、宣传部、纪委办公室、工会、团委、教务处、学生处、人事处、总务处、财务处、房管处、审计室。其中确因工作需要，有些单位可以酌情留下适当人员，分别编入综合党务办公室、综合行政办公室、后勤管理处、负责协调处理老校日常工作事宜。④各教研室暂留学院路老校。

三、实现转移的准备工作

1. 交通准备。伴随转移，将增加 140 名教职工到新校工作。其中，除家住新校的以外，尚有近百名教职工需每天坐班车到新校上班。为减少班车压力，缓解乘车困难，一方面需尽量减少两地人员的交插〔叉〕上班，尽可能将家住新校的同志安排在新校工作。另一方面要立即向司法部申报购车指标。

2. 随着新校工作人员的增加，有关部门根据基建工作的进展情况，要及早动手，统筹安排，切实做好办公用房、休息用房及办公设备的准备工作，并于 8 月 25 日前完成用房和设备的配备和采购事宜。

3. 加强思想政治工作。要组织教职工结合学习十三大文件，贯彻国家教委和司法部教育工作会议精神，宣传改革、宣传新校、识大体、顾大局，激发艰苦创业的精神，鼓励大家踊跃到新校工作。

4. 为了巩固和发展新校教职工队伍，解除后顾之忧，要积极改善新校的工作和生活条件，尽快解决诸如子女入托、上学、就业、医疗保健、副食、煤气供应和业余文化活动等困难。努力办好校医院、职工食堂，开办各种后勤服务业务。同时要积极落实新校工作的优惠政策，如住房分配，党政干部岗位津贴等。

四、实现转移后，学院路工作的安排

1. 转移后，由留学院路老校工作的党委副书记、副校长和部门负责同志组成工作小组，对校党委和校行政领导负责，协调学院路老校的日常工作。工作小组下设：综合党务办公室，在副书记领导下负责协调处理老校日常党务事宜；设综合行政办公室，在副校长领导下负责协调处理老校的行政、教学事宜；设后勤管理处，在副校长领导下负责协调处理老校的后勤服务工作。

2. 研究生和三个系的 1985 级、1986 级本科生的教学管理、思想政治工作，由留下工作的系党、政负责人和办事人员承担。

3. 实现转移后，学院路老校还要保持既定的办学规模，承担研究生和其他教学任务。因此，学院路老校的教学用房不得改为它用。学院路教职工住房的改善，应立足于合建、自建住房及北京市文化团体履约搬迁上。同时为了方便新校教职工进城工作、办事和接待外来人员，应加快学院路留学生楼和招待所的建设，校招待所应于暑假前完成。实现转移后，学院路老校既是办学实体，又是昌平新校的后方基地，要为新校各项工作的顺利完成提供支持和保证。

按照上述决定，凡需转移的单位要尽速拟订自身转移的具体方案，主管职能部门要及早拟订转移准备工作的办〔方〕案，并于5月25日以前按所属系统报送党办或校办，经学校领导审批实施。

1988年5月10日

中共中国政法大学委员会
关于为今年工作重点转移亟待解决的若干问题的请示报告

党字（91）第10号

（1991年3月21日）

司法部党组：

根据部党组关于中国政法大学的工作重点于今年秋季转移到昌平新校的指示，学校在寒假前后着手进行了包括思想工作在内的一些准备。3月初，党委就学校重点转移问题进行了专门研究，并成立了以党委书记杨永林同志为组长，陈光中、郭恒友为副组长及有关部门负责人参加的学校重点转移领导小组。领导小组于3月中旬两次召开会议，就重点转移涉及的两地办学的体制、机构、人员编制、基建、交通车辆、后勤保障、图书设备等进行了深入研究，认为，为了顺利地搞好重点转移，除学校需继续做好思想上、组织上的准备工作外，目前确也存在一些非学校自身力量所能解决的问题和困难，急需部里帮助予以解决。否则，暑期的重点转移工作很难如期进行。这些问题主要是：

1. 基建工程问题。基建工程按照计划应于今年10月通过国家验收，重点转移前所需的办公楼、图书馆、教工食堂、校医院等全部交付使用。目前除7项缓建工程外，今年完成工程所需资金1615万元，但今年计划拨款仅为325.5万元，可动员的节〔结〕余资金689.65万元，投资缺口达600万元。这部分由于"三材"调价所造成的资金缺口，如不能及时解决，现施工项目非但不能如期完成，而且有随时停工的可能。

2. 交通车辆问题。重点转移后，每天从学院路和市内各处到昌平新校工作的教职工将达320余人。而目前我校已有车辆数量和车况与转移后两地办学的需要相距甚远。每天除320余人的交通班车外，公务用车、机要用车、外请教师用车等都将大量增加。为此，为了保证重点转移的进行，今年需更新和新购小轿车3辆，中型面包车 2 辆，大轿车 3 辆。

3. 食堂问题。重点转移后，我校在新校就读的本科生、干部专修生将达 2600 余人，在现有的一个食堂中将无法就餐，为了解决重点转移后师生的就餐问题。我们建议将目前由中央政法管理干部学院 500 人专用食堂收回，合并使用，适当调整。否则，四个年级 2600 多人都在一个食堂用餐，根本无法容纳，在食堂就餐问题上势必产生不安定因素。

4. 经费问题。我校两地办学的格局形成以来，每年由于两地办学的原因所支出的特殊开支达 127 万元。重点转移后，这笔开支将立即增加到 176 万元，而且将长期存在下去。这笔开支主要是：①增加人员编制；②班车和其他车辆开支；③电话通讯；④远郊补助等。这些特殊开支经费需要上级财政部门每年以专项拨款加以解决。此外，为了保证重点转移的完成，外籍师生楼、教工食堂、校医院、综合服务楼都将交付使用，需要开办费 70 万元。总之，为了今年重点转移，需要增加基建资金缺口 600 万元，两地办学特殊开支 176 万元，更新、新购车辆 140 万元，开办费 70 万元，图书经费 33 万元，合计 1019 万元。

5. 关于我校和管理干部学院的关系问题。我校一校两址的格局形成时，一址两校的局面也随之出现。由于一址两校的存在也为重点转移工作增添了新的困难和难度。在三年多一址两校办学中，在涉及如图书馆、教学楼、食堂、礼堂、操场等公共设施的使用和管理中出现了许多矛盾，且日益严重。在后勤经费分担支付上，管理学院不能按期如数地承担，使我校本已就十分拮据的经费就格外困难，以致影响到正常工作。因此，如何妥善解决一址两校的关系和管理问题已迫在眉睫，否则不仅会影响到重点转移工作的顺利进行，而且也会影响当前正常工作的开展。目前距离暑期仅有三四个月时间，许多工作需及早安排。上述所列的主要问题，能否逐一得到解决，将直接影响到重点转移能否进行的重点问题。因此，恳请部党组尽快进行一次专门研究，以便我们根据可能达到的条件，对下学期的两校部局做出切合实际的安排。

以上报告妥否，请批示。

中共中国政法大学委员会

1991 年 3 月 21 日

《简报》：学校召开大会进行学校办学
主体工作重点转移的动员

(1991 年 7 月 12 日)

编者按：我校于 1986 年在昌平建设新校（"七·五"重点工程），1987 年秋初具办学条件，并开始招生办学，从此形成一校两址、两地办学的格局。经过近四年的努力，基建工程基本完成，办学条件日臻完备，积累了新校办学经验。今年暑假后，本科一、二、三、四年级 2200 多学生均集中在新校。据此，校党委在 1991 年工作安排中把学校办学主体和学校工作重点由学院路老校转移到昌平新校，作为今年的中心工作。为此，学校在思想上、组织上、物质上做了一系列的准备。目前准备基本就绪。

7 月 9 日下午，校党委召开在学院路老校工作的党政干部和教研室主任、党支部书记大会。校党委书记杨永林同志做了暑假后学校办学主体和工作重点转移到新校的动员报告。

杨永林同志在报告中，从中央关于筹建中国政法大学的布局、司法部的指示和目前新校基建任务基本完成的情况、本科生一、二、三、四年级学生将集中在新校上课等情况，着重讲了今年暑假后我校办学主体和工作重点要由学院路转移到昌平的必要性、重要性。报告中还讲到重点转移的要求，把校系的指挥首脑、机关职能部门迁移到新校，重点转移后党委会、校长办公会、系务会及全校性重大活动及学校的对外交往、联系均在新校进行，使新校成为办学的主体和指挥中枢。为此，要求校系和转移到新校的职能部门应有 2/3 以上的党政主要负责人在新校工作，使新校成为全校统一的、畅通的指挥系统，各种工作得到正常运行。报告指出，暑假后，党委办公室、校长办公室等主要职能部门和各系 17 个处级单位转移到新校，图书馆、外事办公室等 12 个处级单位两地办公；研究生院、函授部、出版社等 12 个处级单位留在学院路老校。报告讲到转移的步骤是：思想发动和限期完成基建、交通班车、电话通讯安装等装备、教工午餐、午休的安排。8 月 25～27 日搬迁办公家具。8 月 29 日校系及重点转移的职能部门工作人员到新校上班。届时每日将有 300 人左右的党政干部乘班车去新校。10 月 1 日起，政法大学的一切对外往来、联系、行文全部转移到昌平新校。动员报告最后号召广大党政干部，特别是共产党员要发扬艰苦奋斗克服困难的精神，搞好重点转移，并宣布从现在起，在人事工作方面的几条规定：冻结校内人员的流动；家住昌平的职工均安排在新校工作；凡工作需要，组织研究决定应去新校，无特殊情况不去的，列入编外，限期调出；控制骨干的外流，非经校长办公会议和党委会研究决定，中级以上职称的人员不得调出。

中国政法大学
关于校本部转移至昌平新校的通告

（91）校字 105 号

（1991 年 9 月 19 日）

中国政法大学昌平新校建设已基本竣工。目前，全部本科生和干部大专生均在新校学习，校本部也已于 8 月底由海淀区学院路转移到昌平（研究生院、各研究所、函授部、出版社、学报等单位仍在学院路原址）。自 10 月 1 日起，我校与上级机关及各有关单位的公文、函电往来和工作业务联系均集中在新校进行。

新校地址：北京市昌平县东关南街。

邮政编码：102249；信箱：北京 1011 信箱。

电话总机：9745577；党委办公室：9746023；校长办公室：9746195。

乘车路线：从德胜门西侧乘 345 路公共汽车至终点站昌平站下车，换乘 376 路公共汽车至政法大学站。

特此通告。

中国政法大学

1991 年 9 月 19 日

关于中国政法大学"两地办学"情况的报告

校字（97）第 098 号

（1997 年 6 月 23 日）

司法部：

中国政法大学前身为成立于 1952 年的北京政法学院，校址位于北京沙滩，后迁至海淀区学院路 41 号（现海淀区西土城路 25 号）。1983 年 5 月，根据中共中央指示，在原北京政法学院基础上成立了中国政法大学。为了适应国家民主法治建设的需要，扩大法学教育的规模，于 1985 年在昌平县择址兴建中国政法大学新校

（该基建工程被列为国家"七五"重点建设项目）。昌平新校于 1987 年开始招收本科生，"一校两址"办学格局开始形成；1991 年，学校办学重点由学院路老校转移到昌平新校；1993 年，国家投资 1.2 亿元人民币建设的中国政法大学昌平新校工程竣工。

经过 10 余年的办学实践，昌平新校已经成为中国政法大学办学主体，以本科生教学为主，发展为我国法学教学、研究的重要基地之一；而老校的办学则以研究生教学为主继续进行，学校基本形成"一校两址，两地办学"的稳定格局。

1. 学院路老校成为以研究生、第二学士学位生为主的高层次法学人才的培养基地。中国政法大学研究生院是国内唯一一所以法学为主的研究生院，自成立以来已为国家培养了 1300 余名硕士研究生及博士研究生；中国政法大学第二学士学位班是国内最早开办的法学第二学士学位班，已为国家培养了 1220 余名既精通法律专业知识又掌握其他专业技术知识的复合型人才。此外，在学院路老校还有成人教育学院的培训中心、中国国际高级法律人才培训中心（北京）、自费走读大专班、夜大学等办学机构，他们肩负着学校函授教学、国内外人士短期法律知识培训等任务。

2. 昌平新校成为以本科生教学为主的办学基地。目前，昌平新校已经具备了较为完善的办学条件，各类办学设施齐全，而且随着学校工作重点和国家投资的转移，新校的办学实力日益雄厚，已经建设成为现代化的法学教育基地。昌平新校自 1987 年招收本科生至今，已培养法学、经济法学、国际经济法学、政治学、行政管理学等专业本科生近五千人，为社会输送了大批高质量的法律及政治管理专门应用人才。此外，在昌平新校还有成人教育学院脱产专科班、本科班及管理干部学院等各类不同层次的成人高等教育，为提高公民法律意识和执法人员业务水平发挥了积极作用。

3. 昌平新校已经成为学校的领导重心和工作重点。自 1991 年夏，学校做出工作重点向昌平新址转移的决定以来，历届领导班子始终坚持把主要工作经历集中在昌平新校的办学上，学校主要领导每周工作时间的 2/3 以上在新校上班已经形成制度，学校的主要活动、重要会议、报告等均安排在昌平新校进行，学校各主要职能部门也克服重重困难，将部门主要工作放在昌平新校。

4. 教职工已基本适应了学校"两地办学"的格局。为了保证学校办学主体的转移，切实加强本科教学工作，学校以及教学管理部门制定了一系列的规章制度，要求在城区内居住的教师必须承担相应的本科教学任务，并将其列为职称评定以及各类评优活动的必要条件。为了提高教职工到昌平新校上班的积极性，学校在办学经费紧张的情况下，近年来已先后三次调整了昌平郊区补贴及职工津贴、教师课时费等，大大提高了在昌平新校上班职工的工资收入。同时，学校还多方筹集资金，改善新校通讯、交通等条件，为教职工的工作、学习和生活提供方便。教学管理部门及各系、部、各教研室也对教师进行了全方位的职业道德教育，使大部分教师能够充分理解学校办学的现实格局，克服自己工作、生活上的困难，积极投入到新校的本科教学之中，自觉遵守学校的有关规定，坚持到昌平新校为本科生授课。

5. 昌平新校的教职工队伍已经初具规模。近年来，新调入我校的教职工（包括教授、博士生导师）以及选拔留校的优秀毕业生均安排在昌平新校居住。为了稳定新校教职工队伍，提高职工工作积极性，学校的历届领导班子均采取了一定措施向居住在昌平新校的教职工提供倾斜政策。在住房设施、子女入托等多方面为在新校居住、工作的教职工提供尽可能多的优惠条件；在任用干部方面也注意从新校年轻干部中进行培养、选拔。经过几年的努力，已经在昌平新校形成了一支具有相当规模的较为稳定的教学、科研、管理队伍，而且培养了一批年富力强、具有开拓精神和改革意识的骨干教师和中层干部，他们已经成为学校教学、科研和管理工作的中坚力量。随着新校办学规模的进一步扩大，这支队伍还在逐步壮大，他们将成为未来政法教育工作的一支生力军。

6. 昌平新校文明校园建设工作成绩显著。经过全校师生员工十余年的辛勤耕耘，昌平新校的校园环境发生了翻天覆地的变化，逐步建设成为环境优美的花园式校园。学校自 1992 年以来，根据北京市的要求，在全校范围内广泛深入地开展了"建文明校园，做文明法大人"活动，鼓励师生员工发扬主人翁精神，积极参与校园文明建设，使师生在精神面貌、文明程度有了新的提高，学校管理水平也迈上了新的台阶，并于 1994 年 11 月通过北京高校文明校园建设领导小组验收，被授予"文明校园"光荣称号（老校也于 1995 年 11 月通过验收）。

"一校两址，两地办学"格局的形成是有一定历史原因的，已经得到了学校广大教职工的理解和接受。但是，这种格局也给我校的办学工作和师生的生活、学习带来了不少的问题：

1. 加剧了学校办学经费严重不足的局面。由于两地办学，学校的大部分机构设置、人员安排都为复式结构，机构相对臃肿，后勤、管理人员与教学科研人员比例失调；新、老校两址相距较远（约三十五公里），为了保证两地正常的教学工作秩序，学校不得不在交通、通讯等方面投入大量资金和人力。鉴于以上两方面的原因，学校近年来创收收入的增加部分多数被用于弥补国拨经费的不足，北京市数次补贴调整也不能到位，使得教职工的福利待遇长期低于北京市同类人员水平，在一定程度上造成了职工队伍特别是中青年骨干教师队伍的不稳定，教师流失现象时有发生。

2. 昌平新校社区服务设施相对滞后，教职工后顾之忧短期内无法解决。由于在昌平新校居住的多为中青年教职工，他们面临着子女入学、择业就业等许多现实问题，而由于昌平县的地域原因，在这些问题的解决上难尽人意，这在一定程度上也影响了昌平新校中青年教职工队伍的稳定。

3. 昌平新校办学环境闭塞，缺乏必要的学术氛围和进行学术交流的必要条件。昌平地处远郊，附近高校比较少，信息交通渠道不畅，学校许多对外交流活动也只能在城区内安排进行，不能为新校教学科研人员提供更多的参与学术活动的机会，对其学术水平的提高造成不便。

4. 学校两址均存在较多的不安全因素。昌平新校系边建设边办学，基建工程持续进行了近十年，建筑质量不高，存在不少隐患；老校部分建筑和设备使用时间长，而学校经费紧张，无力改善，也存在较多不安全因素。尤其是老校电线线路老化和筒子楼居住条件差造成了严重的火灾隐患，急需解决。

我们恳请主管部门充分理解我校在办学中存在的困难，在力所能及的情况下给予我们必要的支持。

特此报告。

中国政法大学

1997 年 6 月 23 日

三、三校合并

内容提要

1993 年，中共中央印发《中国教育改革和发展纲要》，提出高等教育体制改革的目标是"解决政府与高等学校、中央与地方、国家教委与中央各业务部门之间的关系，逐步建立政府宏观管理、学校面向社会自主办学的体制"。此后几年，我国在高校管理体制改革的进程中，奉行"共建、调整、合作、合并"八字方针，调整学校布局结构，优化教育资源配置。1997 年，国家对司法部部属院校管理体制进行了调整。1997 年 1 月 26 日，经司法部党组研究决定，中国政法大学、中央政法管理干部学院、中国高级律师公证员培训中心合并，对内称中国政法大学管理干部学院、中国政法大学高级律师高级公证员培训中心，对外保留中央政法管理干部学院、中国高级律师高级公证员培训中心的牌子。1997年4月21日，确定了中央政法管理干部学院与中国政法大学合并后处级机构和处级干部的任职。1997年9月4日，公布"两高中心"与大学合并方案。三校合并发展建设，是部属政法院校教育体制改革的重大举措。

司法部办公厅关于印发《司法部"三校合并"协调领导小组第一次会议纪要》的通知

司办通字（1997）第6号

（1997年1月21日）

各省、自治区、直辖市司法厅（局），新疆生产建设兵团司法局、监狱管理局，部属各政法院校，部各直属单位：

经部领导同意，现将司法部关于中国政法大学、中央政法管理干部学院、中国高级律师高级公证员培训中心三校合并协调领导小组会议纪要印发给你们，请各有关单位遵照执行。

中华人民共和国司法部办公厅

1997年1月21日

司法部"三校合并"协调领导小组第一次会议纪要

（1996年12月21日）

1996年12月11日下午，司法部常务副部长张秀夫、副部长刘飏同志主持召开了中国政法大学、中央政法管理干部学院、中国高级律师高级公证员培训中心三校合并协调领导小组会议。办公厅、政治部、律师司、公证司、教育司、计财司和中国政法大学、中央政法管理干部学院的负责同志参加了会议。

会议认为，司法部党组决定中国政法大学、中央政法管理干部学院、中国高级律师高级公证员培训中心三校合并发展建设，是部属政法院校教育体制改革的重大举措。这一决策是在充分调查研究，多方听取意见的基础上形成的，完全符合我国教育改革与发展总的指导方针，符合三校的实际情况，必须坚决贯彻执行。

会议指出，三校合并牵涉面广，涉及人员多，必须采取果断措施，尽快做好合并工作。三校合并总的原则是抓住根本，确定班子，陆续推进，逐步解决。组建起来首要的工作是通过合并把〔建立〕学校新的领导班子，由这个班子来研究决定合并办学的一系列具体措施。组建学校新的领导班子的工作，会后政治部就要着手进行，尽快提出方案交党组讨论，争取寒假以后学校新的领导班子开始运行。关于合并以后学校的地域布局，会议明确这一问题目前不作考虑，留待将来学校新的领导班子根据学校发展的需要来决定。

会议强调，为了保证三校合并工作的顺利实施，必须大力加强思想政治工作。三校各级党政组织要通过深入细致的思想政治工作，使广大教职员工认识到，三校合并事关学校改革与发展的大局，一定要从学校的长远利益出发，正确看待三校合并工作，克服本位主义和个人主义。在合并以后，学校新的领导班子发挥作用以前，三校现有班子应各司其职，各负其责，采取切实有效措施，保持学校正常的教学、科研和生活秩序。必须明确，哪个单位在这方面出了问题，必须由那个单位的领导承担责任。

为了有利于三校合并工作的顺利进行，会议宣布了三条纪律：①从现在开始，三校人事关系暂时冻结，人员不作调动，特别是不能突击提干，个别情况确实需要调整的，必须经部里批准；②采取有效措施保护好国有资产，不使国有资产流失；③不准乱发钱物，不准另发奖金，各单位的奖金福利水平不能超出原来的水平。

会议明确提出下一步三校合并工作的具体要求：

一、教育司负责代部起草关于"三校合并"工作的正式文件。

二、政治部负责提出三校合并以后新的学校领导班子组成方案。

三、考虑到中国高级律师高级公证员培训中心的实际情况，经部党组会议研究决定，由中央政法管理干部学院魏传军同志为主，审计局薛启谊同志配合做好"两高中心"的合并工作。

四、解决三校合并以后的干部问题，总的原则是任人唯贤，量才录用，尽量做到各得其所，每位同志都有一定的安排。

司法部党组关于中国政法大学、
中央政法管理干部学院、中国高级律师
高级公证员培训中心合并的决定及
杨永林等同志任职的通知

司发党〔1997〕7号

（1997年1月26日）

中国政法大学党委、中央政法管理干部学院党委、中国高级律师高级公证员培训中心：

经部党组研究决定，中国政法大学、中央政法管理干部学院、中国高级律师高级公证员培训中心合并，对内称中国政法大学，对外保留中央政法管理干部学院、中国高级律师高级公证员培训中心的牌子（领导班子成员根据工作需要，可使用中央政法管理干部学院或中国高级律师高级公证员培训中心名义对外开展工作）。

合并以后，组成中国政法大学新的党委和纪委。

中国政法大学党委由以下人员组成：

亓东平、仉守新、马改秀、马抗美、王启富、王洪舟、刘永科、池源淳、李书灵、宋世昌、怀效锋、杨永林、陆炬、赵相林、郑禄、常绍舜、郭秀金、解战原、魏传军。

中国政法大学纪委由以下人员组成：

马抗美、刘玉娥、余常汉、杨业贵、张洹长、周拴喜、梁淑英、焦玉学。

中国政法大学领导班子由以下人员组成：

杨永林同志任中国政法大学党委书记、常委，校长；解战原同志任中国政法大学党委副书记、常委；王启富同志任中国政法大学党委常委，常务副校长；马抗美同志任中国政法大学党委副书记、常委，纪委书记，副校长；赵相林同志任中国政法大学党委常委，副校长；魏传军同志任中国政法大学党委常委，副校长；郑禄同志任中国政法大学党委常委，副校长；怀效锋同志任中国政法大学党委常委，副校长兼任研究生院院长；陆炬同志任中国政法大学党委常委，副校长。

中国共产党司法部党组

1997年1月26日

中共中国政法大学委员会
关于中央政法管理干部学院与
中国政法大学有关机构合并的决定

党字（97）第 6 号

（1997 年 4 月 21 日）

遵照司法部司发党字【1997】7 号文件精神，中央政法管理干部学院与中国政法大学合并。两校合并后，中央政法管理干部学院对外仍称中央政法管理干部学院，对内称中国政法大学管理干部学院，院长由 1 名副校长兼任。

经合并后的校党委常委会研究，并报经司法部同意，合并后的管理干部学院设副院长 2 名，为正处级。原中央政法管理干部学院的 22 个处级机构，其中 8 个机构仍保留在政法大学管理干部学院，12 个机构原则上对口合并到政法大学的有关处级机构，2 个机构相对独立。现将具体合并情况通知如下：

保留在政法大学管理干部学院的处级机构 8 个：

管理干部学院教务处；

管理干部学院管理处（公寓科合并到大学学生处）；

管理干部学院法律系；

管理干部学院经济法系；

管理干部学院理论部；

管理干部学院基础部；

管理干部学院培训部；

管理干部学院进修部；

为有利于管理，设立管理干部学院院办公室。

管理干部学院学报编辑部相对独立，归属大学科研系统。

管理干部学院光大律师事务所相对独立，隶属大学直接领导。

原管理干部学院的其他 12 个处级机构与大学的相应机构合并；所属工作人员原则上对口合并到大学有关机构，这些机构包括：党委办公室、党委宣传部、党委组织部、校团委、校工会、退离休干部处、保卫部（处）、学生工作部（处）、纪委办公室、监察处、校长办公室、人事处、财务处、审计处、校办产业办公室、科研处、图书馆、总务处、校医院。

根据《中共北京市委组织部、中共北京市委教育工作委员会关于实施〈中国共产党普通高等学校基层组织工作条例〉的办法》有关规定，恢复校党委武装部。

中共中国政法大学委员会

1997 年 4 月 21 日

中共中国政法大学委员会
关于中央政法管理干部学院与中国政法大学
机构合并后有关干部任职的决定

党字（97）第 8 号

（1997 年 4 月 21 日）

根据司法部司发党字【1997】7 号文件和我校党字【1997】第 5 号文件精神，经合并后的校党委常委会研究决定：

管理干部学院	郑　禄	院长（兼）
管理干部学院	郭生强	副院长（原正处级不变）
	柯清华	副院长（原正处级不变）
管院办公室	仇守新	主任（原正处级不变）
	朱子智	副主任（原副处级不变）
管院学报编辑部	姜小川	主编（原正处级不变）
管院光大律师事务所	刘岩	主任（原正处级不变）
党委办公室	冯世勇	主任
	李炳坤	副主任（原副处级不变）
	韩文钊	原副处级调研员不变
（综合档案室）	胡兰	主任（原副处级不变）
宣传部	李秀云	副部长
（校刊）	张建荣	原副处级不变
团委	王江	书记（原副处级不变）
管院分团委	周志荣	书记（原副处级不变）
离退休干部处	宋云巧	处长
	于顺	副处长
	董秋	副处长（原副处级不变）

	刘秉才	原副处级调研员不变
校工会	崔玉臻	常务副主席（原正处级不变）
	张兆钦	副主席（原正处级不变）
	邬宝顺	副主席（原副处级不变）
	李　涛	副主席（原副处级不变）
	方瑞坤	原副处级调研员不变
	孙建军	原副处级调研员不变
	崔寿恒	原副处级调研员不变
监察处	焦玉学	兼处长（原职级不变）
	韩长胜	副处长（原副处级不变）
	杨京生	副处长
	郝顺民	副处级监察员（原级别不变）
纪委办公室	赵国先	主　任（原正处级不变）
	赵文德	副主任（原副处级不变）
	叶秀珍	原正处级纪检员不变
人　事	刘秀华	副处长
	黎　军	副处长（原副处级不变）
（人才中心）	王东兰	主　任（原副处级不变）
	李建生	副主任（原副处级不变）
财务处	牟虹斐	处　长
	张洹长	副处长（原正处级不变）
	胡　楠	副处长
	汪家良	副处长
图书馆	戴守义	副馆长（原副处级不变）
	赵世凤	副馆长（原副处级不变）
	郭锡龙	正处级调研员不变
	石　瑞	正处级调研员不变
党委武装部	吕宗礼	部长（副处级）
	孙仁贵	副部长（原副处级不变）

中共中国政法大学委员会

1997 年 4 月 21 日

人事处："两高"培训中心与大学合并方案

（1997 年 9 月 4 日）

根据校党委关于"要加快与两高中心合并步伐"的指示，两校有关部门负责人在常务副校长王启富同志的直接领导和组织下，多次进行研究，制订出合并方案，并经 9 月 4 日党委常委会研究通过，现将合并方案公布如下：

一、合并前两高中心机构及人员概况

两高中心经部里正式批准的处级机构 4 个，核定人员编制 30 人，现有在册人员数 38 人。1995 年初，单位实施全员聘任制办法以后，按规定列入编外 5 人，办理内部退休 3 人，在下属公司 4 人，在中心工作岗位工作的 26 人。

在这 26 人中，现在已办理正式退休手续 1 人，休病假的 4 人，现实际在岗人员 21 人。

二、合并后两高中心的机构设置及人员安排

两校合并后，仍保留两高中心的机构，其规格与研究生院、管理干部学院相同，对外仍称中国高级律师、高级公证员培训中心，对内称中国政法大学高级律师、高级公证员培训中心。根据两高中心的工作任务，撤销政治处和总务处，设置办公室、教务处两个处级职能部门。

办公室暂设 4 人：宋永定、张宝琛、于德顺、刘其柏

教务处暂设 5 人：晏福增、马军、张阳、段晓晖、张亚军

以上非正式人员编制，随着工作的进展，有关人员仍将原则上对口合并入大学。

三、合并后有关人员的安置

（一）合并后，两高中心撤销机构政治处、总务处的人员及原办公室、教务处的在岗人员，根据对口合并及工作需要的原则进行安置。具体如下：

1. 原办公室机要秘书李亚新合并到大学党委办公室；

2. 原车队司机张建锋、于全利、李学会、于会彬 4 人合并到大学运输服务中心；[1]

---

〔1〕 经王启富校长批准，1997 年 9 月 18 日，于会彬后调到律师事务所。

3. 原总务处薛世安合并到大学学生处公寓科；

4. 原食堂采购司机高存、食堂财务赵佳林合并到大学饮食服务中心；

5. 原办公室会计于洁合并到大学审计处；

6. 原办公室出纳董美华合并到大学财务处；

7. 原图书馆侯燕玲合并到大学图书馆；

8. 原政治处姚书勤待校党委安排。[1]

（二）未在岗人员的处理意见

1. 原两高中心下属公司的 4 人：刘筑、路玉清、赵晓光、周志功，暂由两高培训中心管理，待企业财务账目清理结束后，交大学校产办管理。

2. 列入编外的 5 人：王冰、杜继辉、王智强、王振山、孙启梅，交大学人才服务中心根据编外人员的规定处理。

3. 内部退休的 3 人：项学敏、徐广慧、葛广义，先交大学人才服务中心管理，然后根据个人不同情况分别处理。

4. 病休的 4 人，朱乐群暂由两高培训中心管理；杨炳芝交人才服务中心按病休人员管理；夏晓林、蒙斌交校人才服务中心管理，限期 3 个月调出，3 个月后仍未调出者按自动离职处理。

5. 已退休人员王桂生交校退（离）休干部管理处管理。

四、合并后两高中心的财务管理及工资待遇

合并后，两高中心不设二级财务，原账号交校财务处管理，9 月的工资及福利待遇按两高中心原规定发放，从 10 月起按大学的工资福利待遇政策统一发放。

中国政法大学人事处

1997 年 9 月 4 日

---

[1]　1997 年 9 月 12 日，姚书勤确定到党委统战部。

中共中国政法大学委员会
关于中国高级律师高级公证员培训中心
与中国政法大学合并后有关机构设立和
干部任职的决定

党字（97）第43号

（1997年10月21日）

遵照司法部司法党字【1997】7号文件精神，中国高级律师、高级公证员培训中心与中国政法大学合并。合并后，中国高级律师、高级公证员培训中心对外仍称中国高级律师高级公证员培训中心，对内称中国政法大学高级律师高级公证员培训中心。"两高"中心主任由1名副校长兼任，配2名副主任，为正处级。

经合并后的校党委常委会研究决定，中国政法大学高级律师高级公证员培训中心下设教务处、办公室2个正处级机构。有关干部任职如下：

魏传军同志兼中国政法大学"两高"中心主任；

晏福增同志为中国政法大学"两高"中心副主任兼教务处处长；

宋永定同志为中国政法大学"两高"中心副主任兼办公室主任；

马军同志为中国政法大学"两高"中心教务处副处长；

张宝琛同志为中国政法大学"两高"中心办公室副主任（副处级）。

中共中国政法大学委员会

1997年10月21日

第三章　发展壮大

一、归属教育部

内容提要

在 1992 年邓小平南方谈话和党的十四大召开后，我国进一步加大了改革开放的力度，高等教育管理体制改革也进入了探索和实验阶段。20 世纪 90 年代中后期，我国逐步淡化和改革学校单一的隶属关系，加强省级政府的统筹，形成条块有机结合的管理体制。

1998 年，《中华人民共和国高等教育法》颁布实施，明确高等院校的法人地位，强调要扩大高校办学自主权。2000 年，国家对国务院部门（单位）所属学校管理体制进行改革，至 9 月份，全国高校由 612 所合并为 250 所，国务院部委管理的 400 多所高校多数改为由中央和地方共建、以地方管理为主。这标志着部门办学体制基本结束，由中央和省级政府两级办学、以地方管理为主的新体制的框架基本确立，同时，中国高等教育走上了由精英教育向大众化教育转变的阶段。

国务院 1999 年颁发了《关于调整国务院部门（单位）所属学校管理体制和布局结构的决定》，根据文件精神，除教育部以及外交部、国防科工委、国家民委、公安部、安全部、海关总署、民航总局、体育总局、侨办、中科院、地震局等部门和单位外，其他部门和单位不再直接管理学校。2000 年，国务院办公厅转发教育部等部门《关于调整国务院部门（单位）所属学校管理体制和布局结构实施意见》，明确将包括中国政法大学在内的 22 所独立建制普通高等学校划转教育部管理。在时隔近 40 年后，中国政法大学又回归教育部领导。

国务院关于进一步调整国务院部门（单位）
所属学校管理体制和布局结构的决定

国发（1999）26号

（1999年12月22日）

各省、各自治区、直辖市人民政府，国务院各部委、各直属机构：

根据《中共中央、国务院关于深化教育改革全面推进素质教育的决定》的要求，为深化教育管理体制改革，提高教育质量和办学效益，推动国务院部门进一步转变职能，促进教育更好地为经济和社会发展服务，国务院决定，在近几年调整一些部门所属学校管理体制取得明显成效的基础上，进一步调整国务院部委、直属机构、办事机构、直属事业单位、国有银行以及中央管理的企业等单位（以下简称部门和单位）所属学校管理体制和布局结构。

一、除教育部以及外交部、国防科工委、国家民委、公安部、安全部、海关总署、民航总局、体育总局、侨办、中科院、地震局等部门和单位继续管理其所属学校外，国务院部门和单位不再直接管理学校。

二、按照"共建、调整、合作、合并"的方针，在对有关部门和单位所属普通高等学校管理体制调整的同时，调整学校布局结构，优化教育资源配置。少数普通高等学校划归教育部管理或由教育部负责调整，其他普通高等学校实行"中央与地方共建，以地方管理为主"的体制，由地方统筹管理。继续管理普通高等学校的部门和单位，也要加快其所属学校内部体制的改革，积极支持其他部门和单位所属学校的管理体制改革，提高办学效益和质量。

三、除继续管理学校的部门和单位外，国务院其他部门和单位所属成人高等学校、中等专业学校和技工学校等划归地方管理。其中，原属于下属企业或事业单位举办的，可由这些单位继续举办，但其教育行政管理职能移交地方。

四、这次调整管理体制的学校都是国家的宝贵财富，有关部门和单位要继续关心和支持这些学校的发展。教育部要确定"国家管理的专业点"，以保证某些特殊行业人才培养的需要。这些专业点继续面向全国招生，有关学校调整这些专业点的设置须报经教育部批准方可实施。各省、自治区、直辖市人民政府要加强对以地方为主管理的学校的领导，给予学校更多的支持和帮助；要将这些学校的建设与发展纳入本地区经济和社会发展规划，将高等学校纳入本地区高等教育管理体制改革和布局结构调整的规划。

五、调整学校管理体制和布局结构工作在国务院的领导下，由教育部牵头，会同国家计委、财政部以及国务院各有关部门和单位，比照《国务院办公厅转发教育部等部门关于调整撤并部门所属学校管理体制实施意见的通知》（国办发【1998】103 号）和《国务院办公厅转发教育部等部门关于调整五个军工总公司所属学校管理体制实施意见的通知》（国办发【1999】24 号）的办法，进一步研究提出具体实施意见，报国务院批准后组织实施。调整工作在 2000 年 2 月份（寒假期间）基本完成，新学期开学后按调整后的教育管理体制运转。

六、调整学校管理体制和布局结构，对于建立适应社会主义市场经济体制的教育管理体制，为国家现代化建设和区域经济服务，对调整高等教育布局结构、优化教育资源配置、培养面向 21 世纪的高素质人才以及转变政府职能具有重要意义。各省、自治区、直辖市人民政府，国务院各有关部门和单位要高度重视这项工作，从讲政治的高度，按照党中央、国务院的要求，提高认识，统一部署，精心组织，努力完成。

中华人民共和国国务院

1999 年 12 月 22 日

国务院办公厅转发教育部等部门
关于调整国务院部门（单位）
所属学校管理体制和布局结构实施意见的通知

国办发（2000）11 号

（2000 年 2 月 12 日）

各省、自治区、直辖市人民政府，国务院各部委、各直属机构，新疆生产建设兵团：

教育部、国家计委、财政部《关于调整国务院部门（单位）所属学校管理体制和布局结构的实施意见》已经国务院批准，现转发给你们，请认真执行。

国务院办公厅

2000 年 2 月 12 日

教育部、国家计委、财政部
关于调整国务院部门（单位）所属学校
管理体制和布局结构的实施意见

（2000 年 1 月 29 日）

根据《国务院关于进一步调整国务院部门（单位）所属学校管理体制和布局结构的决定》（国发【1999】26 号，以下简称《决定》），除教育部以及外交部、国防科工委、国家民委、公安部、安全部、海关总署、民航总局、体育总局、侨办、中科院、地震局等部门和单位继续管理其所属学校外，国务院其他部门和单位原则上不再直接管理学校。为贯彻落实《决定》，现提出如下实施意见：

一、调整方案

（一）普通高等学校（161 所）

将 22 所普通高等学校划转教育部管理（附件一），34 所普通高等学校由教育部负责调整（附件二）。5 所普通高等学校停止招生，待现有在校学生毕业后即行撤销原学校建制，改为原主管部门（单位）的非学历培训机构（附件五）。97 所普通高等学校实行中央与地方共建、以地方管理为主，并由地方统筹进行必要的布局结构调整（附件四）。3 所普通高等学校继续由原主管部门（单位）管理（附件三）。

（二）成人高等学校、中等专业学校和技工学校（617 所）

29 所成人高等学校和 5 所中等专业学校待现有在校学生毕业后即行撤销原学校建制，改为非学历培训机构，继续由原主管部门（单位）管理（附件五）。1 所成人高等学校、2 所中等专业学校改由其他部门（单位）管理；1 所成人高等学校、2 所中等专业学校继续由原主管部门（单位）管理（附件三）。鉴于目前铁路运输企业与铁道部暂不脱钩，其所属 120 所成人高等学校和中等专业学校、技工学校的管理体制暂时保持不变（具体名单由教育部另文印发）。6 所成人高等学校与普通高等学校合并（附件二）。3 所普通高等学校附属中等专业学校随普通高等学校划转教育部管理（附件一），2 所中等专业学校并入普通高等学校（具体名单由教育部另文印发）。55 所成人高等学校（附件六）和 198 所中等专业学校、193 所技工学校由部门（单位）管理转为地方管理（具体名单由教育部另文印发）。

二、实施办法

（一）普通高等学校

1. 中央与地方共建、以地方管理为主的普通高等学校，其国有资产、人员编制、劳动工资管理等均由省级人民政府负责。由部门下属企事业单位继续举办的学校，人、财、物等管理体制不变，教育业务按照属地化原则由地方教育部门管理。

实行中央与地方共建、以地方管理为主的普通高等学校的教育事业费，由财政部按照 1999 年度调整预算数扣除一次性专项后，再上浮 15%，作为下划地方的经费指标；公费医疗经费和房改经费（专项用于补助建立住房公积金），由财政部按照 1999 年预算执行数，从 2000 年起划转到地方，并由地方财政部门核拨到学校。凡财政部按原中等专业学校户头拨款的由中等专业学校升格的普通高等学校，其事业费按 1999 年拨款额划转地方。

学校所需基金投资，原则上按照学校前 5 年（1995～1999 年）中央预算内投资的年平均数，结合建设项目和学校发展的实际情况，由教育部会同原主管部门（单位）和有关省（自治区、直辖市）与国家计委协商确定投资基数，继续由中央支持一段时间后再转由地方政府负责。同时，由国家计委按建设项目给予上述学校一定额度的一次性专项补助。

2. 对中央与地方共建、以地方管理为主的高等学校，教育部要确定"国家管理的专业点"（具体名单由教育部另文印发），以保证某些特殊行业人才培养的需求，调整这些专业点须经教育部批准。

3. 中央与地方共建、以地方管理为主的高等学校主要在本地区招生，为本地区培养人才，为本地区经济和社会发展服务。同时可以适当跨省（自治区、直辖市）招生，一部分行业特色比较强的专业，尤其是列入"国家管理的专业点"的应面向全国招生；个别行业性很强的特殊学校，经省级人民政府同意，也可以整体面向全国招生为主。

研究生和本、专科毕业生就业工作按国家有关规定执行。

4. 划转教育部管理的学校，其国有资产、人员编制、劳动工资以及教育事业费、科学事业费、房改经费等均从 2000 年起划转教育部管理。其基建投资按照学校前 5 年（1995～1999 年）中央预算内投资的年平均数，由原主管部门（单位）、教育部、国家计委协商确定投资基数后划转教育部。

5. 进入"211 工程"建设的学校，中央专项资金和由原主管部门（单位）承诺的配套建设资金，按照国家计委批复的"211 工程"建设可行性研究报告确定的资金渠道和额度，分别由国家计委、财政部、教育部和有关部门、省（自治区、直辖市）按原计划下达到有关学校。

6. 划转教育部管理或中央与地方共建、以地方管理为主的医科类高等学校，其附属医院的行政及教学业务管理由教育部门负责，其卫生事业管理体制不变，医疗业务及资金、财务管理仍由卫生部门负责。中央与地方共建、以地方管理为主的医科类高等学校附属医院的卫生事业费指标下划，由财政部商有关部门研究确定。附属医院的事业经费由同级财政部门划拨到卫生部门，再由卫生部门核拨到医院。

7. 由教育部负责调整的学校，其教育事业费、基建投资及人、财、物等暂不划转或交接；待调整工作结束后，再划转交接。

8. 各有关主管部门（单位）对原所属普通高等学校在专业人才培养、科学研究、信息沟通与企业联系、扶持特色专业政策等方面继续给予指导、关心和支持。

9. 1999年的决算工作仍由原主管部门（单位）负责。

（二）成人高等学校、中等专业学校和技工学校

1. 由部门（单位）下属企事业单位举办的成人高等学校、中等专业学校和技工学校，其人、财、物和基本建设继续由举办单位负责和管理，其教育业务按属地原则归口地方教育部门管理。

2. 在成人高等学校、中等专业学校和技工学校中，由财政部拨付教育事业费的学校，按财政部核定的1999年末基数指标划转。1999年财政部安排调资经费的学校，另加调资翘尾经费。根据国务院有关精神需要减拨事业费的学校，按减拨后的数字计算。2000年起，上述学校的经费划转地方管理。

财政部拨付学校的公费医疗经费、房改经费（专项用于补助建立住房公积金）和行政事业单位离退休经费，由财政部按照1999年预算执行数，从2000年起划转到地方，由地方财政部门按照有关规定办理。

3. 上述学校原则上在本地区招生，培养本地区所需要的人才，其中个别行业性强的学校和专业可以继续少量跨省（自治区、直辖市）招生。实行垂直管理的铁路等行业中由企业举办的上述学校，可以继续面向全国招生。

三、组织实施和步骤

国务院部门（单位）所属学校管理体制调整工作在国务院领导下，由教育部、国家计委、财政部会同学校原主管部门（单位）组织实施。

（一）各有关部门要指定办事机构或专门人员协助教育部和各有关省（自治区、直辖市）人民政府共同完成调整任务。要认真细致地做好有关工作，特别要注

意做好思想政治工作，保证学校平稳过渡。

（二）由教育部、国家计委、财政部及有关部门共同负责完成学校事业费、基金投资等有关资金划转或核拨工作。

由教育部牵头，会同各有关部门和有关省（自治区、直辖市）共同做好学校的人事、档案、资产等交接工作。

（三）由审计署会同财政部、教育部等有关部门和省级人民政府，按有关法律、法规对每所学校的财务状况进行审计，确保学校的国有资产不流失。具体办法另行制定。

（四）工作进度：在 2000 年 1 月制订工作方案并做好有关准备工作的基础上，2000 年 2 月中下旬进入实施阶段，寒假后所有调整学校按新的管理体制运转；2000 年 3 月底基本完成资金划转或核定工作；2000 年 7 月底基本完成由教育部负责调整的学校的调整工作。

本实施意见中的具体问题由教育部负责解释。

附件：

一、划转教育部管理的学校名单

二、由教育部负责调整的高等学校名单

三、继续由原部门（单位）管理和改为由其他部门（单位）举办和管理的学校名单

四、中央与地方共建、以地方管理为主的普通高等学校名单

五、改为部门（单位）培训中心的学校名单

六、划转地方管理的成人高等学校名单

附件一：

划转教育部管理的学校名单

（共 27 所）

一、独立建制划转教育部管理的普通高等学校（22 所）

石油大学	上海财经大学
北京邮电大学	中国矿业大学
中国农业大学	河海大学

北京林业大学	南京农业大学
北京广播学院	中国药科大学
中央财经大学	中国地质大学
中国政法大学	华中农业大学
中央音乐学院	电子科技大学
中央美术学院	西南交通大学
中央戏曲学院	西南财经大学
东北林业大学	西安电子科技大学

二、划转到教育部直属高等学校的学院、分校（2 所）

中国人民大学劳动人事学院

北京邮电大学函授学院

三、随普通高等学校划转到教育部管理的中等专业学校（3 所）

北京针灸骨伤学院附属中等专业学校

重庆建筑高等专科学校中专部

上海铁道大学附属卫校

附件二：

由教育部负责调整的高等学校名单

（共 40 所）

一、与教育部现有直属高等学校合并的普通高等学校（13 组，22 所）

北京医科大学与北京大学合并

南京铁道医学院、南京交通高等专科学校与东南大学合并

武汉水利电力大学（武汉）、武汉测绘科技大学与武汉大学合并

白求恩医科大学、长春科技大学、长春邮电学院与吉林大学合并

上海医科大学与复旦大学合并

山东医科大学与山东大学合并

同济医科大学、武汉城市建设学院与华中理工大学合并

武汉汽车工业大学、武汉交通科技大学与武汉工业大学合并

湖南医科大学、长沙铁道学院与中南工业大学合并

湖南财经学院与湖南大学合并

重庆建筑大学、重庆建筑高等专科学校与重庆大学合并

西安医科大学、陕西财经学院与西安交通大学合并

上海铁道大学与同济大学合并

二、相互合并划转到教育部管理的普通高等学校（5组，11所）

北京针灸骨伤学院与北京中医药大学合并

中国金融学院与对外经济贸易大学合并

北京电力高等专科学校与北方交通大学合并

中南政法学院与中南财经大学合并

西北建筑工程学院、西安工程学院与西安公路交通大学合并

三、与其他部门所属高等学校合并的普通高等学校（1组，1所）

哈尔滨建筑大学与哈尔滨工业大学合并

四、与普通高等学校合并的成人高等学校（5组，6所）

中央政法管理干部学院并入中国政法大学

中央财政管理干部学院并入中央财经大学

武汉科技职工大学并入华中理工大学

常州水电机械制造职工大学并入河海大学

电子工业管理干部学院、北京成人电子工业学院并入北京信息工程学院

附件三：｛……｝〔1〕

教育部关于划转我部的高等学校
当前人事工作有关问题的通知

教人司（2000）65号

（2000年7月27日）

部属有关高等学校：

　　根据《国务院关于调整撤并部门所属学校管理体制的决定》（国发〔1998〕21号）、《国务院办公厅转发教育部等部门关于调整撤并部门所属学校管理体制实施意见的通知》（国办发〔1998〕103号）精神，原东北大学等10所普通高等学校划转教育部管理。根据《国务院关于进一步调整国务院部门（单位）所属学院管理

---

〔1〕　附件三至附件六的内容与本书主题无关，省略不录。

体制和布局结构的决定》（国发〔1999〕26号）、《国务院办公厅转发教育部等部门关于调整国务院部门（单位）所属学校管理体制和布局结构实施意见的通知》（国办发〔2000〕11号）精神，石油大学等22所普通高等学校独立建制划转教育部管理，原北京医科大学等33所普通高等学校由教育部负责调整。为做好部属高校人事管理和服务工作，便于新划转、调整我部管理的高校了解我司工作职能和程序，现就有关问题通知如下：

一、人事司有关高校管理服务工作的主要职能

直属高校领导班子管理、考核、任免，领导班子后备干部队伍建设；高校机构编制有关政策的研究、协调和指导工作；教师队伍建设规划、指导和管理工作；教师资格制度实施工作；"高等学校优秀青年教师教学科研奖励计划"和"优秀青年教师资助计划"实施工作；高校教师培训工作；知识分子和专家工作；教师及其他专业技术人员职务聘任政策研究及组织实施工作；教育职员制度政策研究、试点及组织实施工作；教师聘任制度研究及组织实施工作；教师和教育工作者表彰奖励工作；"长江学者奖励计划"组织实施工作；教育管理干部培训工作；劳动工资管理、保险福利政策研究和实施工作；直属高等学校内部人事与分配制度改革的指导、协调工作。

二、划转、调整我部管理的高等学校当前有关人事工作的几点意见

当前，高等学校特别是我部所属高校以人事分配制度改革为重点的内部管理体制改革正在向纵深发展，中组部、人事部、教育部日前下发了《关于深化高等学校人事制度改革的实施意见》（人发〔2000〕59号），明确了高校人事制度改革的指导思想和思路，强调要进一步健全高校内部的竞争机制和激励机制，转换人事管理的运行机制，搞活用人制度和分配制度。希望各划转高校抓住当前有利时机，将划转、合校工作与校内人事制度改革紧密结合，并做好以下几方面工作：

（一）关于校内机构设置工作

请当前正在进行调整、合并的高校抓住有利时机，将合校工作与校内机构改革工作紧密结合。学校党政管理机构数按学校规模和管理跨度确定，原则上10~20个左右，职能相近的部门和机构要尽可能合并或合署办公。学校内设党政管理机构的领导职数一般掌握在机构设置数的2.5倍以内。学校党政管理人员编制原则上控制在全校事业编制人数的12%~15%，校部党政机构人员编制按全校事业编制人数的6%~10%掌握。合并学校数较多、人员基数较大的学校，执行上述标准确有特殊困

难的，要制订切实可行的人员调整规划，力争在较短时期内达到要求。

要抓住调整、合并的有利时机，本着有利于提高教学科研整体实力和水平、充分利用教育资源的原则，深化校、院（系）管理体制改革，进一步理顺教学科研组织形式。

（二）关于专业技术职务聘任工作

按照国务院办公厅《关于确保国务院部门（单位）所属学校管理体制调整工作顺利进行有关问题的紧急通知》（国办发电〔2000〕1号）规定，由我部负责调整的高等学校及相关各校，合校完成之前，暂停教师及其他专业技术职务聘任工作；调整、合并后，请各校将开展工作的意见报我部"职称改革工作办公室"审批。独立建制划转的高等学校，亦请将有关情况报我部"职称改革工作办公室"备案或者审批，并依据《高等教育法》、《教师法》和国家关于实行专业技术职务聘任制度的有关规定开展教师及其他专业技术职务聘任工作。

我司原则认可划转学校原主管部门授予的有关专业技术职务系列的评审权限和下达的专业技术职务岗位数额，请有关高校将原主管部门的授权情况及下达的专业技术职务岗位数额报我部"职称改革工作办公室"履行认定手续。对未获评审权、现已具备相应条件的学科、系列，有关高校可按规定向我部提出授权申请。

部属高校要依法坚持实行专业技术职务聘任制度，不搞评聘分开，不实行社会化评审。部属高校在教师及其他专业技术职务聘任工作中应掌握以下原则：①政策掌握从严，切实转换用人机制；②职数控制从紧，不得突破经核定的专业技术职务岗位数额；③从学校改革、发展和队伍的长远建设出发，总体设计，统筹安排，为学校用人制度的进一步改革留下空间。今后，我部将根据学校事业发展和学科梯队建设的需要，核定部属高校教师及其他专业技术职务系列的职务结构比例，实行专业技术职务结构比例管理。

对于暂不具备评审权的学科、系列，委托所在地省级人民政府教育行政部门组织代评；不具备卫生系列评审权的学校可以参加目前我部组织的卫生技术职务评审。对按照我部授权或确认的授权范围自行组织评审的系列，学校自行组织专业技术人员职务晋升外语考试。

（三）关于编制和人员计划

我司原则认可划转学校原主管部门批准的本校人员编制限额，请有关高校将原主管部门的批件等材料（请见附件一，下同）报我司履行认定手续。

根据我部劳动工资管理办法，部属高校职工人数计划与编制管理相衔接。我部一般不下达年度增干计划。请有关高校将原主管部门下达的职工人数计划等材料报我司备案。划转我部管理的高等学校 2000 年职工人数计划，由学校报请我部核定。

部属高校应根据学校长远规划统筹安排校内人员计划，严把人员进口关，今后凡确需新增人员的，应重点引进高层次人才，主要补充具有研究生以上学历的教学人员，严格控制增加本科以下学历人员，原则上不进工勤人员。当前正在调整、合并的学校，调整、合并工作完成前，暂停人员调动、职务晋升等工作。

（四）关于工资制度

部属高校应执行国家规定的事业单位工资制度。由我部负责调整的高等学校中原执行企业工资制度的，要逐步统一工资制度，调整方案请学校报我司。划转我部管理的高等学校，请核查目前执行的原主管部门、所在地方政府的有关工资、津贴政策、项目，并将有关材料报我司备案。

我部目前对部属高校实行工资总额动态包干管理，学校工资总额动态包干基数根据本校人员编制限额、职工平均工资、上年财务决算反映的本校收入情况确定，增人不增工资总额，减人不减工资总额。请划转我部管理的高等学校呈报 1999 年相关材料，并将 2000 年工资总额计划报我司核定。

部属高校可根据国家和地方政府的规定，自主办理本校教职工正常晋升职务工资档次，晋升职务（包括专业技术职务）增加工资、考核优秀人员提前或越级晋升职务工资档次（3%奖励升级）、新进人员确定职务工资档次等日常工资审批手续，其中党委书记、校长初次确定职务工资档次、提前或越级晋升职务工资档次，由我部办理审批手续，或由我部报请中组部审批。部属在京高校实施 3%奖励升级指标报我司审批。

附件：

一、要求报送材料一览

二、报送材料学校名单

三、教育部人事司相关处室主要工作范围及联系办法[1]

教育部人事司

2000 年 7 月 27 日

---

[1] 附件内容与本书主题无关，省略不录。

中国政法大学
关于体制调整中经费划转的报告

（2000 年 6 月 26 日）

教育部直属高校工作办公室：

　　现将我校管理体制调整过程中有关经费划转存在的几个问题汇报如下：

一、划转过程中的经费

　　1. 关于中央政法管理干部〔学院〕的经费问题。在我校划转教育部的同时，依据国办发〔2000〕11 号文件中央政法管理干部学院（以下简称"管院"）正式并入我校。过去他们的经费渠道一直是政法干部训练费，合并后理应维持以往的经费拨款原则，以保证原管院教职工和学生正常的人员经费和办学经费。然而，此项经费至今未得到落实，半年来他们的所有支出都是从教育经费中支付的，为此我们曾于 4 月 4 日校字〔2000〕第 044 号文《中国政法大学关于公检法干部训练经费情况的报告》呈报教育部财务司，又于 4 月 26 日校字〔2000〕第 060 号文《中国政法大学关于呈请划转中央政法管理干部学院经费的请示》呈报司法部并抄送财政部公共支出司和教育部财务司。现再次反映，希望能尽快解决。

　　2. 2000 年教育经费预算定额部分有出入。我们收到部里下达的 2000 年教育事业预算后，根据 1999 年上报的 1~9 月份报表有关数字，对定额部分进行了核对。其中：本科生部分有出入：1999 年 1~9 月份报表中本专科学生 5106 人，按 2000 年定额标准 5300 元计算，维持部分经费应为 2706.2 万元；发展部分我校净增数 1440 人按定额标准的 1/4 计算（1325 元）应为 190.8 万元；两项合计应为 2897 万元，而下达的预算是 2602.5 万元，少计 294.5 万元。

　　3. 科研事业费。我校共有研究所 5 个、研究中心 3 个，从事科研 20 年的教师 80 多人。多年来一直没有科研事业费。每年只能从教育经费挤出一部分作为他们的日常经费。对此，我们过去也曾多次向主管部门反映，始终得不到解决。是否能解决，望指示。

二、基建投资划转存在的问题

　　1. 我校昌平教学楼 D 段工程，总投资需 924 万元。立项时，我校赵相林副校长与司法部计财司原主管基建工作的副司长宋建民同志协商并同意：土建 624 万元为国拨，设施等 300 万元学校自筹。目前，D 段工程已接近竣工，学校自筹 300 万元已到位，但国拨款因司法部人事变动和我校隶属关系发生变化，只拨了 200 万元（司法部有关部门已明确表示不再拨款），以致造成该工程缺口很大，拖欠工程款 300 万元，设施等费用尚未落实。这种情况将严重影响 9 月份新生入学后的教学工作。

2. 随着我校招生规模的不断扩大，教室短缺严重。我校拟继续建设昌平教学楼 E 段，建筑面积约 5500 平方米，计划投资 1100 万元。司法部已批准立项，现已进入方案设计阶段，计划今年下半年开工，并完成基础工程。为此，今年需投入资金 300 万元，明年需投入 800 万元，请求教育部拨款解决。

3. 昌平学生活动中心工程。该项工程对学校搞好学生工作非常重要。这是新时期、新形势下，急需学校增建的项目。司法部已批准立项，现已进入方案设计阶段。计划年底开工，急需前期费用 200 万元。

4. 城区我校两处锅炉房煤改气工程。去年已按国家计委、教育部和北京市有关单位的要求进行了前期工作。因资金不到位和其他原因未动工。今年 5 月中旬国家计委和教育部联合召开会议，重新布置了此项工作，公布了给我校拟拨的专项资金 1000 万元，并明确要求今年必须完成，不能够影响冬季采暖。加上，因我校是新建锅炉房，工期要求较长，现急需资金到位，以保证此项工作按时完成。

三、关于"211 工程"的问题

1997 年 12 月 23 日，司法部党组依据国家教委关于普通高等学校参加国家"211 工程"预审的标准，在对五所部属政法高等院校进行全面综合评估在基础上，确定中国政法大学为司法部部属院校中唯一重点建设的院校，并向国家教委申请实施"211 工程"预审工作（司发函〔1997〕450 号司法部关于申请开展重点建设中国政法大学"211 工程"预审工作的函），1998 年，司法部再次致函国家教委（司发函〔1998〕237 号司法部关于申请开展重点建设中国政法大学"211 工程"预审工作经费投入的补充说明）；并拟定了《中国政法大学"211 工程"建设投资方案》。

方案中拟定：我校进入"211 工程"后，总体投资规划为：计划到 2007 年，用 10 年的时间重点建设 6 个项目。其中到 2002 年，需要投资 15 400 万元；第二个 5 年，即到 2007 年，需要投资 28 640 万元。10 年共需投资 44 040 万元。同时文中明确：按照国家开展"211 工程"建设经费投入的有关规定，其经费分别由国家"211 工程"建设专项资金，学校主管部门和学校三方面共同分担的原则，其中我部｛指司法部｝和中国政法大学分别承担 15 000 万元，其余部分申请国家"211 工程"建设专项资金。

自 1997 年至今，我校始终没有接到教育部对我校实施"211 工程"预审的通知。为此，我们恳请应将中国政法大学列入视为进入"211 工程"的院校，在资金拨付上与已通过预审的院校享受有同等待遇。

以上是我校在划转过程中需解决的一些问题，望部里能给予解决或与有关部门协调解决。

特此报告。

中国政法大学

2000 年 6 月 26 日

中共教育部党组关于石亚军等同志
职务任免的通知

教党任（2001）84 号

（2001 年 9 月 24 日）

中共中国政法大学委员会：

经研究并与中共北京市委商得一致，决定任命石亚军同志为中共中国政法大学委员会委员、常委、书记，冯世勇同志为中共中国政法大学委员会委员、常委、副书记，徐显明、朱勇、张桂琳、张柳华同志为中共中国政法大学委员会委员、常委，李书灵同志为中共中国政法大学委员会常委、中共中国政法大学纪律检查委员会委员、书记；免去杨永林同志的中共中国政法大学委员会书记、常委、委员，解战原同志的中共中国政法大学委员会常务副书记，王启富、赵相林、魏传军、郑禄、陆炬同志的中共中国政法大学委员会常委、委员职务；免去马抗美同志兼任的中共中国政法大学纪律检查委员会书记职务。

中国共产党教育部党组

2001 年 9 月 24 日

教育部关于徐显明等职务任免的通知

教任（2001）45 号

（2001 年 9 月 24 日）

中国政法大学：

经研究决定，任命徐显明为中国政法大学校长，解战原、马抗美（兼）、朱勇、张桂琳、张柳华为中国政法大学副校长；免去杨永林的中国政法大学校长，王启富的中国政法大学常务副校长，赵相林、魏传军、郑禄、陆炬的中国政法大学副校长职务。

中华人民共和国教育部

2001 年 9 月 24 日

二、成为国家"211 工程"院校

内容提要

20 世纪 90 年代初期，为了迎接世界新技术革命的挑战，国家计划集中中央和地方各方面的力量，分期分批地重点建设 100 所高等学校和一批重点学科、专业，使其到 2000 年左右在教育质量、科学研究、管理水平及办学效益等方面有较大提高，在教育改革方面有明显进展，到 21 世纪初接近或达到国际一流大学的水平。1993 年 2 月 13 日，中共中央、国务院颁发《中国教育改革和发展纲要》及其实施意见，明确指出："要集中中央和地方等各方面的力量办好 100 所左右重点大学和一批重点学科、专业。"7 月，国家教委制定《关于重点建设一批高等学校和重点学科点的若干意见》，决定设置"211 工程"重点建设项目。

"211 工程"重点建设项目，1994 年 5 月启动部门预审，1995 年起开始实施。其管理程序是，由中央行业主管部门和省（区、市）人民政府申报，国家教委对备选院校和学科点进行预审。预审通过后，有关主管部门向国家教委报送预备立项材料。国家教委会同有关主管部门，根据"211 工程"总体进度要求和国家财力可能，向国家计委报送项目可行性研究报告。国家计委根据建设项目的具体目标和标准，部门、地方和院校自筹资金落实情况以及中央专项资金的安排，进行综合平衡、审核、批准。

中国政法大学申请加入"211 工程"院校历经十余年。早在 1993 年 4 月，学校就向当时的主管部门司法部提出报告，申请将中国政法大学列入"211 工程"。1995 年 12 月，再次提交申请，希望司法部将学校确定为重点扶持院校。1997 年，司法部将中国政法大学确定为重点建设的"211 工程"院校，并开始申请工作。1998 年，提交中国政法大学"211 工程"投资方案。2002 年，学校重新划归教育部后，学校新的领导班子再次将此项工作列入议事日程，向教育部提交报告，希望进入国家"211 工程"二期建设项目。2005 年 10 月 16 日，教育部最终予以批复，中国政法大学正式跨入国家"211 工程"院校行列。

中国政法大学
关于申请将我校列入"211 工程"的报告

校字（93）第 053 号

（1993 年 4 月 7 日）

司法部：

国家教委决定，到 2000 年重点建设好 100 所大学，这是一项跨世纪的战略工程。对此，我校教职员工群情振奋，决心以此为动力，同心同德，发奋工作，进一步完善办学条件，提高教学质量，力争到本世纪末，使中国政法大学真正加入全国 100 所重点大学的行列。为此，我们郑重申请将我校列入"211 工程"。现将申请的理由和有关情况报告如下：

一、我校申请列入"211 工程"的条件

中国政法大学前身——北京政法学院，是 60 年代初被高教部认定的全国 23 所重点高校之一。[1]"文革"期间被迫停办。粉碎"四人帮"以后，于 1979 年复办。1982 年 1 月，中央做出了"要抓紧筹办中国政法大学，把它办成我国政法教育中心"的决定。1983 年 5 月 5 日中国政法大学宣告成立，邓小平同志亲自题写了校名。1991 年下半年，学校办学主体由学院路移至昌平新校，从而形成了"一校两址，两地办学"的格局。

---

〔1〕 文中所称"60 年代初，高教部确定的全国重点高校 23 所"与有关史料有出入，详见本书第 147 页脚注 1。

目前我校已形成良好的育人环境。

（一）办学条件好

中国政法大学宣告成立后，国家投资1.2亿人民币，并列入"七·五"国家重点工程，在昌平卫星城兴建大学新校，并于1987年暑期开始在新校招生。目前，新校基建已经竣工，绿化初见成效，一个优美的育人环境业已形成，新老校合计占地731亩，建筑面积22.67万平方米。如此宏大的校园环境，在世界法律院校中是少见的。

教学设施较完善。校园内，除端庄的教学楼以外，还有挺拔的办公楼、典雅的图书馆、别致的模拟法庭以及较为先进的刑侦实验室、电教中心、计算机中心、语音室等教学科研设施。

图书馆藏书丰富，设备较好，新老校均建有图书馆，合计建筑面积17 900平方米。其中新校图书馆11 000平方米，在北京高校中屈指可数。截至目前，全校共有各类藏书66.65万册，订阅各种报刊3560种。

（二）师资力量强

我校现有教学科研人员（包括双肩挑）538人。其中，高级职称197人（正高53人，副高144人）博士生导师4人，占总数的37%；中青年（50岁以下）教学科研人员347人，占总数的64.5%。结构较为合理，专业素质较高。

在师资队伍中不乏有影响的教授学者、学科带头人以及优秀中青年骨干。自复办以来，全校共有22人在全国19个学术团体中担任领导职务，有168人代表国家和学校出席过国际学术会议，有23人被全国人大法工委聘请参与立法活动，获得霍英东基金奖的中青年教师有2人，获得对国家有突出贡献的中青年科学家有1人，享受国家级政府特殊津贴的学者有10人。其中，在我国政法院校中，唯有我校的一位著名学者是国务院学位委员会法学评议组成员。

师资业务素质高，科研成果丰硕。自1983年以来，由我校教学科研人员承担完成的国家级及部级科研项目达42个，撰写发表的论著达719种，论文1081篇。其中，有64篇论文，12种论著是在国外发表出版的。

（三）办学规模大，办学层次高

我校已从原来的法学单科学校发展成为以法学为主的多系科、多层次的综合性大学。学校现有一院四系（即研究生院、法律系、经济法系、国际经济法系、政治与管理学系）以及13个科研和教辅机构。目前，全校累计各类在校生3000余人，函授生2100人。

办学规模将逐年扩大。1983年5月，教育部《关于批准成立中国政法大学的通知》中，确定我校办学规模为 7000 人。其中本科生 5400 人，研究生 400 人，进修生 1200 人。至"八·五"末，在校生将由现在的 3000 余人发展到 4200 人，同时还将逐年扩大，招收各类自费生。今年，计划招收本科生 1000 人，大专生 310 人，业〔夜〕大生 150 人，函授生 1400 人。

办学层次也比较高。我校每年招收 150 名双学士生（相当于研究生班），招收 100 名研究生。目前，我校有 17 个专业取得硕士学位授予权，4 个专业取得博士学位授予权。我校曾培养出国内第一批法学博士，是政法院校中唯一有博士授予权的学校。

（四）管理水平较高

校领导班子结构合理。我校实行党委领导下的校长负责制，党政分工明确，配合默契，校级领导都具有大学本科以上学历，具有正教授职称的有 5 位，党委书记是司法部党组成员。他们都是法学教育、行政、后勤管理方面的专家。今年春季党代会以后，调整充实了党委班子，形成了团结工作的班子。

坚持以教学为中心，教学、科研、行政、后勤四大工作系统，机构健全，职责明确，各项管理工作有章可循，配合默契。近年来，陆续引进了复印机、电脑打字、计算机等现代办公设备，管理水平和工作效率迅速提高。

管理体制改革已建成效。我校的管理体制改革已经起步：在实行"三定（定职责、定编制、定岗位）"的基础上，干部（包括教学科研人员）实行聘任制，工人实行合同制，择优上岗，打破铁交椅；校内津贴实行单位包干，按出勤和实绩发放，奖勤罚懒，打破大锅饭；核定部门职责，理顺关系，健全制度，克服忙闲不均，杜绝互相推诿。通过以上改革，调动了职工积极性，各项管理工作正在呈现新的起色。

（五）在海内外地位和影响较高

自十一届三中全会以来，我校已先后接待了五大洲 40 多个国家和地区学术团体和法律代表团的访问，派出了近 300 名教学、科研人员到 10 多个国家和地区讲学和进修；我校还同美国等国的近 10 所大学建立了校际友好合作关系；先后聘请了 50 多位外籍专家、学者来校执教；学校具备举行大型学术活动的能力。今年 6 月，我校将举办"中国法律史国际学术研讨会"，8 月将主办"海峡两岸法学学术研讨会"。

此外，我校地处首都北京，对国内外开展法学交流活动较为方便。

二、我校为申请进入"211 工程"将采取的措施

1. 深化改革。学校将以内部管理体制改革为龙头，以教学改革为核心，进一步增强办学实力，改善办学条件，提高办学质量。具体包括：实行聘任制和校内工资总额包干；引进竞争机制，打破平均主义和大锅饭，增强活力；调整专业结构，修订教学计划，以适应市场经济需要。为培养既懂法律、懂外语，又懂经济，会管理的应用型人才，学校将增设外语系和应用经济管理专业。我校要求每个本科生通过四级英语考试，获得计算机合格证书。要加强重点学科建设，在中国法制史的基础上，力争再增设国家级重点学科。要积极吸收海内外资金，走联合办学的路子。

2. 采取切实措施，培养中青年教学、科研骨干。学校将在职称、住房、工资等方面向优秀中青年教学、科研人员倾斜。对海外学成归来的学子，将提供更加优惠的工作、生活条件。

3. 积极开源节流，为教学、科研提供经济保障。在坚持以教学、科研为中心的前提下，学校将大力兴办"三产"，广开财源；通过完善承包等方式，合理使用资金。总之，要千方百计，积累、集中财力物力，挖掘办学潜力，增强办学实力。

4. 进一步改善教学、科研和行政管理条件。为适应扩大办学的需要，学校将在昌平新校增建教学楼；增拨资金，丰富藏书量；引进现代化设施，推进办公现代化，提高管理水平。

5. 加强教材建设。不断修订、充实本科生教材；将率先在全国推出研究生法学系列教材。

6. 加强文明校园建设。1993 年力争昌平新校全面达标，并常抓不懈，形成教书育人、管理育人、服务育人的良好风气，使中国政法大学真正成为培养社会主义政法人才的摇篮。

通过上述各项措施，在至本世纪未〔末〕的几年中，我们要逐步实现党和国家的要求，把中国政法大学发展成为"以法学为主，政治、经济、社会多科系的综合性大学"，成为名副其实的我国"政法教育、法学研究和图书信息资料"三个中心。

三、我们的要求

综上所述，申请进入"211 工程"，事关重大，任务繁重，至盼司法部批准并给予大力支持。具体要求：

1. 部里批准我们的申请，并将我校列为重点扶植对象。

2. 请部里向国家教委申报，将我校列入"211 工程"。

3. 从财力上给予扶植：

首先，增加每年的拨款，以求改变目前因经费不足，以致捉襟见肘的状况。

其次，给予专项拨款，以便进一步改善办学条件。其中包括：添置必要的教学设施，如购买计算机、语音设备、增加图书馆藏书等；整治美化新校的校园环境，改造老校的基础设施。

以上报告妥否，请批示。

中国政法大学

1993 年 4 月 7 日

中国政法大学
关于申请将我校列入"211 工程"的补充报告[1]

校字（93）第 162 号

（1993 年 10 月 6 日）

司法部教育司：

今年 5 月，我们向司法部及教育司呈递了《关于申请将我校列入"211 工程"的报告》。

报告认为，市场经济就是法制经济，在由单一计划经济向社会主义市场经济过渡的过程中，扶植一定数量的政法院校进入"211 工程"，既是现实的需要，也是历史的需要。我校申报进入"211 工程"，具有许多有利条件，其中主要是：有一支素质较高的教学、科研和管理队伍；与国内同行相比，具有明显的学科优势和专业特色；地处首都北京，已有较为广泛的国内、国际学术交流与合作关系；具有相当规模的校园及基础设施，具有较为先进的教学、科研设备。

报告上呈以后，我们及时组织力量，参照国内外名牌大学的办学经验，在综合剖析我校办学条件的基础上，本着精打细算，节俭办事的原则，制订了进一步增强办学实力，提高办学水平的实施方案。其中主要包括，加强重点学科建设，加强师资队伍建设，加强科研工作，提高管理水平，完善办学条件等等。

现将实施方案，作为补充材料报告如下：

一、加强重点学科建设（详见附件一）

---

〔1〕　根据中国政法大学档案馆原件刊印，原件缺附件内容。

二、加强师资队伍建设（详见附件二）

三、完善办学条件

（一）进一步完善基础设施

目前，我校现有的基础设施，还不能完全适应将来扩大办学的需要。其中，前几年由于经费限制，有些设计项目停建、缓建了，以后待经济形势好转了，需要逐年补建；随着办学规模的逐年扩大，原有的部分设施日益显得狭窄，需要扩建或重建；五六十年代的大部分校舍和设备，已到翻新、更换或维修年限。

经测算，到本世纪末完成上述施工任务，共需基建投资 3386.23 万元。其中，新校基建需投资 1068.5 万元，重点用于落实原总体规划中停、缓建项目，续建部分阶梯教室、合班教室、教工宿舍、体育设施等；学院路老校需基建投资 2318.73 万元，主要用于对五六十年代所建校系办公楼、宿舍的扩建，对教学楼、食堂供电、供水、供暖设施的维修上（详见附件三）。

（二）添置必要的教学、科研仪器设备

至 2000 年以前，为更新和改善我校的教学、科研和办公自动化条件，共需投资 2745.5 万元，分别用于以下方面的开支：

为加强图书资料建设，提高图书管理的现代化水平，进一步改善借阅条件，截至本世纪末，共需投资 967 万元，主要用于筹建一个"法律文献资料中心"，购置中外文图书资料，扩充馆藏，用于购买图书业务管理和办公自动化设备等（详见附件六）。

目前，我校的教学设备，有些比较陈旧，现代化水平不高；有些设备数量不足，不能满足教学需要；有些设备被疲劳使用，破损严重，却又无力更新或维修。为了在本世纪末基本扭转这种状况，共需 1073.5 万元投资，主要用于购置电教设备、添置教学用计算机和全校办公自动化设备（详见附件五）。

我校外语系业已批准成立，将于 1994 年暑期招生。为此，急需筹建英语、俄语和法律英语培训中心，急需增加和更新语音设备，购买外文图书资料，购置必要的办公家具和办公自动化设备等，共需投资 705 万元（详见附件四）。

综上所述，在 2000 年之前，为进一步完善我校的办学条件，累计需要投资 6131.73 万元。面对如此巨大的投资金额，我们拟通过国家、社会、学校三条渠道筹集，并将分年度完成。

第一渠道，也是主要渠道，即国家投资。到 2000 年，共需国家投资约 3000 万元。

第二渠道，广泛集资。既要吸收外资，又要搞好国内的社会集资。以每年筹集

100 万元至 150 万元的幅度，到本世纪末，力争筹集约 1000 万元。

第三渠道，发挥学校的智力、文化优势，广开财源，争取本校自筹约 2000 万元。

以上补充报告如有不当，请批评指正。

中国政法大学

1993 年 10 月 6 日

中共中国政法大学委员会
关于申请将中国政法大学作为司法部
"211 工程"重点建设院校的报告

党字（95）第 54 号

（1995 年 12 月 4 日）

司法部党组：

以"面向 21 世纪，重点建设 100 所左右的高等学校和一批重点学科点"为总体建设目标的"211 工程"是经党中央、国务院批准进行的跨世纪的高等教育重点建设工程，其主要建设项目包括 100 所左右的高等学校、一批重点学科点和高等教育公共服务体系。它将作为国家重点建设项目列入国民经济社会发展中长期规划和第九个五年计划。这一工程的实施，得到了中央各部委和全国各地区及高等院校的支持与响应。截至目前，全国已有 40 所高校（其中委属 7 所，部属及地方所属院校 33 所）通过了主管部门预审，进入到预备立项阶段，北京地区已有 12 所院校通过了主管部门预审。与此同时，全国各地还有一批重点院校正在加紧进行申报工作，希望早日进入"211 工程"。

据我们对北京地区已经通过主管部门预审的部属兄弟院校的调查了解，他们的主要做法有以下几点：

一、选派得力干部，成立专门机构，负责申报工作。

1. 部委成立领导小组。如对外经贸大学在准备申报时，其上级主管部门——对外经贸部就由当时主管教育的郑斯林副部长牵头，部教育司、计财司负责人及学校党政领导参加，成立了"对外经贸部'211 工程'工作领导小组"，负责领导和协调该校的申报工作。郑斯林同志调任江西省省长后，吴仪部长便直接过问对外经贸大学的申报工作，仅在专家预审的 3 天里，吴仪部长就亲自陪同了两天多。再如石油大学在准备申报之初，其上级主管部门——中国石油天燃〔然〕气总公司的王涛总经理便主持召开党组会议进行专门研究，并责成总公司主管教育的张永一副总经理牵头成立了"中国石油天燃〔然〕气总公司'211 工程'领导小组"，负责领导和协调该校的申报工作。

2. 学校成立工作办公室。如北邮、石油大学、地质大学、科技大学等院校都是由校长或常务副校长牵头，学校主要职能部门负责人参加，成立"'211 工程'申报工作办公室"，各分管副校长亲自担任办公室各工作小组的组长。办公室具体负责申报工作的实际操作。

二、目前已通过"211 工程"主管部门预审的高校，绝大多数都是理工科或综合性大学，他们从准备申报到通过预审大都为期 6～12 个月。按照国家教委的要求，其主管部委为支持他们进行"211 工程"建设而下达的投资计划（至 2010 年）都在 2 亿元以上，如北京大学的投资计划为 7 亿元，对外经贸大学在 2003 年前的投资计划为 3.78 亿元，中国石油天燃〔然〕气总公司则决定："在 2000 年以前对各直属院校的基建投资保持不变的前提下，另外每年为石油大学增加 7000 万元的'211 工程'专项投资，保持石油大学的年度投入不少于 1 亿元"。国家教委并要求资金要尽可能在 2000 年以前到位。限于财力，一个部委或地区一般只确定一所高校进入"211 工程"。

三、部属院校能否进入"211 工程"的关键在于学校的重点学科点建设情况和学校的上级主管部委是否确定重点扶持该校。如北航和南航均为航空航天工业总公司所属的全国重点大学，两校都拥有国家重点学科点和重点实验室，其教学、科研水平在国内航空航天领域都名列前茅。虽然总公司财力雄厚，但在向国家教委申报时也排明了顺序，国家教委经审定未允许南航参加主管部门预审。

鉴于"211 工程"在我国高等教育建设中所处的重要地位和目前全国高校的申报形势，我们申请司法部尽早开展对中国政法大学进入"211 工程"的主管部门预审工作。理由如下：

一、司法部作为全国法学教育的主管部门，所属院校应当至少有一所作为重点建设院校进入"211 工程"，使其在法学教育和科研领域起到应有的示范带头作用。

二、党中央、国务院早在 1983 年决定成立中国政法大学时就明确指示：要把中国政法大学建设成为"全国政法教育中心、法学研究中心和法学图书资料信息中心"，而"211 工程"的建设目标与中央的这一要求完全一致。

三、经过十多年的努力，中国政法大学的各项建设都取得了较大成绩。就申报"211 工程"的必备条件而言，与部属兄弟院校相比，我们的优势主要在于：

1. 我校地处北京，地理位置优越，便于迅速掌握各种信息和最新学术动态，参加各种高级学术、立法活动；便于吸收政法教学、科研领域的高级人才。

2. 我校的中国法制史专业是司法部部属院校中唯一的国家级重点学科，民法、刑法等两个专业是部级重点学科。而重点学科建设情况又是申报"211 工程"的关键条件。

3. 我校设有全国政法院校中唯一的研究生院，有 15 个专业有权授予硕士学位，现有在校硕士研究生 340 多名。其中法制史、民法、经济法、诉讼法和国际法等 5 个专业有博士学位授予权，现有在校博士生 30 名；我校的 12 个法学专业具有在职人员硕士学位授予权。几年来，我校共培养博士生 27 名，硕士生 1300 多名，培养研究生层次的在职人员 100 多人。

4. 我校师资力量雄厚，科研成果突出。博士生导师张晋藩、江平、陈光中、怀效锋、徐杰、杨荣新〔馨〕等都是在国内外法学领域知名的专家学者，此外，学校还拥有包括 110 多位硕士生导师在内的 400 多名专职教师和 58 名专职科研人员，已经形成了老中青结构较为合理的教学科研队伍。我校的中国法制研究所等 5 个研究所和公司法研究中心等组成了我校专兼职结合的科研机构，仅"七·五"期间，学校就承担了国家级、省部级科研项目 46 个，"八·五"期间，我校又承担国家级、省部级科研项目 25 个，还承担了国务院重点项目——《中华大典·法律典》的主持编撰工作。"七·五"、"八·五"期间，我校共出版专著 750 部，在省级以上刊物上发表论文 1600 多篇，全校有 150 多人次参加了国家级立法活动。

5. 对外学术交流活动频繁。到目前为止，我校已成功地主办了 8 次大型国际学术交流会议，在海内外法学界产生了广泛的影响。我校还与美国、德国、日本、韩国、俄罗斯、乌克兰、白俄罗斯、意大利、澳大利亚、｛×××｝等国家和地区的教学、科研机构建立了长期交流关系，学校每年向海外派出的交流学者达 70 多人。

6. 我校学院路老校和昌平新校都已顺利通过中共北京市委教工委与北京市高教局联合组织的校园文明建设达标检查，获得了"文明校园"称号。

以上情况专此报告。司法部如同意将中国政法大学列为部属重点建设院校，支持中国政法大学申报"211 工程"，我们建议：

1. 由肖扬部长或刘飏副部长牵头，司法部教育司和计财司的主要负责人、中国政法大学的正副书记和正副校长参加，成立"司法部'211 工程'建设领导小组"，直接负责中国政法大学申报"211 工程"工作的领导和协调。

2. 中国政法大学由主要校领导牵头，学校主要职能部门的负责人参加，成立"中国政法大学'211 工程'申报办公室"，具体负责申报过程中的实际操作。

3. 由部领导小组责成中国政法大学从本学期起立即着手准备，并由司法部教育司向国家教委"211 工程"办公室申报，要求对中国政法大学进行"211 工程"主管部门预审。经过各方的积极努力，争取使中国政法大学在明年上半年通过主管部门预审。

以上报告妥否，请批示。

中共中国政法大学委员会

1995 年 12 月 4 日

中国政法大学
关于申请进行"211 工程"主管部门预审的报告

校字（96）第 081 号

（1996 年 4 月 17 日）

司法部教育司并报刘副部长：

继 1993 年我校向司法部呈递《关于申请将我校列入"211 工程"的报告》及《补充报告》后，鉴于"211 工程"在我国高等教育建设中所处的重要地位及全国高校的申报形势，我校党委又于 1995 年 12 月向司法部党组呈递了《关于申请将中国政法大学作为司法部"211 工程"重点建设院校的报告》。报告中，我校向部党组汇报了北京地区部分高校"211 工程"申报工作的情况，并从党中央、国务院对中国政法大学的要求，国家领导人对我校工作的重视以及与部属兄弟院校相比我校在地理、重点学科建设、师资队伍建设、科研水平、对外学术交流、文明校园建设等各方面的优势，对我校的申报理由作了详细阐述，建议司法部能将我校列入部"211 工程"重点建设院校，并尽早开展对我校进入"211 工程"的主管部门预审工作。同时，校党委也决定将"211 工程"的申报工作作为 1996 年全校的头等大事来抓，在校党委 1996 年工作要点中明确提出了希望能在年底以前通过"211 工程"主管部门预审的目标，此举得到全校师生的坚决拥护。

在今年 1 月结束的司法部法学教育工作会议上，肖扬部长明确指出：在"今后

5年内，要力争有1~2所政法院校和3~4个重点学科进入'211工程'"。近日，我校从国家教委"211工程"办公室了解到："211工程"的预审工作将于今年年底结束，今年以后是否继续进行尚未确定。全国目前已有60~70所院校申报预审，中国政法大学的申报，必须由司法部向国家教委提出。鉴于以上情况，我校恳请司法部于近期内尽快主持开展对我校进入"211工程"的主管部门预审工作。

以上妥否，请批示。

中国政法大学

1996年4月17日

中共中国政法大学委员会 关于申请将中国政法大学作为申报 "211工程"首席部属院校的请示[1]

党字（96）第36号

（1996年7月8日）

司法部党组：

据悉，国家教委将在今年年底结束"211工程"的全国预审。1993年4月以来，中国政法大学党委及全校师生为使学校早日加入这一跨世纪工程，曾先后四次向司法部提出书面报告，诚请将我校列为申报"211工程"的部属首席院校。现再将申请理由汇总报告如下，请审定。

一、中共中央、国务院、司法部的决定

中国政法大学的前身是成立于1952年的北京政法学院，于1960年被教育部确定为全国64所重点高校之一，是当时全国政法院校中唯一的重点院校（见附件一）。"文革"期间，北京政法学院被迫停办，1978年8月经国务院批准复办，同时也准备恢复北京政法学院重点院校的地位，但当时教委规定一个部委只能有一所重点院校，如果北京政法学院恢复重点院校的地位，就必须同时取消西南政法院校的重点院校资格，否则可能引起其他部委的攀比。当时主管法学教育的最高人民法

---

〔1〕　根据中国政法大学档案馆原件刊印，原件无附件内容。

院在进行协调时，西南政法学院不同意放弃重点院校的地位。最后，经高法与国家教委多次协商，同意北京政法学院虽不戴重点院校的帽子，但实际恢复当时重点院校的唯一待遇——在招生上作为第一批录取院校对待。这就是被中央确定为"全国法学教育中心"的中国政法大学不是重点院校，而西南政法大学却是重点院校的原因。

1982 年 1 月，中共中央做出"要抓紧筹办中国政法大学，把它办成我国政法教育中心"的决定（见附件二）。

1983 年中共中央、国务院决定成立中国政法大学时明确指示：要把中国政法大学建设成为"全国政法教育中心、法学研究中心和法学图书资料信息中心"。

为落实这一决定，80 年代初国家投入 1 亿多元并作为国家级重点工程建设中国政法大学，这在政法院校中是绝无仅有的，也说明国家在 80 年代初已将我校作为国家重点建设院校。1991 年 9 月，我校实现了重点向昌平新校转移。

1995 年 5 月 18 日李岚清副总理视察我校时进一步指出："……关于办学体制问题，……一个业务职能部门，集中力量办好一两所学校就行了，司法部……如果集中力量办好北京的一个中国政法大学，不管多么穷，还是可以的……"（见附件三）。

1996 年 6 月 27 日，我校党委就我校申报"211 工程"的各项工作向刘副部长作了全面的综合性的汇报。

二、我校自身的优势

——办学规模、办学层次及办学水平列部属院校之首。目前各类在校（册）学生 10 090 人，到去年 7 月底累计为国家输送各类毕业生 29 068 人。以 1995 届毕业生（本科）为例，英语四、六级通过率分别为 95% 和 61%，列北京市第五名，国家公务员通过率为 85%，列北京市第一名。毕业生德智体全面发展，深受社会欢迎，近年来一分率均在 85% 以上。毕业生中大部分已成为全国公检法及法学教育科研等部门的骨干。

——师资力量雄厚，结构合理。学校现有教师 479 人，其中教授 79 人、副教授 151 人、讲师 200 人、助教 49 人。部属院校共有 15 名博士生导师，我校占 12 名，其中张晋藩、江平、陈光中、怀效锋、徐杰、杨荣馨等都是在国内外法学领域知名的专家学者。硕士生导师 109 人。1991 年以来，司法部 30 个直属单位（包括 7 所政法院校）中有 90 人获政府特殊津贴，其中我校有 34 人，占 37.8%。有 58 人次被授予全国或省部级优秀教师或学科带头人。

——学科和学位点建设成就突出。中国法制史专业是部属院校中唯一的国家级重点学科。此外，我们还有 2 个部级、5 个校级重点学科。我校有部属院校中唯一的研究生院和法制史、民法学、诉讼法学、经济法学、国际法等 5 个博士点、16 个硕士点。这些学科都是社会主义建设急需的应用型科学。

——科研和对外交流成绩斐然。我校现有 5 个研究所、11 个研究中心、8 种报刊〔纸〕杂志。"七·五"、"八·五"期间，我校共承担国家级、省部级科研课题 115 项，出版专著 1314 部，其中在美、日、韩、意、德等国出版 47 部，在港、澳、台出版 72 部；发表论文 4100 余篇，其中在海外发表 120 余篇。有 150 多人次参加国家级立法。1985 年以来，部属院校共举办 10 次大型国际学术研讨会，我校占 8 次。"七·五"、"八·五"期间，我校科研成果获 5 项国际、13 项国家级奖、111 项省部级奖。有 23 人在全国性学术团体任常务理事以上职务。目前我校已与海外 11 个国家和地区的 21 所院校建立了长期校际交流关系，聘请外籍专家、接收留学生、接待临时来访外宾与海外院校建立校际交流关系等数量的年度统计中，在司法部属院校中一直名列第一。

——教学改革成效显著。为适应市场经济和社会发展对人才的需求，我校适时增设了英语专业和企业管理专业，修订本科教学计划，增大选修课，减少必修课，实施学分制，建立试题库，试行教学督导制，严格考试管理。我校出版社出版法学教材已达 200 多种，成为国内最大的法学教材生产基地之一。

——图书信息资料交流广泛。学校及各系馆藏图书、文献 75 万册。与 9 个国家或地区 46 个机构建立了图书信息资料互换交流关系。

——广泛吸收海内外资金增加基础设施建设和办学投入。近年来，为早日进入"211 工程"，除国家投入外，学校广开财源，共吸收海内外资金 2400 万人民币用于购置仪器设备，翻修或新建教学、科研设施，改善职工生活条件，奖励工作成绩优异者。

——文明校园建设取得显著成绩。1994 年 12 月和 1995 年 9 月，昌平新校和学院路老校分别通过了北京市委教育工委和北京市高教局"文明校园"检查验收。1996 年整治校园及周边环境，毕业生文明离校、学生德育工作等都受到北京市委及首都新闻单位的好评。

——领导班子建设符合"四化"标准，更加充满生机活力。经过 1994、1995 年两次班子调整，班子成员年龄大大降低，学历明显增高，梯队结构将更加合理，向心力显著增强。

——体制改革更加深入。1995 年完成了全校党政干部聘任制；工人实行全员劳动合同制；试行教师聘任制；成立成教学院，加强成教管理；成立"毕业生就业指导中心"，实施供需见面；改进公寓管理，严格社团管理；试行专升本、本降专；1996 年加速后勤社会化改革，成立饮食服务中心，合并相关处室；实现招生并轨。

三、师生众盼和校党委的决心

近年来，我校一直把争进"211 工程"作为学校党委的中心工作并为此做出了不懈努力。今年《党委工作要点》又明确提出：力争在今年内使我校进入"211 工程"。党委领导在各种全校性会议上都不同程度地对师生员工进行广泛的思想发动。中国政法大学"211"办公室的工作已经启动，全校师生正蓄势待发。

客观地说，对照国家教委"211 工程"的有关文件，根据我校的具体实际，在部属院校进入"211 工程"上，我们是有基础、有实力、有信心的。当然我们也存在着管理和硬件建设方面的不足，校党委决心按照"211 工程"的要求尽快加以改进或解决。

现在，学校党委正认真贯彻落实李岚清副总理指示和部党组意见，依据刘副部长的指示精神，学校正组织专门力量拟订《中国政法大学十年发展规划》和迎接部门预审的各项准备工作，做好"定位、定向"的各项工作。党委一班人在解决"一校两址"，把"211 工程"建在昌平新校的认识上与部党组保持一致，决不动摇。

以上请示，请部党组审定，如无不妥，请予批复。

中共中国政法大学委员会

1996 年 7 月 8 日

司法部党组关于申请开展重点建设
中国政法大学"211 工程"预审工作的函

司发函（1997）450 号

（1997 年 12 月 23 日）

国家教委"211 工程"办公室：

根据你委教重办（1993）1 号和教重（1993）3 号文件精神，和你委关于我部"211 工程"建设的有关指示精神，结合我国民主法制建设和高等法学教育的现状与发展规划，我部拟重点建设中国政法大学，特向你委申请实施"211 工程"的预审工作。另外，希望你委能对西南政法大学予以预审备案，在可能条件下再对其展开预审工作。有关情况如下：

一、依法治国和建设社会主义法制国家迫切要求加快发展高等法学教育

作为依法治国，建设社会主义法制国家和社会主义市场经济体制的基础性、先导性工程的高等法学教育承担着培养高层次法律人才的重要使命。党的十一届三中全会以后，法学教育得到了迅速的恢复和发展，为民主法制建设和社会主义市场经济的建设培养了大批合格的法律人才。但由于历史的原因和形势发展的需要，法律人才的培养规模和质量在一个很长的时期内仍然不能满足社会的需要。高度重视和加强高等法学教育对贯彻党的十五大精神，实现依法治国，建设社会主义法治国家的伟大战略目标和保障社会主义市场经济体制的健康发展，有着十分重要的意义。

近年来，中央领导同志多次谈到加强法学教育工作，培养法律人才的重要性。1995 年 11 月 23 日，李岚清副总理在听取司法部关于法学教育情况汇报时指出："法学教育是教育当中很大的一块，我们要在指导思想上重视，从宏观高度上对法学教育适当采取倾斜政策，因为不仅立法、执法，而且所有用法的部门都需要法律人才。""法学教育不仅是培养法官、检察官和律师，还应该培养'官'，即从事政府管理的公务员。"1995 年 5 月 18 日，李岚清副总理在视察该校时指示我部，要重点建设好中国政法大学。江泽民总书记在党的十五大报告中明确地提出了依法治国，建设社会主义法治国家的伟大战略目标。随着依法治国和建设社会主义法治国家伟大战略的逐步实施，法律人才将日益成为全社会都需要的通用人才，法律服务将会普及各行各业。我国的高等法学教育已进入一个快速发展的新时期，以充分适应依法治国和建设社会主义法治国家的需要。为此，我部确定中国政法大学作为"211 工程"重点建设大学，将其重点建设成培养高层次法律人才的基地。

二、中国政法大学具备实施"211 工程"计划的基础条件

中国政法大学的前身是成立于 1952 年的北京政法学院，"文革"前为教育部直属的全国 25 所重点高校之一。[1]1983 年，党中央、国务院决定成立中国政法大学，"将其办成全国政法教育中心和法学研究的中心"（教育部［83］教计字 082号）。该校在昌平的新校被列入国家"七五"期间重点工程，累计投入 1.2 亿元人

---

〔1〕　文中所称，北京政法学院，"文革"前为教育部直属的全国 25 所重点高校之一，数字有误，据编者考订，1960 年，中共中央确定了 64 所全国重点高等学校，其中 26 所为教育部直属院校。

民币。其培养规模为 7000 人。现有在校生 11 416 人。普通高等教育 4576 人：其中研究生层次约 1141 人（其中第二学士学位 562 人）；普通本、专科生 3435 人（其中专科生 284 人）。成人脱产本、专科生 1174 人。另外，成人函授、夜大本专科生 5666 人。到目前为止，该校共为国家输送各类毕业生 32 000 余人，培训各类人员约 55 000 余人。

师资队伍情况：现有教师 498 人，其中教授 82 人（含研究员 12 人），副教授 181 人（含副研究员 58 人），讲师 193 人，助教 42 人。教师队伍中共有研究生导师 123 人，其中教授 51 人，副教授 49 人，其他正高、副高职称的 12 人。博士生导师 13 人，硕士生导师 110 人。博士生导师张晋藩、江平、陈光中、怀效锋、徐杰、杨荣馨、樊崇义、杨振山等都是在国内外法学领域知名的专家学者。共有 34 人获政府特殊津贴，58 人次被授予全国和省、部级优秀教师称号，23 人在全国性的学术团体中担任常务理事以上职务。

学科和学位点建设情况：中国法制史专业为国家级重点学科，民法、刑法、刑事诉讼法等 3 个专业为部级重点学科。该校有 16 个专业有权授予硕士学位，其中法制史、民法、经济法、诉讼法和国际法 5 个专业有博士学位授予权。该校的 12 个法学专业具有在职人员硕士学位授予权。自恢复研究生教育以来，该校共培养博士毕业生 52 名，硕士毕业生 1500 多名，研究生层次的在职人员 150 多名。另外，该校设有全国高等政法院校中唯一的研究生院，其法学研究生的培养规模约占全国法学研究生培养规模的 1/4。

科研和对外学术交流情况："七五"、"八五"期间共承担国家级、省部级科研课题 115 项，其中国家级 35 项，《中华大典·法律典》为国务院重点项目，"七五"、"八五"期间共有 5 项科研成果获得国际奖，13 项获得国家级奖，111 项获省、部级奖。出版专著、教材 1400 余部，在省部级以上刊物上发表论文 4300 篇，190 多人次参加了国家级的立法活动。在对外学术交流方面，近 5 年来该校已成功地举办了 20 次大型国际学术交流会议。同时还与美、德、日、韩、俄、意、澳、乌克兰、白俄罗斯、港、澳等 10 多个国家和地区的教学、学术机构建立了长期的交流关系，每年向海外派出交流学者达 70 多人。

中国政法大学办学思想端正，领导班子团结有力，具有改革和开拓精神；教学、科研、生活等基本设施较好；教学改革卓有成效，本科教学水平和研究生培养质量稳步提高，科学研究水平较高。

该校建设目标明确，措施可行，具备实施"211 工程"计划的基础条件。

三、建设目标和保证措施

实施"211 工程"计划，重点建设中国政法大学，使其成为在法学教育领域国内领先、国际著名的全国重点大学，实现党中央、国务院关于要把中国政法大学建设成为"全国政法教育中心、法学研究中心以及法学图书资料信息中心"的目标。首先要加强对该校的宏观指导，加大改革力度，完善办学机制，我部已将中央政法管理干部学院与中国政法大学合并办学，解决了昌平"一址两校"的问题，又将司法部高级律师高级公证员培训中心并入该校，增强了该校的办学实力。在"八五"基础上，我部拟对该校加大投入，多渠道筹集资金，确保重点建设，全面提高教育质量和办学水平。

四、预审工作程序

1. 1997 年下半年，由中国政法大学向部里提出预审申请。

2. 1997 年 12 月，司法部对中国政法大学实施"211 工程"的必要性和可行性进行研究，审核学校的申请，并行文国家教委申请开展预审工作。

3. 1998 年 1 月，根据国家教委对预审工作的批复，布置中国政法大学做好预审准备工作，并制订实施方案。

4. 1998 年 3 月，部教育司组织部内相关司（局）、政法实际工作部门、高等学校专家对中国政法大学进行部门预审，并形成指导性文件。

5. 1998 年 4 月，根据上述指导性文件，修订中国政法大学的实施方案，并向国家教委申请预备立项。

以上报告妥否，请予批复。

附件：

一、《国务院副总理李岚清听取司法部关于法学教育问题汇报的会议纪要》。

二、司法行政贯彻执行《中共中央关于制定国民经济和社会发展"九五"计划和 2010 年远景目标的建议》的意见——中国司法行政工作"九五"规划和 2010 年远景目标。

三、司法部法学教育"九五"发展规划和 2010 年发展设想。

四、"六五"、"七五"、"八五"期间高等法学教育情况及经费投入情况。

中华人民共和国司法部

1997 年 12 月 23 日

附件一：

国务院副总理李岚清听取司法部
关于法学教育问题汇报的会议纪要

国阅（1995）160号

（1995年12月11日）

11月23日下午，国务院副总理李岚清主持会议，听取了司法部关于当前法学教育情况及今后意见的汇报。国务院副秘书长徐志坚和国家计委、国家教委、财政部的有关负责同志参加了会议。司法部部长肖扬作了汇报。

据汇报，｛……｝。党的十一届三中全会以后，在党和国家的重视、关怀下，法学教育得到了迅速恢复和发展，现已初步形成一个多层次、多形式、多渠道的法学教育培训体系。当前存在的问题主要是，法学教育的规模不适应新时期经济、社会发展和民主法制建设对法律人才的需求；法律人才的层次结构和比例不适应社会发展的需要；由于长期投入不足，制约了政法院校办学规模的扩大，也影响到教师队伍稳定和教育质量进一步提高。司法部还就采取倾斜政策、扩大法学教育规模、调整层次结构等问题提出了建议。

会议认为，近十几年来，经过各方面努力，我国的法学教育取得了很大成绩，为改革开放和现代化建设培养了大批法律人才。随着改革开放的深入和社会主义市场经济的发展，必将需要更多的法律人才。法学教育是高层次的教育，是加强法制、以法治国的基础，不仅为政法队伍建设服务，而且面向全社会培养法律人才。对此，各有关方面应当给予高度重视，进一步促进法学教育的发展。会议经过讨论，提出以下意见：

一、为了缓解法律人才供需矛盾，国家要在教育发展上对法学教育给予适当倾斜，力争在"九五"期间使法学教育得到较快的发展。

二、应当多形式、多层次、多渠道地发展法学教育。要充分调动和发挥现有学校的积极性，努力办好部属院校，培养高层次的法律人才，在招生规模上国家可给予适当照顾。注意调动地方办学的积极性，地方要求法学专业多招生，需先扩建学生宿舍等保障设施。同时在其他科类的高等院校都要开设与专业相关的法律课程，也要充分发挥电大、自学考试、夜大、函大的作用，增设法学专业或法律课程。

三、发展法学教育必须抓紧研究并逐步解决师资力量不足问题。要创造条件培养高水平的教师。要充分发挥现有政法院校的作用，对在职人员进行培训，使在职人员定期得到进修提高的机会。

四、国家教委、司法部对法学教育要加强领导，统筹协调，注重提高教学质量，共同研究解决法学教育发展中遇到的问题。财政部重点支持一两所政法院校建立图书资料中心，可充分利用现代化设备达到资源共享。

五、原则同意司法部关于在中央司法警官教育学院的基础上建立中央司法警官学院的建议，由司法部按程序报批。

六、关于将法律中专学校的办学层次调整为高等职业教育的问题，国家教委、司法部要进行专题研究，提出解决办法。

七、关于司法部要求成立全国律师公证人培训工作领导小组问题，请徐志坚同志予以协调。

附件二、附件三：｛……｝〔1〕

附件四：

1979—1995 年的法学教育工作及部属普通高校经费投入情况

法学教育是我国社会主义教育事业的重要组成部分。它主要包括普通高等法学教育、成人法学教育和法律职业教育等三个方面，承担着为我国的社会发展和民主法制建设培养法律人才的重任，是实现国家法治的基础工作。

一、法学教育发展概况

与我国的法制建设一样，建国以来，我国的法学教育经历了艰难曲折的发展过程，即 1949 年—1957 年的初步发展、1957 年—1966 年的挫折停滞、1966 年—1976 年的全面破坏及党的十一届三中全会后的迅速恢复和发展。

｛×××｝1957 年，全国共有四院（司法部直属的北京、西南、华东、中南政法学院）和六系（原教育部所属的中国人民大学、东北人民大学、武汉大学、北京大学、复旦大学、西北大学等六所综合大学的法律系），当年在校生 6125 人，占同年全国高校在校生总数的 1.4%。此外，还有上海、济南、重庆三所法律学校。｛……｝。法学教育连续十年几乎成为空白，1978 年法科学生仅占普通高校学生总数的 0.1%。

---

〔1〕　原文附件二和附件四内容与本书主题无关，不予刊录。

党的十一届三中全会后，邓小平同志提出了加强社会主义民主、健全社会主义法制的基本方针，把加强民主法制建设提到了战略性全局的高度，法学教育因此得到迅速恢复和发展。这一时期（1979年—1995年）大致可分为恢复重建（1979年—1983年）、迅速发展（1983年—1987年）、整顿改革（1987年—1992年）和深化改革、加快发展（1992年—）四个阶段。经过十几年的努力，已基本上建立起由普通高等法学教育、成人法学教育和法律职业教育构成的多渠道、多层次、多形式的法学教育培训体系，为社会培养了大批法律人才。

——多渠道、多层次、多形式的法学教育体系基本形成。十六年来，全国恢复和新建的普通高等政法院校系（专业）近160个，其中司法部先后有5所普通高等政法院校（共27个系36个专业点）和2所成人高等政法学院恢复重建；新建地方成人政法院校27所，法律专科学校2所。中等法学教育从无到有，发展迅速，建立起29所司法（法律）学校、28所监狱警察学校和一大批法律职业高中。依托部属普通高校和司法厅局举办法律专科函授教育，建立了29个函授站和200个分站，形成覆盖全国的法律函授教育三级网络。1985年又建立了中华全国律师函授中心，并纳入了全国法律专业自学考试轨道。至此，基本建立起一个既有多层次的学历教育，又有专业证书、岗位证书、职业资格证书教育和大学后继续教育，既有正规院校教育，又有电大、业大、函授、自学考试等业余教育的法学培训体制。

——办学规模不断扩大，人才培养步伐加快。十六年来，部属5所普通政法院校已培养本、专科生近4万人，硕士、博士毕业生近2500人，第二学士毕业生约1200人，超过了前三十年的总和。硕士点由复办初期的6个增加到51个，博士点由1个增加到7个；1995年，中国政法大学、西南政法大学、华东政法学院被批准参加全国首批法律硕士专业学位教育试点。部属成人院校及省级成人院校培养大专生10万余人，司法学校、监狱警校毕业生近10万人。为21个部委、大中型企业培养法律顾问6000多人，短期培训军转干部近150万人次。这些法律人才已成为我国立法、司法、行政执法、法律服务、法律监督和经济、财贸等部门的骨干，成为我国社会主义经济建设和法制建设的生力军。

——教育投入不断增加，办学条件有所改善。司法行政机关重建后，在极端困难的情况下，积极争取筹措资金，优先保证对法学教育的投入，修建、扩建了一批教学设施和师生宿舍。十几年来，司法部对法学教育基本建设的投入占全部基建投入的73%，最高年份达到100%。截止〔至〕目前，基建投资达8亿多元（含地方），已竣工的基建面积130多万平方米，教育事业费的投入已达7亿元。改善了办学条件，为进一步发展法学教育奠定了物质基础。

——师资队伍得到加强，组建了一支胜任教学、科研任务的专兼职教师队伍。司法行政系统现有教师 5100 多人，其中副教授以上 1000 多人，改善了复办初期教师短缺、青黄不接的状况。通过专业进修、科研攻关、参加培训以及到实际工作部门锻炼，广大教师的政治业务素质不断提高，一批教师和科研人员因贡献突出，被国家批准享受政府特殊津贴待遇，特别是一批中青年教师迅速成长，脱颖而出，成为一批学科的带头人和教学骨干。

——法律科学研究和法学教材、图书资料建设取得可喜成果。各院校发挥法学知识密集型的优势，建立科研机构，创办学术刊物，组织专家学者开展与改革开放、社会主义市场经济、法制建设等密切相关的法学研究，创建了一批新兴学科，推动了课程设置和教材建设。组织编写出版的各种法学教育大纲、教材及教学参考书 300 余种、9000 多万字、发行量达 2 亿册。其中获国家优秀教材奖的 8 种，部级奖的 17 种。同时，各院校重视图书资料建设，目前，法学类图书、报刊〔纸〕、杂志等已近千万册，基本上保证了教学科研的需要。

——法学教育领域的国际交流与合作不断扩大。改革开放以来，部属院校先后派出法学专业留学生、进修生 300 多人次，大多数已学成回国成为教学科研的骨干和学术带头人。聘请外国法学专家 190 多人次，与国外及港、澳、台的 38 所法学院建立起校际联系，同外国法律院校合作办学的工作也开始起步。

二、普通高等法学教育

（一）恢复。十一届三中全会以后，随着党的工作重心的转移，新时期民主法制建设对法律人才的需求日趋急迫。鉴于这种形势，中共中央在 1978 年批转的《第八次全国人民司法会议纪要》中明确提出："恢复法律系，培养司法人才"。1979 年，中共中央在《关于坚持保证刑法、刑事诉讼法切实实施的指示》中再次指出："过去撤销的政法院校系和政法、公安院校应尽快恢复起来。有条件的文科大学应设置法律系或法律专业。各省、市、自治区可根据需要，逐步建立各类政法院校和司法、公安干警学校，举办多种形式的训练班，培养各种专门人才，轮训现有的司法、公安干部。"遵照中共中央关于"司法行政工作在社会主义法制建设中担负着组织、宣传、教育和后勤等项重要任务"，"要着重抓好培训法院、检察院、司法行政、律师等干部和办好政法院校这两项基本建设，使司法行政工作在加强社会主义法制中发挥应有的作用"等指示精神，刚刚重建的司法部把法学教育工作和政法干部培训工作作为重要任务来抓。1977 年，西南政法大学和湖北财经学院的法律系经批准复办，北京大学和吉林大学的法律系随后也相继恢复招生。次年，北京、华东、西北政法学院和中国人民大学法律系又先后复办招生。1983 年，经中央批准，在北京政法学院的基础上建立了中国政法大学，邓小平同志亲笔为该校题写了校牌。同年底，又在南京、武汉、福州、广州、天津、郑州和苏州等地的 31 所大学批准设立法律系（专业）。1984 年，中南政法学院在武汉重建并招生。经过这一个时期的恢复发展，全国的政法院校比 1978 年增长了 6 倍，比 1957 年增长 2.5 倍，政法院校的在校生达到 1.4 万人，科类比为 1.2%，比 1978 年增长 13 倍，比 1957 年增长 1.3 倍。

（二）发展。由于法学教育曾遭到毁灭性的破坏，因而"文革"后的发展带有补偿欠账的特点，法学教育的发展和法律人才的培养远远不能适应社会发展的需要。1985 年，邓小平同志就明确指出："建设一个社会主义法制国家，没有大批法律院校怎么行呢？所以要大力扩大、发展法律院校。"同年，中央书记处在听取司法部党组汇报时指示：必须广开渠道，多形式、多层次地大力培养合格的法律人才，司法部应把培训法律人才作为自己的主要任务之一。为了适应现代化建设的需要，司法部始终把法学教育工作作为重要任务来抓，使法学教育得到了长足发展。党的十四届三中全会确立了社会主义市场经济体制的目标后，法学教育又进入了全面深化改革、加快发展的阶段。到 1993 年底，全国共设立 135 个普通高等政法院校系（专业），培养出 5 万名普通本专科法律毕业生。

普通高等法学教育的办学渠道主要有三：一是司法部按大区设置的中国政法大学、西南政法大学、华东政法学院、西北政法学院和中南政法学院，五所院校的在校生总规模约 1.7 万人，占全国法科在校生人数的 42.5%；二是 48 所综合大学的法律系，其在校生约 15 000 人。三是财经、商贸、师范、民族、理工等其他科类高校中设置的法学类专业。尽管举办法学教育的院校系数已不算少，但多数政法院校系（专业）的办学规模和效益较低，平均规模在 50 人以下的就有 37 所，占院校总数的 26.6%；50—100 人的 19 所，占 14%；司法部直属的五所普通高等政法院校和国家教委所属的 12 所综合大学的法律系是我国法学教育的国家队，办学层次以本科、研究生为主，其办学规模占全国法科学生总数的一半以上；拥有法律专业师资占全国的 30%以上，其中具有高级职称的占全国的 43%以上；在已毕业的 5 万法律本专科学生中，司法部直属院校培养的学生占 2 万多人。

目前，司法部所属院校中设有法学、经济法、国际经济法、行政管理、外语、商贸、金融等二十多个专业，形成了以法学为主和与法学密切相关专业相结合的专业结构。中国政法大学、西南政法大学和华东政法学院的法制史、民法、诉讼法、国际经济法等专业居于全国先进水平。作为法学研究生教育的主要基地，5 所院校共拥有 7 个学科（专业）的博士学位授予点、51 个硕士学位授予点，共成立了 29

个研究所，完成科研项目 2000 多个，其中国家级 192 项，省部级 1562 项。1979 年以来，与国外境外的 40 多所法学院建立了校际交流关系，开展合作研究、图书资料和信息交流。派出访问学者 280 多人次，接受留学生 200 多人，为美、日、荷和香港的留学生举办汉语班、中国法律研修班等。

（三）与普通高等法学教育的恢复与发展密切相关的会议。1981 年 7 月，司法部在北京召开了政法学院工作座谈会，回顾了各院校复办以来的工作情况，分析了过去"左"的错误思想对法学教育造成的严重危害，明确了政法学院的性质、任务，着重讨论了学校工作如何进一步肃清"左"的影响以及树立以教学为中心的思想和改进教学等问题，研究了专业和课程设置问题，修订了政法学院法律专业四年制教学方案。

1983 年 12 月，司法部又会同原教育部共同召开了全国高等法学教育工作座谈会。会议研究确定了今后一段时期高等法学教育的发展方针、方向、措施和在综合大学设立法律系（专业）的规划、布局。同时针对师资队伍建设、教学与实际相结合、积极进行教学改革以及加强思想政治工作等提出了具体意见。

1985 年 10 月，司法部在北京召开了部属政法院校教育体制改革座谈会，研究贯彻《中共中央关于教育体制改革的决定》的具体措施。

1988 年 4 月，司法部在北京召开了部属院校工作会议，贯彻全国教育工作会议精神，交流几年来各校教学改革的情况，确定 1990 年前的工作目标。

1988 年 1 月，召开了部属院校研究生工作座谈会，研究进一步改革研究生培养工作，提出在培养研究型人才的同时，加强应用型人才的培养，会后即开始试办实践学科的研究生班。

1992 年 8 月在哈尔滨召开了院校长座谈会，提出关于扩大部属普通高校办学自主权的若干意见。

1993 年 11 月，司法部和国家教委在北京联合召开了全国高等法学教育改革与发展研讨会，围绕高等法学教育如何适应市场经济的发展需要、加快改革与发展这一主题，对高等法学教育的适应性、发展规模、办学模式、教学改革和师资队伍建设等进行了专题研讨。

1996 年 1 月，司法部在北京召开了法学教育工作会议，会议认真总结了十多年来法学教育的基本情况，分析了法学教育面临的形势与任务，研究了如何切实为法学教育事业的发展提供有力的保障。

三、成人法学教育

（一）恢复成人法学教育是我国法学教育不可或缺的重要组成部分。

十年动乱耽误了法学教育的发展和法律人才的培养，"文革"后，政法队伍青黄不接，队伍素质偏低、文化结构和专业结构极不合理，这种情况与社会主义民主与法制建设的需要极不协调。从 1980 年起，按照中央的统一要求，司法部和各级司法行政机关经过十多年的共同努力，已基本建立起中央与地方并举，校内和校外结合，既有独立设置的成人政法院校，又有普通高校举办的函授、夜大学、干部专修科、成人脱产班，还有自学考试、电大、职大、业大等多种形式的业余教育；既有本科、专科、中专等学历教育，又有专业证书、岗位证书和职业资格证书教育及继续教育的办学体系。十年来，成人法学教育贯彻"立足政法，面向社会"的办学方针，已培养了十万多名成人本、专科学员，培训上百万人次在职政法干部，为新时期的民主法制建设作 [做] 出了重要贡献。

（二）多种形式成人法学教育的发展。

1. 国务院批转《司法部关于加强和建立各级政法干部学校的请示报告》后，经过司法部的积极努力，从上到下建立起由中央（中央政法管理干部学院和中央司法警官教育学院）、省级（北京、天津、黑龙江、吉林、新疆、山西、湖南、山东、四川、河南、上海、广西和江西、青海等 27 所政法管理干部学院及政法干部学校）和地县（120 多所政法干校、法律培训中心）三级培训基地组成的政法干部培训网络，在始建初期大规模轮训政法干部和连队专业干部的工作取得明显成效的同时，成人政法院校作为司法部门多功能的教育培训基地，又不失时机地开展成人法学专科和"专升本"的脱产教育，担负起司法部门专业法律人员的各类证书教育、继续教育的重任。自 1987 年开始，成人政法院校建立起南北两片协作组，定期召开协作会，开展协作活动。1990 年，为了避免重复建设，集中有限的人、财、物，提高办学效益，保证教学质量，山东省政府首先决定把省检察官培训中心建在省政法管理干部学院，认为"这是一个又快又省的办学方针"。中央政法委 [1991] 5 号会议纪要指出这种办法"投资少，效果好"。之后，又有湖南、贵州、浙江、陕西、黑龙江、甘肃等地的成人政法院校先后实行联合协作、集中办学，充分发挥多功能作用，成为本地区法官、检察官和律师、公证员培训的基地。为了加快我国法制建设与国际接轨的步伐，1994 年司法部与国家外专局在上海共同创建了由华东政法学院具体承办的中国国际律师培训中心，重点开展高层次学历教育和在职培训。

2. 为了使一大批受十年动乱耽误的政法干部获得重新学习的机会，加快干部队伍的"四化"建设，在我国法学教育尚处于恢复阶段时，司法部就贯彻"两条腿走路"的方针，自 1981 年起便率先在刚刚重建的西南、华东和北京政法学院恢复举办法律函授和夜大学专科教育及干部专修科教育。为全面开展学历教育，1981年，司法部会同最高人民法院、最高人民检察院联合发出《关于积极办好法律函授教育的通知》；1983 年，司法部制定了《关于发展法律函授教育的若干意见》和《法律专科函授教育教学方案》；1983 年后，重建后的西北、中南政法学院也相继开办法律函授、夜大学和干部专修科教育。吉林大学法律系也面向东北地区举办函授教育。从 1988 年起，又根据政法队伍建设的急需，经国家教委批准，先后由中国政法大学、西南政法大学、华东、西北和中南政法学院试办法律函授、夜大学"专升本"教育。经过十多年的努力，到 1993 年底，法律函授、夜大学已完成在全国的总体布局，逐步形成专科与专科起点本科相衔接的法律函授教育体系。自 1988年起，又在西南政法大学、华东、西北政法学院和中国政法大学连续举办"教师专升本班"；自 1989 年起，西北政法学院在新疆举办维语法律专科函授教育，培养少数民族政法干部。自 1992 年起，又面向社会其他部门试点开展第二专业（法律）函授本、专科教育，受到社会的广泛欢迎。目前，部属普通高校和各级司法行政机关在全国建立了 29 个省（区、市）函授总站和近 200 个函授分站，形成了法律函授三级教育体制。在部属普通高校内也形成了成人高等法学教育与普通高等法学教育互相补充、共同发展的格局。仅法律函授就培养本专科学员 2.6 万多人，是同期全国法科全日制普通本专科毕业人数的 100.7%。

3. 1984 年，司法部会同最高人民法院、最高人民检察院联合发出《关于认真组织司法行政系统干部参加电大法律专业学习有关问题的通知》，依托中央和各地的广播电视大学开设法律专业，满足边远和不发达地区政法干部教育的急需。1985年，司法部建立了中华全国律师函授中心，面向社会开辟了一条自学成才的道路。1988 年，司法部会同高等教育自学考试指导委员会面向全社会开考法律专业。1993年，律函中心广东函授辅导总站在香港设立辅导站，面向港澳学员开考中国法律专业。十年来，中华全国律师函授中心在司法部的管理指导下，依靠各级司法行政机关，面向社会统一组织开展法律专业和律师专业自学考试的助学、辅导工作。开辟了一条个人自学、社会助学和自学考试相结合的法律人才培养的广阔渠道。目前，中心在册学生 6 万多人，先后有 43 万余人参加学习，25 000 多人取得了法律大专文凭，7000 多人考取了律师资格。

4. 1985 年，适应经济建设的需要，司法部接受中央十九个部委的委托，在北京创办全国企事业法律顾问培训班，到 1995 年底，已举办 17 期，培养企事业法律顾问 6000 多人。地方司法厅（局）也广泛开展经济法规培训，为经济法制建设服务。

1986 年以来，先后成立了司法部涉外经济法律人才培训中心、中国高级律师高级公证员培训中心和司法部深圳法律人才培训中心等培训机构，有计划地开展高层次的法律服务人员的晋级培训和继续教育。

5. 近年来，各地司法厅（局）在主动为社会经济发展提供法律服务中创造出一批好经验：如上海市司法局打破条块分割，以人才培训为龙头，将本地各类法学教育培训机构直接组合在一起，牵头建立上海市涉外法律人才培训中心；广东省司法厅充分发挥地、县司法干校、培训中心的多功能作用，面向社会开展法律培训；湖南省司法厅组织各级党政领导参加市场经济法律证书教育，对个体经营人员开展有关法律法规培训；黑龙江省司法厅开展岗位练兵；青海、四川、新疆、内蒙[古]、广西和云南等地区开展汉语和藏语、彝语等的"双语"教学，培训少数民族法律人才等等。

到 1995 年，各类成人法学教育已培养本、专科学员约 16 万人（本科近 4000人），已提前完成轮训一遍政法干部的历史任务，使政法队伍的政治、业务素质有了较大提高，据 1995 年底统计，检、法、司三家干部队伍中具有大专以上学历的已从十年前的 8% 提高到 34%，其中法律专业毕业的已由当初的 3% 提高到 20% 以上。

（三）与成人法学教育密切相关的会议。1985 年 12 月，司法部在北京召开了全国政法干部院校工作座谈会。贯彻落实党中央、国务院关于加速培训法律人才的指示，确定政法干部培训工作的发展方针，对政法干部院校的性质、地位和作用，办学层次和规格，师资队伍建设、教学改革和教材建设等工作提出了要求，以充分发挥其作用。

1986 年 7 月，司法部为落实全国政法工作会议提出的"用五年左右时间，采取多形式、多渠道的办法，把需要轮训的干部基本轮训一遍"的指示，召开全国司法干警培训工作会议，就培训工作的领导管理、培训对象、时间、内容和教材等问题提出具体意见。

1987 年 7 月和 10 月分别在杭州、长春召开了南、北片政法干部院校工作座谈会。决定每年分南、北两片定期开展协作、交流活动。

1990 年 12 月，司法部在济南召开了全国成人法学教育工作会议。会议总结了成人法学教育十年发展的成绩和经验，研究存在的主要问题，提出要坚持"一要改革，二要发展"的总的指导方针，确定"八五"期间的发展方向和目标是：通过治理整顿、理顺关系，逐步建立起专业布局合理，层次比例协调，各种形式相配合，发挥整体优势，讲究综合效益，能适应多种需要的成人法学教育办学体系。

1992 年 8 月，司法部在呼和浩特市召开了法律函授教育十周年表彰会。会议总结了十年发展的成绩、经验，表彰了先进集体和个人，研究和部署今后的发展措施和任务。

1993 年 4 月，司法部在上海召开了政法院校改革座谈会。研究如何主动适应邓小平同志南巡讲话和党的十四大后加快改革和开放建立社会主义市场经济体制的需要，抓住新的历史机遇，促进和加快政法院校改革与发展的步伐。

1993 年 10 月，在昆明市召开了"3+2"招生考试科目改革试点总结会。会议总结了招生改革的试点工作，完善了试点办法，研究了继续搞好招生考试等三项改革，促进改革走上规范化、制度化的发展轨道。此外，司法部还先后组织召开法学专业函授、夜大学试办专升本教育论证会（1990 年在合肥召开）、岗位培训座谈会（1991 年在哈尔滨）以及各类、各级法律院校主要专业的教学方案、教学大纲和教材编写会等等。

四、法律职业教育

我国的法律职业教育（中等法学教育）同样经历了曲折的发展道路。早在 1956 年，司法部曾在上海、济南、重庆举办过三所中等法律学校，但仅招生一届即停办。根据 1981 年 6 月中共中央批转中央政法委《京、津、沪、穗、汉五大城市治安座谈会纪要》、1981 年八部委《关于京、津、沪、穗、汉五大城市增设人民警察学校和设立司法学校的联合通知》和 1982 年 8 月司法部、公安部、教育部、财政部、劳动人事部和国家计委《关于落实建立警察学校、司法学校的联合通知》等文件以及 1985 年中央书记处关于"要增设中专性质的司法学校，培养法律人才"等指示要求，陆续建立起一批中等法律专业性质的司法（法律）学校和劳改警察学校。主要任务是为政法部门培养应用型的中级法律人才。主要招收高中毕业生，学制两年属于高中后的专业教育。个别招收初中毕业生的，学制为四年。

（一）经过十多年的努力，具备了一定的办学规模。培养了近十万名中级法律人才，据 1993 年底的统计：司法（法律）学校当年招生 6000 多人，毕业 4000 多人，在校生约 1.3 万人，教师 1200 人，图书资料上百万册；劳改警察学校和劳改干校教师 1500 人，在校生 1 万多人。有些地方在普通中学和地市政法干校举办法律职业高中班。有些地区在政法院校、司法学校和劳改警察学校还举办过函授和电视法律中专，有的地区开设了中等法律专业的自学考试。

（二）1986 年 10 月，为了推动中等法学教育的改革和发展，司法部在长沙召开了全国司法学校工作座谈会。会议肯定了成绩，交流了经验，研讨了学校遇到的共同问题。会议确定了积极发展，加快建设，巩固提高的方针，提出"七五"期间中等法学教育发展的基本设想，明确规定司法学校的主要任务是为基层政法部门培养中等法律人才，要求各地因地制宜，统筹规划，坚持立足政法基层，面向社会，定向招生，联合办学，提高教学质量和管理水平。讨论修改了《司法学校两年制教学方案》。

1988年10月，司法部召开了司法学校校长座谈会，针对发展中存在的问题，提出了进一步完善、巩固、提高的具体措施。

五、教育管理及教学工作

（一）管理体制。我国法学教育实行中央和地方两级政府管理体制。国家教委为教育行政主管部门，司法部及地方司法厅（局）为法学教育的行业主管部门。培训政法干部、办好政法院校和为社会培养法律人才是党中央、国务院赋予司法行政机关的重要职责和任务。根据中央的指示精神和司法部"三定"方案规定的职能，司法部主要协助和会同国家教委制定法学教育工作的方针、政策和法规，统筹规划、合理调整法学教育的结构和布局。对全国各类高等、中等法律院校（系）的工作进行业务指导。

司法部重建后，就着手组织全国性的法律人才需求预测工作和制定队伍建设规划，建立培训制度；恢复和设立法律院校（系）工作；依托函授、夜大学、广播电视大学、自学考试等形式开展法学教育；建立政法干部三级培训基地和法律人才培训中心；建立中等法律专业的司法学校和劳改警察学校；组织实施政法队伍教育培训；加强师资队伍建设，培训各层次的师资，修订各层次、各形式高、中等法学教育教学方案、教学大纲和教材，组织制定招生、教学、学生等方面的规章、文件；注重教学质量，每年组织全国成人高等法学教育和中等法律专业学校的统一抽考，开展教学检查工作；1987年以来，针对社会上出现的"三乱"，认真治理整顿成人法学教育中存在的问题，坚持正确的办学指导思想，加强归口管理，建立有关制度和规章，纠正少数学校乱办班、乱招生的现象，促进法学教育的健康发展。1985年贯彻《中共中央关于教育体制改革的决定》精神，着手宏观管理体制的尝试，促进政法院校内部管理体制和教学改革，促进学校开展联合协作，集中办学。逐步转变政府职能，下放管理权，发挥教育主管部门和行业主管部门两个积极性，做好统筹规划，政策指导、组织协调、信息服务和评估监督工作，为最终建立起政府宏观管理，社会广泛参与、市场主动调节、学校自主办学结合的宏观管理体制努力。

（二）专业设置工作。1979年的普通高等政法院校系只设有一个专业，以后为适应不同的需要，又增设了经济法、国际法、国际经济法、犯罪学、刑事侦查、劳改管理和司法管理等七个专业，开始改变单一专业的局面。1985年，国家教委组织制定了法学类专业目录，除法学、经济法、国际法、国际经济法、犯罪学、刑事侦查、劳动改造法外，还增设了环境法学、知识产权两个第二专业学位。1991年起，国家教委和司法部又共同组织修订了专业设置，并于 1993 年颁布了新的法学专业目录。调整为五个本科专业（法学、经济法、国际法、国际经济法和劳动改造法学）和四个普通专科专业和六个专业方向（法律及民法方向、商法方向、经济法及企业法方向、科技法方向、金融法方向、财税法方向、涉外经济法、行政法、狱政管理）。成人高等政法院校，主要适应用人部门的需要，按职业设置了一批专业，如法律、经济法、涉外经济法、行政、司法管理、刑事司法、劳改管理、经济管理、人事管理（政工）及公安、检察、安全、侦查等。

（三）教材建设。法学教育的恢复和发展，迫切需要适应新时期发展需要的法学教材。1980 年 8 月，司法部召开全国司法行政工作座谈会，专门研究法学教材的建设。会后正式成立了由司法部、教育部共同领导的法学教材编辑部，聘请著名法学专家和学者参与编写教材。全国一百多所院校、科研机构和实际部门的 500 多位专家和学者参加《高等学校法学试用教材》、《简明法学教材》和《成人法律大专通用教材》的编写工作。十几年来共编写出各专业（法律、经济法、国际法和国际经济法等多种专业），多层次（大学本科、大专和中专、岗位培训）、各种类（普通高等法学教育、成人高等法学教育、中等法学教育和干部培训等）的教学大纲、教材及教学参考书 300 余种，共约 9000 多万字，发行量近 2 亿册。许多教材填补了我国法学学科的空白。1984 年以后，适应时代的发展和法制的不断完善，又对教材进行了有计划的修订，以保证适应性和教学质量。1985 年、1992 年和 1995 年曾组织三届法学优秀教材的评选工作，评选出一批国家级和部级优秀教材。为了提高教材质量，加强对部属政法院校教材建设的领导和管理，1992 年 8 月成立了司法部教材管理委员会。

（四）法学师资队伍建设。司法部主要采取四条措施：一是同组织、人事、教育等部门联合下文，使一批原来的法律教师重新"归队"；二是从政法实际部门抽调了一大批有理论、有实践，适于任教的充实教师队伍；三是选拔一批适合任教的法科毕业生优先留校，充实教师队伍。此外，从 1980 年到 1986 年，司法部教育司依托政法院校，举办了十期"全国法律专业师资进修班"，共培训教师 2134 人，基本上解决了政法院校授课教师严重缺乏的矛盾。1986 年以后，司法部又根据需要，坚持每年分别组织普通高等政法院校、成人政法院校和中等法律专业学校的教师参加培训，以补充、更新专业知识，研究教学方法，提高教学水平；四是利用多渠道派教师出国进修、考察、讲学，参加国际会议培养提高教师。经过十几年的努力，目前全国共有法律专业教师约 9300 人，具有高级职称的约 2000 人。其中，普通高校法律专业教师 6162 人，教授、副教授 1500 多人，独立设置的成人高等政法院校 2000 多名，专业教师中，具有高级职称的约 360 多人；中等法律专业学校的教师约 2700 人。

（五）法学研究工作。我国普通高等政法院校系的专业教师和科研人员是法学研究工作中人数最多、学科齐全、力量最强的队伍。6162 名专业教师均属于有法学博士、硕士学位授予权的政法院校系。政法院校系复办以来，法学的研究工作为教学和学科建设服务，加强了教材建设，支持了学科发展，创立了一批新学科，如环境保护法学、劳动法学、科技法学、青少年法学、法制心理学、行政法学、行为法学、比较法学、法律社会学等。还有相当一批教师参加了国家立法活动，产生了一大批研究成果。

在法学研究的发展中，高校的科研机构和学术刊物作为组织形式和手段，十年来有了很大的发展，目前已建立起约近百所法学研究机构，如部属院校的法律古籍整理研究所、法律史研究所、港澳台法研究所、中国法制研究所、外国法制研究所、法治系统工程研究所、南京大学中德经济法研究所和海南大学特区法制研究所等。已创办了上百种学术刊物和法学（法制）期刊，如政法论坛、现代法学、法律科学、法商研究、劳改劳教理论研究、中央司法警官教育学院学报及法学评论、比较法研究、国外法学、政治与法律、法学、政法高等教育等等。

1983 年起，高校法学研究工作进入有组织的新阶段，国家通过博士学科专项科研基金、国家"七五"、"八五"哲学社会科学规划科研基金、青年科研基金等，重点支持了上千个各种法学研究课题。法学研究的成果直接为建立新的法律上层建筑，加快民主法制建设，加快法学教育的发展和建立社会主义市场经济法律体系服务。为了促进法学研究的改革和发展，1986 年 8 月司法部在烟台召开了第一次政法院校学术讨论会。同年 10 月又受国家教委委托，在苏州召开了中国社会主义法制建设的理论与实践学术讨论会。1993 年在全国成人政法院校中开展了哲学社会科学优秀科研成果评选工作。

（六）思想政治教育。根据政法工作的性质和法律的学科特点，司法部要求政法院校更要坚定不移地坚持社会主义方向、坚持在政治上对学员提出更高的标准和更严的要求。十几年来，司法部曾多次召开政法院校思想政治工作会议和高校党的工作会议，研究布置工作。尤其是 1989 年政治风波后，为加强思想政治工作，保证院校的稳定，采取了有力措施：一是每年召开院校长座谈会，专门研究如何加强思想政治工作；二是恢复和加强马克思主义政治理论课，把邓小平理论和司法职业道德列为各级各类法学教育的必修内容，有的学校还增设思想教育专业；三是加强政工队伍和政治理论课师资队伍建设。1990 年在北京召开全国成人政法院校政治理论课教学研讨培训班，之后还举办了政法院校思想政治工作青年骨干培训班；四是把政治理论课列入统一抽考科目，重新修订和编写有关教材；五是颁发《司法部直属普通政法院校德育大纲（试行）》，坚持教书育人、管理育人、服务育人；六是加强党的建设，建立学生党校，在学生中广泛发展党员；七是利用各种场合大力宣传华东政法学院建设"凝聚力工程"的经验，收到了较好效果。

六、法学教育存在的主要问题及面临的形势

经过十几年的恢复和发展，我国的法学教育工作取得了较大成绩。但是，我们也应当清醒地看到，法学教育的现状与新时期的历史需要相比，还存在相当大的差距。主要表现是：现有办学规模与新时期社会对法律人才的要求极不相适应；长期投入不足同加快法学教育的发展不相适应；现有的教育思想、教育制度、教育内容和培养模式同经济体制的改革和社会结构的深刻变化不相适应等。

随着社会主义市场经济的发展和市场经济法律制度的建立，随着国家经济活动、政治活动和社会活动逐步纳入法制的轨道，法律人才已成为全社会急需的通用人才，成为管理国家和社会各项事务的高层次人才。法学教育对提高我国公民的法律意识、强化法制观念、民主观念、权益观念，健全恪守规范、遵纪守法的社会性格和忠实履行义务的观念，培养积极进取精神和健康的公民心理素质等具有不可替代的作用，是全面提高中华民族素质的重要一环。因此，法学教育作为我国厉行法制、依法治国的基础，已成为关系我国社会主义现代化建设全局的大事。必须抓住机遇，适应需要，加快法学教育的改革和发展，为全社会培养更多更好的法律人才，为建设社会主义法治国家做好人才资源准备。

七、司法部直属普通高校经费投入情况

（一）教育事业费

1978 年至 1980 年为复办期，共投入 1275 万元；"六五"期间为 7020 万元；"七五"期间为 14 470 万元；"八五"期间为 29 144 万元。复办以来共投入 51 909 万元。据了解，中央（部）委属普通高校同期教育经费投入年增长率为 13% 左右，司法部直属普通高校教育经费年增长率为 18% 左右。

（二）基建经费

司法部直属普通高校自 1978 年起相继复办以来，基建经费逐年增加，至 1995 年各校的投入情况是：中国政法大学 11 800 万元；西南政法大学 5685 万元；华东政法学院 4244 万元；西北政法学院 4518 万元；中南政法学院 6492 万元。五校共投入 32 739 万元。

综上，自 1978 年以来，教育事业费和基建经费共投入 84 648 万元。

1997 年 12 月 23 日

司法部
关于申请开展重点建设中国政法大学
"211 工程"预审工作经费投入的补充说明

司发函〔1998〕237 号

（1998 年 7 月 10 日）

教育部"211 工程"办公室：

我部就开展重点建设中国政法大学（211 工程）预审工作的申请已于去年报送你办（司发函〔1997〕450 号）。现就重点建设的投资规划和资金来源做如下补充说明。

一、投资总体规划：计划到 2007 年共用 10 年的时间重点建设 6 个项目，其中到 2002 年，需要投资 15 400 万元；第二个五年，即到 2007 年，需要投资 28 640 万元。10 年需要投资总计 44 040 万元。

按照国家开展"211 工程"建设经费投入的有关规定，其经费分别由国家"211 工程"建设专项资金、学校主管部门和学校三方共同分担的原则，其中我部和中国政法大学分别承担 15 000 万元，其余部分申请国家"211 工程"建设专项资金。

二、我部和中国政法大学所承担投入资金的来源：司法部所投资金部分，主要来源为国家拨款；中国政法大学所投资金部分，即自筹部分说明如下：

时间 方式	1998~2002 年	2003~2007 年
学校收入	1500 万元	2500 万元
引资开发	2500 万元	6000 万元
社会捐资赞助	1000 万元	1500 万元
小　计	5000 万元	10 000 万元
总　计	15 000 万元	

特此说明。

附件：中国政法大学"211 工程"建设投资总体规划表

中华人民共和国司法部

1998 年 7 月 10 日

中国政法大学"211 工程"建设投资总体规划表

项　　目	投资金额（万元）		
	到 2002 年	到 2007 年	合计
一、重点学科、重点实验室	550	1640	2190
二、教学设备			
1. 常规教学设备补充更新	200	500	700
2. 新专业建设	50	50	100
三、公共服务设施（不含土建）			
1. 图书馆设施及图书、档案、文献资料	1500	1500	3000
2. 计算机信息网络工程	750	1000	1750
3. 电教及其他综合性教学设备	1500	2000	3500
四、师资队伍建设（新增、培训、聘任交流）	100	850	950
五、行政、生活后勤设备（现代化办公设施、广播台、电视台、车辆、供电、供暖等）	200	800	1000
六、土建工程（不含设施）"211 工程"项目	10 550	19 300	29 850
七、不可预知项目		1000	1000
合　计	15 400	28 640	44 040

中共中国政法大学委员会
关于尽快对中国政法大学进行"211工程"预审有关问题的请示

中政大文（2000）9号

（2000年6月16日）

教育部"211工程"办公室：

我国高等教育的跨世纪宏伟工程——"211工程"从设立至今已有10年，此项工程是实现"科教兴国"战略的重要步骤，推动了全国一大批重点院校和重点学科在原有基础上再上新台阶。

为培养跨世纪的高素质政法人才，提高政法高等教育的综合办学实力和办学效益，适应"依法治国，建设社会主义法治国家"的需要，1997年12月23日，司法部党组依据国家教委关于普通高等院校参加国家"211工程"预审的标准，在对五所部属高等院校进行全面综合评估的基础上，确定中国政法大学为司法部部属院校中唯一重点建设的院校，并向国家教委申请实施"211工程"预审工作（司发函［1997］450号《司法部关于申请开展重点建设中国政法大学（211工程）预审工作的函》）。1998年，司法部再次致函国家教委（司发函［1998］237《司法部关于申请开展重点建设中国政法大学（211工程）预审工作经费投入的补充说明》），并拟定了《中国政法大学"211工程"建设投资方案》。

为迎接"211工程"预审，我校在宣传发动、组织建设、文件（影视、材料）准备、校园整治、建设投资规划、到预审院校调研、规划预审方案等各方面做了大量全面、深入、细致的准备工作。但从1997年至今，我校始终没有接到教育部对我校实施"211工程"预审的通知。

2000年3月，中国政法大学已正式划归教育部管理。我们认为，鉴于我校是唯一代表政法类拟参加"211工程"预审的院校，仍应列入重点投资建设的院校。为此，我校再次提出申请，恳请部领导尽快安排时间对中国政法大学进行"211工程"预审。如近期仍难以进行预审，应将中国政法大学列入"视为进入'211工程'"的院校，在第二期"211工程"建设资金拨付上与已通过预审的院校享有同等待遇。

以上请示妥否，请予批复。

中共中国政法大学委员会

2000年6月16日

附件一：司发函〔1997〕450 号〔1〕
附件二：司发函〔1998〕237 号

中华人民共和国司法部
关于中国政法大学进入"211 工程"建设的函

司发函（2002）42 号

（2002 年 3 月 11 日）

国家计委：

中国政法大学原为司法部所属普通高等院校，1993 年开始申请进入"211 工程"。1997 年 12 月 23 日司法部党组依据原国家教委关于普通高校参加国家"211 工程"预审的标准，确定中国政法大学为司法部重点建设的"211 工程"院校，并向原国家教委申请实施"211 工程"预审工作。1998 年司法部再次致函原国家教委，并拟定了"中国政法大学 211 工程投资方案"。

院校体制改革后，该校已划为教育部直属院校，希望能照顾到这一历史情况，在中国政法大学进入"211 工程"建设中一并予以考虑。

司法部

2002 年 3 月 11 日

中国政法大学关于申请进入
国家"211 工程"二期建设的请示报告

校字（2002）39 号

（2002 年 3 月 13 日）

教育部"211 工程"办公室：

我校新一届领导班子在教育部领导下于 2001 年 9 月成立以后，重将我校进入国家"211 工程"的申报工作列入学校重要议事日程。现将我校申报"211 工程"

---

〔1〕 附件一、附件二前文已刊录，故此处删略。

的过程简述如下，恳请部"211工程"办公室对我校恢复申请进入国家"211工程"二期建设的工作予以支持。

我校自1993年4月始，曾先后5次向司法部（当时上级主管部门）和教育部申请将我校列入"211工程"进行重点建设，并要求尽快对我校进行"211工程"预审。

1997年12月23日，司法部党组依据原国家教委关于普通高等院校参加国家"211工程"预审的标准，在5所司法部直属高等院校中，确定中国政法大学为司法部唯一重点建设院校，并向原国家教委申请实施"211工程"预审工作。

2000年12月，我校原党委书记兼校长杨永林、原副校长王启富、赵相林前往教育部，就我校"211工程"等问题向分管副部长做了专题请示汇报。部领导答复说，教育部对中国政法大学申报"211工程"是支持的。因为"211工程"只给司法部一个名额，但当时司法部报了中国政法大学和西南政法大学两所学校，教育部无法取舍，就拖下来了。后来，待司法部定下只申报中国政法大学一所学校时，教育部"211工程"申报程序已经中止，我校进入国家"211工程"进行重点建设的问题随之成为遗留问题。此后，国家高等教育管理体制进行调整，我校由司法部直属院校改为教育部直属院校，但我校进入"211工程"问题却一直拖延至今。

鉴于以上原因，我校恳请部"211工程"办公室考虑我们的实际情况，对我校启动"211工程"申报程序，尽快对我校进行"211工程"预审，将我校列入"211工程"二期建设行列。

特此请示，请批复。

中国政法大学

2002年3月13日

中华人民共和国教育部
关于中国政法大学 2005 年 "211 工程" 项目建设方案的批复

教发函〔2005〕267 号

（2005 年 10 月 16 日）

中国政法大学：

《中国政法大学关于报请审批 2005 年 "211 工程" 项目建设方案的报告》（中政大报〔2005〕38 号）及其附件收悉。根据国务院批准的《"211 工程" 总体建设规划》和《国家计委，教育部，财政部关于 "十五" 期间加强 "211 工程" 项目建设的若干意见》精神，参考专家组论证意见，经研究，现批复如下：

一、原则同意所报《中国政法大学 2005 年 "211 工程" 项目建设方案》（以下简称建设方案）。

（一）项目名称：中国政法大学 2005 年 "211 工程" 建设项目

（二）建设地点：北京市中国政法大学校内

（三）建设单位：中国政法大学

二、中国政法大学 2005 年 "211 工程" 项目总体建设目标是，以重点学科建设为核心，以高层次人才培养为根本，以师资队伍建设为关键，实现重点学科建设的跨越式发展，产生以法科为主的标志性成果，建设以法制建设和法学研究为中心的科学、合理、完善的公共服务体系，保持和发展学校特色和优势，为把中国政法大学建设成为国内的一流高水平大学奠定坚实的基础。

三、中国政法大学 2005 年 "211 工程" 建设的主要任务包括：重点学科建设，公共服务体系建设。具体为：

（一）以重点学科建设为核心，重点建设和谐社会与法治国家、转型期中国法制环境的完善等 2 个重点学科建设项目，加强学科布局结构调整和交叉综合，构建适应学科发展趋势的，优势突出、特色鲜明的学科发展体系。

（二）公共服务体系建设的主要任务是，建设图书馆文献信息资源，法学教育科研信息平台等 2 个建设项目，提高文献资料管理、信息服务的水平，实现资源的合理配置和共享，形成为学校教学、科研和管理提供高效服务的良好运行环境。

四、中国政法大学 2005 年 "211 工程" 项目建设总投资 2500 万元。根据国家发展改革委、财政部、教育部三部委的部署，2500 万元总投资全部安排中央专项资金解决，其中：国家发展改革委安排 1300 万元，财政部安排 1200 万元。在总投资中，用于重点学科建设 1400 万元，用于公共服务体系建设 1100 万元。具体建设项目投资用途及来源按《中国政法大学 2005 年"211 工程"建设项目投资安排表》（附件一）执行。"211 工程"建设资金按《"211 工程"专项资金管理办理办法》（财教〔2003〕80 号）严格管理，单独核算，中央专项资金必须专款专用，超支不补。超计划执行所需资金由中国政法大学筹措解决。

五、原则同意建设方案提出的仪器设备装备计划。同意专家组论证意见，中国政法大学 2005 年"211 工程"建设项目仪器设备（含软件）购置投资估算 600 万元。

六、"211 工程"建设项目为依法必须进行招标的项目，要严格按照《中华人民共和国招标投标法》、《中华人民共和国政府采购法》等法律法规及有关规定，规范招标投标行为。该项目的具体招投标工作按照我部的核准意见执行。

七、根据国家重点建设项目管理办法和建设项目法人责任制的有关规定，我部将对项目建设情况进行检查和监督。学校应加强项目建设管理，保证建设投资及时到位，确保项目顺利实施，实现建设方案中确定的效益目标。项目执行中如遇到重大问题应及时向有关部门报告，项目完成后需向我部报送总结性报告。

附件：

一、中国政法大学 2005 年"211 工程"建设项目投资安排表

二、中国政法大学 2005 年"211 工程"建设项目招标投标事项核准意见

教育部

2005 年 10 月 16 日

附件一：

中国政法大学 2005 年"211 工程"建设项目投资安排表

单位：万元

项目名称	总投资						主要用途	
	合计	中央专项资金				学校自筹资金	拟购设备购置费	其他
		小计	发展和改革委	财政部	教育部			
总计	2500	2500	1300	1200	0	0	600	1900
一、重点学科建设项目	1400	1400	470	930			510	890
1. 和谐社会与法治国家	780	780	240	540			280	500

续表

项目名称	总投资						主要用途	
	合计	中央专项资金				学校自筹资金	拟购设备购置费	其他
		小计	发展和改革委	财政部	教育部			
2. 转型期中国法制环境的完善	620	620	230	390			230	390
二、公共服务体系建设项目	1100	1100	830	270	0	0	90	1010
1. 图书馆文献信息资源的建设	550	550	550					550
2. 法学教育科研信息平台建设项目	550	550	280	270			90	460

附件二：

中国政法大学 2005 年"211 工程"建设项目招标投标事项核准意见

	招标范围		招标组织形式		招标方式		不采用
	全部招标	部分招标	自行招标	委托招标	公开招标	邀请招标	招标方式
勘　察							
设　计							
建筑工程							
安装工程							
监　理							
仪器设备	√			√	√		
重要材料							
其　他	√			√	√		
审批部门核准意见说明：							
核准。							
"211 工程"建设项目为依法必须进行招标的项目，要严格按照《中华人民共和国招标投标法》等法律法规和相关部门规章，规范招标投标行为。按照《中华人民共和国政府采购法》及有关规定实施采购。							
教育部							

三、成立董事会

内容提要

董事会制度是西方发达国家高校的基本治理结构，最早产生于 17 世纪美国的耶鲁大学。我国解放前也有不少大学都设立有董事会。新中国成立后，随着党和政府对旧中国大学的接收与改造，高校取消了董事会，建立了以党的领导为核心的领导体制。20 世纪 80 年代，在经济体制改革浪潮的推动下，我国重新确立了产学研结合的教育方针，并引入美国产学合作教育模式。1987 年 2 月，汕头大学组建了国内第一个高校董事会，随后，洛阳大学、安徽大学等高校董事会相继组建。目前，全国已有 200 多所高校成立了董事会。

《国家中长期教育改革和发展规划纲要（2010～2020 年）》指出，公办高校要"扩大社会合作，探索建立高等学校理事会或董事会，健全社会支持和监督学校发展的长效机制"，提倡高等学校要积极与行业、企业密切合作共建，推进与科研院所、社会团体的资源共享，形成协调合作的有效机制，提高服务经济建设和社会发展的能力。

中国政法大学董事会于 2010 年开始筹备，2010 年 12 月 12 日在北京举行成立大会。董事会的职责是，主要对学校发展战略规划、学科建设、人才培养、科学研究及社会服务等重要事务进行咨询、指导和评议，并代表学校与政府机关、企事业单位及社会组织开展沟通和联络，致力于社会服务与人才培养，筹措学校教育发展资金，支持学校改革与发展事业。

中国政法大学成立董事会，标志着学校在深化办学体制改革、扩大开放合作、加快推进产学研结合方面又迈出了重要一步。

《中国新闻网》：中国政法大学成立董事会
原司法部长任名誉主席

（2010 年 12 月 12 日）

中国政法大学董事会今天成立。这是该校在深化办学体制改革，扩大开放合作，加快推进产学研结合方面迈出的重要步伐。

原司法部部长兼中国政法大学校长刘复之、邹瑜，中国政法大学终身教授、原校长江平、陈光中担任董事会名誉主席；全国政协社会和法制委员会主任委员张福森担任董事会主席；该校党委书记石亚军、校长黄进担任副主席；副校长马怀德担任秘书长。

石亚军说，校董会的成立是该校探索新办学模式的尝试，校董会必将成为该校与社会沟通交流的平台、社会力量参与办学的平台和学校筹融资的平台。

董事会成员包括社会知名人士、著名专家学者、国家党政部门负责人、杰出企业家等。首届董事会主席张福森表示，各位董事具有各自不同的文化、职业和社会背景，应该能当好学校发展和决策智囊团。他希望各位董事不仅做好宣传员，而且在筹措办学经费，帮助学校和社会各界交流上发挥更大作用，探索出一条有中国特色的社会主义大学办学之路。

江平表示，设立校董会并不意味着党委领导下的校长负责制这一基本学校制度的改变，也不同于西方"没有校门和隔墙"的"开门办学"模式，而是更着眼于在整合各方力量，帮助学生就业、教学和实习，利用多种学术资源，鼓励原创研究方面做些实实在在的事情。

——根据 2010 年 12 月 12 日《中国新闻网》刊印

张福森主席在中国政法大学
董事会成立大会上的讲话

（2010 年 12 月 12 日）

各位董事、各位贵宾、女士们、先生们：

大家上午好！首先，非常感谢中国政法大学的厚爱和信任，将首届董事会主席这一重要的职务交由我担任，作为政法战线的一名老兵，我将不负厚望，努力工作，为促进学校的发展、推动法律教育事业做出自己新的贡献。

一般而言，对于一些兼职，我个人是非常排斥的，因为与被邀请担任的职务没有什么关系，过多兼职影响本职工作，还可能造成不好的影响。但是接到中国政法大学的邀请函以后，我毫不犹豫地答应了。原因在于，我和中国政法大学有着很深的渊源，担任学校首届董事会主席既是我的荣幸、更是自己乐于承担的责任。下面我想和大家分享我与中国政法大学的渊源关系。首先，大家都知道，我曾经担任过

5年的司法部长职务，卸任后担任全国政协社会和法制委员会主任一职，可以说，我55岁以后的工作大都是与法律有关的。在这十几年中，与中国政法大学有很多工作上的接触和交流，很多工作都是在中国政法大学的协助下完成的。可以说，我和中国政法大学的师生们一起参与了中国法治建设的进程，是有着革命情感的战友。其次，在我担任司法部副部长期间以及在担任司法部部长初期，中国政法大学是属于司法部管理的大学，这也是我们天然的亲缘关系，也就是说，我们原本就是一家人。最后，我现在还是中国政法大学的一名"大龄"工作人员，根据中国政府和欧盟达成的组建中欧法学院的协议，在中国政法大学设立中欧法学院，并请我担任中国政法大学中欧法学院联合管理委员会中方联席主任，也就是说，我们现在又是一家人了。在自己工作的学校担任董事会的领导职务，不算是社会兼职，是分内事。

说起大学董事会制度，其实是个舶来品，是我国学习、借鉴国外大学管理的先进经验而进行的新的尝试。大学董事会制度是贯彻国家中长期教育改革和发展规划纲要精神、建设现代学校制度的重要改革与探索。改革开放以来，我国一直在探索高等教育发展的道路，取得了很多宝贵经验。今年7月，全国教育工作会议召开，会议对于贯彻《国家中长期教育改革和发展规划纲要（2010～2020年）》做出了全面部署，根据文件精神，要完善中国特色现代大学制度，扩大社会合作，探索建立高等学校理事会或董事会，健全社会支持和监督学校发展的长效机制。这给新世纪大学改革与发展指明了方向。正是借着此次会议的东风，中国政法大学董事会经过周密筹备，在今日举行成立大会暨第一次全体会议。

中国政法大学是我国培养法律人才的最高学府和法学教育的最高学府，成立董事会既是学校自身发展史上的大事，也是中国法学教育界的新创举，将会起到示范作用。按照学校董事会章程草案的规定，中国政法大学董事会的主要职能是：对学校重要事务进行咨询、指导和评议，是学校与董事单位建立和发展长期、全面、紧密合作关系的组织形式，代表学校与政府机关、企事业单位及社会组织开展沟通与联络，致力于社会服务与人才培养，筹措学校教育发展资金，支持学校改革与发展事业。我之前看了我们校董会组成人员名单和基本介绍，我们的董事组成比较全面，有的是优秀校友，有的是政法领域领导干部，有的是优秀企业家，有的是学术名家，分布也跨内地、港澳台和国外，应该说是一个阵容强大的组织。基于董事会的职能以及各位董事的个人优势，我认为，中国政法大学首届董事会应该将以下几个方面作为未来工作的重点。

第一，夯实基础。作为首届董事会，我们的工作尚处于起步阶段。国内成立董事会的高校不多，已成立的高校董事会也处于初创阶段，各项制度尚不完备。"不积跬步，无以至千里；不积小流，无以成江海"，因此，中国政法大学董事会要多学习、多思考、多积累，注意学习国外大学和港澳台大学董事会制度，结合我们的实际国情加以吸收利用。同时，根据我国教育发展的实际需要和学校的具体阶段，有重点地发展董事会。对董事会自身而言，要注意制度的制定和完善，包括会议制度、建议制度、文档制度等，使中国政法大学董事会发展日趋完善。

第二，出谋划策。大学是一个国家培养人才的重要基地，中国政法大学是我国培养法律人才的最高学府。法律本身是一门社会化程度很高的学问，法学人才的培养、法律大学的建设离不开社会的广泛参与。《国家中长期教育改革和发展规划纲要（2010~2020年）》也提及"深化公办学校办学体制改革，积极鼓励行业、企业等社会力量参与公办学校办学"，我担任国家司法部长初期，中国政法大学还是司法部所属，之后也与学校有比较紧密的联系，体会到，高校的管理者基本都是只有纯粹学校背景的人，要不是教学岗位兼顾管理岗位，要不就是大学毕业留校管理，学校的管理者在背景和知识方面过于单一，而高校要在多元化的社会中生存发展，管理层必须是全方面。董事会的组成人员来自不同的地域和不同的职业，在自身的工作领域都有丰富的社会经验，正好可以弥补学校管理层的某些知识上的不足，积极为中国政法大学的发展出谋划策，提出建设性的意见和建议。

第三，鼎力相助。现代公立大学的发展已经不可能完全靠国家的支持，必须广泛吸收社会力量参与大学发展。无论是资金筹措、学生培养、学生就业、扩大社会影响等，单靠大学自身是不可能做好的。中国政法大学董事会的各位董事都是各方面的精英人物，有着广泛的社会影响力和丰富的社会资源。我认为，既然成为学校的董事，就对学校的发展承担一定的责任，各位董事应当利用自己的个人优势，广泛宣传政法大学，积极支持政法大学的教学、科研和人才培养，直接支持或者穿针引线促成政法大学与国家机关、企事业组织等的合作，为中国政法大学的跨越式发展贡献自己的力量，不枉中国政法大学董事这一光荣称号。

第四，争做模范。董事会制度是我们国内大学管理中新出现的事物，各种制度还不完善，还没有成熟的发展模式。我注意到，我们很多董事也担任其他公司、学校的董事以及其他社会组织的理事等职务，希望大家发挥自己的经验优势和国际背景，共同努力，促进制度的完善，一起探索出成熟的发展道路，成为国内董事会制度发展的表率。

最后，我代表中国政法大学首届董事会，感谢各位对董事会以及学校的支持和帮助，也呼吁各位董事、各位嘉宾共同努力，同心同德，开拓进取，为中国政法大学的跨越式发展做出自己的贡献！

中国政法大学董事会章程

（2010 年 12 月 12 日）

第一章　总　则

第一条　为落实学校开放式发展战略，全面提高教育质量和办学效益，把中国政法大学建设成为开放式、国际化、多科性、创新型的世界知名法学强校，依据《中华人民共和国高等教育法》及相关法规规章的规定，成立中国政法大学董事会（以下简称校董会）。

第二条　校董会负责对学校发展战略规划、学科建设、人才培养、科学研究及社会服务等重要事务进行咨询、指导和评议，是学校与董事单位建立和发展长期、全面、紧密合作关系的组织形式，代表学校与政府机关、企事业单位及社会组织开展沟通与联络，致力于社会服务与人才培养，筹措学校教育发展资金，支持学校改革与发展事业。

第三条　校董会由校董单位和校董个人组成，遵循"自愿、平等、互利、发展"的原则开展工作。学校为校董会工作提供便利，为其发展创造良好条件。

第四条　校董会办事机构设在中华人民共和国北京市海淀区中国政法大学学院路校区。

第二章　组织机构

第五条　校董会由以下人员组成：

（1）社会知名人士、著名专家学者和杰出企业家；

（2）国内外出资捐助中国政法大学办学的组织代表或个人；

（3）国家及地方党政部门的负责人；

（4）中国政法大学校友的代表；

（5）中国政法大学的代表。

第六条　凡承认本章程，愿意支持中国政法大学发展的上述单位和个人，均可聘为校董会成员。

第七条　经审核后具有校董会成员资格的单位和个人，其单位由法人代表或法人代表委派的其他人担任校董，其个人由其本人担任校董。校董会单位成员如需变更校董人选时，应书面通知校董会。

第八条 校董会设主席 1 人，副主席及校董若干名；并根据需要，设立名誉主席、名誉校董若干名。校董会的名誉主席、主席、副主席同时受聘担任学校客座教授，校董会成员受聘担任学校兼职教授。

第九条 校董会下设秘书处，设秘书长 1 人，副秘书长若干名，校董会秘书长由中国政法大学校领导兼任。秘书处在主席、副主席和秘书长领导下开展工作。

第十条 校董会每届任职 4 年，校董可连选连任。校董会每年召开一次全体会议，审议校董会工作。

第十一条 校董会议召开前 30 天，校董会主席会同秘书长应书面通知各董事会成员，并列明会议时间、地点和内容。

第十二条 校董因故不能出席董事会议，可书面委托代表人出席，若届时未出席也未委托代表人出席，视为弃权。

第十三条 校董会会议闭会期间，由秘书长负责执行校董会决议，领导校董会秘书处处理日常事务。

第三章 职责、权利与义务

第十四条 校董会的职责：

（1）听取校长的工作报告，对中国政法大学的发展规划、学科建设、人才培养、科学研究及社会服务工作提出建议；

（2）听取校董会基金使用情况的报告，并提出意见与建议；

（3）制定、修订《中国政法大学董事会章程》，制订校董会活动计划；

（4）对学校与董事单位之间的合作进行指导、协调和咨询；

（5）代表学校筹集办学经费，接受各种捐款捐物；

（6）积极协助学校与政府及社会各界开展合作与交流，引进各类重大课题和项目，推动中国政法大学实施开放式发展战略。

第十五条 校董的权利：

（1）享有开展合作的优先权；

（2）根据校董需求，学校优先安排人力资源培训，开展课题研究，提供法律咨询与服务；

（3）享有参加中国政法大学组织的有关学术会议、考察、访问、调研等活动的便利；

（4）获得有关中国政法大学建设和发展以及教学和科研的信息；

（5）享有使用图书资料、实验设备的便利；

（6）享有招聘学校优秀毕业生的优先权；

（7）推荐符合条件的学生到中国政法大学学习；

（8）获得学校授予的不同形式的表彰。

第十六条 校董的义务：

（1）关心和支持学校发展，对发展规划、学科建设、人才培养、科学研究及社会服务工作提出咨询意见和建议；

（2）维护学校合法权益和声誉；

（3）出席校董会议，参加校董会活动；

（4）积极协助学校在海内外筹措办学资金，为学校的建设和发展提供资金、物质或其他方面的支持；

（5）为学校发展提供其他支持。

第四章　校董会基金

第十七条 校董会设立校董会基金，基金由各董事单位及个人提供或筹集。

第十八条 校董会基金纳入中国政法大学教育发展基金统一管理，为教育发展基金下面的专款项目，其筹集、管理、使用和监督遵照《中国政法大学教育发展基金章程》和本章程的有关规定执行。

第十九条 校董会秘书处须每年向校董会汇报校董会基金的筹集和使用情况。

第五章　附　则

第二十条 本章程经中国政法大学校董会第一次全体会议通过后生效。

第二十一条 本章程解释权归中国政法大学。

中国政法大学第一届董事会董事名单

（2010 年 12 月 12 日）

主　席（1 人）

张福森　全国政协社会和法制委员会主任

副主席（2 人）

石亚军　中国政法大学党委书记、教授

黄　进　中国政法大学校长、教授

名誉主席（3 人）

邹　瑜　原司法部部长兼中国政法大学校长

江　平　中国政法大学终身教授、原校长

陈光中　中国政法大学终身教授、原校长

名誉副主席（5 人）

{×××}

王巨禄　黑龙江省政协主席

张　耕　全国政协教科文卫体委员会副主任

袁纯清　山西省委书记、省人大常委会主任

{×××}

秘书长（1 人）

马怀德（兼）　中国政法大学副校长

董　事（以姓氏笔划为序，41 人）

马怀德　中国政法大学副校长

于世平　天津市人民检察院检察长

王广发　北京法政集团董事长

王金玉　北汽福田汽车股份有限公司总经理

王保树　清华大学法学院教授

王家福　中国社会科学院学部委员、法学研究所终身研究员

王雁飞　宁夏回族自治区人民检察院检察长

弗里兹·施拉玛　德国科隆前市长

厉育平　大自然集团顾问、上海温州商会会长

石聚彬　好想你枣业股份有限公司董事长

过　毅　河南东方毅拓展文化集团有限公司总裁

刘　飏　中国法学会党组书记、常务副会长

刘皇发　香港永同益集团有限公司董事会主席、香港立法会委员、大紫荆勋章
　　　　获得者

李传洪　薇阁基金会董事长

邢文鑫　中国政法大学校友总会副会长

肖　声　辽宁省人民检察院检察长

应　勇　上海市高级人民法院院长

张　穹　全国政协社会和法制委员会副主任

张文显　吉林省高级人民法院院长、教育部社会科学委员会委员、法学组召集人

张平沼　我国台湾地区商业总会理事长

张立勇　河南省高级人民法院院长

张学兵　北京市律师协会会长，中伦金通律师事务所主任

陈东升　泰康人寿股份有限公司董事长兼 CEO

陈泽盛　全国政协委员，香港煜丰集团董事局主席

贺　荣　北京市高级人民法院党组副书记、副院长

洪　虎　全国人大法律委员会副主任委员

洪培敏　中安（香河）房地产开发有限公司副董事长

胡建淼　浙江工商大学校长、教授

侯君舒　中共昌平区委书记

禹云益　中华慈善总会荣誉副会长、国际永益慈善基金主席

赵凤桐　中共北京市委常委、海淀区委书记

高之国　全国人大代表、国际海洋法院法官、国家海洋局海洋发展战略研究所所长

索维东　吉林省人民检察院原检察长

夏　华　依文企业集团董事长

徐显明　全国人大常委、山东大学校长、原中国政法大学校长

曹建军　山西汇丰兴业焦煤集团有限公司董事长

黄英豪　全国政协委员、香港资源控股及金至尊集团主席

彭雪峰　全国人大代表，大成律师事务所主任

曾宪梓　第十届全国人大常委、金利来集团有限公司董事局主席

廖泽云　全国政协常委、澳门特别行政区行政会委员、康泽工商有限公司董事长

熊贤忠　洪客隆投资集团董事长

四、人事与机构改革

内容提要

1993 年中共中央、国务院颁布《中国教育改革和发展纲要》，要求高等院校积极推进以人事制度和分配制度为重点的学校内部管理体制改革，实行岗位责任制和聘任制。此后在政府的主导下，国内许多高校的改革渐次推开。1998 年，部分重点大学开始酝酿和探索，1999 年教育部下发《关于当前深化高等学校人事分配制度改革的若干意见》，2000 年教育部、中组部、人事部又针对全国高校开展改革的实际情况，研究起草《关于深化高等学校人事制度改革的实施意见》，强调机构改革中要突出高校自主办学的独立法人地位。

2001 年 9 月，中国政法大学新一届领导班子履新任职。学校党委积极贯彻落实上级机关指示精神，先后制定了《中国政法大学校部机关机构改革方案》《中国政法大学校部机关分流人员安置办法》《中国政法大学校部机关和院（系）处级领导干部选拔任用规定》《中国政法大学校部机关和院（系）处级领导干部公开竞聘上岗工作实施意见》等文件并颁布实施，将校部机关机构精简为 20 个，校部机关工作人员编制精简为 213 人，又在全校范围内开展了党政管理人员全员聘任工作。2002 年，学校根据教育部关于高校要进一步改革和完善教学、科研工作的管理体制，探索和建立符合教学、科研规律的组织形式的指示要求，出台《中国政法大学教学、科研和教辅单位机构改革方案》，确定学校设立 10 个学院、2 个教学部、2 个中心及出版社、图书馆、学报共 16 个处级院（部），建立了校、院（部）二级管理体制。通过校部机关机构改革、干部人事制度改革以及院系调整改革，建立了以教学、科研为中心的科学的管理体制，为提高学校的核心竞争力构建了一个宽阔的平台。

中共中国政法大学委员会关于实施中国政法大学校部机关机构改革方案和干部人事制度改革方案的决定

中政大发 [2001] 21 号

（2001 年 12 月 3 日）

当前，中国高等教育正在大挺进、大突破、大发展。从 1993 年中共中央和国务院联合颁布《中国教育改革与发展纲要》开始，中国高等教育改革便在政府主导下，从体制改革和教学科研改革两条战线上全面推开、不断深入。在这一时代背景下，国内许多高等院校经过将近十年的改革发展，办学水平和办学效益在大幅度提升，高等教育事业在大踏步前进。

中国高等教育发展的迅猛形势、高校间异常激烈的竞争态势，对刚刚进入教育部直属重点大学的我校构成了强大的外部压力，使我们面临更为严峻的挑战。挑战也是机遇，是推动我们前进的强大动力。只要有一套符合学校校情、适应国际国内高等教育发展规律的战略发展思路和改革措施，就可以使我们在短时间内跃上潮头、迎头赶上。面对当前形势，全体教职员工必须在校党委统一领导下，解放思想、实事求是、抓住机遇、战胜挑战、深化改革、锐意进取、大力创新、加快发展。

建立合理、高效、优质的管理体制和管理队伍是我校一切改革与发展的前提和基础。只有优化结构、理顺关系、规范管理、提高素质，才能为人才培养和教学科研的工作提供制度保障和组织保障，才能为学校整体改革的推进奠定良好的干部基础和管理基础。

我校新一届领导班子就职以来，在广泛征求广大教职员工意见和建议的基础上，参照过去改革方案，积极贯彻落实中央、教育部、北京市委的有关精神，拟定了《中国政法大学校部机关机构改革方案》、《中国政法大学校部机关分流人员安置办法》、《中国政法大学校部机关和院（系）处级领导干部选拔任用规定》、《中国政法大学校部机关和院（系）处级领导干部公开竞聘上岗工作实施意见》。目前，以上方案已经 2001 年第 26 次党委常委会研究通过，决定在我校正式推行实施。

通过本次校部机关机构改革和干部人事制度改革，在我校建立起以教学、科研为中心的人员精干、办事高效、运转规范的管理体制，建设一支具有高素质和一流管理水平的管理队伍，转变校部机关作风，建立起决策科学、管理规范、监督有效的良好运行机制。

全校各部门、各单位、各级领导干部、全体党员、全体教职员工要从中国政法大学事业发展的大局出发，从实际出发，认真贯彻落实校党委作出的改革决定，正确对待改革中的利益调整问题，努力适应新岗位、新职能的新要求，尽快理顺工作关系，为我校的改革发展事业贡献力量。

中共中国政法大学委员会

2001 年 12 月 3 日

中共中国政法大学委员会关于印发实施《中国政法大学校部机关机构改革方案》《中国政法大学校部机关分流人员安置办法》的通知

中政大发［2001］22 号

（2001 年 12 月 3 日）

各党总支、各处级单位：

《中国政法大学校部机关机构改革方案》和《中国政法大学校部机关分流人员安置办法》已经 2001 年第 26 次党委常委会讨论通过，现印发实施，请遵照执行。

中共中国政法大学委员会

2001 年 12 月 3 日

中国政法大学校部机关机构改革方案

为了适应我国"依法治国"、"建设社会主义法制国家"的战略要求和新世纪国际竞争的挑战，大力推进我校建设和发展，校党委决定，在学校内部管理体制的系列改革过程中，首先对学校校部机关进行改革。

（一）指导思想

校部机关机构改革的指导思想是：以邓小平理论和党的十五大会议精神为指导，贯彻落实《高等教育法》和第三次全国教育工作会议精神以及中组部、人事部、教育部的有关规定，在校党委统一领导下，坚持解放思想、实事求是的思想路线，遵循高等教育发展的客观规律，以理顺管理与教学、科研的关系为着眼点、以转变职能、转变机制、转变作风、提高效率、提高水平、提高质量为目的，在充分发扬民主的基础上，通过撤销、剥离、保留、合并和新建等方式，调整机构，优化结构，整合体系，改变校部机关存在的职能交叉，机构重叠，职责不清，关系不顺，冗员较多，部门与部门、人与人之间推诿扯皮，高消耗，低效率的现象。建立科学精简、权责明晰、运行顺畅、强化服务、优质高效的机构和职能体系，为学校整体改革的推进奠定良好的组织基础。

（二）原则、目标、方针

校部机关机构改革遵循的原则是：有利于理顺教学、科研、管理和服务的关系；有利于促进学科建设、教学改革和科研改革；有利于校部机关管理职能和人员结构的整体优化，提高效率和管理水平；有利于调动广大教职工的工作积极性和主动性；有利于学校事业的整体发展。

校部机关机构改革的目标是：建立起以教学、科研为中心的人员精干、办事高效、运转规范的机关管理体制；改革用人制度，完善考核、奖惩制度，建设一支高素质的具有一流管理水平的管理人员队伍；使校部机关与经营、服务职能相脱离，建立起决策科学，管理规范，监督有效的机关管理运行机制。

校部机关机构改革的方针是：解放思想，实事求是，加强领导，统一指挥，积极稳妥，分阶段，按步骤地逐步实施。

（三）主要内容和总体思路

校部机关机构改革的主要内容和总体思路是：根据教人［1999］16 号文件《关于当前深化高等学校人事分配制度改革的若干意见》，人发［2000］59 号文件《关于深化高等学校人事制度改革的实施意见》规定，更新观念，破除上下对应和"官本位"的思想，从明确职能入手，对职能重叠、交叉或相近的机构实行撤销、合并或合署办公；对不具备管理职能的单位成建制地剥离校部机关，根据其职能转入教学科研单位或后勤服务集团等部门；对原在机关从事服务工作的人员，全部从机关剥离，实行分类管理；根据建设和发展的需要，适当增设对应新职能的新机构。增强机构的综合管理职能，减少层次，理顺关系。通过对处、科级机构职能的调整，使校部机关机构精简为 20 个；校部机关工作人员编制精简为 213 人。机构确定后，对各级党政管理人员进行全员聘任。对在改革中分流出来的人员，建立起校内合理的流动机制，修好畅通的人员流动渠道，使各类人员能够稳得住、流得动、分得走。

（四）具体方案

校部机关机构改革的具体方案是：

一、保留的机构有研究生院和 13 个部、处、室

1. 组织部

2. 统战部

3. 纪委办公室（监察处）

4. 宣传部

5. 退（离）休干部管理处

6. 教务处

7. 科研处

8. 学生（部）处

9. 人事处

10. 审计处

11. 后勤管理处

12. 基建处

13. 保卫（部）处

14. 研究生院

二、新组建的机构有 4 个

1. 中国政法大学新闻中心（与党委宣传部合署办公）

2. 机关党总支

3. 资产管理处

4. 中国政法大学教育技术与网络服务中心：由电教中心、外语系语音室，基础部计算机实验室部分人员组成。为教辅单位，由主管校长直接领导。

三、更改名称的机构有 3 个

1. 财务处更名为计划财务处

2. 校培训中心更名为校培训部

3. 国际交流处更名为国际合作与交流处

四、撤销 2 个处级机构，2 个教辅机构

1. 校产业办公室。其管理职能由后勤管理处承担；其下属的经营性、服务性部门划归后勤集团管理。

2. 研究生院研究生工作部。研究生思想政治工作与毕业生指导工作由校学工部承担，研究生会的指导工作由校团委承担。

3. 电教中心。其电化教学职能和音像制作职能由新组建的教育技术与网络服务中心承担。

4. 外语系语音室。其职能由新组建的教育技术与网络服务中心承担 。

五、合并或合署办公的机构有7个

1. "党办"与"校办"合署办公，组建"学校办公室"；

2. 党校与组织部合署办公；

3. 武装部、综合治理办公室与保卫处合署办公；

4. 校园文化中心并入学工部，为其下设的科级机构；

5. 校综合档案室并入学校办公室，为其下设的科级机构；

6. 校人才服务中心并入人事处，为其下设的科级机构。

六、研究生院下设的机构改为正科级，其第一负责人根据本人条件可低格高配。

七、不具备管理职能，应整建制地剥离校部机关，分清职能，理顺关系，归口管理的有3个处级机构，4个科级机构。

1. 国际教育学院从校部机关转入教学序列；

2. 第二学位办公室从教务处划归法律系管理；

3. 高教研究室从原为独立设置的副处级机构，改为归口学校办公室管理，不具有行政级别，人员按专业技术人员管理。

4. 保卫处校卫队不列入校部机关，归口校保卫处管理。负责校园内楼、堂、馆、所的门卫、传达工作，并逐步以保安人员等代替。

5. 校办收发科、文印科不列入校部机关，更名为收发室、文印室，不具有行政级别，聘用的负责人按科级干部对待，其他工作人员分类管理，归口学校办公室管理；

6. 教务处教材科与研究生院教材科共同组建校教材供应中心，不列入校部机关，是不具有行政级别，自收自支的服务经营部门，归口校教务 处管理；

7. 老干部处、教务处、学工部、国际合作与交流处中的1个专业技术人员岗位和9个工人岗位不列入机关编制，分别按专业技术人员和普工或技工管理。

八、把校培训部纳入校部机关，加强本科及本科以下非学历教育的管理 。

九、涉及职能调整的部门有4个

1. 师资队伍建设工作从教务处划归人事处；

2. 计划生育工作从校办划归校医院，编制2人；

3. 职工福利经费的管理由人事处、校工会分管改为全部划归校工会管理；

4. 教职工培训工作从校工会划归人事处；

5. 逐步取消校内二级财务，其财会业务由计财处结算中心承担。

十、改革后列入学校机关序列的有研究生院和 19 个部、处

1. 学校办公室（党办、校办）

2. 组织部（党校）

3. 统战部

4. 纪委办公室（监察处）

5. 宣传部（新闻中心）

6. 退（离）休干部管理处

7. 教务处

8. 科研处

9. 研究生院

10. 人事处

11. 国际合作与交流处

12. 学生处（学生工作部）

13. 计划财务处

14. 审计处

15. 保卫处（保卫部）

16. 资产管理处

17. 后勤管理处

18. 基建处

19. 培训部

20. 机关党总支

十一、列入群众团体的处级单位有 2 个：

1. 校工会

2. 校团委

附：校部机关机构设置、主要职能、内设机构、人员编制表 ｛删略｝

中国政法大学校部机关分流人员安置办法 ｛删略｝

关于《校部机关机构改革方案》及编制改革问题的说明
——副校长解战原在"校部机关机构干部人事
制度改革动员大会"上的讲话

（2001 年 12 月 4 日）

同志们：

《关于校部机关机构改革方案》已经酝酿了三年，今天终于公布实施了，现在由我向同志们就机构编制改革方案及相关问题作一汇报。

一、起草新《机构改革方案》的背景及工作过程

大家可能还记得，早在今年 1 月 8 日教代会全体代表就审议过《机构改革方案》，由于种种原因，改革方案最终没有出台。新领导班子就职后，抓的第一项工作就是人事制度改革，并且明确指示，在改革中要贯彻《高等教育法》，严格遵循中组部、人事部、教育部文件的有关规定，坚决把校部机关压缩在 20 个以内，人员编制控制在 211 人左右，处级领导职数掌握在机构数的 2.5 倍以内。减编工作随着全员聘任工作的展开，一步到位。为此，有关职能部门在解校长的直接领导下对上一次的《改革方案》进行了调整，并且于 10 月 22 日召开了机构编制改革工作小组部分成员参加的会议，认真听取了意见，对方案进行了修改。接着，分别于 10 月 26 日和 27 日召开了由解校长、张校长主持、石亚军书记出席的专家论证会和机关各部门负责人座谈会。10 月 30 日校党委就机构改革问题召开了常委会，统一思想，进一步明确了机构改革的指导思想、基本原则和总体思路。11 月 15 日召开的常委会又讨论了机构改革的基本框架，并提出了改革工作的基本步骤。为了使改革工作做到既积极、又稳妥，解书记又亲自和职能部门一起利用 11 月 8 日和 9 日两天时间对机关各部、处、室负责人个别座谈，反复征求意见，然后把修改后的方案提交常委会和校长办公会进行研究讨论，根据校长办公会的意见又作了进一步的修改。11 月 26 日教代会主席团对《机构改革方案》及配套办法进行了审议，对《改革方案》基本肯定的同时也提出了一些中肯的意见。11 月 28 日校党委常委会认真听取了教代会主席团的意见，对《改革方案》和配套措施，经过讨论，进行了审慎地修改，决议通过。现在发给大家的文件，是根据常委会决议修改后的正式文件。至此，新的《机构改革方案》历经 48 天，修改 10 稿。

二、校部机关机构、编制改革的依据

教育部教人［1999］16 号文件指出："要进一步明确校部管理机构基本职能，

剥离服务职能、经营职能，努力克服校部机关'政府化'的倾向，机构设置不要求上下对口，职能相近的部门和机构要尽可能合并或实行合署办公，学校管理机构数按学校规模和管理跨度确定，原则上10~20个左右。学校内设党政管理机构的领导职数，一般掌握在机构设置数的2.5倍以内。""学校要在上级主管部门核定的编制总数内，按照精简、高效的原则，努力压缩非教学科研人员，提高教师占教职工总数的比例。从严控制学校管理人员编制，学校要遵循国家机关机构改革的原则精神，较大幅度地精简机关工作人员，全校党政管理工作人员编制原则上控制在全校事业编制教职工人数的12%~15%（校部党政机构人员编制可按全校事业编制教职工人数的6%~10%掌握）。"

三、我校校部机关机构、编制的现状及改革的任务

我校现有教职工1486人，其中校部机关有325人，处级机构（含合署办公）39个。教育部原则认可我校事业编制2111人。根据教育部文件精神，并考虑到我校两地办学的实际情况，校部机关机构数和编制数均按教育部规定的比例最高限确定，机构为20个（不含校团委、校工会）；人员编制为213人。因此，机构需削减19个，人员需削减112人。

四、校部机关机构编制改革的指导思想、基本原则和总体思路

机构编制改革并不是为了精简而精简，也不是教条地执行上级文件精神，而是要在校党委统一领导下，坚持解放思想、实事求是的思想路线，遵循高等教育发展的客观规律；以理顺管理与教学、科研的关系为着眼点，以转变职能、转变机制、转变作风、提高效率、提高水平、提高质量为目的，在充分发扬民主的基础上，通过撤销、剥离、保留、合并和新建等方式，调整机构，优化结构，整合体系，改变校部机关存在的职能交叉，机构重叠，职责不清，关系不顺，冗员较多，部门与部门、人与人之间推诿扯皮，高消耗，低效率的现象。建立科学精简、权责明晰、运行顺畅、强化服务、优质高效的机构和职能体系，为学校整体改革的推进奠定良好的组织基础。这就是校部机关机构编制改革的指导思想。

校部机关机构改革遵循的原则是：有利于理顺教学、科研、管理和服务的关系；有利于促进学科建设、教学改革和科研改革；有利于校部机关管理职能和人员结构的整体优化，提高效率和管理水平；有利于调动广大教职工的工作积极性和主动性；有利于学校事业的整体发展。

校部机关机构改革的总体思路是：更新观念，破除上下对应和"官本位"的思想，从明确职能入手，对职能重叠、交叉或相近的机构实行撤销、合并或合署办公；对不具备管理职能的单位成建制地剥离，根据其职能转入教学科研单位或后勤

服务集团等部门；对原在机关从事服务工作的人员，全部从机关剥离，实行分类管理；根据建设和发展的需要，适当增设对应新职能的新机构。增强机构的综合管理职能，减少层次，理顺关系。通过对处、科级机构职能的调整，达到精简的目标。为了校内的安定团结，对在改革中分流出来的人员，建立起校内合理的流动机制，修好畅通的人员流动渠道，使各类人员能够稳得住、流得动、分得走。

校部机关机构改革要达到这样一个目标：建立起以教学，科研为中心的人员精干、办事高效、运转规范的机关管理机制；改革用人制度，完善考核、奖惩制度，建设一支高素质的具有一流管理水平的管理人员队伍；使校部机关与经营、服务职能相脱离，建立起决策科学，管理规范，监督有效的机关管理运行机制。校部机关改革采取的方针是：解放思想，实事求是，加强领导，统一指挥，积极稳妥，分阶段，按步骤地逐步实施。

五、校部机关机构改革的具体方案

（一）为了适应建设和发展的需要，新组建 4 个机构

1. 中国政法大学新闻中心（与党委宣传部合署办公）

2. 机关党总支

3. 资产管理处

4. 中国政法大学教育技术与网络服务中心：由电教中心、外语系语音室，基础部计算机实验室部分人员组成。为教辅单位，由主管校长直接领导。

（二）为了强化部分管理职能，使机构名称与之相匹配，需更改 3 个机构的名称

1. 财务处更名为计划财务处

2. 校培训中心更名为培训部

国际交流处更名为国际合作与交流处

（三）因职能转移、削弱等原因，需撤销的有 2 个处级机构，2 个教辅单位

1. 校产业办公室。其管理职能由后勤管理处承担；其下属的经营性、服务性部门划归后勤集团管理。

2. 研究生院研究生工作部。研究生思想政治工作与毕业生指导工作由校学工部承担，研究生会的指导工作由校团委承担。

3. 电教中心。其电化教学职能和音像制作职能由新组建的教育技术与网络服务中心承担。

4. 外语系语音室。其职能由新组建的教育技术与网络服务中心承担。

（四）因职能相近或交叉需合并或合署办公的有 7 个机构

1. "党办"与"校办"合署办公，组建"学校办公室"；

2. 党校与组织部合署办公；

3. 武装部、综合治理办公室与保卫处合署办公；

4. 校园文化中心并入学工部，为其下设的科级机构；

5. 校综合档案室并入学校办公室，为其下设的科级机构；

6. 校人才服务中心并入人事处，为其下设的科级机构。

（五）为了理顺关系，研究生院下设的机构改为正科级，其第一负责人根据本人条件可低格高配

（六）对不具备管理职能的 3 个处级机构和 4 个科级机构整建制地剥离校部机关，分清职能，理顺关系，归口管理

1. 国际教育学院从校部机关转入教学序列；

2. 第二学位办公室从教务处划归法律系管理；

3. 高教研究室从原为独立设置的副处级机构，改为归口学校办公室管理的附属单位，不具有行政级别，人员按专业技术人员管理；

4. 保卫处校卫队不列入校部机关，归口校保卫处管理。负责校园内楼、堂、馆、所的门卫、传达工作。减员后，也不再增加，而是根据工作需要，以保安或其他人员补充；

5. 校办收发科、文印科不列入校部机关，更名为收发室，文印室，不具有行政级别，聘用的负责人按科级干部对待，其他人员实行分类管理。归口学校办公室管理；

6. 教务处教材科与研究生院教材料共同组建校教材供应中心，不列入校部机关，是不具有行政级别，自收自支的服务经营部门，归口校教务处管理；

7. 老干部处、教务处、学工部、国际合作与交流处中的 1 个专业技术人员岗位和 9 个工人岗位不列入机关编制，分别按专业技术人员和普工或技工管理。

（七）把校培训部纳入校部机关，加强非学历教育的管理

（八）为了分清职责、理顺关系，对有关部门进行职能调整

1. 师资队伍建设工作从教务处划归人事处；

2. 计划生育工作从校办划归校医院，给校医院两个行政编制；

3. 职工福利费管理工作由人事处、校工会分管改为全部划归校工会管理；

4. 教职工培训工作从校工会划归人事处；

5. 逐步取消校内二级财务，其财会业务由计财处结算中心承担

（九）改革后列入学校机关序列的有研究生院和 19 个部、处

1. 学校办公室（党办、校办）编制 21 人

2. 组织部（党校）编制 6 人

3. 统战部 编制 2 人

4. 纪委办公室（监察处）编制 5 人

5. 宣传部（新闻中心）编制 9 人

6. 退（离）休干部管理处 编制 8 人，另外还有未列入机关编制的保健医 1 人，工人 1 人。

7. 教务处 编制 16 人，另外还有未列入机关编制的工人 2 人

8. 科研处 编制 8 人

9. 研究生院 编制 16 人

10. 人事处 编制 14 人

11. 国际合作与交流处 编制 7 人，另外还有未列入机关编制的工人 1 人

12. 学生处（学生工作部）编制 19 人，另外还有未列入机关编制的工人 5 人

13. 计划财务处 编制 21 人

14. 审计处 编制 4 人

15. 保卫（部）处 编制 21 人

16. 资产管理处 编制 8 人

17. 后勤管理处 编制 5 人

18. 基建处 编制 8 人

19. 培训部 编制 4 人

20. 机关党总支 编制 2 人

列入群众团体的处级单位有 2 个：

1. 校工会

2. 校团委

六、机构编制改革工作的实施

《改革方案》公布后，机关所有工作人员应仍然保持原有的工作状态，以积极的态度参加到改革中来，做好改革方案的实施工作。具体实施办法分以下几种情况：

1. 国际教育学院从现在起转入教学系列；

2. 更名的机构从现在起起［启］用新名称；

3. 机关新成立的机构随着处级领导干部的竞聘上岗正式成立；

4. 撤销、合并或合署办公的机构、归口管理的部门，以及机构之间的职能调整，待处级领导干部竞聘上岗后，由所涉及机构的新班子具体操作实施；

5. 研究生工作部、第二学位办公室的职能和编制转移，以及教育技术与网络服务中心和校教材供应中心的正式成立，要与院系调整、教学科研机构的重组工作同步进行；

6. 计划生育工作职能的转移，由校医院在机关科级以下干部聘任工作开始之时正式接收，并根据校医院办公室人员的聘任条件对现在的计划生育工作人员进行考核，按编制聘任。

七、机构编制改革后富裕人员的分流办法 ｛删略｝。

2001 年 12 月 4 日

党委书记石亚军在中国政法大学校部机关机构改革和
干部人事制度改革动员大会上的讲话

（2001 年 12 月 4 日）

各位老师、同志们：

按照学校党委的部署，在老班子工作的基础上，新班子将实施机构改革和干部人事制度改革。经过广泛征求意见，对校部机关机构改革和处级干部公开竞聘上岗工作的方案进行了调整和充实，在履行审议和审批程序后，实施这两项方案的条件基本成熟。今天，我们召开动员大会，公布改革方案，宣布正式启动这两项改革，目的是进一步认清形势、提高认识，更新观念、统一思想，明确思路、落实任务，动员全校上下行动起来，以主人翁的姿态积极投身到学校的改革中来，确保校部机关机构改革和处级干部公开竞聘上岗工作顺利推进和其目标的圆满实现。

在这里，我代表学校党委讲三个方面的问题。

一、改革所面临的形势

1. 中国高等教育改革面临的挑战和机遇对我们的启示。21 世纪是突飞猛进的世纪，是激烈竞争的世纪。深化教育教学改革，实现制度、内容、模式和手段的创新，为现代化建设事业造就优秀的人才和崭新的科研成果，是形势发展对高等学校提出的新的挑战，也是高等学校在新世纪发展的机遇所在。所有的大学都意识到了这一点，并力图用新的改革理念和措施去诠释自己对世纪挑战和机遇的理解。于是，各个学校都努力实行全方位、大力度的改革，产生了令人耳目一新的改革成果，由此形成了学校与学校之间更激烈、更深层次的竞争。通过这种竞争，大学的整体教学质量和科研水平大幅度提高，而就具体学校来说，由于改革步子不一样，呈现出发展的不平衡和原有地位的变化。受危机感和紧迫感的驱使，大家明确了一个道理，这就是要使学校的发展不落伍，观念必须进一步更新，体制必须进一步优化，教学和科研水平必须通过深化改革进一步提高。

我们是否进入了这种精神状态，回答是肯定的。但同时，我们不能否定把这种精神状态转变为现实形态，还要在深化改革的路上做很多事情。

政法大学是教育部直属的全国重点大学，同样作这样称谓的还有另外 70 所，拿这 70 所大学比一比，我们推行校部机关机构改革和处级干部竞聘上岗的任务十分紧迫。1999 年，在一些学校进行试点的基础上，教育部原来所属的 34 所全国重点大学全部完成这两项改革，而全国其他大部分学校也相继跟进，在大致相当的时间内结束改革，其中，包括与我校同时并进教育部的另外 36 所部委院校。为了进一步推进改革，在认真总结经验后，教育部于 1999 年颁发了《关于当前深化高等学校人事分配制度改革的若干意见》。2000 年，中组部、人事部、教育部又联合下发了《关于深化高等学校人事制度改革的实施意见》，兄弟院校的内部管理体制改革又朝前迈出了一大步，他们的步伐给我们提供了只争朝夕的启示，他们的经验给我们提供了趋利避害的借鉴。我校在去年就积极行动起来，老班子为推动这两项改革做了大量的工作，因为种种原因，现在将正式启动，在充分吸取兄弟院校经验的基础上抓紧完成这两项改革，已是势在必行，时不我待。

2. 我校校部机关机构和干部队伍的现状及存在的问题。谈改革的必要性，首先离不开对学术队伍和管理队伍作用和关系的正确认识。学校是一盘棋，学术队伍和管理队伍各司其责，都是棋局中不可缺少的力量，都需要受到相互尊重和相互支持。教师是学校从事中心工作的主体，是学校培养人才的主力部队，是学校学术地位的顶梁柱，是学校社会声誉的鸣锣人，没有高素质和高水平的教师队伍，作为重点大学存在的理由是不具备至少是不充分的，因而，教师应该受到学校各个方面的理解、尊重和关爱。干部是学校护扶中心工作的主体，是学校培养人才的策应部队，是学校管理工作的主要力量，是学校保持稳定的负重人，没有高素质和高水平的管理队伍，学校正常的运转和改革目标的实现是没有保障的，因而，干部也应该受到学校各个方面的理解、尊重和关爱。教师和干部都是学校的英雄，两支队伍在感情、思想、职责等方面的融洽、融合与融汇，是我校各项事业发展的重要保障，也是这次机构改革和干部竞聘上岗所要追求的一个重要价值。

我校现在的校部机关机构体系和干部队伍，是在学校长期发展中形成，为学校的改革、发展和稳定做出过突出的贡献，发挥过重要的作用。这些机构为改革开放以来，学校在各个时期教学、科研工作的顺利推进提供了组织保障，正是这些机构发挥了应有的职能，才使学校的各项工作有条不紊，才使建立新校区、扩招等重大改革和建设举措得以顺利实施，并实现预期的目标。我们的这支干部队伍，对学校的事业具有深厚的感情和突出的责任感，对学校的管理工作具备丰富的经验和成熟的方法，在两地办学的复杂格局中为学校工作的正常运转发挥了极大的作用。就是在当前，他们明明知道机构改革等项目实施后，情况会发生变化，却依然坚守岗位，为机构改革做方案，做准备，这种精神应当充分肯定。

但是，我们还应该清醒地认识到，着眼于高等教育改革的发展趋势，我校校部机关机构和干部队伍在职责、职能、作风、效率等方面仍然存在许多不适应的问题。比如，机构过多，职责不清，职能不规范。我校校部机关现有 39 个部处，49 个科级机构。不仅数量较多，而且在许多方面职责不清，职能交叉重叠，这就容易造成该管的事不去管，不该管的事管得过多过细，以及有的事没人干，有的人没事干。又比如，人浮于事，工作效率低下。我校校部机关现有干部 325 人，其中具有实职的处级干部 66 人，科级干部 106 人，机关干部的总人数比教育部规定的全部管理人员的比例上限还超出 114 人。问题的关键并不在于有这么多干部，而在于存在因人设事，政出多头等弊病，容易造成相互推诿、相互扯皮，干部能上不能下和工作效率低下。

显然，这些问题不通过深化改革加以解决，学校教学科研的中心地位就很难到位，学校的管理和服务水平就很难提高，学校的办学效益和办学质量就很难提升。正如前面谈到的那种关系一样，要想教学科研上台阶、上档次，就必须有职能合理、职责明晰、运转高效的机构体系和责任心强、素质高、办事优质的干部队伍。承认这一点，就必须充分认识这次改革的重要性和必要性，并提高大力支持和参与的主动性和积极性。

二、改革的指导思想、总体思路、基本原则和评价标准

这次改革是实实在在的改革，必须解决问题，讲求实效。这次改革也是认认真真的改革，必须坚持原则，把握规范。因此，在实施改革方案之前，需要明确改革的指导思想、总体思路、基本原则和评价标准。

1. 改革的指导思想是：以邓小平理论和党的十五大精神为指导，贯彻落实《高等教育法》和第三次全国教育工作会议精神以及中组部、人事部、教育部的有关规定，在校党委统一领导下，坚持解放思想、实事求是的思想路线，遵循高等教育发展的规律，以理顺管理与教学、科研的关系为着眼点，以转变职能、转变机

制、转变作风、提高效率、提高水平、提高质量为目的，在充分发扬民主的基础上，通过撤销、剥离、保留、合并和新建等方式，调整机构，优化结构，整合体系，改变校部机关存在的职能交叉，机构重叠，职责不清，关系不顺，冗员较多，部门与部门、人与人之间推诿扯皮，高消耗、低效率的现象，建立科学精简、权责明晰、运行顺畅、强化服务、优质高效的机构和职能体系；通过公开招聘，竞争上岗，选拔德、能、勤、绩兼备的人才担任领导职务，建设政治过硬、素质优良、乐于奉献、善于管理的干部队伍，为学校整体改革的推进奠定良好的组织和干部基础。

2. 改革的总体思路是：依照教育部有关规定，我校机构要在明确校部机构基本职能的基础上，剥离服务职能、经营职能，克服校部机关政府化倾向，破除上下对应和"官本位"思想，对职能重叠、交叉或相近的机构实行撤销、合并或合署办公，宜于设立职能岗位的工作，尽可能不设立独立机构，增加机构的独立管理职能，减少层次，理顺关系，提高效率。学校管理机构数按学校规模和管理跨度确立，原则上为 20 个左右。学校内设党政管理机构的领导职数，一般掌握在机构设置数的 2.5 倍以内。

3. 改革的基本原则是：要有利于理顺教学、科研、管理和服务关系；有利于促进学科建设、教学科研的改革和发展；有利于整体优化校部机关管理的职能和人员结构，提高管理效率和水平；有利于调动广大教职工的工作积极性和主动性；有利于学校事业的整体发展。

4. 评价标准是：这次改革的主要目的是优化职能，优化作风，提高素质，提高效能，机构的调整和人事的变动只是手段和方法。因此，检验改革成效的标准是：

其一，是否建立了权责统一、职能优化的管理运行机制。原有机构格局的变化是正常的，必然有增有减，有分有合，但是，不是以增减数目和分合数目的多少论成效，而是看新机构体系中，职能结构是否合理，新机构是否科学管理了该管的事情，管得好的可能性有多大，管理作风是否得到了优化，管理运行机制是否真正有利于教学和科研中心工作的开展。

其二，是否建立了职位轮换、干部交流的合理机制。原有职位构成的变化是正常的，必然有高有低，有老有新，但是，不是以高低比例和新老比例论成效，而是看是否打破了干部终身制，干部是否能上能下，能够根据需要进行合理流动，以优化整体结构和功能。

其三，是否建立了调节素质、优化作风的更新机制。原有领导的变化是正常的，必然有进有出，有上有下，但是，不是以进出数量和上下数量的大小论成效，而是看领导者的素质、知识、能力是否按照岗位要求，不断进行调整和更新，工作效能是否符合改革和发展的需要。

三、关于实施改革方案的几点要求

机构改革和干部人事制度改革是一项十分艰巨而复杂的任务，如何做到既积极大胆地推进改革，又保持学校的稳定和各项工作的有序运转，更是一项艰难的课题。为此，我们既要下定决心，知难而上，积极推进有关方案的实施，又要加强领导，精心组织，保证稳定过渡。在这里，我提几点要求：

1. 正确理解和处理好几种关系

第一，阶段和过程的关系。改革是一个长期的、连续不断的过程，由适应不同时期形势发展要求的不同阶段组成。这次的两项改革只是阶段性改革，不可能一蹴而就，一次解决所有问题。通过这次改革，重要的是迈出新的一步，因此，改革方案实施的结果，是实现阶段性改革的目标，并为今后深化改革打下基础。

第二，前进和连续的关系。我们既不能一讲前进就否定连续，因为否定连续也就否定了前进的基础。我们也不能只谈连续而不谈前进，因为那样就会固步自封，裹足不前。我们这次改革，是在老班子工作的基础上的延续，而不是另搞一套，因此，我们既要努力提高对新形势的适应性，对改革方案进行调整、充实和完善，又要充分考虑到制度和政策的连续性，保证工作的平稳过渡。

第三，理想和现实的关系。设定改革的具体目标，既要体现前瞻性，以实现目标的跨越性和目标效应的绝对稳定性，又要充分考虑改革立足的基础，尊重现实性，以实现目标的循序性和目标效应的相对稳定性。

第四，动机和效果的关系。推动改革，不仅要有好的动机，更要注重动机和效果的统一，通过恰当的方式和手段，把好的动机变为好的效果。做到这一点，除了要有行之有效的改革方案，还要特别重视在方案的实施和执行中，坚持原则，遵守规则，严格程序，并做好深入细致的思想政治工作。

第五，前推和后续的关系。改革是对各种资源进行重新组合和配置，而改革的方案必须具有很强的配套性，既要解决应该解决的问题，又要为妥善处理留下的问题提供政策和措施保障。

第六，竞争和服从的关系。关心学校发展的每一位同志，都应该积极参与竞争，通过竞争实现机构体系和干部队伍的优化，通过竞争，以参与的行动体现对改革的支持。同时，对竞争后形成的结果，不论是否涉及到本人，都应该抱以正确的态度，以服从的行动体现对改革的支持。

2. 几点具体要求

首先，全校上下要认清形势，更新观念，提高认识，把思想统一到党委的决定上来；

其次，广大教师、干部要按照改革的方案和要求，以主人翁的姿态主动配合学校的工作部署，我们的全体共产党员，尤其是党员领导干部，务必在学校的改革中真正起到先锋模范作用，做群众的表率，积极协助新机构的建立和新的部处领导人选的决定；

第三，重申纪律，杜绝消极对待改革和利用改革之机损公肥私等现象。

校党委常委会在 11 月 28 日通过了《关于在学校机构改革和干部竞聘上岗工作中的纪律要求》，具体内容我在这里宣布如下（略）。

同志们！我们今天启动的这两项改革，是当前学校的两项重大工作，积极稳妥地做出成效，是往后深化各项改革的前提。如果这个前提是成立的，就会使接踵而来的各项改革形成一环扣一环的链条，那么，大家在平时的工作中有意见的各个方面的问题将逐步得到解决。改革不是目的，目的是要发展。在各个学校都在争先恐后，勇往直前的今天，让我们团结一致，深化改革，共同努力，共同奋斗，加快中国政法大学发展的步伐，全面提升学校的核心竞争力，提高学校的学术感召力，加大学校的事业创新力，扩大学校的社会影响力，快步行进在争创一流的行列。

谢谢大家！

中共中国政法大学委员会关于印发实施
《中国政法大学校部机关和院（系）处级领导干部选拔
任用规定》《中国政法大学校部机关和院（系）
处级领导干部公开竞聘上岗工作实施意见》的通知

中政大发【2001】23 号

（2001 年 12 月 3 日）

各党总支、各处级单位：

《中国政法大学校部机关和院（系）处级领导干部选拔任用规定》和《中国政法大学校部机关和院（系）处级领导干部公开竞聘上岗工作实施意见》已经 2001 年第 26 次党委常委会讨论通过，现印发实施，请遵照执行。

中共中国政法大学委员会

2001 年 12 月 3 日

中国政法大学校部机关和院（系）处级领导干部选拔任用规定

按照中共中央《党政领导干部选拔任用工作暂行条例》（中发〔1995〕4 号）、中组部《关于进一步做好公开选拔领导干部工作的通知》（中组发〔1999〕3 号）的要求，结合我校实际，为做好我校校部机关和院（系）处级领导干部的选拔任用工作，制定本规定。

一、指导思想

以邓小平理论和江泽民同志"三个代表"的重要思想为指导，全面贯彻干部队伍"四化"方针，坚持党管干部的原则和走群众路线的原则，引入竞争机制，进一步拓宽选人用人的视野，加大干部制度改革力度，逐步建立起能上能下，能进能出，富有生机与活力的用人机制，创造优秀人才脱颖而出的良好条件，确保以好的作风选拔出作风好的干部，为加快我校的改革与发展提供可靠的组织保证。

二、选拔任用校部机关和院（系）处级领导干部必须坚持的原则

1. 坚持党管干部的原则；
2. 坚持干部"四化"方针和德才兼备、任人唯贤的原则；
3. 坚持公开、公平和公正的原则；
4. 坚持群众公认、注重实绩的原则；
5. 坚持按岗选任的原则；
6. 坚持任期制与干部岗位交流的原则；
7. 坚持干部能上能下的原则；
8. 坚持按条件选拔与破格任用相结合的原则；
9. 坚持民主集中制的原则；
10. 坚持依程序办事的原则。

三、选拔任用校部机关和院（系）处级领导干部的范围与方式

选拔任用校部机关和院（系）处级领导干部，应严格按学校规定的《岗位职数设置方案》执行，不得因人设岗。

选拔任用校部机关和院（系）处级领导干部的方式分为公开竞聘上岗、直接委任和选任等三种方式。

1. 校部机关及院（系）等教学、科研和教辅单位的处级领导干部，原则上应当在校内实行公开选拔、竞聘上岗。竞聘上岗的具体实施意见另行制定。

2. 如遇下列特殊情况，由校党委按照直接委任的程序，集体研究决定校部机关和院（系）的处级领导干部。

（1）少数岗位无人应聘或只有一人应聘形不成竞争的；

（2）新建立的党总支或进行调整的党总支，尚不具备选举条件的总支负责人；

（3）兼任副职，且该副职不占职数的；

（4）其它需要委任的岗位。

3. 党总支、校工会、校团委的处级领导干部，根据有关章程的规定和有关选举办法，按照干部条件和任用程序，经民主选举产生。

四、校部机关和院（系）处级领导干部应具备的条件

1、认真学习马列主义、毛泽东思想、邓小平理论和江泽民同志"三个代表"的重要思想，坚持党的基本路线和教育方针，用马克思主义的立场、观点、方法分析和解决实际问题。

2、忠诚党的教育事业，能够把主要精力投入到党政管理工作中来。

3、熟悉高校相关工作，有组织领导和科学决策能力。具有履行相应岗位职责的理论政策水平、专业知识和实际工作能力，有改革开拓创新的精神，工作中有政绩。

4. 遵纪守法，清正廉洁，为人师表，不谋私利，公道正派，作风民主，善于团结同志，顾全大局，协调能力强。

五、校部机关和院（系）处级领导干部应具备的资格

1. 应有五年以上的工龄，具有大学本科以上文化程度。

2. 担任校部机关和院（系）的正处级领导职务，一般应具有两年以上的在副处级岗位工作的经历，或者具有副高以上职称；担任校部机关和院（系）的副处级领导职务，一般应具备三年以上的正科工作经历，或者具有副高以上职称。

担任教学、科研系统及相关单位的正处级领导职务的，一般应具有正高职称和硕士以上学位。

3. 最近两年的年度考核均为"合格"以上，并且不得具有下列任何情况之一：

（1）纪检监察部门和司法机关立案、审查，尚未做出结论的；

（2）受党纪、政纪处分，尚未解除或在规定时效内的。

4. 初任的校部机关和院（系）处级领导干部的年龄应当在50周岁（含50周岁）以下。

连任校部机关和院（系）处级领导干部的（女干部需具有副高以上职称），年龄应当在55周岁（含55周岁）以下；不具有副高以上职称的女干部，年龄应当在52周岁（含52周岁）以下。

5. 以下情况经校党委同意，可以破格选拔和任用：

（1）德才表现和工作实绩特别突出的校部机关干部；

（2）在国内有较高学术影响且校内公认的学科带头人；

（3）专业性较强的业务部门或特殊岗位的处级领导干部。

6. 担任党委职能部门处级领导职务的，应符合党龄的有关要求。

7. 具体岗位要求的其它条件和特别资格另行制定。

8. 身体健康。

六、校部机关和院（系）处级领导干部的选拔任用程序

（一）校部机关和院（系）处级领导干部公开竞聘的程序

1. 成立公开竞聘上岗工作领导小组及办公室、工作组。

2. 公布岗位职数和任职条件、任职资格。

3. 公开报名。报名采取组织推荐、群众推荐和个人自荐的方式。

4. 进行资格审查，并将审查结果书面通知报名竞聘人。

5. 组织竞聘演说和民意测验。

6. 组织考察，确定候选人。对副处级职位竞聘人员进行组织考察前，应当征求该单位正职领导的意见。

7. 党委常委会集体研究作出任用决定。

8. 任前公示。

9. 签发任职通知。

（二）直接委任校部机关和院（系）处级领导干部的程序

1. 民主推荐。

2. 校干部工作小组研究确定重点考察人选。

3. 组织考察。

4. 校党委常委会集体讨论，作出委任决定。

5. 任前公示。

6. 签发任职通知。

（三）选任干部的程序

1. 自下而上或自上而下反复酝酿，提出初步人选。

2. 经校干部工作小组研究确定初步重点考察人选。

3. 组织考察，考察范围视情况确定。

4. 校党委常委会讨论决定正式候选人。

5. 提交党员大会或团代会，教职工代表大会按规定进行选举。

6. 选举结果报常委会讨论决定。

7. 校党委发任用通知。

七、校部机关和院（系）处级领导干部的任期

竞聘和委任上岗的校部机关和院（系）处级领导干部的聘期为三年；选任制干部按有关章程规定的任期执行。

八、校部机关和院（系）处级领导干部的岗位交流

为了丰富领导干部的工作经验、提高管理水平，根据工作需要，校部机关和院（系）处级领导干部原则上应当进行岗位交流。

交流和调整的程序，原则上按照与新岗位相应的程序进行。干部交流由党委组织部负责实施。

九、回避制度

校部机关和院（系）处级领导干部任职回避的亲属关系为：夫妻关系、直系血亲关系、三代以内旁系血亲及近姻亲关系。有上列亲属关系的，不得担任双方直接隶属于同一主管校领导或者双方具有直接上下级领导关系的职务。

十、校党委及组织、人事部门按照干部管理权限履行选拔任用校部机关和院（系）处级领导干部的职责。

十一、本《规定》由党委组织部负责解释。

十二、本《规定》自校党委常委会审定通过之日起执行。

中国政法大学校部机关和院（系）处级领导干部公开竞聘上岗工作实施意见

为了保证我校校部机关和院（系）处级领导干部公开竞聘上岗工作的有序进行，根据《中国政法大学校部机关和院（系）处级领导干部选拔任用规定》，制定本《实施意见》。

一、公开竞聘上岗的范围

校部机关的处级党政领导干部和院（系）等教学、科研和教辅单位的处级领导干部，原则上都应当在校内实行公开选拔、竞聘上岗。

二、竞聘校部机关和院（系）处级领导干部应具备的条件

依据《中国政法大学校部机关和院（系）处级领导干部选拔任用规定》列举的条件。

三、竞聘校部机关和院（系）处级领导干部应具备的资格

1. 应有五年以上的工龄，一般应具有大学本科以上文化程度；

2. 竞聘正处级岗位的，一般应具有两年以上的在副处级岗位工作的经历或者具有副高以上职称；

竞聘副处级岗位的，一般应具有三年以上的正科工作经历或者副高以上职称；

竞聘教学、科研、教辅及相关单位正处级岗位的，一般应具有两年以上在副处级岗位工作的经历、正高职称和硕士以上学位。

3. 最近两年的年度考核均为"合格"以上，并且不得具有下列任何情况之一：

（1）纪检监察部门和司法机关立案、审查，尚未做出结论的；

（2）受党纪、政纪处分，尚未解除或在规定时效内的。

4. 初任校部机关和院（系）处级领导干部的，年龄应当在50周岁以下（含50周岁）；

连任校部机关和院（系）处级领导干部的（女干部需具有副高以上职称），年龄应在55周岁以下（含55周岁）；不具有副高以上职称的女干部的年龄应当在52周岁以下（含52周岁）。

5. 对于专业性较强的单位，其处级领导岗位的竞聘人员，一般应具有专业能力和相关工作经历。

6. 以下情况经校党委同意后，可以破格参加公开竞聘：

（1）德才表现和工作实绩特别突出的校部机关干部；

（2）在国内有较高学术影响且为校内公认的学科带头人；

（3）专业性较强的业务部门或特殊岗位的处级领导干部。

7. 竞聘党委职能部门处级领导职务的，应当符合党龄的有关要求。

8. 具体岗位要求的其它条件和特别资格另行制定。

9. 身体健康。

四、校部机关和院（系）处级领导干部的聘任期限

1. 竞聘上岗的处级领导干部的任期为三年，其中前半年为试用期。试用期满，符合任职条件的正式聘任；不符合任职条件的，另行安排；

2. 校部机关和院（系）处级领导干部在同一职位上连续任职一般不得超过两个任期。

五、校部机关和院（系）处级领导干部公开竞聘的程序

1. 成立相关工作机构

（1）校党委成立公开竞聘上岗工作领导小组，全面领导校部机关和院（系）处级领导干部的公开竞聘上岗工作。

领导小组由党委书记任组长，校长和主管干部工作的副书记任副组长。领导小组成员为校级领导班子的全体成员。

（2）领导小组下设办公室，负责竞聘工作的具体操作。办公室设在党委组织部。

（3）领导小组下设党委系统、行政系统、教学科研系统和后勤系统等四个工作组，各工作组组长分别由分管干部工作的党委副书记、分管人事工作的副校长、分管教学和科研工作的副校长、分管后勤工作的副校长兼任。各工作组成员包括党政职能部门代表、专家代表、群众代表共 11~13 人组成。工作组成员名单由组织部提出，领导小组审定。

2. 公布岗位职数和任职条件、资格

以党委文件形式公布《中国政法大学校部机关和院（系）处级领导干部选拔任用规定》、《中国政法大学校部机关和院（系）处级领导干部公开竞聘上岗工作实施意见》；以通告形式公布参加公开竞聘的校部机关和院（系）处级领导干部岗位职数及任职资格、推荐和报名的时间及地点。

3. 公开报名

报名地点设在党委组织部。

报名采取组织推荐、群众推荐和个人自荐的方式进行。

组织推荐是指组织部门及被推荐人所在的基层支部、总支推荐。

组织推荐和群众推荐要先征得被推荐者本人的同意。群众推荐应由 1 人推荐，5 人附议。个人自荐的，可选择 1~2 个竞聘职位。

报名者应在规定的时间内到组织部领取和填写《报名表》、竞聘人交个人 1 寸免冠照片。组织推荐的《报名表》应由推荐单位（组织部门、被推荐人所在的基层支部或总支）负责人签名，并加盖推荐单位的公章。由被推荐人所在的基层支部推荐的，加盖所在党总支的公章。

4. 资格审查

由领导小组办公室（组织部）根据《中国政法大学校部机关和院（系）处级领导干部选拔任用规定》，结合具体岗位的任职要求，对报名者进行资格审查。

资格审查结果由组织部以书面方式通知竞聘人：

（1）如果只有一人符合该岗位竞聘条件而形不成竞聘的，通知该竞聘人终止竞

聘程序；

（2）符合条件者，通知竞聘人准备参加下一程序；

（3）不符合条件者，通知竞聘人退出竞聘程序。

5. 竞聘演说和民意测验

（1）校部机关和院（系）正处级岗位竞聘人的竞聘演说和民意测验由各工作组组长主持。

（2）竞聘人所在单位、其竞聘职位所在单位的教职员工和相关单位的有关人员原则上应当参加竞聘人的竞聘演说和民意测验，其他师生可自行参加旁听。竞聘演说活动的时间、地点、演说人注意事项由领导小组办公室至少提前一天以公告形式向全校师生公布。

（3）竞聘演说包括：竞聘人演说（主要内容为竞聘理由、任职后的基本工作思路等）；工作组成员就工作思路和与本岗位有关的知识向竞聘人提问、竞聘人当场答辩、工作组成员进行测评；进行民意测验。

（4）竞聘演说和民意测验结束后，工作组应根据竞聘人的综合条件作出评价，并按照"考察对象人选数一般应当多于拟任职务人数"的原则，提出重点考察人选，报领导小组审定。

（5）校部机关和院（系）副处级岗位的竞聘人不进行竞聘演说，由组织部在民意测验的基础上，按照"考察对象人选数一般应当多于拟任职务人数"的原则，提出副处级岗位的重点考察人选。

（6）竞聘演说和民意测验的评价结果由领导小组办公室以适当方式在一定范围公布。

6. 组织考察

在公开选拔干部领导小组的领导下，由组织部会同纪检监察部门和人事处对拟任者进行考察。

组织部应将考察结果形成书面考察报告。报告内容包括竞聘者的德才表现、工作业绩、主要特点和不足。

对副职竞聘人在进行组织考察前，应当征求该单位正职领导的意见。

7. 常委会集体研究并作出聘任决定

常委会在听取竞聘者竞聘演说，民意测验和组织考察情况的汇报后，经集体研究，作出聘任决定。

8. 任前公示

由组织部以领导小组办公室的名义将竞聘的职位、经过以及校党委集体研究决定聘任的人员向全校师生公示。

公示期限为三天。公示内容在学院路校区和昌平校区同时张贴。

组织部负责受理师生对被公示人的异议，并对异议的内容进行调查。常委会将根据问题的实际情况，决定是否任用。

9. 签发任职通知

公示期结束后，由组织部按照干部任职程序办理。

六、在校部机关和院（系）处级领导干部公开竞聘上岗工作中，教职员工如发现适用程序不当、违规操作等问题，可向校纪委反映。

七、本《实施意见》未规定的其它事项，按《中国政法大学校部机关和院（系）处级领导干部选拔任用规定》执行。

八、本《实施意见》由党委组织部负责解释。

九、本《实施意见》自校党委常委会审议通过之日起执行。

附件：

1. 《校部机关和院（系）处级干都的岗位职数设置方案》
2. 《校部机关正处级领导干部岗位任职资格》
3. 《公开选拔校部机关正处级领导干部的工作日程安排》
4. 《公开选拔校部机关和院（系）处级干部的纪律要求》
   〔附件内容删略〕

中国政法大学关于印发《中国政法大学校部机关科级机构和科级领导职务设置暂行规定》的通知

校字［2001］158号

（2001年12月5日）

各院、系、部、处、室、所、中心：

《中国政法大学校部机关科级机构和科级领导职务设置暂行规定》已经2001年11月20日第25次校长办公会议研究通过，并报经党委常委会议同意，现印发施行。

中国政法大学

二〇〇一年十二月五日

中国政法大学校部机关科级机构和科级领导职务设置暂行规定

一、科级机构的设置原则

1. 科级机构的设置要遵循"精简、高效、合理、规范"的原则进行。避免职能相同、相近或交叉，增强科室的综合职能。宜于设立职能岗位的不能设独立科室。

2. 各处应根据职能划分及岗位需求设置科级机构，原则上日常工作量不足三人承担的不设科。

3. 原则上不能因两地办学而分设两个职能相同的科室。

二、科级领导职务的设置原则

1. 科级领导职务要根据科室的职责大小、任务多少、工作内容的难易程度和工作程序的繁简程度设置，不能因人设岗。

2. 3 人以下组成的科室设正科职务一个。

3. 4 人以上的科室设正科职务一个，副科职务一个。

三、科级机构的审批程序

各单位拟设立科级机构由申请单位向校人事处编制办提出专题申请，人事处进行论证，写出设立机构的方案，经主管人事校领导同意后，报校编制委员会审议批准。

新设科级机构的专题申请和方案应包括以下事项：

1. 设立机构的必要性和可行性；

2. 机构的名称和职能；

3. 与业务相近的其他科室职能的划分；

4. 科室的人员编制及每个岗位的主要职责。

四、科级领导干部职务设置审批程序

科级领导职务设置数额在科级机构设立时根据以上所述的设置原则确定，设立机构的单位在专题申请时还应同时提出设置科级领导干部的申请。主要包括以下内容：

1. 科级领导职务设置数额的根据、理由；

2. 正、副职的职责划分。

五、本暂行规定由人事处负责解释

六、本暂行规定自印发之日起施行

中国政法大学关于印发《中国政法大学教学、科研和教辅单位机构改革方案》等文件的通知

校字〔2002〕134 号

（2002 年 6 月 28 日）

各院、系、部、处、室、所、中心：

根据学校统一安排，经 2002 年 6 月 24 日第 17 次校长办公会议研究决定，继校部机关全员聘任后，开始进行教学科研单位的科级及科级以下人员、教辅单位的全员聘任工作，现将有关文件印发实施，请遵照执行。

为了落实校部机关编制，将校部机关中空编岗位再次面向全校实行公开招聘。具体事项仍按"校字〔2002〕42 号"文件执行。

根据"校字〔2002〕126 号、校字〔2002〕129 号"文件精神，面向全校公开招聘财务委派人员，具体事项按照该文件执行。

中国政法大学

2002 年 6 月 28 日

中国政法大学教学、科研和教辅单位机构改革方案

为使我校成为多科性、研究型、开放性、特色鲜明的大学，顺应我校目前进行的专业调整，全面推进教学、科研改革，保证学校教育事业的可持续发展，形成科学的管理体制，学校决定，进行教学、科研和教辅单位机构改革，即重组教学、科研和教辅机构，建立校、院（部）二级管理体制。

指导思想

教学、科研和教辅单位机构改革的指导思想是：以邓小平理论和党的十五大会议精神为指导，贯彻执行《高等教育法》和第三次全国教育工作会议精神，以及中组部、人事部、教育部的有关规定，在校党委领导下，以转换机制为核心，以学科建设为龙头，通过改革和调整教学、科研组织方式，以全面提高学校的办学效益和整体水平为目的，促进教学科研资源的合理配置和有效利用。

原则和目标

教学、科研和教辅单位机构改革遵循的原则是：有利于实现人才培养目标；有

利于促进学科建设；有利于提高我校教学、科研的整体实力水平；有利于充分利用学校教育资源；有利于增强学校社会服务功能；有利于学校事业的整体发展。

教学、科研和教辅单位机构改革的目标是：规范学校内部教学科研教辅组织结构，理顺管理组织关系，建立校、院（部）二级管理模式，形成合理的教学、科研体制，提高我校教学科研组织的规模效益和整体管理水平。

总体思路和主要内容

根据教人〔1999〕16号文件《关于深化高等学校人事分配制度改革的若干意见》、人发〔2000〕59号文件《关于深化高等学校人事制度改革的实施意见》规定，高校要进一步改革和完善教学、科研工作的管理体制，探索和建立符合教学，科研规律的组织形式。我校按《普通高等学校编制管理规程》，根据自身办学特点和实际情况，并借鉴其他高校的经验，决定：

一、调整管理跨度，建立校、院（部）二级管理模式（财务管理除外）。

1. 组织结构：

学院（教学部）是基层教学行政管理实体，为处级机构，根据行政管理职能类别，下设科级机构。没有本科生的不设院。为便于教学管理，具备条件的学院可按专业设系，系为教学组织，不具有行政管理职能。院之下有硕士点的学科组建研究所，负责组织教学、科研和研究生培养工作；无硕士点的组建教研室，负责组织教学和科研工作。研究所（或教研室）所长由所（室）自身推选或院内任命产生，不具有行政管理职责和级别。

2. 领导机构：

院长（部主任）为全院行政工作负责人，根据工作需要，设副院长（部副主任）若干；院（部）一级视情况建立分党委或党总支，分党委或党总支书记为全院（部）党建及思想政治工作负责人，党总支副书记专职负责学生的思想政治工作；系主任由副院长兼任。

二、调整科研机构，学校继续对优势和特色学科予以扶持，同时充分发挥科研在学校建设中的导向作用，将科研与教学密切结合，形成教学、科研、学科建设互动态势。

调整办法：学校保留或重建部分原有的研究单位为研究所或研究中心，这些单位或是国家重点研究基地和国家级重点学科点，或是跨学科的研究单位，承担专职研究工作，以及教学工作。院（部）以研究所或教研室为依托，设立特色学科和优势学科的研究中心。

三、重新整合教师和科研人员，打破原有的身份限制，集中各学科的学术力量，发挥资源优势；同时融教学科研于一体。

1. 顺应专业调整和科研机构调整，全校教师及科研人员本着"人跟学科课程走，学科课程跟专业走"的原则进行流动。法学科研人员按其所在学科分流，其他科研人员按科研机构调整办法进行分流。

2. 保证教师的科研活动，对教师实行科研和教学双重考核标准，允许教师根据研究或教学的需要，各有侧重，以研促教，教、研相长。

四、教辅机构调整

1. 根据校中政大发［2001］22号文件，由电教中心、外语系语音室、基础部计算机实验室部分人组成现代教育技术中心，为教辅单位。人员按专业技术人员管理；

2. 实验室的设置（略）；

3. 取消原各系（院）资料室，其职能由图书馆承担；

4. 教辅单位不设行政编制。

五、职能调整

1. 学校将学科建设、教学、科研管理重心下移。学院（部）可自主开展教学、科研工作，统一组织学院的学科建设、队伍建设、科研活动；对本院（部）教职工进行考核聘任，实施奖惩。

2. 取消二级财务管理，各单位不设财会岗位，实行委派制，其工作由校计财处派员承担（今后视情况另定）。具体聘任办法按学校有关文件执行。

3. 取消年级办公室，各学院成立"学生工作办公室"，负责学生的日常管理及思想教育工作；研究生人数较多的学院成立"研究生工作办公室"，负责研究生培养、日常管理及思想教育工作。

4. 辅导员实行专兼职相结合的运行模式，执行研究生担任助教、助研、助管的工作制度；

辅导员的聘任：

1）由各学院（不含继续教育学院）按学校规定的聘任条件和比例（本科生、第二学士学位生按1：150）进行选聘；不设"研究生工作办公室"的学院，根据研究生人数适当考虑辅导员的设置；

2）继续教育学院的学生辅导员按16名设置；

3）人事处和学工部对竞聘人的资格进行审查，由学工部对拟聘人选按有关程序进行聘任和统筹安排。

5. 学院分团委按有关规定设置，编制单独计算。

具体方案

● 教学单位

有利于发挥我校法学主体地位的优势，有利于实现我校既定的四点办学目标，是我校教学、科研和教辅单位机构改革原则有别于其他院校的主要特点。为此，学校多次组织研讨论证，决定取消原教学建制，重组建十二个教学单位。

一、学院（教学部）名称

1. 法学院

2. 民商经济法学院

3. 国际法学院

4. 刑事司法学院

5. 政治与公共管理学院

6. 商学院

7. 人文学院（含挂靠单位：马克思主义理论教学中心）

8. 外国语学院

9. 继续教育学院

10. 国际教育学院

11. 科学技术教学部

12. 体育教学部

注：马克思主义理论教学中心为正处级单位，其主任兼人文学院副院长（不占人文学院职数），参与人文学院办公会，人事关系放在人文学院。

二、内部管理组织

（一）机构设置原则：

1. 学院的机构设置及领导职能，以职能的科学配置为基础，做到职能分类明确，分工合理，机构精简，层次简化，有利于提高工作效率和管理水平；

2. 适应教学科研工作发展需要，符合全校整体利益；

3. 工作量不足 3 人承担的原则上不设科级机构，按职能分类设岗；

4. 学院党务行政办公室合并办公。

（二）学院内部管理组织（以下为原则方案，院（部）可提出修正意见，但不能重复设置）

1. 学院（教学部）领导：按组织部规定设置。

2. 学院内设管理机构及教学部门：

法学院：

——管理机构

1）院务办公室：负责全院日常行政党务及外事工作。设主任 1 名，副主任 1 名，工作人员 2 名；

2）教学科研办公室：负责全院教学、科研管理工作。设主任 1 名、副主任 1 名，工作人员 4 名；

3）研究生工作办公室：负责研究生培养、研究生日常管理及思想政治教育工作。设主任 1 名、副主任 1 名，工作人员 2 名；

4）学生工作办公室：负责本科生、第二学士学位生的日常管理及思想政治教育工作。设主任 1 名（由党总支书记或副书记 兼）、副主任 1 名（由分团委书记兼）、工作人员若干名（由辅导员兼）；

全院党政管理人员编制 15 名（含总支副书记 1）。

——教学部门

1）诉讼法学研究中心（校级直属研究机构，挂靠在法学院）

2）法律史学研究中心（校级直属研究机构，挂靠在法学院）

3）法理学研究所

4）宪法学研究所

5）行政法学研究所

6）刑法学研究所

7）法律职业伦理研究所

8）法律语言教研室

民商经济法学院

——管理机构

1）院务办公室：负责全院日常行政党务及外事工作。设主任 1 名，工作人员 2 名；

2）教学科研办公室：负责全院教学、科研工作。设主任 1 名、副主任 1 名，工作人员 3 名；

3）研究生工作办公室：负责研究生培养，研究生日常管理及思想政治教育工作。设主任 1 名、工作人员 2 名；

4）学生工作办公室：负责本科生的日常管理工作及思想政治教育工作。设主任 1 名（由党总支书记或副书记兼）、副主任 1 名（由分团委书记兼）、工作人员若干名（由辅导员兼）；

全院党政管理人员编制 12 名（含总支副书记 1）。

——教学部门

1）民法学研究所

2）商法学研究所

3）经济法学研究所

4）社会保障法研究所

5）知识产权法学教研室

6）财税金融法学教研室

7）环境资源法学教研室

国际法学院

——管理机构

1）综合办公室：负责全院日常行政党务、教学、科研及外事工作。设主任 1 名，副主任 1 名，工作人员 5 名；

2）学生工作办公室：负责学生的管理工作及思想教育工作。设主任 1 名（由党总支书记或副书记兼）、副主任 1 名（由 分团委书记兼）、工作人员若干名（由辅导员兼）；

全院党政管理人员编制 8 名（含总支副书记 1）。

——教学部门

1）国际法研究所

2）国际私法研究所

3）国际经济法研究所

4）WTO 研究中心

刑事司法学院

——管理机构

1）综合办公室：负责全院日常行政、党务、教学、科研及外事工作。设主任 1 名，副主任 1 名，工作人员 5 名；

2）学生工作办公室：负责学生的日常管理及思想政治教育工作。设主任 1 名（由党总支书记或副书记兼）、副主任 1 名（由分团委书记兼）、工作人员若干名（由辅导员兼）；

全院党政管理人员编制 8 名（含总支副书记 1）。

——**教学部门**

A：侦查学系

1）侦查学研究所

2）犯罪学研究所

3）狱政学研究所

4）青少年犯罪研究中心

5）刑事诉讼法教研室

6）刑法教研室

B：社会学系

1）社会学教研室

2）社会心理学研究中心

政治与公共管理学院

——**管理机构**

1）综合办公室：负责全院日常行政、党务、教学、科研及外事工作。设主任1名，副主任1名，工作人员5名；

2）学生工作办公室：负责学生的日常管理及思想政治教育工作。设主任1名（由党总支书记或副书记兼）、副主任1名（由分团委书记兼）、工作人员若干名（由辅导员兼）；

全院党政管理人员编制8名（含总支副书记1）。

——**教学部门**

A：政治学系

1）政治学研究所

2）国际政治教研室

B：公共管理系

1）行政管理教研室

2）公共事业管理教研室

商学院

——**管理机构**

1）综合办公室：负责全院日常行政、党务、教学、科研及外事工作。设主任1名，副主任1名，工作人员5名；

2）学生工作办公室：负责学生的日常管理及思想政治教育工作。设主任1名（由党总支书记或副书记兼）、副主任1名（由分团委书记兼）、工作人员若干名

（由辅导员兼）；

全院党政管理人员编制 8 名（含总支副书记 1）。

——教学部门

A：经济学系

经济学研究所

B：工商管理系

工商管理教研室

人文学院（含挂靠单位：马克思主义理论教学中心）

——管理机构

1）综合办公室：负责全院日常行政、党务、教学、科研及外事工作。设主任 1 名，副主任 1 名，工作人员 5 名；

2）学生工作办公室：负责学生的日常管理及思想政治教育工作。设主任 1 名（由党总支书记或副书记兼）、副主任 1 名（由分团委书记兼）、工作人员若干名（由辅导员兼）；

全院党政管理人员编制 8 名（含总支副书记 1）。

——教学部门

A：哲学系

1）逻辑学研究所

2）哲学教研室

B：新闻系：

新闻学教研室

C：文学与艺术教研室

马克思主义理论教学中心：

当代中国马克思主义理论教研室

外国语学院

——管理机构

1）综合办公室：负责全院日常行政、党务、教学、科研及外事工作。设主任 1 名，副主任 1 名，工作人员 5 名；

2）学生工作办公室：负责学生的日常管理及思想政治教育工作。设主任 1 名（由党总支书记或副书记兼）、副主任 1 名（由分团委书记兼）、工作人员若干名（由辅导员兼）；

全院党政管理人员编制 8 名（含总支副书记 1）。

——教学部门

1）公共外语教研室

2）专业外语教研室

科学技术教学部

——管理人员；

秘书 1 名；教学部党政管理人员编制 1 名。

——教学部门

1）自然科学教研室

2）计算机教研室

体育教学部

——管理人员

秘书 1 名；教学部党政管理人员编制 1 名。

——教学部门（不单设）

继续教育学院

由于继续教育学院办学特点有别于其他学院，如招生、学生管理、教务等，因此组织结构有所不同。

——管理机构

1）院务办公室：负责院务工作，设主任 1 名，副主任 1 名，工作人员 2 名；

2）招生与学籍管理办公室：负责全院招生和学籍管理工作，设主任 1 名，副主任 1 名，工作人员 2 名；

3）教务办公室：负责全院教学管理工作，设主任 1 名，副主任 1 名，工作人员 4 名

4）夜大学办公室：负责全院夜大生的日常管理与服务工作，设主任 1 名，工作人员 2 名。

5）学生工作办公室：负责本、专科脱产学生的日常管理及思想政治教育工作。设主任 1 名（由党总支书记或副书记兼）、副主任 1 名（由分团委书记兼）、工作人员若干名（由辅导员兼）；

学院党政管理人员编制 18 名（含总支副书记 1）。

——教学部门

综合教研室

——归口管理

1）研究室：负责成人教育刊物及成教研究工作。工作人员 2 名，按专业技术

人员管理，不列入党政管理编制；

2）教材供应部：负责成人教育教材供给工作，工作人员 2 名，不列入党政管理编制；

国际教育学院

国际教育学院是从事国际教育的教学实体，同时具有部分行政管理职能，组织结构与其他学院有所不同。

——管理机构

1）院务秘书岗：工作人员 1 名，负责全院日常事务工作；

2）留学生及港澳台侨学生办公室：负责留学生及港澳台侨学生管理工作。（中国政法大学留学生办公室与中国政法大学港澳台侨学生办公室是 1 个机构，2 块牌子）设主任 1 名，工作人员 2 名；

3）国际合作部：负责国际合作办学及全校涉外培训项目的归口管理工作。设主任 1 名，工作人员 2 名。

学院党政管理人员编制 7 名。

——教学部门（不单设）

● 科研单位

学校直属科研机构：

1. 比较法学研究所：设秘书 1 名；

2. 人权与人道主义法研究所：设秘书 1 名；

3. 诉讼法学研究中心：设秘书 1 名；（挂靠法学院）

4. 中国法律史学研究中心：设秘书 1 名；（挂靠法学院）

5. 法律古籍整理研究所：设秘书 1 名；

6. 法学教育研究与评估中心：设秘书 1 名；

7. 学报编辑部：设秘书 1 名，设工人 1 名。

科研人员按规定设置。

● 教辅单位

一、图书馆

1. 馆领导：按组织部规定设置。

2. 内设部门：

1）办公室：负责日常馆务工作。设主任 1 名，副主任 1 名；工作人员 2 名（另工人 4 名）；

2）采编部：负责图书采集及编目工作。设主任 1 名，副主任 1 名，专业技术人员 7 名；

3）典藏流通部：负责馆藏及图书流通工作。设主任 1 名，副主任 2 名，专业技术人员 24 名；

4）阅览部：负责图书阅览工作。设主任 1 名，副主任 2 名，专业技术人员 18 名；

5）报刊部：负责报刊管理工作。设主任 1 名，副主任 1 名，专业技术人员 16 名；

6）计算机服务部：负责图书管理的计算机技术应用及服务工作。设主任 1 名，副主任 2 名，专业技术人员 10 名；

7）教学参考咨询部：负责教学资料及信息服务工作。设主任 1 名，专业技术人员 2 名；

3. 图书馆教辅编制 98 名；工人 4 名。

二、现代教育技术中心

1. 中心领导：按组织部规定设置。

2. 内设部门：

1）网络部：负责网络开发、运行、维护、管理、发展工作；设主任 1 名，专业技术人员 2 名；

2）教学服务部：负责有关计算机多媒体教学、计算机辅助教学，负责有关实验室及电教等工作。设主任 1 名，专业技术人员 2 名；

3）制作部：负责教学电视片、多媒体教学课件及教师相关技术培训工作；设主任 1 名，专业技术人员 2 名；

4）设秘书岗位 1 名。

3. 现代教育技术中心教辅编制 12 名。

二〇〇二年六月三十日

中国政法大学教学科研机构科级及科级以下
党政管理干部聘任工作实施意见

(2002 年 6 月 28 日)

为了保证我校教学科研机构党政管理干部公开竞聘上岗工作的有序进行，根据《中国政法大学科级领导职务聘任办法（试行）》、《中国政法大学科级及科级以下非领导职务设置与聘任办法（试行）》制定本实施意见。

一、公开竞聘上岗的范围

教学科研机构党政管理干部除有关规定必须选任和因工作需要必须采用委任制的以外，原则上都应当在校内实行公开竞聘上岗。

1. 竞岗范围：各院（部）及校科研所（研究中心）党政管理干部职位；

2. 竞聘人员范围：符合竞聘条件的全校教职工。

科级领导干部的聘任条件和资格

二、竞聘教学机构党政管理科级领导干部应具备的条件

依据《中国政法大学科级领导职务聘任办法（试行）》第二章聘任条件所列条件。

三、竞聘教学机构党政管理科级领导职务应具备的资格

1. 担任正科级职务初任年龄一般不超过 45 周岁（含 45 周岁），续任年龄一般不超过 50 周岁（含 50 周岁）；

2. 担任正科级领导职务必须具备普通高校全日制本科以上（含）毕业学历，任副科级领导职务满两年以上，近二年年度考核为合格以上等次；

3. 担任副科级领导职务初任年龄一般不超过 40 周岁（含 40 周岁），续任年龄一般不超过 45 周岁（含 45 周岁）；

4. 担任副科级领导职务一般应具备普通高校全日制大学本科毕业学历，任科员职务或相应职务一年以上，且近二年年度考核为合格以上等次。

科级及科级以下非领导职务干部的聘任条件和资格

四、聘教学科研机构科级及科级以下非领导职务干部应具备的条件

依据《中国政法大学科级及科级以下非领导职务设置与聘任办法（试行）》

第二章第七条所列条件。

五、竞聘教学科研机构科级及科级以下非领导职务应具备的资格

初次聘任的资格（须具备以下任意一项资格）：

1. 办事员

高中、中专、大学专科毕业见习期满。

2. 科员

1）高中、中专毕业，任办事员三年以上，年度考核连续三年为合格以上等次；

2）大学专科毕业，任办事员一年以上，年度考核连续两年为合格以上等次；

3）大学本科毕业生，获得第二学士学位的大学本科毕业生、研究生班毕业和未获得硕士学位的研究生见习期满。

3. 副主任科员

1）高中、中专毕业，任科员三年以上，年度考核连续三年为合格以上等次；大学专科毕业，任科员二年以上，年度考核连续三年为合格以上等次；

2）大学本科毕业生，获得第二学士学位的本科毕业生、研究生班毕业和未获得硕士学位的研究生，任科员满一年，年度考核连续二年为合格以上等次；

3）获得硕士学位的研究生。

4. 主任科员

1）任副科级领导职务满一年以上，年度考核连续三年为合格以上等次；

2）任副科级非领导职务满二年以上，年度考核连续三年为合格以上等次；

3）获得博士学位的研究生。

六、科级及科级以下非领导职务设置原则

1. 科级非领导职务按科级领导职数的 70% 进行设置，学校实行总量控制；

2. 学校根据综合部门多于专业部门的原则，并考虑各部门人员层次结构，进行统筹设置。

七、特定资格条件

1. 竞聘人员不得具有下列任何情况之一：

（1）纪检监察部门和司法机关立案、审查，尚未做出结论的；

（2）受党纪、政纪处分，尚未解除或在规定时效内的。

2. 以下情况经校人事工作领导小组同意后，可以破格参加公开竞聘：

（1）对具有较高理论水平和实际工作经验，德才和工作业绩特别突出，年度考核连续二年以上被评为优秀等次的党政领导干部，可适当放宽文化程度和任职年限

（但任职年限最多放宽一年）条件，优先聘任科级领导职务；

（2）专业性较强的业务部门或特殊岗位的科级领导干部。

3. 担任教学、科研及研究生培养管理岗位副科级领导职务的，必须是普通高校全日制本科学历以上的毕业生。其工作人员一般应具备普通高校全日制本科以上毕业学历。

4. 涉外部门及外语教学、科研管理岗位的应懂一门外语或 具有一定的外语水平。

5. 竞聘党务工作岗位的，应当符合党龄的有关要求。

6. 符合任职回避规定。

7. 具体岗位要求的其它条件和特别资格另行制定。

8. 身体健康，能承担所任工作。

八、教学科研机构党政管理干部的聘任期限

竞聘上岗的干部任期为三年，其中前半年为试用期。试用期满，符合任职条件的正式聘任；不符合任职条件的，另行安排。

九、教学科研机构党政管理干部职务公开竞聘的程序

1. 各院（部）及校科研所（研究中心）成立聘任工作小组，并将名单报人事处。聘任工作小组由本单位三名负责人组成。不足三人的由教务处和科研处副处长参加。

2. 学校依据校字〔2001〕158号文中对科级职务的设置规定，公布各院（部）及校科研所（研究中心）党政管理干部职位、职数和任职条件。

3. 公开报名

（1）报名采取个人自荐、群众推荐、组织推荐或领导提名等方式；

（2）组织推荐是指组织部门及被推荐人所在的基层支部、总支推荐，组织推荐和群众推荐要先征得被推荐者本人的同意；

（3）报名者应在规定的时间内到人事处领取和填写《报名表》、竞聘人交个人1寸免冠照片。组织推荐的《报名表》应由推荐单位（组织部门、被推荐人所在的基层支部或总支）负责人签名，并加盖推荐单位的公章。由被推荐人所在的基层支部推荐的，加盖所在党总支的公章。群众推荐应由1人推荐，5人附议。

4. 资格审查

由人事处根据《中国政法大学校科级领导职务聘任办法（试行）》、《中国政法大学科级及科级以下非领导职务设置与聘任办法（试行）》，结合具体职位的任职要求，对竞聘人进行资格审查并将审查结果及有关材料分送各单位。

5. 组织考察

各单位聘任工作小组负责对竞聘人进行考察，通过民意测验、面试、群众投票的方式，择优确定拟聘任人选，写出书面请示，经分管校领导同意后，送交人事处审核。

6. 作出聘任决定

人事处审核，对拟聘科级领导报校办公会集体研究，作出聘任决定；对拟聘科级及科级以下非领导报分管教学、科研工作的校领导研究，作出聘任决定。

7. 任前公示

由人事处以校办公室名义将科级领导拟聘人选的资历、简历和职位向全校教职工公示。公示期限为三天。公示内容在学院路校区和昌平校区同时张贴。

人事处负责受理教职工对被公示人的异议，并对异议的内容进行调查，报校长办公会研究，决定是否任用。

8. 公布聘任结果

公示期结束后，由人事处按照规定程序办理并公布干部聘任文件。各聘人单位接到文件后，宣布聘任结果，签订聘任协议。

十、本实施意见未规定的其它事项，按《中国政法大学科级领导职务聘任办法（试行）》《中国政法大学科级及科级以下非领导职务设置与聘任办法（试行）》执行。

十一、监督保证

1. 各单位所有人员要充分认识深化学校改革、搞好专业调整及干部聘任工作的重要意义，顾全大局，认真执行学校党委的决定，坚守工作岗位，维护教学科研正常工作秩序，确保这次改革的顺利进行；

2. 作好工作交接，确保下任工作正常进行；

3. 在教学科研机构党政管理干部公开竞聘上岗工作中，教职员工如发现适用程序不当、违规操作等问题，可向校纪委监察部门反映。

十二、本实施意见由人事处负责解释。

十三、本实施意见自公布之日起执行。

中国政法大学教辅机构全员聘任工作实施意见

为了保证我校教辅单位全员公开竞聘上岗工作的有序进行，参照《中国政法大学科级领导职务聘任办法（试行）》，根据我校教辅单位的工作需要制定本实施意见。

一、公开竞聘上岗的范围

教辅单位岗位除有关规定必须选任和因工作需要必须采用委任制的以外，原则上都应当在校内实行公开竞聘上岗。

1. 竞岗范围：现代教育技术中心、图书馆、教学（科研）实验室；

2. 竞聘人员范围：符合竞聘条件的全校教职工。

部门领导职务的聘任条件和资格

二、部门领导应具备的条件

1. 拥护党的四项基本原则，热爱党的教育事业，自觉贯彻党的基本路线、方针、政策，遵守国家法律和学校规章制度；

2. 有良好的思想道德水准，有开拓进取精神，作风正派，顾全大局，遵守职业道德，能团结同志一道工作；

3. 具备履行相应岗位职责的理论政策水平，有胜任工作的能力和业务知识，熟悉高等教育规律；

4. 身体健康，能坚持正常工作，完成规定的工作任务；

5. 全面掌握与本职业务有关的法律、法规和政策以及学校的规章制度，能够独立处理所分管的工作，掌握计算机操作基本技能；

6. 具有较强的组织协调能力和服务意识；

7. 坚持原则、廉洁奉公、为人正派、作风民主、办事公道，认真履行岗位职责，有较强的事业心和责任感，积极热心地为师生员工服务；

8. 符合任职回避规定（专业技术人员例外）。

三、部门领导应具备的资格

1. 担任副主任职务应具备的资格：

1）担任副主任职务初任年龄一般不超过40周岁（含40周岁），续任年龄一般不超过45周岁（含45周岁）；

2）大学本科学历毕业，任中级专业技术职务，近两年年度考核为合格以上等次；

3）或大学专科学历毕业，任相关专业中级专业技术职务三年以上，近两年年度考核为合格以上等次；

4）有三年以上本专业或相关专业的工作经历；

2. 担任主任职务应具备的资格

1）初任年龄一般不超过40周岁（含40周岁），续任年龄一般不超过45周岁

（含 45 周岁）；

2）大学本科学历毕业，任中级相关专业技术职务三年以上，近二年年度考核为合格以上等次；

3）或大学专科学历毕业，任中级相关专业技术职务三年以上并任副主任职务满五年以上，近二年年度考核为合格以上等次；

4）有三年以上本专业或相关专业的工作经历。

普通专业技术人员聘任条件和资格

四、普通专业技术人员应具备的条件

1. 坚持原则、廉洁奉公、为人正派、作风民主、办事公道，认真履行岗位职责，有较强的事业心和责任感，积极热心地为师生员工服务；

2. 能够独立处理所分管的工作，掌握计算机操作基本技能；

3. 具有本专业的基础知识。

五、普通专业技术人员应具备的资格

1. 与本职业务相关专业的大学专科以上毕业学历；

2. 有三年以上本专业或相关专业的工作经历；

3. 具备相关专业的初级专业技术职称。

六、特定资格条件

1. 竞聘人员不得具有下列任何情况之一：

1）纪检监察部门和司法机关立案、审查，尚未做出结论的；

2）受党纪、政纪处分，尚未解除或在规定时效内的；

2. 以下情况经校人事工作领导小组同意后，可以破格参加公开竞聘：

1）对具有较高理论水平和实际工作经验，德才和工作业绩特别突出，年度考核连续二年以上被评为优秀等次的专业技术干部，可适当放宽任职年限（但任职年限最多放宽一年）条件，优先聘任部门领导干部；

2）专业性较强的业务部门或特殊岗位的部门领导干部；

3. 担任图书馆计算机服务部、教学参考咨询部和采编部领导职务的，一般须具备与本职工作相关专业的本科以上毕业学历。担任采编部领导职务的，同时还应具有三年以上相关专业工作经历，掌握编目标准格式和操作技术；

4. 涉及外语知识业务岗位的，应具有一定的外语水平；

5. 现代教育技术中心的部门领导必须是与本职工作相关专业的本科学历以上的毕业生并应精通网络技术和掌握有关音像媒体教学、计算机多媒体教学、计算机

辅助教学等相关知识及三年以上相关专业工作经历；

6. 具体岗位要求的其它条件和特别资格另行制定。

七、聘任期限

竞聘上岗人员任期为三年，其中前半年为试用期。试用期满，符合任职条件的正式聘任；不符合任职条件的，另行安排。

八、公开竞聘的程序

1. 各教辅单位成立聘任工作小组，并将名单报人事处。聘任工作小组由本单位三名负责人组成。不足三人的由教务处副处长一名参加。

2. 人事处公布各教辅单位部门领导职位、职数和任职条件；

3. 公开报名

1）报名采取个人自荐、群众推荐、组织推荐或领导提名等方式；

2）组织推荐是指组织部门及被推荐人所在的基层支部、总支推荐，组织推荐和群众推荐要先征得被推荐者本人的同意；

3）报名者应在规定的时间内到人事处领取和填写《报名表》、竞聘人交个人1寸免冠照片。组织推荐的《报名表》应由推荐单位（组织部门、被推荐人所在的基层支部或总支）负责人签名，并加盖推荐单位的公章。由被推荐人所在的基层支部推荐的，加盖所在党总支的公章。群众推荐应由1人推荐，5人附议。

4. 资格审查

由人事处根据具体职位的任职要求，对竞聘人进行资格审查并将审查结果及有关材料分送各单位。

5. 组织考察

各单位聘任工作小组负责对竞聘人进行考察，其中对部门领导职务竞聘人通过民意测验、面试、群众投票的方式，择优确定拟聘任人选，写出书面请示，经分管校领导同意后，将所有拟聘 任人选送交人事处审核。

6. 作出聘任决定

人事处审核，对拟聘部门领导报校办公会集体研究，作出聘任决定；对拟聘普通专业技术人员报分管校领导研究，作出聘任决定。

7. 任前公示

由人事处以校办公室的名义将各教辅单位部门领导拟聘人选的资历、简历和职位向全校教职工公示。公示期限为三天。公示内容在学院路校区和昌平校区同时张贴。

人事处负责受理教职工对被公示人的异议，并对异议的内容进行调查，报校长办公会研究，决定是否任用。

8. 公布聘任结果

公示期结束后，由人事处按照规定程序办理并公布聘任文件。各聘人单位接到文件后，宣布聘任结果，签订聘任协议。

九、监督保证

1. 各单位所有人员要顾全大局，认真执行学校党委的决定，坚守工作岗位，维护教学科研正常工作秩序，确保这次竞聘工作的顺利进行；

2. 作好工作交接，确保下任工作正常进行；

3. 在公开竞聘上岗工作中，教职员工如发现适用程序不当、违规操作等问题，可向校纪委监察部门反映。

十、本实施意见由人事处负责解释。

十一、本实施意见自公布之日起执行。

我校院部专业调整方案出台
行政领导竞聘上岗工作正在进行

（2002 年 6 月 30 日）

[本报讯] 6 月 21 日上午，我校在昌平校区图书馆学术报告厅隆重举行"院部专业调整和院部行政领导竞聘上岗动员大会"，校党委书记石亚军、校长徐显明、校领导马抗美、冯世勇、朱勇、张桂琳、张柳华出席了大会，我校校部机关、工会、团委副处级以上干部，各院系党政负责人、教授、教研室主任、党支部书记，教辅单位和后勤集团的主要负责人近 200 余人参加了大会，大会由石亚军同志主持。

会上，朱勇副校长宣布了我校党委常委会 2002 年第 17 次会议关于学校院系专业调整的决定。朱勇同志说，经过近一个学期的积极酝酿，在充分发扬民主和科学论证的基础上，经过校党委常委会的集体研究，决定对我校院系专业作如下调整：

1. 设立法学院、民商经济法学院、国际法学院、刑事司法学院、政治与公共管理学院、商学院、人文学院（含马克思主义理论教学研究中心）、外国语学院、继续教育学院、国际教育学院、科学技术教学部、体育教学部等 12 个院部的教学单位；

2. 设立出版社、图书馆、学报、现代教育技术中心等 4 个教辅单位。

校党委副书记兼副校长马抗美同志对我校本次院系专业调整中新的院部处级行

政领导竞聘上岗的相关工作作了说明。马抗美同志说，我校新一届领导班子就职以来，在充分调研的基础上，围绕学校定位和办学目标，进一步强化了以学科建设为龙头、以教学科研为中心的学校中心工作，以学校校部机关改革、干部人事制度改革、学科专业调整、教学改革、科研改革、校园规划与建设为主要内容的 11 项改革措施也随即立项，并相继付诸实施。根据工作次序，我校于上学期首先进行了校部机关机构暨干部人事制度改革，在此基础上，经过近一个学期的调研和酝酿，我校院系专业调整工作也于今天全面推开。马抗美同志说，本次院部行政处级领导竞聘上岗工作的主要依据是我校于上学期在校部机关机构暨干部人事制度改革中，根据中央和教育部的有关精神制定的《中国政法大学校部机关和院（系）处级领导干部选拔任用规定》及《中国政法大学校部机关和院（系）处级领导干部公开竞聘上岗工作实施意见》两个文件。这两个文件是本次干部竞聘上岗的主要依据，也是我校干部工作长期适用的指导性文件。马抗美同志就本次干部竞聘上岗的指导思想、基本原则、总体思路、资格条件、竞聘方式、程序和时间等相关问题向与会同志作了说明。

我校本次院部处级干部选拔工作在学校党委的统一领导下进行，同时成立了由马抗美同志兼任主任的学校公开竞聘工作办公室，全面负责本次公开竞聘工作；并设立了由朱勇副校长为组长的院部处级行政领导干部公开竞聘上岗工作组，负责院部处级行政领导干部的公开竞聘工作；设立了由张桂琳副校长为组长的教辅单位处级行政领导干部公开竞聘上岗工作组，负责教辅单位处级行政领导干部的公开竞聘工作。本次公开竞聘上岗工作将通过 1. 公布岗位职数和任职条件、资格；2. 公开报名；3. 资格审查；4. 竞聘演说和民意测验；5. 组织考察；6. 常委会集体研究并作出领导干部聘任决定；7. 任前公示；8. 签发任职通知等程序，以选任、直接委任和公开竞聘上岗三种方式进行。

徐显明同志就本次院部专业调整和干部竞聘上岗工作作了动员讲话。他说，这次院部专业调整的主要目的是优化我校的学科资源，理顺各学科专业之间的关系，突出特色学科，发展相关学科，建设支撑学科，构建符合我校发展定位和办学目标的学科体系。徐显明同志说，在这一体系中，法学学科和非法学学科之间的关系是并列和平等的关系，二者之间要互相支持、平等竞争、共同发展。关于本次院部专业调整的原则，徐显明同志说，本次院部专业调整要遵循"金银铜铁"四个原则：第一要遵循"金"的原则，本次调整要有利于形成我校人才培养的特色，要增强我校学生的综合竞争力，实现我校人才培养的目标，这是我们进行院部专业调整的最高原则；第二要遵循"银"的原则，要通过本次调整对学科力量进行重新整合，形成我校学科的核心竞争力，建立符合我校学科建设和人才培养的学科群；第三要遵循"铜"的原则，要通过调整形成校—院部两级科学管理体制，把教学、科研、学科建设和人才培养的重心转移到院里；第四要遵循"铁"的原则，要在本次调整中为院部今后的可持续发展奠定基础。徐显明同志说，本次院部专业调整中行政负责人的配备要坚持高标准，各院部行政第一负责人必须具有博士学位，是博士生导师，并且是该学科的学科带头人，院长的主要责任就是抓学科建设，只有这样，才能把专业建设变成学科建设，才能为各院系、为法大延揽更高层次的人才，才能建设一流的师资队伍和一流的学科，才能实现我校用 20 年左右的时间把中国政法大学办成"研究型、多科性、开放性，特色鲜明的世界知名的高水平大学"，使法学学科跻身于世界前列，实现国务院要求的"把中国政法大学办成中国法学教育、科研、信息资料及立法与决策咨询中心"的办学目标。

校党委书记石亚军同志最后就院部专业调整进行总结讲话。石亚军同志说，本次院部专业调整是新班子就职以来进行学校办学结构调整的一部分，是上学期校部机关机构改革的延续，通过本次改革，学校学术事业结构和学术要素将得到重组，学术资源将纳入新的办学框架中进行发展。石亚军同志说，学校在酝酿制定本次改革方案时，通过采取民主和集中相结合，历史、现实和未来相结合的方式，实现了改革方案的科学性和适用性。在酝酿方案的过程中，学校充分发扬了民主，共组织了 30 多次大型意见征求会，有 700 多人次直接提出了意见，基本做到了全校师生员工的共同参与；同时，校党委在制订方案时充分考虑了我校的历史、现实和未来，在立足现状的基础上，方案积极体现了学校的办学目标和发展理想。石亚军同志说，这次院部专业调整不是简单的数字调整，要通过本次调整合理配置我校的学术资源，形成我校的核心竞争力，为学校学科建设、人才培养提供一个创造性发展的平台和机制，实现学校的整体效益和学科建设、人才培养的跨越式发展，全面提高我校的教学质量和科研水平。石亚军同志说，本次调整中的人事变动和安排要讲"五湖四海"，要讲团结，要从学校建设与发展的大局出发对待本次改革中的利益调整问题，各院系的工作人员要在改革中坚持做好日常工作，改革与日常工作不能脱节，全校师生员工要以实际行动保证本次改革的有序进行，为我校的建设发展贡献力量。

目前，院部行政领导竞聘上岗工作已正式启动，正在紧张有序地进行。

——《中国政法大学校报》2002 年 6 月 30 日第 13 期

党委书记石亚军教授在新任院长集体谈话会上的讲话

（2002 年 7 月 9 日）

我校院系调整暨院部处级干部竞聘工作在校党委的正确领导下，在学校各有关部门的努力和全校师生员工的大力支持下，已经圆满完成。这次院系调整不是一般的调整，而是一次大规模和深层次的调整，是学校学术资源的重新整合，是上学期校部机关改革的继续。通过这两次调整，我校形成了两大机构框架，为今后的教学改革、科研改革，为提高我校的核心竞争力和综合竞争力构建了一个宽阔的平台。

如果说建校 50 周年庆典充分向国内外同行展示了我校的辉煌历史和办学实力，那么这次院系调整则进一步证明了我校进行创造性发展的能力。为此，院部的各位领导同志要从学校整个事业发展的角度思考两个问题：一是这次院系调整对自己意味着什么。二是自己通过竞聘担任了重要职务对学校的发展意味着什么，要把这些问题想清楚，才能迈开上岗后的新步伐。

一个单位事业发展取决于三个方面，一是"朝气"，二是"人气"，三是"正气"。

首先要形成"朝气"，就需要各位主要领导同志努力学习高等教育管理的知识，学习党中央、国务院、教育部关于高教改革的文件精神，在努力研究高等教育走向和规律的基础上形成正确的工作思路。"朝气"出自思路，而院部的思路关键在院长，各位院长要努力成为教育教学改革的行家里手，要善于立足实际制定工作思路，并把思路化为群众的自觉行动。各院部要把队伍建设放在重要位置，要通过任务目标管理建设好高水平的学术队伍，通过队伍建设推动院部的学科建设和教学改革。各院部作为相对独立的单位，要注意创造品牌，要努力扩大社会声誉，为各级政府、企业、社会各界的决策提供咨议。

其次要营造旺盛的"人气"。"人气"的关键在团结，搞好团结要处理好要素、系统和环境之间的关系。一个单位就是一个系统，单位中的每一个人都是系统中的一个要素，在一个单位中要形成好的"人气"，必须协调好各个要素，搞好团结，形成良好的人际环境。重要的是要处理好班子成员之间的关系和干群关系。团结首先是班子团结，各位院长要自觉承担起本单位团结的主要责任，在搞好行政班子团结的同时，也要积极搞好党政两套班子的团结，在涉及本单位人、财、物等重大决策上，要党政共同研究，集体决策。"团结"还要处理好干群关系，为此，需要大家在工作中自觉实践"三个代表"的重要思想，在领导行为中自觉代表最广大群众的利益，时刻想着群众、装着群众。只有处理好以上两方面的关系，才能搞好团结，才能形成良好的"人气"。

最后要形成"正气"，各单位的主要领导应该树立良好的思想作风、工作作风、领导作风和生活作风，在工作中坚持原则，勤政廉政，为群众做出表率，其中，院长应对树立"正气"发挥重要的作用。

只有这"三气"树立了、发扬了，一个单位才能有良好的精神状态，才能在工作和事业中不断开创新的境界。本次院部调整，经过严格选拔，一批愿意干事、事实证明可以干成事的同志走上了领导岗位，我代表校党委向各位新上岗的同志们表示祝贺，希望大家抓住机会，努力工作，为实现我校的办学目标和发展理想努力奋斗。

五、"双一流"建设

内容提要

自 20 世纪 90 年代以来，国家在高等院校领域通过实施"211 工程""985 工程"等措施建设了一批重点高校和重点学科，促进了我国高等教育整体水平的提升。而同时等级固化、竞争缺失、重复建设等问题也显现出来。为了坚持社会主义办学方向，探索教育强国之路，增强国家核心竞争力，2015 年，党中央、国务院提出推进世界一流大学和一流学科建设的战略规划。2017 年 1 月，教育部会同财政部、国家发改委联合下发《推进世界一流大学和一流学科建设实施办法（暂行）》，明确了一流高校、一流学科的具体目标、遴选条件、遴选程序以及国家支持的力度和方式。

为了贯彻落实中央的指示精神，我校认真编制"双一流"建设方案，成立工作小组进行论证完善，并于 2017 年 8 月呈送教育部。经过国家"双一流"建设专家委员会和三部委的严格审核，9 月，我校被列入一流学科建设高校名单。2018 年 1 月，学校结合自身的办学定位、发展目标和学科建设等情况，正式出台《中国政法大学一流学科建设方案》，明确提出"到 2020 年，法学学科进入世界一流学科行列，其他学科整体实力和核心竞争力明显提升；到 2030 年，法学学科进入世界一流学科中前列，部分其他学科进入世界一流学科建设行列"的宏伟目标，并从学科结构、人才培养、科研创新、师资建设、内部治理、社会参与、国际合作等方面部署了落实措施。此后，学校比照方案，落实时间进度，精心组织中期自评，围绕建设过程中存在的重点难点问题精准施策，2020 年圆满完成了一流学科第一期建设任务。

国务院关于印发统筹推进世界一流大学和
一流学科建设总体方案的通知[1]

国发〔2015〕64号

（2015年10月24日）

各省、自治区、直辖市人民政府，国务院各部委、各直属机构：

现将《统筹推进世界一流大学和一流学科建设总体方案》印发给你们，请认真贯彻落实。

国务院

2015年10月24日

统筹推进世界一流大学和一流学科建设总体方案

建设世界一流大学和一流学科，是党中央、国务院作出的重大战略决策，对于提升我国教育发展水平、增强国家核心竞争力、奠定长远发展基础，具有十分重要的意义。多年来，通过实施"211工程"、"985工程"以及"优势学科创新平台"和"特色重点学科项目"等重点建设，一批重点高校和重点学科建设取得重大进展，带动了我国高等教育整体水平的提升，为经济社会持续健康发展作出了重要贡献。同时，重点建设也存在身份固化、竞争缺失、重复交叉等问题，迫切需要加强资源整合，创新实施方式。为认真总结经验，加强系统谋划，加大改革力度，完善推进机制，坚持久久为功，统筹推进世界一流大学和一流学科建设，实现我国从高等教育大国到高等教育强国的历史性跨越，现制定本方案。

一、总体要求

（一）指导思想。

高举中国特色社会主义伟大旗帜，以邓小平理论、"三个代表"重要思想、科学发展观为指导，认真落实党的十八大和十八届二中、三中、四中全会精神，深入贯彻习近平总书记系列重要讲话精神，按照"四个全面"战略布局和党中央、国务院决策部署，坚持以中国特色、世界一流为核心，以立德树人为根本，以支撑创新

---

〔1〕　此件转自中华人民共和国教育部政府信息公开网站。

驱动发展战略、服务经济社会发展为导向，加快建成一批世界一流大学和一流学科，提升我国高等教育综合实力和国际竞争力，为实现"两个一百年"奋斗目标和中华民族伟大复兴的中国梦提供有力支撑。

坚持中国特色、世界一流，就是要全面贯彻党的教育方针，坚持社会主义办学方向，加强党对高校的领导，扎根中国大地，遵循教育规律，创造性地传承中华民族优秀传统文化，积极探索中国特色的世界一流大学和一流学科建设之路，努力成为世界高等教育改革发展的参与者和推动者，培养中国特色社会主义事业建设者和接班人，更好地为社会主义现代化建设服务、为人民服务。

（二）基本原则。

——坚持以一流为目标。引导和支持具备一定实力的高水平大学和高水平学科瞄准世界一流，汇聚优质资源，培养一流人才，产出一流成果，加快走向世界一流。

——坚持以学科为基础。引导和支持高等学校优化学科结构，凝练学科发展方向，突出学科建设重点，创新学科组织模式，打造更多学科高峰，带动学校发挥优势、办出特色。

——坚持以绩效为杠杆。建立激励约束机制，鼓励公平竞争，强化目标管理，突出建设实效，构建完善中国特色的世界一流大学和一流学科评价体系，充分激发高校内生动力和发展活力，引导高等学校不断提升办学水平。

——坚持以改革为动力。深化高校综合改革，加快中国特色现代大学制度建设，着力破除体制机制障碍，加快构建充满活力、富有效率、更加开放、有利于学校科学发展的体制机制，当好教育改革排头兵。

（三）总体目标。

推动一批高水平大学和学科进入世界一流行列或前列，加快高等教育治理体系和治理能力现代化，提高高等学校人才培养、科学研究、社会服务和文化传承创新水平，使之成为知识发现和科技创新的重要力量、先进思想和优秀文化的重要源泉、培养各类高素质优秀人才的重要基地，在支撑国家创新驱动发展战略、服务经济社会发展、弘扬中华优秀传统文化、培育和践行社会主义核心价值观、促进高等教育内涵发展等方面发挥重大作用。

——到 2020 年，若干所大学和一批学科进入世界一流行列，若干学科进入世界一流学科前列。

——到 2030 年，更多的大学和学科进入世界一流行列，若干所大学进入世界一流大学前列，一批学科进入世界一流学科前列，高等教育整体实力显著提升。

——到本世纪中叶，一流大学和一流学科的数量和实力进入世界前列，基本建成高等教育强国。

二、建设任务

（四）建设一流师资队伍。

深入实施人才强校战略，强化高层次人才的支撑引领作用，加快培养和引进一批活跃在国际学术前沿、满足国家重大战略需求的一流科学家、学科领军人物和创新团队，聚集世界优秀人才。遵循教师成长发展规律，以中青年教师和创新团队为重点，优化中青年教师成长发展、脱颖而出的制度环境，培育跨学科、跨领域的创新团队，增强人才队伍可持续发展能力。加强师德师风建设，培养和造就一支有理想信念、有道德情操、有扎实学识、有仁爱之心的优秀教师队伍。

（五）培养拔尖创新人才。

坚持立德树人，突出人才培养的核心地位，着力培养具有历史使命感和社会责任心，富有创新精神和实践能力的各类创新型、应用型、复合型优秀人才。加强创新创业教育，大力推进个性化培养，全面提升学生的综合素质、国际视野、科学精神和创业意识、创造能力。合理提高高校毕业生创业比例，引导高校毕业生积极投身大众创业、万众创新。完善质量保障体系，将学生成长成才作为出发点和落脚点，建立导向正确、科学有效、简明清晰的评价体系，激励学生刻苦学习、健康成长。

（六）提升科学研究水平。

以国家重大需求为导向，提升高水平科学研究能力，为经济社会发展和国家战略实施作出重要贡献。坚持有所为有所不为，加强学科布局的顶层设计和战略规划，重点建设一批国内领先、国际一流的优势学科和领域。提高基础研究水平，争做国际学术前沿并行者乃至领跑者。推动加强战略性、全局性、前瞻性问题研究，着力提升解决重大问题能力和原始创新能力。大力推进科研组织模式创新，依托重点研究基地，围绕重大科研项目，健全科研机制，开展协同创新，优化资源配置，提高科技创新能力。打造一批具有中国特色和世界影响的新型高校智库，提高服务国家决策的能力。建立健全具有中国特色、中国风格、中国气派的哲学社会科学学术评价和学术标准体系。营造浓厚的学术氛围和宽松的创新环境，保护创新、宽容失败，大力激发创新活力。

（七）传承创新优秀文化。

加强大学文化建设，增强文化自觉和制度自信，形成推动社会进步、引领文明进程、各具特色的一流大学精神和大学文化。坚持用价值观引领知识教育，把社会主义核心价值观融入教育教学全过程，引导教师潜心教书育人、静心治学，引导广大青年学生勤学、修德、明辨、笃实，使社会主义核心价值观成为基本遵循，形成优良的校风、教风、学风。加强对中华优秀传统文化和社会主义核心价值观的研究、宣传，认真汲取中华优秀传统文化的思想精华，做到扬弃继承、转化创新，并充分发挥其教化育人作用，推动社会主义先进文化建设。

（八）着力推进成果转化。

深化产教融合，将一流大学和一流学科建设与推动经济社会发展紧密结合，着力提高高校对产业转型升级的贡献率，努力成为催化产业技术变革、加速创新驱动的策源地。促进高校学科、人才、科研与产业互动，打通基础研究、应用开发、成果转移与产业化链条，推动健全市场导向、社会资本参与、多要素深度融合的成果应用转化机制。强化科技与经济、创新项目与现实生产力、创新成果与产业对接，推动重大科学创新、关键技术突破转变为先进生产力，增强高校创新资源对经济社会发展的驱动力。

三、改革任务

（九）加强和改进党对高校的领导。

坚持和完善党委领导下的校长负责制，建立健全党委统一领导、党政分工合作、协调运行的工作机制，不断改革和完善高校体制机制。进一步加强和改进新形势下高校宣传思想工作，牢牢把握高校意识形态工作领导权，不断坚定广大师生中国特色社会主义道路自信、理论自信、制度自信。全面推进高校党的建设各项工作，着力扩大党组织的覆盖面，推进工作创新，有效发挥高校基层党组织战斗堡垒作用和党员先锋模范作用。完善体现高校特点、符合学校实际的惩治和预防腐败体系，严格执行党风廉政建设责任制，切实把党要管党、从严治党的要求落到实处。

（十）完善内部治理结构。

建立健全高校章程落实机制，加快形成以章程为统领的完善、规范、统一的制度体系。加强学术组织建设，健全以学术委员会为核心的学术管理体系与组织架构，充分发挥其在学科建设、学术评价、学术发展和学风建设等方面的重要作用。完善民主管理和监督机制，扩大有序参与，加强议事协商，充分发挥教职工代表大会、共青团、学生会等在民主决策机制中的作用，积极探索师生代表参与学校决策的机制。

（十一）实现关键环节突破。

加快推进人才培养模式改革，推进科教协同育人，完善高水平科研支撑拔尖创新人才培养机制。加快推进人事制度改革，积极完善岗位设置、分类管理、考核评价、绩效工资分配、合理流动等制度，加大对领军人才倾斜支持力度。加快推进科研体制机制改革，在科研运行保障、经费筹措使用、绩效评价、成果转化、收益处置等方面大胆尝试。加快建立资源募集机制，在争取社会资源、扩大办学力量、拓展资金渠道方面取得实质进展。

（十二）构建社会参与机制。

坚持面向社会依法自主办学，加快建立健全社会支持和监督学校发展的长效机制。建立健全理事会制度，制定理事会章程，着力增强理事会的代表性和权威性，健全与理事会成员之间的协商、合作机制，充分发挥理事会对学校改革发展的咨询、协商、审议、监督等功能。加快完善与行业企业密切合作的模式，推进与科研院所、社会团体等资源共享，形成协调合作的有效机制。积极引入专门机构对学校的学科、专业、课程等水平和质量进行评估。

（十三）推进国际交流合作。

加强与世界一流大学和学术机构的实质性合作，将国外优质教育资源有效融合到教学科研全过程，开展高水平人才联合培养和科学联合攻关。加强国际协同创新，积极参与或牵头组织国际和区域性重大科学计划和科学工程。营造良好的国际化教学科研环境，增强对外籍优秀教师和高水平留学生的吸引力。积极参与国际教育规则制定、国际教育教学评估和认证，切实提高我国高等教育的国际竞争力和话语权，树立中国大学的良好品牌和形象。

四、支持措施

（十四）总体规划，分级支持。

面向经济社会发展需要，立足高等教育发展现状，对世界一流大学和一流学科建设加强总体规划，鼓励和支持不同类型的高水平大学和学科差别化发展，加快进入世界一流行列或前列。每五年一个周期，2016年开始新一轮建设。

高校要根据自身实际，合理选择一流大学和一流学科建设路径，科学规划、积极推进。拥有多个国内领先、国际前沿高水平学科的大学，要在多领域建设一流学科，形成一批相互支撑、协同发展的一流学科，全面提升综合实力和国际竞争力，进入世界一流大学行列或前列。拥有若干处于国内前列、在国际同类院校中居于优势地位的高水平学科的大学，要围绕主干学科，强化办学特色，建设若干一流学科，扩大国际影响力，带动学校进入世界同类高校前列。拥有某一高水平学科的大学，要突出学科优势，提升学科水平，进入该学科领域世界一流行列或前列。

中央财政将中央高校开展世界一流大学和一流学科建设纳入中央高校预算拨款制度中统筹考虑，并通过相关专项资金给予引导支持；鼓励相关地方政府通过多种方式，对中央高校给予资金、政策、资源支持。地方高校开展世界一流大学和一流学科建设，由各地结合实际推进，所需资金由地方财政统筹安排，中央财政通过支持地方高校发展的相关资金给予引导支持。中央基本建设投资对世界一流大学和一流学科建设相关基础设施给予支持。

（十五）强化绩效，动态支持。

创新财政支持方式，更加突出绩效导向，形成激励约束机制。资金分配更多考虑办学质量特别是学科水平、办学特色等因素，重点向办学水平高、特色鲜明的学校倾斜，在公平竞争中体现扶优扶强扶特。完善管理方式，进一步增强高校财务自主权和统筹安排经费的能力，充分激发高校争创一流、办出特色的动力和活力。

建立健全绩效评价机制，积极采用第三方评价，提高科学性和公信度。在相对稳定支持的基础上，根据相关评估评价结果、资金使用管理等情况，动态调整支持力度，增强建设的有效性。对实施有力、进展良好、成效明显的，适当加大支持力度；对实施不力、进展缓慢、缺乏实效的，适当减少支持力度。

（十六）多元投入，合力支持。

建设世界一流大学和一流学科是一项长期任务，需要各方共同努力，完善政府、社会、学校相结合的共建机制，形成多元化投入、合力支持的格局。

鼓励有关部门和行业企业积极参与一流大学和一流学科建设。围绕培养所需人才、解决重大瓶颈等问题，加强与有关高校合作，通过共建、联合培养、科技合作攻关等方式支持一流大学和一流学科建设。

按照平稳有序、逐步推进原则，合理调整高校学费标准，进一步健全成本分担机制。高校要不断拓宽筹资渠道，积极吸引社会捐赠，扩大社会合作，健全社会支持长效机制，多渠道汇聚资源，增强自我发展能力。

五、组织实施

（十七）加强组织管理。

国家教育体制改革领导小组负责顶层设计、宏观布局、统筹协调、经费投入等重要事项决策，重大问题及时报告国务院。教育部、财政部、发展改革委负责规划部署、推进实施、监督管理等工作，日常工作由教育部承担。

（十八）有序推进实施。

要完善配套政策，根据本方案组织制定绩效评价和资金管理等具体办法。

要编制建设方案，深入研究学校的建设基础、优势特色、发展潜力等，科学编制发展规划和建设方案，提出具体的建设目标、任务和周期，明确改革举措、资源配置和资金筹集等安排。

要开展咨询论证，组织相关专家，结合经济社会发展需求和国家战略需要，对学校建设方案的科学性、可行性进行咨询论证，提出意见建议。

要强化跟踪指导，对建设过程实施动态监测，及时发现建设中存在的问题，提出改进的意见建议。建立信息公开公示网络平台，接受社会公众监督。

教育部、财政部、国家发展改革委关于印发《统筹推进世界一流大学和一流学科建设实施办法（暂行）》的通知

（教研〔2017〕2号）

（2017年1月24日）

各省、自治区、直辖市人民政府，国务院各部委、各直属机构：

为贯彻落实党中央、国务院关于建设世界一流大学和一流学科的重大战略决策，根据国务院《统筹推进世界一流大学和一流学科建设总体方案》，教育部、财政部、国家发展改革委制定了《统筹推进世界一流大学和一流学科建设实施办法（暂行）》，经国务院同意，现予以印发。

教育部、财政部、国家发展改革委

2017年1月24日

统筹推进世界一流大学和一流学科建设实施办法（暂行）

第一章　总则

第一条　为贯彻落实党中央、国务院关于建设世界一流大学和一流学科的重大战略决策部署，根据《统筹推进世界一流大学和一流学科建设总体方案》（国发〔2015〕64号，以下简称《总体方案》），制定本办法。

第二条　全面贯彻党的教育方针，坚持社会主义办学方向，按照"四个全面"战略布局和创新、协调、绿色、开放、共享发展理念，以中国特色、世界一流为核心，落实立德树人根本任务，以一流为目标、以学科为基础、以绩效为杠杆、以改革为动力，推动一批高水平大学和学科进入世界一流行列或前列，为实现"两个一

百年"奋斗目标、实现中华民族伟大复兴的中国梦提供有力支撑。"

第三条 面向国家重大战略需求，面向经济社会主战场，面向世界科技发展前沿，突出建设的质量效益、社会贡献度和国际影响力，突出学科交叉融合和协同创新，突出与产业发展、社会需求、科技前沿紧密衔接，深化产教融合，全面提升我国高等教育在人才培养、科学研究、社会服务、文化传承创新和国际交流合作中的综合实力。

到 2020 年，若干所大学和一批学科进入世界一流行列，若干学科进入世界一流学科前列；到 2030 年，更多的大学和学科进入世界一流行列，若干所大学进入世界一流大学前列，一批学科进入世界一流学科前列，高等教育整体实力显著提升；到本世纪中叶，一流大学和一流学科的数量和实力进入世界前列，基本建成高等教育强国。

第四条 加强总体规划，坚持扶优扶需扶特扶新，按照"一流大学"和"一流学科"两类布局建设高校，引导和支持具备较强实力的高校合理定位、办出特色、差别化发展，努力形成支撑国家长远发展的一流大学和一流学科体系。

第五条 坚持以学科为基础，支持建设一百个左右学科，着力打造学科领域高峰。支持一批接近或达到世界先进水平的学科，加强建设关系国家安全和重大利益的学科，鼓励新兴学科、交叉学科，布局一批国家急需、支撑产业转型升级和区域发展的学科，积极建设具有中国特色、中国风格、中国气派的哲学社会科学体系，着力解决经济社会中的重大战略问题，提升国家自主创新能力和核心竞争力。强化学科建设绩效考核，引领高校提高办学水平和综合实力。

第六条 每五年一个建设周期，2016 年开始新一轮建设。建设高校实行总量控制、开放竞争、动态调整。

第二章　遴选条件

第七条 一流大学建设高校应是经过长期重点建设、具有先进办学理念、办学实力强、社会认可度较高的高校，须拥有一定数量国内领先、国际前列的高水平学科，在改革创新和现代大学制度建设中成效显著。

一流学科建设高校应具有居于国内前列或国际前沿的高水平学科，学科水平在有影响力的第三方评价中进入前列，或者国家急需、具有重大的行业或区域影响、学科优势突出、具有不可替代性。

人才培养方面，坚持立德树人，培育和践行社会主义核心价值观，在拔尖创新人才培养模式、协同育人机制、创新创业教育方面成果显著；积极推进课程体系和教学内容改革，教学成果丰硕；资源配置、政策导向体现人才培养的核心地位；质量保障体系完善，有高质量的本科生教育和研究生教育；注重培养学生社会责任感、法治意识、创新精神和实践能力，人才培养质量得到社会高度认可。

科学研究方面，科研组织和科研机制健全，协同创新成效显著。基础研究处于科学前沿，原始创新能力较强，形成具有重要影响的新知识新理论；应用研究解决了国民经济中的重大关键性技术和工程问题，或实现了重大颠覆性技术创新；哲学社会科学研究为解决经济社会发展重大理论和现实问题提供了有效支撑。

社会服务方面，产学研深度融合，实现合作办学、合作育人、合作发展，科研成果转化绩效突出，形成具有中国特色和世界影响的新型高端智库，为国家和区域经济转型、产业升级和技术变革、服务国家安全和社会公共安全做出突出贡献，运用新知识新理论认识世界、传承文明、科学普及、资政育人和服务社会成效显著。

文化传承创新方面，传承弘扬中华优秀传统文化，推动社会主义先进文化建设成效显著；增强文化自信，具有较强的国际文化传播影响力；具有师生认同的优秀教风学风校风，具有广阔的文化视野和强大的文化创新能力，形成引领社会进步、特色鲜明的大学精神和大学文化。

师资队伍建设方面，教师队伍政治素质强，整体水平高，潜心教书育人，师德师风优良；一线教师普遍掌握先进的教学方法和技术，教学经验丰富，教学效果良好；有一批活跃在国际学术前沿的一流专家、学科领军人物和创新团队；教师结构合理，中青年教师成长环境良好，可持续发展后劲足。

国际交流合作方面，吸引海外优质师资、科研团队和学生能力强，与世界高水平大学学生交换、学分互认、联合培养成效显著，与世界高水平大学和学术机构有深度的学术交流与科研合作，深度参与国际或区域性重大科学计划、科学工程，参加国际标准和规则的制定，国际影响力较强。

第三章　遴选程序

第八条　坚持公平公正、开放竞争。采取认定方式确定一流大学、一流学科建设高校及建设学科。

第九条　设立世界一流大学和一流学科建设专家委员会，由政府有关部门、高校、科研机构、行业组织人员组成。专家委员会根据《总体方案》要求和本办法，以中国特色学科评价为主要依据，参考国际相关评价因素，综合高校办学条件、学科水平、办学质量、主要贡献、国际影响力等情况，以及高校主管部门意见，论证确定一流大学和一流学科建设高校的认定标准。

第十条 根据认定标准专家委员会遴选产生拟建设高校名单，并提出意见建议。教育部、财政部、发展改革委审议确定建议名单。

第十一条 列入拟建设名单的高校要根据自身实际，以改革为动力，结合学校综合改革方案和专家委员会咨询建议，确定建设思路，合理选择建设路径，自主确定学科建设口径和范围，科学编制整体建设方案、分学科建设方案（以下统称建设方案）。建设方案要以人才培养为核心，优化学科建设结构和布局，完善内部治理结构，形成调动各方积极参与的长效建设机制，以一流学科建设引领健全学科生态体系，带动学校整体发展。以 5 年为一周期，统筹安排建设和改革任务，综合考虑各渠道资金和相应的管理要求，设定合理、具体的分阶段建设目标和建设内容，细化具体的执行项目，提出系统的考核指标体系，避免平均用力或碎片化。高校须组织相关专家，结合经济社会发展需求和国家战略需要，对建设方案的科学性、可行性进行深入论证。

第十二条 论证通过的建设方案及专家论证报告，经高校报所属省级人民政府或主管部门审核通过后，报教育部、财政部、发展改革委。

第十三条 专家委员会对高校建设方案进行审核，提出意见。

第十四条 教育部、财政部、发展改革委根据专家委员会意见，研究确定一流大学、一流学科建设高校及建设学科，报国务院批准。

第四章　支持方式

第十五条 创新支持方式，强化精准支持，综合考虑建设高校基础、学科类别及发展水平等，给予相应支持。

第十六条 中央高校开展世界一流大学和一流学科建设所需经费由中央财政支持；中央预算内投资对中央高校学科建设相关基础设施给予支持。纳入世界一流大学和一流学科建设范围的地方高校，所需资金由地方财政统筹安排，中央财政予以引导支持。

有关部门深化高等教育领域简政放权改革，放管结合优化服务，在考试招生、人事制度、经费管理、学位授权、科研评价等方面切实落实建设高校自主权。

第十七条 地方政府和有关主管部门应通过多种方式，对世界一流大学和一流学科建设加大资金、政策、资源支持力度。建设高校要积极争取社会各方资源，形成多元支持的长效机制。

第十八条　建设高校完善经费使用管理方式，切实管好用好，提高使用效益。

第五章　动态管理

第十九条　加强过程管理，实施动态监测，及时跟踪指导。以学科为基础，制定科学合理的绩效评价办法，开展中期和期末评价，加大经费动态支持力度，形成激励约束机制，增强建设实效。

第二十条　建设中期，建设高校根据建设方案对建设情况进行自评，对改革的实施情况、建设目标和任务完成情况、学科水平、资金管理使用情况等进行分析，发布自评报告。专家委员会根据建设高校的建设方案和自评报告，参考有影响力的第三方评价，对建设成效进行评价，提出中期评价意见。根据中期评价结果，对实施有力、进展良好、成效明显的建设高校及建设学科，加大支持力度；对实施不力、进展缓慢、缺乏实效的建设高校及建设学科，提出警示并减小支持力度。

第二十一条　打破身份固化，建立建设高校及建设学科有进有出动态调整机制。建设过程中，对于出现重大问题、不再具备建设条件且经警示整改仍无改善的高校及建设学科，调整出建设范围。

第二十二条　建设期末，建设高校根据建设方案对建设情况进行整体自评，对改革的实施情况、建设目标和任务完成情况、学科水平、资金管理使用情况等进行全面分析，发布整体自评报告。专家委员会根据建设高校的建设方案及整体自评报告，参考有影响力的第三方评价，对建设成效进行评价，提出评价意见。根据期末评价结果等情况，重新确定下一轮建设范围。对于建设成效特别突出、国际影响力特别显著的少数建设高校及建设学科，在资金和政策上加大支持力度。

第六章　组织实施

第二十三条　教育部、财政部、发展改革委建立部际协调机制，负责规划部署、推进实施、监督管理等工作。

第二十四条　省级政府应结合经济社会发展需求和基础条件，统筹推动区域内有特色高水平大学和优势学科建设，积极探索不同类型高校的一流建设之路。

第二十五条　建设高校要全面加强党的领导和党的建设，坚持正确办学方向，深化综合改革，破除体制机制障碍，统筹学校整体建设和学科建设，加强组织保障，营造良好建设环境。

第二十六条　动员各方力量积极参与世界一流大学和一流学科建设，鼓励行业企业加强与高校合作，协同建设。省级政府、行业主管部门加大对建设高校的投入，强化跟踪指导，及时发现建设中存在的问题，提出改进的意见和建议。

第二十七条　坚持公开透明，建立信息公开网络平台，公布建设高校的建设方案及建设学科、绩效评价情况等，强化社会监督。

第七章　附　则

第二十八条　本办法由教育部、财政部、发展改革委负责解释。

第二十九条　本办法自发布之日起实施。

我校召开加强"双一流"建设座谈会

（2017 年 7 月 12 日）

2017 年 7 月 11 日上午，我校在国际交流中心召开加强"双一流"建设座谈会，并邀请 QS 全球教育集团中国总监张巘博士在座谈会上做专题演讲。校长黄进、副校长李树忠及各院部和科研院所相关负责人出席会议，会议由李树忠主持。

在座谈会上，李树忠对我校"双一流"建设情况进行了介绍，并对近期工作情况进行了通报。张巘博士详细介绍了 QS 世界大学排名、QS 亚洲大学排名、QS 金砖国家大学排名、QS 世界大学学科排名及其相应指标体系，分析和讲解了近年来 QS 排名的变化，并结合中国政法大学的实际情况提出了建议。其间，与会人员同张巘博士就人才培养、国际交流合作、师资队伍建设等方面内容进行了深入的交流和探讨。

黄进对张巘博士的精彩演讲表示感谢，他认为张巘博士的演讲为中国政法大学开展"双一流"建设提供了重要参考，希望加强与 QS 全球教育集团的交流合作，参考和借鉴 QS 的一流大学及一流学科评价标准，扎实开展工作，以评促建，评建结合，重在建设，为中国政法大学"双一流"建设和事业发展夯实基础。

座谈会前，张巘博士还参观了学校智慧教学楼、校史展和重要办学成果展，并详细了解了我校信息化建设情况、学校发展历史和办学成果。

——摘自中国政法大学发展规划与学科建设处网站

中国政法大学关于呈送法学一流建设学科建设方案的报告

法大报［2017 年］41 号

（2017 年 8 月 11 日）

教育部办公厅：

我校高度重视法学一流学科建设方案的编制工作，成立包括法学专家在内的工作小组，历经多稿完成了建设方案的编制工作。2017 年 7 月 4 日，我校召开了由 13 名校内外专家组成的专家论证会，对法学一流学科建设方案进行论证。根据专家论证意见，对建设方案进行了补充和完善，形成了《中国政法大学法学一流学科建设方案》，经 2017 年 7 月 5 日第 8 次校长办公会和 2017 年 7 月 5 日第 15 次党委常委会审议通过。2017 年 8 月，我校根据"双一流"建设专家委员会的咨询意见对建设方案进行了修改和完善。现将修改后的《中国政法大学法学一流学科建设方案》予以呈报。

特此报告。

中国政法大学

2017 年 8 月 11 日

教育部、财政部、国家发展改革委关于公布世界一流大学和一流学科建设高校及建设学科名单的通知

教研函［2017］2 号

（2017 年 9 月 20 日）

各省、自治区、直辖市人民政府，新疆生产建设兵团，国务院各部委、各直属机构，中央军委训练管理部：

根据国务院《统筹推进世界一流大学和一流学科建设总体方案》以及教育部等三部委《统筹推进世界一流大学和一流学科建设实施办法（暂行）》，经专家委员会遴选认定，教育部、财政部、国家发展改革委研究并报国务院批准，现公布世界一流大学和一流学科（简称"双一流"）建设高校及建设学科名单。

各单位要全面贯彻习近平总书记系列重要讲话精神和全国高校思想政治工作会议精神，按照党中央、国务院关于建设世界一流大学和一流学科的决策部署，以马

克思主义为指导，加强党对高校的领导，坚持社会主义办学方向，坚持中国特色、世界一流，坚持内涵建设，采取有力措施，支持推动建设高校及建设学科加快发展，取得更大建设成效。

特此通知。

附件：1. "双一流"建设高校名单
　　　　2. "双一流"建设学科名单

教育部 财政部 国家发展改革委
2017 年 9 月 20 日

附件1:

"双一流"建设高校名单（按学校代码排序）

一、一流大学建设高校 42 所

1. A 类 36 所

北京大学、中国人民大学、清华大学、北京航空航天大学、北京理工大学、中国农业大学、北京师范大学、中央民族大学、南开大学、天津大学、大连理工大学、吉林大学、哈尔滨工业大学、复旦大学、同济大学、上海交通大学、华东师范大学、南京大学、东南大学、浙江大学、中国科学技术大学、厦门大学、山东大学、中国海洋大学、武汉大学、华中科技大学、中南大学、中山大学、华南理工大学、四川大学、重庆大学、电子科技大学、西安交通大学、西北工业大学、兰州大学、国防科技大学

2. B 类 6 所

东北大学、郑州大学、湖南大学、云南大学、西北农林科技大学、新疆大学

二、一流学科建设高校 95 所

北京交通大学、北京工业大学、北京科技大学、北京化工大学、北京邮电大学、北京林业大学、北京协和医学院、北京中医药大学、首都师范大学、北京外国语大学、中国传媒大学、中央财经大学、对外经济贸易大学、外交学院、中国人民公安大学、北京体育大学、中央音乐学院、中国音乐学院、中央美术学院、中央戏剧学院、中国政法大学、天津工业大学、天津医科大学、天津中医药大学、华北电力大学、河北工业大学、太原理工大学、内蒙古大学、辽宁大学、大连海事大学、延边大学、东北师范大学、哈尔滨工程大学、东北农业大学、东北林业大学、华东

理工大学、东华大学、上海海洋大学、上海中医药大学、上海外国语大学、上海财经大学、上海体育学院、上海音乐学院、上海大学、苏州大学、南京航空航天大学、南京理工大学、中国矿业大学、南京邮电大学、河海大学、江南大学、南京林业大学、南京信息工程大学、南京农业大学、南京中医药大学、中国药科大学、南京师范大学、中国美术学院、安徽大学、合肥工业大学、福州大学、南昌大学、河南大学、中国地质大学、武汉理工大学、华中农业大学、华中师范大学、中南财经政法大学、湖南师范大学、暨南大学、广州中医药大学、华南师范大学、海南大学、广西大学、西南交通大学、西南石油大学、成都理工大学、四川农业大学、成都中医药大学、西南大学、西南财经大学、贵州大学、西藏大学、西北大学、西安电子科技大学、长安大学、陕西师范大学、青海大学、宁夏大学、石河子大学、中国石油大学、宁波大学、中国科学院大学、第二军医大学、第四军医大学

附件 2：

“双一流”建设学科名单（按学校代码排序）

北京大学：哲学、理论经济学、应用经济学、法学、政治学、社会学、马克思主义理论、心理学、中国语言文学、外国语言文学、考古学、中国史、世界史、数学、物理学、化学、地理学、地球物理学、地质学、生物学、生态学、统计学、力学、材料科学与工程、电子科学与技术、控制科学与工程、计算机科学与技术、环境科学与工程、软件工程、基础医学、临床医学、口腔医学、公共卫生与预防医学、药学、护理学、艺术学理论、现代语言学、语言学、机械及航空航天和制造工程、商业与管理、社会政策与管理

中国人民大学：哲学、理论经济学、应用经济学、法学、政治学、社会学、马克思主义理论、新闻传播学、中国史、统计学、工商管理、农林经济管理、公共管理、图书情报与档案管理

清华大学：法学、政治学、马克思主义理论、数学、物理学、化学、生物学、力学、机械工程、仪器科学与技术、材料科学与工程、动力工程及工程热物理、电气工程、信息与通信工程、控制科学与工程、计算机科学与技术、建筑学、土木工程、水利工程、化学工程与技术、核科学与技术、环境科学与工程、生物医学工程、城乡规划学、风景园林学、软件工程、管理科学与工程、工商管理、公共管理、设计学、会计与金融、经济学和计量经济学、统计学与运筹学、现代语言学

北京交通大学：系统科学

北京工业大学：土木工程（自定）

北京航空航天大学：力学、仪器科学与技术、材料科学与工程、控制科学与工程、计算机科学与技术、航空宇航科学与技术、软件工程

北京理工大学：材料科学与工程、控制科学与工程、兵器科学与技术

北京科技大学：科学技术史、材料科学与工程、冶金工程、矿业工程

北京化工大学：化学工程与技术（自定）

北京邮电大学：信息与通信工程、计算机科学与技术

中国农业大学：生物学、农业工程、食品科学与工程、作物学、农业资源与环境、植物保护、畜牧学、兽医学、草学

北京林业大学：风景园林学、林学

北京协和医学院：生物学、生物医学工程、临床医学、药学

北京中医药大学：中医学、中西医结合、中药学

北京师范大学：教育学、心理学、中国语言文学、中国史、数学、地理学、系统科学、生态学、环境科学与工程、戏剧与影视学、语言学

首都师范大学：数学

北京外国语大学：外国语言文学

中国传媒大学：新闻传播学、戏剧与影视学

中央财经大学：应用经济学

对外经济贸易大学：应用经济学（自定）

外交学院：政治学（自定）

中国人民公安大学：公安学（自定）

北京体育大学：体育学

中央音乐学院：音乐与舞蹈学

中国音乐学院：音乐与舞蹈学（自定）

中央美术学院：美术学、设计学

中央戏剧学院：戏剧与影视学

中央民族大学：民族学

中国政法大学：法学

南开大学：世界史、数学、化学、统计学、材料科学与工程

天津大学：化学、材料科学与工程、化学工程与技术、管理科学与工程

天津工业大学：纺织科学与工程

天津医科大学：临床医学（自定）

天津中医药大学：中药学

华北电力大学：电气工程（自定）

河北工业大学：电气工程（自定）

太原理工大学：化学工程与技术（自定）

内蒙古大学：生物学（自定）

辽宁大学：应用经济学（自定）

大连理工大学：化学、工程

东北大学：控制科学与工程

大连海事大学：交通运输工程（自定）

吉林大学：考古学、数学、物理学、化学、材料科学与工程

延边大学：外国语言文学（自定）

东北师范大学：马克思主义理论、世界史、数学、化学、统计学、材料科学与工程

哈尔滨工业大学：力学、机械工程、材料科学与工程、控制科学与工程、计算机科学与技术、土木工程、环境科学与工程

哈尔滨工程大学：船舶与海洋工程

东北农业大学：畜牧学（自定）

东北林业大学：林业工程、林学

复旦大学：哲学、政治学、中国语言文学、中国史、数学、物理学、化学、生物学、生态学、材料科学与工程、环境科学与工程、基础医学、临床医学、中西医结合、药学、机械及航空航天和制造工程、现代语言学

同济大学：建筑学、土木工程、测绘科学与技术、环境科学与工程、城乡规划学、风景园林学、艺术与设计

上海交通大学：数学、化学、生物学、机械工程、材料科学与工程、信息与通信工程、控制科学与工程、计算机科学与技术、土木工程、化学工程与技术、船舶与海洋工程、基础医学、临床医学、口腔医学、药学、电子电气工程、商业与管理

华东理工大学：化学、材料科学与工程、化学工程与技术

东华大学：纺织科学与工程

上海海洋大学：水产

上海中医药大学：中医学、中药学

华东师范大学：教育学、生态学、统计学

上海外国语大学：外国语言文学

上海财经大学：统计学

上海体育学院：体育学

上海音乐学院：音乐与舞蹈学

上海大学：机械工程（自定）

南京大学：哲学、中国语言文学、外国语言文学、物理学、化学、天文学、大气科学、地质学、生物学、材料科学与工程、计算机科学与技术、化学工程与技术、矿业工程、环境科学与工程、图书情报与档案管理

苏州大学：材料科学与工程（自定）

东南大学：材料科学与工程、电子科学与技术、信息与通信工程、控制科学与工程、计算机科学与技术、建筑学、土木工程、交通运输工程、生物医学工程、风景园林学、艺术学理论

南京航空航天大学：力学

南京理工大学：兵器科学与技术

中国矿业大学：安全科学与工程、矿业工程

南京邮电大学：电子科学与技术

河海大学：水利工程、环境科学与工程

江南大学：轻工技术与工程、食品科学与工程

南京林业大学：林业工程

南京信息工程大学：大气科学

南京农业大学：作物学、农业资源与环境

南京中医药大学：中药学

中国药科大学：中药学

南京师范大学：地理学

浙江大学：化学、生物学、生态学、机械工程、光学工程、材料科学与工程、电气工程、控制科学与工程、计算机科学与技术、农业工程、环境科学与工程、软件工程、园艺学、植物保护、基础医学、药学、管理科学与工程、农林经济管理

中国美术学院：美术学

安徽大学：材料科学与工程（自定）

中国科学技术大学：数学、物理学、化学、天文学、地球物理学、生物学、科学技术史、材料科学与工程、计算机科学与技术、核科学与技术、安全科学与工程

合肥工业大学：管理科学与工程（自定）

厦门大学：化学、海洋科学、生物学、生态学、统计学

福州大学：化学（自定）

南昌大学：材料科学与工程

山东大学：数学、化学

中国海洋大学：海洋科学、水产

中国石油大学（华东）：石油与天然气工程、地质资源与地质工程

郑州大学：临床医学（自定）、材料科学与工程（自定）、化学（自定）

河南大学：生物学

武汉大学：理论经济学、法学、马克思主义理论、化学、地球物理学、生物学、测绘科学与技术、矿业工程、口腔医学、图书情报与档案管理

华中科技大学：机械工程、光学工程、材料科学与工程、动力工程及工程热物理、电气工程、计算机科学与技术、基础医学、公共卫生与预防医学

中国地质大学（武汉）：地质学、地质资源与地质工程

武汉理工大学：材料科学与工程

华中农业大学：生物学、园艺学、畜牧学、兽医学、农林经济管理

华中师范大学：政治学、中国语言文学

中南财经政法大学：法学（自定）

湖南大学：化学、机械工程

中南大学：数学、材料科学与工程、冶金工程、矿业工程

湖南师范大学：外国语言文学（自定）

中山大学：哲学、数学、化学、生物学、生态学、材料科学与工程、电子科学与技术、基础医学、临床医学、药学、工商管理

暨南大学：药学（自定）

华南理工大学：化学、材料科学与工程、轻工技术与工程、农学

广州中医药大学：中医学

华南师范大学：物理学

海南大学：作物学（自定）

广西大学：土木工程（自定）

四川大学：数学、化学、材料科学与工程、基础医学、口腔医学、护理学

重庆大学：机械工程（自定）、电气工程（自定）、土木工程（自定）

西南交通大学：交通运输工程

电子科技大学：电子科学与技术、信息与通信工程

西南石油大学：石油与天然气工程

成都理工大学：地质学

四川农业大学：作物学（自定）

成都中医药大学：中药学

西南大学：生物学

西南财经大学：应用经济学（自定）

贵州大学：植物保护（自定）

云南大学：民族学、生态学

西藏大学：生态学（自定）

西北大学：地质学

西安交通大学：力学、机械工程、材料科学与工程、动力工程及工程热物理、电气工程、信息与通信工程、管理科学与工程、工商管理

西北工业大学：机械工程、材料科学与工程

西安电子科技大学：信息与通信工程、计算机科学与技术

长安大学：交通运输工程（自定）

西北农林科技大学：农学

陕西师范大学：中国语言文学（自定）

兰州大学：化学、大气科学、生态学、草学

青海大学：生态学（自定）

宁夏大学：化学工程与技术（自定）

新疆大学：马克思主义理论（自定）、化学（自定）、计算机科学与技术（自定）

石河子大学：化学工程与技术（自定）

中国矿业大学（北京）：安全科学与工程、矿业工程

中国石油大学（北京）：石油与天然气工程、地质资源与地质工程

中国地质大学（北京）：地质学、地质资源与地质工程

宁波大学：力学

中国科学院大学：化学、材料科学与工程

国防科技大学：信息与通信工程、计算机科学与技术、航空宇航科学与技术、软件工程、管理科学与工程

第二军医大学：基础医学

第四军医大学：临床医学（自定）

中国政法大学关于印发一流学科建设
高校建设方案的通知

法大发【2018】1 号

（2018 年 1 月 5 日）

各院、部、处、室、所、中心：

《中国政法大学一流学科建设高校建设方案》已经 2017 年 7 月 5 日第 8 次校长办公会和 2017 年 7 月 5 日第 15 次党委常委会审议通过，国家"双一流"建设专家委员会和教育部、财政部、国家发展和改革委员会审核通过。现予印发，请遵照执行。

附件：中国政法大学一流学科建设高校建设方案。

中国政法大学

2018 年 1 月 5 日

中国政法大学一流学科建设高校建设方案（精编版）[1]

（2018 年 1 月）

为全面贯彻党的十九大精神、全国高校思想政治工作会议精神和习近平总书记考察学校重要讲话精神，全面落实党中央、国务院关于建设世界一流大学和一流学科的重大战略决策部署，以习近平新时代中国特色社会主义思想为指导，加强党的领导，坚持社会主义办学方向，贯彻党的教育方针，落实立德树人的根本任务，坚持中国特色、世界一流。强化"四个意识"，坚持"四个自信"，落实"四个服务"，牢牢把握意识形态主导权。按照"五位一体"总体布局、"四个全面"战略布局和创新、协调、绿色、开放、共享发展理念，根据《统筹推进世界一流大学和一流学科建设总体方案》（国发〔2015〕64 号）和教育部、财政部、国家发展改革委《统筹推进世界一流大学和一流学科建设实施办法（暂行）》（教研〔2017〕2 号），结合学校办学定位、发展目标、学科建设实际等，制定本方案。

---

〔1〕 转自中国政法大学信息公开网，http://xxgk.cupl.edu.cn/info/egovinfo/1002/nry-xxgk/cupl-01-2018-1258.htm，最后访问日期：2021 年 9 月 15 日。

一、建设目标

（一）学校办学定位及发展目标

1. 办学定位

站在国家高等教育发展战略的高度，站在世界高等教育发展趋势的前沿，站在当代学科学术创新主流的潮头，坚持突显教育质量稳步提升的内涵发展，坚持统筹教学科研管理服务的综合改革，坚持集约国内国外优质资源的协同创新，以立足中国、借鉴国外、挖掘历史、把握当代、关怀人类、面向未来的胸怀，不断实现办学思想、主体、平台、流程、技术、成果的时代创新，使学校在成为中国法学教育中心、法学研究中心、法学图书资料信息中心、国家立法与决策咨询服务中心及中国法学与国际交流中心的基础上，快速、协调、持续提升在国内外的核心竞争力，得力推进国家法治昌明、政治民主、经济发展、文化繁荣、社会和谐及生态文明，得力促进全球和区域的法学教育、法学交流、法治合作，经过持续不懈的努力，把中国政法大学建成拥有世界一流法学及相关学科，开放式、国际化、多科性、创新型的世界一流法科强校。

2. 发展目标

到 2020 年，法学学科进入世界一流学科行列，其他学科整体实力和核心竞争力明显提升；到 2030 年，法学学科进入世界一流学科中前列，部分其他学科进入世界一流学科建设行列；到本世纪中叶，法学学科进入世界一流学科前列，更多学科进入世界一流学科行列，学校建设成为开放式、国际化、多科性、创新型的世界一流法科强校，迈入世界一流大学行列。

（二）学科建设总体规划

全面加强以法学为核心的学科体系建设，与政治学和社会学深度交叉融合，凝练和丰富政治学、社会学的学科建设内容，提升法学学科群的综合实力和整体水平。

1. 世界一流学科：以法学为核心，包括政治学、社会学等优势学科，以进入世界一流学科前列为目标。到 2030 年，力争进入世界一流学科建设行列的学科达到 2—3 个，到本世纪中叶，达到 3—5 个。

2. 国内一流学科：以进入国内一流学科行列为目标，为冲击世界一流奠定基础。马克思主义理论、哲学、公共管理学、理论经济学等学科，到 2030 年，力争进入国内一流学科行列，到本世纪中叶达到国内领先水平，具备冲击世界一流的实力。

3. 特色学科：以特色交叉学科、新兴学科培育为目标，加强中国特色哲学社会科学学科体系建设，重点布局对文明传承有重大影响，同经济社会发展密切相关的学科。继续支持已有的法与经济学、法治文化、社会法学、网络法学、法商管理、政治传播学等特色交叉学科的发展，大力促进法学与其他学科的交叉融合，凝练学科方向，构筑学科平台，汇聚学科队伍，培育学科特色。到 2030 年，力争建成一批具有影响力的"人无我有、人有我优"的特色学科和新兴、交叉学科。

4. 其他学科的发展坚持"有所为，有所不为，为而有度"的原则，通过不断凝练学科方向内涵，砥砺建设，实现学科实力的不断提升。

（三）拟建设学科

中国政法大学是一所以法学为特色和优势的多科性大学，法学学科与政治学、社会学等学科的交叉融合已成为学校的办学特色。为了实现学校的办学定位和发展目标，确定拟建设学科为法学学科。

二、学科建设

（一）口径范围

法学一流学科范围包括法学学科门类中的法学、政治学和社会学三个一级学科，下文如无特殊表述，"法学"即指包括三个一级学科在内的法学一流学科。

（二）建设目标

法学学科的建设目标是，2020 年进入世界一流学科行列，2030 年进入世界一流学科中前列，到本世纪中叶跻身世界一流学科前列。

（三）建设基础

1. 学科优势与特色

法学学科在学科结构、人才培养、科学研究、教师队伍、社会服务和国际影响等方面具有鲜明的优势与特色。

齐全独特的学科结构。法学学科是一级学科国家重点学科，法律史学、经济法学、诉讼法学是全国最早获批的博士点，学科目录内所有二级学科全面发展。率先自主设置了比较法学等 8 个新兴交叉学科。发展出法庭科学、法律古籍整理、体育法、卫生法、教育法等多个特色研究方向。

创新务实的人才培养。秉持"道器一体，专能两翼"理念，确立本科教育的基础和核心地位，专业教育与通识教育并重，跨学科培养本科人才，用"互联网+"开展本科教育教学，形成了专业特色化、质量标准化、课程精品化、培养国际化、教学信息化等本科人才培养特色；研究生培养通过改善生源结构、推进分类培养、严格培养过程、打破导师终身制、严控学位论文标准，推行招生计划动态调整、硕士招考科目和博士招生"申请—考核"制改革、实现研究生综合管理信息化等举措，全方位、内涵式提升研究生培养质量。

高端前沿的研究平台。学校牵头建设的司法文明协同创新中心是首批获得教育部、财政部认定的"2011计划"协同创新中心之一。证据科学重点实验室是法学学科唯一的教育部重点实验室。学校还拥有法律史学、诉讼法学2个教育部人文社会科学重点研究基地，1个国家人权教育与培训基地，1个国家高端人权智库，1个国家级司法鉴定机构，1个教育部青少年法制教育基地，1个北京市哲学社会科学研究重点基地。创设的"钱端升法学研究成果奖"影响力日益提升。

卓越强大的师资队伍。法学学科拥有国内法学教师499人，其中教授220人，副教授216人；博士生导师190人，硕士生导师524人（含兼职人员）。外籍教授70人（含兼职教授）。22人获聘马工程首席专家（第一首席专家5人），40多位教师入选高层次人才支持计划（含青年项目），12人获宝钢教育奖优秀教师奖，5人获中国法学会全国杰出资深法学家称号，7人获全国十大杰出青年法学家称号，1人担任中国法学会副会长，8人担任中国法学会直属研究会会长，30余人在国际性学术组织或专业机构中担任重要职务。师德高尚、专兼职相结合、梯队结构较为合理、具有一定国际化程度的教师队伍已基本形成。

优质高效的社会服务。法学学科充分发挥"智囊团"和"思想库"作用，多位教师多次为党和国家领导人集体学习授课，参与了1954年《宪法》以来几乎所有的重要立法，以及十八届四中全会《中共中央关于全面推进依法治国若干重大问题的决定》和国家"十三五"规划起草，近百人担任中央国家机关的特约咨询员、特邀监督员或顾问；智库团队获习近平等中央领导批示逾20篇次。

享誉国际的学科影响。中欧法学院是中国与欧盟政府间在法学教育领域唯一的"中外合作办学机构"，发起设立的"国际证据科学协会"是国际上第一个证据法学与法庭科学的国际学术组织，发起成立了"亚洲比较法学会"。在美国、德国、俄罗斯、荷兰、瑞士、澳大利亚等7个国家建立了10个中国法研究中心。拥有全国高校法学学科唯一入选教育部和国家外专局"111计划"的证据科学引智基地。

2. 面临的机遇

（1）习近平新时代中国特色社会主义思想为法学学科发展带来新的发展机遇。

（2）习近平总书记考察学校时的重要讲话，为法学学科建设发展指明了方向。

（3）高等教育深化"放管服"改革为学校发挥自主性建设法学一流学科提供了机遇。

（4）新时期国家对外开放新战略为法学一流学科国际化发展提供了新机遇。

3. 面临的挑战

法学学科的结构和体系不尽完善，与其他学科的交叉融合尚不充分，社会急需的新兴学科开设不足，解决国家和社会发展重大问题的能力有待提高；基础研究、原始创新、集成创新等方面，还不能完全适应新形势的要求；学科梯队结构性失衡问题不同程度地存在；人才培养的体系化建设尚不完善；法学学科作为国家法学对外交流的窗口，如何在全球治理格局中展现中国思想、发出中国声音、提出中国方案，对法学一流学科的国际化提出了挑战。法学一流学科建设与教师队伍、人才培养、科学研究等关键性环节的联动性机制有待进一步健全，学术评价和科研创新激励机制有待进一步完善，一流学科发展的硬条件和某些软环境有待进一步提升。

（四）建设内容

1. 优化学科结构，创新性建设一流法学学科体系

创新发展思路，实施"新兴学科培育计划"，积聚法学、政治学、社会学学科优势资源，服务国家法治战略实施、国家治理体系和治理能力提升需要，聚焦经济社会发展中的新问题、新热点、新需求，进行创新性研究，推动法学学科向前沿、纵深发展，以新视野、新机制，焕发传统学科的新活力，以新需求、新举措，激发新兴学科的不断涌现和蓬勃发展，形成既有中国特色又有一流实力的法学学科体系。整合学科资源，实施"交叉学科繁荣计划"，鼓励跨学科交叉研究，通过校校联合、校企联合、校政联合等方式，鼓励教师跨领域、跨国界搭建交叉研究平台，组建交叉研究团队，实现人才的自由聚合，思想的交汇碰撞，面向国际前沿和国家、社会重点急需，开展多方位、多学科的立体交叉研究，促进法学学科与其他学科的交叉融合，为构建能够解决中国问题乃至世界性问题的交叉学科作出实质性贡献。

加强法学（一级）学科内部，以及与政治学、社会学学科资源的整合力度。政治学学科加大人才引进力度，提高教师的教学科研水平，发展高端研究平台，构筑政治学发展的规模效应。社会学充分发挥学科团队师资力量丰富、年轻有为、队伍凝聚力强的优势，力争在五年内进入国内一流学科行列，确立和保持政治社会学、历史社会学和法律社会学在全国同行中的领先地位。

2. 完善培养机制，创新性建设一流法学教学体系

不断强化理想信念教育，不断深化调整"六个结合"的人才培养方式，持续升级"四跨"本科人才培养模式和"四突出"研究生人才培养目标，培养"五位一体"的复合型、应用型、创新型、国际型的一流法治人才。全流程持续强化德法兼修。以思想政治课程改革为抓手，强化社会主义核心价值观教育、思想政治素质教

育和法律职业伦理教育；以创新法学学科体系、课程体系和教材体系为路径，优化理论教学，完善以"同步实践教学"为中心的实践教学体系。深度融合贯通本、研培养体系。建立在线开放课程学习认证和学分认定制度，打通本科生与研究生选课限制。继续完善六年制法学人才培养模式。总结法学学术精英人才培养实验班改革经验，探索"本硕博"贯通培养制度。

3. 改革科研体制，创新性建设一流法学科研体系

以"2011计划"司法文明协同创新中心、国家领土主权和海洋权益协同创新中心为牵引，以法律史学、诉讼法学2个教育部人文社会科学重点研究基地、国家人权教育与培训基地、证据科学教育部重点实验室和法治政府北京市哲学社会科学重点研究基地为主体，打造致力于战略性、全局性、前瞻性问题研究的世界一流法学科研平台体系，发挥一流法学科研平台对世界一流学科的支撑作用。以习近平总书记布置的"中国特色社会主义法治理论体系"研究为支柱，全面系统阐释法律规范体系、法律实施体系、法律保障体系、党内法规体系，聚焦依法治国、从严治党、"一带一路"、京津冀一体化等国家重大战略问题，以高水平高质量高标准的优秀科研成果为抓手，为国家发展与法治建设提供智力支撑。大力加强国别法、比较法和国际法研究，以一流研究成果，彰显世界一流法学学科的地位。推进法学科研体制机制改革，产生一批代表世界法学研究水平的扛鼎力作，提升中国法学学科的国际话语权，争做国际法学学术前沿的并行者乃至领跑者。

4. 实施"五个工程"，创新性建设一流法学教师队伍发展体系

实施师德建设工程，积极引导法学教师成为马克思主义法学思想和中国特色社会主义法治理论的坚定信仰者、积极传播者、模范实践者。实施高层次人才队伍建设工程，着力发现、培养、集聚一批有深厚马克思主义理论素养、学贯中西的法学思想家和理论家；培养、引进一批理论功底扎实、勇于开拓创新的学科领军人才。实施教师队伍国际化建设工程，通过各种灵活方式加大海外高层次人才引进力度，汇聚一批具有国际水准的学术大师和权威专家；大力招聘世界一流高校博士、博士后人员，继续开展"中青年教师海外提升计划"。实施教师梯队建设工程，构建对院部、学科教师队伍结构动态化监测机制，通过培养和引进，凝聚一批年富力强、锐意进取的中青年学术骨干。实施人才体制机制改革工程，积极构建符合教师发展规律的制度环境，特别是"能上能下、能进能出"的考核聘任评价机制、优秀青年教师脱颖而出机制以及绩效工资改革机制。

5. 推进国际化战略，创新性建设一流法学国际交流体系

实施战略伙伴工程，巩固并提升与世界高水平大学交流的规模、层次和效益，

深度挖掘与世界百强高校的实质性、创新性、高端性合作，进一步完善合作伙伴的国家和区域布局，积极参与或牵头组织国际和区域性重大学术合作联盟和平台。实施留学海外工程，拓展与世界高水平大学、主要国际组织的合作渠道，不断提高学生海外交流率、国际组织实习率、毕业生国外深造率和国际机构任职率。实施留学法大工程，全面加强国际化课程体系建设，打造国际精品课程和特色课程，扩大留学生尤其是学历生规模，提高生源及培养质量。实施高端平台工程，坚持以我为主、为我所用的原则，建设创新性、引领性的高端法学中外合作办学机构和项目，提高自身办学实力和自主创新能力。继续开展法学特色孔子学院建设，向海外推出中国法、中国文化课程，传播中华文化。

6. 服务国家战略，创新性建设一流法学社会服务体系

利用法学学科齐全、人才密集的优势，以中国政法大学国家治理研究院和国家高端人权智库为依托，创新机制，整合协同创新中心、教育部重点研究基地等校内外优质资源，打造具有中国特色和世界影响的高端智库平台；在中国特色社会主义法治理论、"一带一路"、京津冀协同发展、人权问题、南海问题、国家安全、司法体制改革、监察体制改革、大数据立法、全球治理等国家重大急需领域，加强基础理论研究和应用研究，力争出思想、出理论、出政策建议，发挥智库在国家重大决策中的思想库作用，提升法学学科服务国家重大战略的能力和水平。

7. 传承法治文化和政治文明，创新性建设一流法学学科文化体系

加强对中华优秀传统法治文化和政治文明的挖掘和阐发，把跨越时空、超越国界、富有永恒魅力、具有当代价值的政治法律文化精神弘扬起来、传播出去。推动中华法系和中华政治文明的创造性转化、创新性发展，让中华政治法律文明同各国人民创造的政治法律文明一道，为人类提供正确精神指引。围绕中国和世界发展面临的重大政治法律问题，着力提出能够体现中国立场、中国智慧、中国价值的法治文化和政治文明理念、主张、方案。瞄准国家法治昌明和政治民主，坚持内涵发展、协同创新、综合改革，立体打造法大精神和校园文化体系。

（五）预期成效

1. 法学学科体系渐趋完善，整体实力稳步提升

到 2020 年，遴选并资助建设 5 个新兴学科建设项目和 5 个交叉学科建设项目，使法学学科结构更趋合理、学科体系渐趋完善，法学学科与其他学科交叉融合发展的态势更加明朗，形成新兴交叉学科繁荣发展，兼具中国特色和一流水平的学科布局。

2. 人才培养体系更加优化，培养质量显著提升

到 2020 年，国家精品视频公开课数量明显增长，校级精品课程增加 100 门以上。建设一批中国特色、国际一流的法学教材，精品教材增加 100 门左右。引进实务部门优质教学资源，共建 50 门以上实务技能课程，人才培养教学基地增至 200 个左右，聘请 100 名左右实务界兼职教师。努力冲击国家级教学成果特等奖。提升"中华法学硕博英才奖"在区域和国际的影响力。本科毕业生的升学深造率提高 3—5 个百分点。

3. 科研体制机制更加高效，一流科研创新体系基本建成

基础研究与应用研究协调发展，国家战略服务能力显著提升，产出一批具有重大国际影响力的标志性研究成果。全面推进"创新发展中国特色社会主义法治理论体系"国家社科基金重大委托项目，为建设社会主义法治国家提供理论支撑。到 2020 年，法学科研项目立项数及经费数再上新台阶，纵向项目立项数达到 250 项以上，国际合作项目立项数达到 100 项以上，横向科研项目经费持续增长。核心期刊论文年均发表数量大幅度增长，在国际学术期刊发文达到 80 篇左右。提高学校主办的国际学术期刊的影响力。获得省部级以上科研奖项达到 30 项以上。

4. 教师成长发展机制更加健全，队伍活力和竞争力显著提升

到 2020 年，拥有 5—7 名具有深厚马克思主义理论素养、学贯中西的法学思想家和理论家，15 名左右在法学学科领域具有核心影响力的学科带头人，入选国家千人计划、万人计划、长江学者奖励计划、国家级教学名师等高层次人才的数量大幅提升，特色化实践教学队伍达到 30 人。引进 5 名左右世界一流国际人才，8—10 名国内领军人才。通过招聘国际名校博士、博士后，持续实施海外提升项目和国际交流项目等，使教师队伍国际化程度明显提升。

5. 国际化办学体系更加丰富，国际影响力与竞争力逐步增强

国际合作伙伴的数量和层次明显提升，到 2020 年扩展到 50 个国家和地区的 260 所高校，其中，有实质性合作的世界 500 强高校，从 80 所增加到 110 所。发展 3—5 个世界一流战略合作伙伴。巩固国家公派留学项目在国内的领先优势，争取"本硕博"国家公派生规模从每年 200 人扩大到 250 人。派出的学生规模从每年 800 人扩大到 1000 人以上，其中，到 QS 世界前 500 强高校的比例不低于 60%。学生出国升学率提高 5% 以上，学生整体国际化培养比例超过 20%。进入国际组织和机构实习学生数量稳步增长。海外学生总数达到 800 名左右。长短期法学外籍专家由每年 150 人增加到 240 人。每年邀请国际教授开设国际课程不少于 100 门次。教师赴海外名校进修、访问、讲学及参加国际学术会议的人数由每年 240 人次增加到

300 人次以上。新设 1—2 个法学中外合作办学项目，力争建成 1 所中外合作办学机构，新建 1 所海外孔子学院。设立国家汉办"汉语国际推广法律咨询与保障基地"。

6. 学校高端智库的影响力明显提升，服务国家战略的能力显著增强

力争在国家治理、依法治国等国家高端智库的申报上取得重大突破。至 2020 年，各类咨询报告数量在现有基础上增加三分之一，在提升数量的基础上大幅提升采纳率。充分利用学校法学学科优势，与全国人大等国家和中央机关合作创设立法研究、全球治理等科研基地。聚焦京津冀协同创新发展、"一带一路"等国家重大战略，开展创新性研究，产出一批精品力作，服务国家战略的实施。

7. 传承弘扬优秀传统文化，中华法学和政治文明发展成效显著

充分发挥法学学科对外交流的窗口作用，搭建国际政治法律文化交流与合作平台。借助法学学科优势师资力量，使对传统法治文化和政治文明的挖掘研究得到初步进展。基本形成广大师生认同的优秀教风、学风、校风，引领社会进步、特色鲜明的大学精神和大学文化初步成型。

三、整体建设

（一）一流学科的带动作用

中国政法大学法学一流学科建设立足于学校学科实际，着力促进法学与其他学科的交叉融合，大力拓展新的学科领域，努力发展法治文化、法与经济、法律与宗教、法律逻辑、法治新闻、法律语言、法律翻译、法商管理等交叉学科及特色方向，在优化法学学科结构、扩充知识容量的同时，又带动哲学、文学、史学、经济学、管理学、教育学特色发展，进而推进大学的整体建设与发展。

（二）落实五大建设任务和五大改革任务的具体政策举措

1. 全面深入推进从严治党

严格落实学校党委在一流学科建设中的政治责任、领导责任和保障责任。深入推进基层党建工作创新，加强基层党组织建设，科学设计和深入实施教工党支部堡垒工程、学生党员先锋工程。深入推进党风廉政建设和反腐败工作，严格落实"两个责任"，持之以恒纠正"四风"，重点抓好一流学科建设工作中涉及人、财、物管理的重点领域、重要部门和重要岗位的监督工作。

2. 加强和改进思想政治教育工作

坚持以立德树人为根本，把培育和践行社会主义核心价值观融入教书育人全过程，努力发挥思想政治课堂教学主渠道作用，积极构建特色鲜明的第二课堂教育体系。牢牢掌握高校意识形态工作领导权和主动权，不断强化"四个意识"，坚定"四个自信"，落实"四个服务"为学校一流学科建设提供有力的思想保证、正确

的舆论导向、良好的文化氛围和充实的精神动力。

3. 健全培养质量保障体系

完善经费投入和管理机制，改善办学条件和环境，适时修订人才培养目标和培养标准，健全和完善教学管理服务规章制度，改进教学活动的过程性控制和规范化管理，实现对人才培养全过程、全方位的监测与控制。发挥学术委员会、学位评定委员会在质量保障中的重要作用。健全教学绩效评估制度，增强教师对教学的责任心和荣誉感。完善学生奖助学金制度，健全学生科研管理和奖励制度。建立学生毕业前质量反馈和毕业后质量跟踪调查制度。

4. 改革创新科研管理体制机制

坚持学术立校，进一步更新科研服务理念，创新科研服务体制机制。建立世界一流学科的协同创新机制，保障国家级协同创新中心、省部级重点研究基地和重点实验室的经费投入，完善高端科研平台建设。积极支持国际化科研创新团队建设。支持新国际刊物的创办和既有国际刊物的内涵提升，加强自主性话语平台建设。支持教师在境外出版专著和译著，提高学术评价权重，加大国际学术论文奖励力度。完善科研绩效奖励制度，大幅度提高科研奖励标准，完善科研动力机制。进一步强化学术规范意识，加强学术诚信建设。

5. 创新教师队伍建设机制

树立"教师队伍建设是提高高等教育质量的根本保证，是主体工程、第一工程"的观念，以人为本，群策群力，形成"弘扬知识、崇拜人才、尊重学术"的校园文化环境。落实专业技术岗位聘任办法和教师考核办法，重点推行学校考核和院部自主考核相结合、全面考核和个性化考核相结合、年度考核和届终考核相结合、刚性考核和弹性考核相结合的"四结合教师考核评价模式"。借助信息化手段，设计开发"代表作评价信息应用系统"，以现代技术手段扭转"重数量轻质量"的科研评价倾向，营造公平、公正、公开的教师考核评价环境。强化师德评价，严格实施师德一票否决制。继续实施破格晋升高级岗位不限指标的政策，促进青年教师脱颖而出。

6. 传承创新法治文化

坚持以马克思主义法学思想和中国特色社会主义法治理论为指导，加强社会主义法治文化的挖掘研究，传承创新，做中国法治文化的建设者，世界法治文化的贡献者。以凝炼制度文化为目标，围绕"立德树人"的根本办学任务，大力倡导"志存高远、爱国敬业，为人师表、教书育人，严谨笃学、与时俱进"的良好师德风范，着力加强师德、学风建设。以弘扬核心价值为目标，着力加强校园文化阵地建设，积极发挥文化育人的作用，建设"健、雅、怡、彩"的校园文化，培育一批有全国影响、具有法大特色的高品位文化品牌。

7. 完善内部治理结构

深化学校综合改革，构建党委领导、校长负责、教授治学、民主管理、社会参与、依法治校的现代大学制度。按照民主集中制原则，完善校内民主决策体系，规范重大事项、重大问题决策程序，健全监督检查和责任追究制度。优化学校行政管理体系，提高行政执行力与行政效率。进一步完善学术委员会制度，保障学术自由，充分发挥教师在学术活动中的主体作用。完善教职工代表大会和学生代表大会制度，推进民主管理和有效监督。

8. 构建一流学科建设社会参与机制

加强与全国人大常委会、最高人民法院、最高人民检察院、司法部等司法实务部门的合作，共建协同创新平台，合力开展一流学科和特色专业建设，加强重大基础理论与应用研究，培养高层次法治人才，实施专家学者互聘计划。充分发挥学校董事会、校友会和教育基金会的咨询功能和桥梁纽带作用，深化校地、校企、校校、校政合作，积极争取社会各方参与支持一流学科建设，形成多方参与、多元支持、合力共建的一流学科建设发展机制。

9. 创新国际交流合作体制机制

深化校院两级管理体制改革，构建以学校为主导、院系为主体、学科为基础、师生为主角的国际交流合作新机制，进一步明确学院、学科在国际交流与合作中的权力和责任，加大资源配置力度，推动重心下移。加强绩效考核评估，根据评估结果动态调整支持政策和资金投入。完善激励政策、加大资金投入，支持学生赴海外交流、学习、实习、深造，支持教师赴海外访问访学、参加国际会议、从事教学科研活动。

（三）推动法学一流学科建设的政策举措和进度安排

1. 探索法学资源整合新模式

创新思路整合法学学科资源，力争在 2020 年前，破除学科间体制机制壁垒，实现学科间资源共享。加速推进理论型学科转型升级、应用型学科与时俱进、新兴学科与交叉学科创新发展，巩固法学学科的引领地位，为进入世界一流法学学科行列奠定坚实基础。

2. 探索建立学生全面发展与个性化成长相结合的人才培养机制

进一步优化拔尖创新人才培养模式，力争在 2020 年前，建立比较完善的学生全面发展与个性化成长相结合的本科生、研究生和博士生人才培养机制：本科生培养坚持厚基础、宽口径、高素质、强能力标准，法学和法学以外学科淡化专业界限，加强专业交叉和专业特色化建设，突出学生全面发展和个性培养相结合，开展以"专、实、博、雅"为特色的本科教育教学工作；研究生以培养创新精神和创新能力为目标，合理设计培养环节，调整实习实践环节，鼓励研究生针对基础理论、前沿问题、实践热点进行创新性研究；博士生以培养创新能力、产出创新成果为目标，针对重大理论问题和实践问题，强化综合学术训练，使部分博士生具备成长为学术领军人才的潜力。

3. 探索建立法学学科人才特区制度，激发教师队伍活力

打破院部、学科人才资源壁垒，探索实施人才特区制度，加强人才特区的聘任和招聘自主权。以国家重大项目或急需项目为基础，支持法学人才在不同院部之间、学科之间合理流动。强化学科带头人在学科团队建设方面的主体责任。在"十三五"后期，进一步深化绩效分配制度改革，探索实施年薪制、协议工资制、项目工资制等多元薪酬体系。继续完善《优秀中青年教师培养支持计划》，实行拔尖人才特殊津贴制；2018年前，制定并实施《讲座教授聘任办法》，通过薪酬杠杆吸引人才和留住人才。

4. 探索建立以世界学术水平为标准的科研评价体系

基于中国特色、世界一流的标准，完善代表作评价制度，力争在2020年前，建立以同行评价为主的教师学术评价机制，扩大代表作评价适用范围，提高代表作评价的合理性、透明度和公信力，更加科学地评价教师的科研成果。大力完善科研成果认定及相关学术事项评价制度，充分发挥学术委员会对学术成果的评价功能，建立以质量为导向的学术能力评价体系，引领全国哲学社会科学评价系统的发展。

5. 探索建立中国特色世界一流法学学科建设标准

立足中国、放眼世界，参考《QS》、《泰晤士报高等教育增刊》、《美国新闻和世界报道》等国际权威排名机构评价指标体系，争取在"十三五"末，建立具有中国特色的世界一流法学学科建设标准，加强中国世界一流法学学科的规范化建设，提高中国法学学科建设标准在国际上的话语权。

（四）组织领导和实施保障

1. 加强党的领导，全面推进法学一流学科建设

始终把党的十九大精神和习近平总书记考察学校重要讲话精神作为管党治党、办学治校的基本遵循和干事创业、共谋发展的行动指南，始终把建设世界一流法学学科作为学校党委的中心工作来抓，牢牢把握社会主义办学方向，牢牢把握立德树人之本为政治担当，牢牢把握高校意识形态工作领导权，把思想和行动统一到党和

国家对世界一流学科建设的新要求新任务上来，带领全校师生员工挺进法学教育改革的前沿，把法学学科办出世界一流水平。

2. 明确领导机构，全面落实一流学科建设责任

学校"双一流"建设领导小组负责法学一流学科建设的顶层设计、宏观布局、统筹协调。设立"双一流"建设办公室作为"双一流"建设领导小组的工作机构，具体负责法学一流学科建设的规划部署、任务分解、推进实施、监督管理等日常工作。各建设学科所属单位（包括学院、研究院、所）按照建设方案中确定的目标要求和建设内容负责具体任务的组织和落实，承担一流学科建设的具体责任。学校各相关职能部门负责建设方案中整体建设任务的推进和实施。各单位（包括学院、研究院、所、处、部）党政一把手是本单位一流学科建设的第一责任人。

3. 坚持依法治校，营造良好制度环境

树立依法依章办学的理念，完善以大学章程为基本法的制度体系，实现办学活动有法可依、有章可循。贯彻落实以人为本的原则，切实尊重和保护教师、学生的合法权益，提高服务意识，重视基层民主建设，依法落实师生的知情权、表达权、参与权和监督权。完善监督检查制度，建立问责制度，强化规则意识，严格制度执行和落实，实现学校的良法善治，为一流学科建设营造良好的制度环境。

4. 汇聚建设资源，建立效果导向投入机制

在国家财政投入的基础上，通过学校董事会、校友会、教育基金会等平台，多元筹集资金和其他建设资源，确保一流学科建设经费逐年稳步增长。建立和完善一流学科经费分配和使用管理制度，加强统筹管理，确保资金用于学科建设、拔尖人才培养、科学研究、教师队伍建设、条件支撑平台建设等，实现专款专用。加强资金使用审计，提高资金使用效益。

以人才质量内涵式提升为原则，科学统筹规划，合理配置资源。在本科、研究生招生计划上，学校优先投放法学、政治学、社会学学科。建立和完善内部质量评价体系，通过每年一次的专业评估对专业建设情况进行考核，根据考核结果动态调整各专业的资源分配。在专业设置上，根据"与法学专业交叉"和"适应经济政治社会文化发展需求"的原则，审慎设立新专业。建立健全博士、硕士学位授权学科和专业学位授权类别动态调整机制。

5. 实施绩效考核，建立自我评价调整机制

加强过程管理，实施动态监测，构建建设学科有进有出的动态调整机制。制定科学合理、切实可行的绩效评价办法，对一流学科建设情况进行自评，对改革的实施情况、建设目标和任务完成情况、学科水平、资金管理使用情况等进行分析，发

布自评报告。根据评价结果奖优罚劣，对未完成建设任务的一级学科和建设项目进行动态调整。实施一流学科建设信息公开制度以及学科建设项目年度报告制度。

教育部、财政部、国家发展改革委印发
《关于高等学校加快"双一流"建设指导意见》的通知

教研〔2018〕5号

（2018年8月8日）

各省、自治区、直辖市教育厅（教委）、财政厅（局）、发展改革委，新疆生产建设兵团教育局、财务局、发展改革委，有关部门（单位）教育司（局），有关高等学校：

为贯彻落实党的十九大精神，加快"双一流"建设，根据国务院印发的《统筹推进世界一流大学和一流学科建设总体方案》和教育部、财政部、国家发展改革委联合印发的《统筹推进世界一流大学和一流学科建设实施办法（暂行）》，教育部、财政部、国家发展改革委制定了《关于高等学校加快"双一流"建设的指导意见》，现予以印发。

教育部 财政部 国家发展改革委

2018年8月8日

关于高等学校加快"双一流"建设的指导意见

为深入贯彻落实党的十九大精神，加快一流大学和一流学科建设，实现高等教育内涵式发展，全面提高人才培养能力，提升我国高等教育整体水平，根据《统筹推进世界一流大学和一流学科建设总体方案》和《统筹推进世界一流大学和一流学科建设实施办法（暂行）》，制定本意见。

一、总体要求

（一）指导思想

以习近平新时代中国特色社会主义思想为指导，深入贯彻落实党的十九大精神，紧紧围绕统筹推进"五位一体"总体布局和协调推进"四个全面"战略布局，全面贯彻落实党的教育方针，以中国特色世界一流为核心，以高等教育内涵式发展为主线，落实立德树人根本任务，紧紧抓住坚持办学正确政治方向、建设高素质教师队伍和形成高水平人才培养体系三项基础性工作，以体制机制创新为着力点，全面加强党的领导，调动各种积极因素，在深化改革、服务需求、开放合作中加快发展，努力建成一批中国特色社会主义标杆大学，确保实现"双一流"建设总体方案确定的战略目标。

（二）基本原则

坚持特色一流。扎根中国大地，服务国家重大战略需求，传承创新优秀文化，积极主动融入改革开放、现代化建设和民族复兴伟大进程，体现优势特色，提升发展水平，办人民满意的教育。瞄准世界一流，吸收世界上先进的办学治学经验，遵循教育教学规律，积极参与国际合作交流，有效扩大国际影响，实现跨越发展、超越引领。

坚持内涵发展。创新办学理念，转变发展模式，以多层次多类型一流人才培养为根本，以学科为基础，更加注重结构布局优化协调，更加注重人才培养模式创新，更加注重资源的有效集成和配置，统筹近期目标与长远规划，实现以质量为核心的可持续发展。

坚持改革驱动。全面深化改革，注重体制机制创新，充分激发各类人才积极性主动性创造性和高校内生动力，加快构建充满活力、富有效率、更加开放、动态竞争的体制机制。

坚持高校主体。明确高校主体责任，对接需求，统筹学校整体建设和学科建设，主动作为，充分发掘集聚各方面积极因素，加强多方协同，确保各项建设与改革任务落地见效。

二、落实根本任务，培养社会主义建设者和接班人

（三）坚持中国特色社会主义办学方向

建设中国特色世界一流大学必须坚持办学正确政治方向。坚持和加强党的全面领导，牢固树立"四个意识"，坚定"四个自信"，把"四个自信"转化为办好中国特色世界一流大学的自信和动力。践行"四个服务"，立足中国实践、解决中国问题，为国家发展、人民福祉做贡献。高校党委要把政治建设摆在首位，深入实施基层党建质量提升攻坚行动，全面推进高校党组织"对标争先"建设计划和教师党支部书记"双带头人"培育工程，加强教师党支部、学生党支部建设，巩固马克思主义在高校意识形态领域的指导地位，切实履行好管党治党、办学治校主体责任。

（四）引导学生成长成才

育人为本，德育为先，着力培养一大批德智体美全面发展的社会主义建设者和接班人。深入研究学生的新特点新变化新需求，大力加强理想信念教育和国情教育，抓好马克思主义理论教育，践行社会主义核心价值观，坚持不懈推进习近平新时代中国特色社会主义思想进教材、进课堂、进学生头脑，使党的创新理论全面融入高校思想政治工作。深入实施高校思想政治工作质量提升工程，深化"三全育人"综合改革，实现全员全过程全方位育人；实施普通高校思想政治理论课建设体系创新计划，大力推动以"思政课+课程思政"为目标的课堂教学改革，使各类课程、资源、力量与思想政治理论课同向同行，形成协同效应。发挥哲学社会科学育人优势，加强人文关怀和心理引导。实施高校体育固本工程和美育提升工程，提高学生体质健康水平和艺术审美素养。鼓励学生参与教学改革和创新实践，改革学习评价制度，激励学生自主学习、奋发学习、全面发展。做好学生就业创业工作，鼓励学生到基层一线发光发热，在服务国家发展战略中大显身手。

（五）形成高水平人才培养体系

把立德树人的成效作为检验学校一切工作的根本标准，一体化构建课程、科研、实践、文化、网络、心理、管理、服务、资助、组织等育人体系，把思想政治工作贯穿教育教学全过程、贯通人才培养全体系。突出特色优势，完善切合办学定位、互相支撑发展的学科体系，充分发挥学科育人功能；突出质量水平，建立知识结构完备、方式方法先进的教学体系，推动信息技术、智能技术与教育教学深度融合，构建"互联网+"条件下的人才培养新模式，推进信息化实践教学，充分利用现代信息技术实现优质教学资源开放共享，全面提升师生信息素养；突出价值导向，建立思想性、科学性和时代性相统一的教材体系，加快建设教材建设研究基地，把教材建设作为学科建设的重要内容和考核指标，完善教材编写审查、遴选使用、质量监控和评价机制，建立优秀教材编写激励保障机制，努力编写出版具有世界影响的一流教材；突出服务效能，创新以人为本、责权明确的管理体系；健全分流退出机制和学生权益保护制度，完善有利于激励学习、公平公正的学生奖助体系。

（六）培养拔尖创新人才

深化教育教学改革，提高人才培养质量。率先确立建成一流本科教育目标，强化本科教育基础地位，把一流本科教育建设作为"双一流"建设的基础任务，加快实施"六卓越一拔尖"人才培养计划2.0，建成一批一流本科专业；深化研究生教育综合改革，进一步明确不同学位层次的培养要求，改革培养方式，加快建立科教融合、产学结合的研究生培养机制，着力改进研究生培养体系，提升研究生创新能力。深化和扩大专业学位教育改革，强化研究生实践能力，培养高层次应用型人才。大力培养高精尖急缺人才，多方集成教育资源，制定跨学科人才培养方案，探索建立政治过硬、行业急需、能力突出的高层次复合型人才培养新机制。推进课程改革，加强不同培养阶段课程和教学的一体化设计，坚持因材施教、循序渐进、教学相长，将创新创业能力和实践能力培养融入课程体系。

三、全面深化改革，探索一流大学建设之路

（七）增强服务重大战略需求能力

需求是推动建设的源〔原〕动力。加强对各类需求的针对性研究、科学性预测和系统性把握，主动对接国家和区域重大战略，加强各类教育形式、各类专项计划统筹管理，优化学科专业结构，完善以社会需求和学术贡献为导向的学科专业动态调整机制。推进高层次人才供给侧结构性改革，优化不同层次学生的培养结构，适应需求调整培养规模与培养目标，适度扩大博士研究生规模，加快发展博士专业学位研究生教育；加强国家战略、国家安全、国际组织等相关急需学科专业人才的培养，超前培养和储备哲学社会科学特别是马克思主义理论、传承中华优秀传统文化等相关人才。进一步完善以提高招生选拔质量为核心、科学公正的研究生招生选拔机制。建立面向服务需求的资源集成调配机制，充分发挥各类资源的集聚效应和放大效应。

（八）优化学科布局

构建协调可持续发展的学科体系。立足学校办学定位和学科发展规律，打破传统学科之间的壁垒，以"双一流"建设学科为核心，以优势特色学科为主体，以相关学科为支撑，整合相关传统学科资源，促进基础学科、应用学科交叉融合，在前沿和交叉学科领域培植新的学科生长点。与国家和区域发展战略需求紧密衔接，加快建设对接区域传统优势产业，以及先进制造、生态环保等战略型新兴产业发展的学科。加强马克思主义学科建设，加快完善具有支撑作用的学科，突出优势、拓展领域、补齐短板，努力构建全方位、全领域、全要素的中国特色哲学社会科学体系。优化学术学位和专业学位类别授权点布局，处理好交叉学科与传统学科的关系，完善学科新增与退出机制，学科的调整或撤销不应违背学校和学科发展规律，力戒盲目跟风简单化。

（九）建设高素质教师队伍

人才培养，关键在教师。加强师德师风建设，严把选聘考核晋升思想政治素质关，将师德师风作为评价教师队伍素质的第一标准，打造有理想信念、道德情操、

扎实学识、仁爱之心的教师队伍，建成师德师风高地。坚持引育并举、以育为主，建立健全青年人才蓬勃生长的机制，精准引进活跃于国际学术前沿的海外高层次人才，坚决杜绝片面抢挖"帽子"人才等短期行为。改革编制及岗位管理制度，突出教学一线需求，加大教师教学岗位激励力度。建立建强校级教师发展中心，提升教师教学能力，促进高校教师职业发展，加强职前培养、入职培训和在职研修，完善访问学者制度，探索建立专任教师学术休假制度，支持高校教师参加国际化培训项目、国际交流和科研合作。支持高校教师参与基础教育教学改革、教材建设等工作。深入推进高校教师职称评审制度、考核评价制度改革，建立健全教授为本科生上课制度，不唯头衔、资历、论文作为评价依据，突出学术贡献和影响力，激发教师积极性和创造性。

（十）提升科学研究水平

突出一流科研对一流大学建设的支撑作用。充分发挥高校基础研究主力军作用，实施高等学校基础研究珠峰计划，建设一批前沿科学中心，牵头或参与国家科技创新基地、国家重大科技基础设施、哲学社会科学平台建设，促进基础研究和应用研究融通创新、全面发展、重点突破。加强协同创新，发挥高校、科研院所、企业等主体在人才、资本、市场、管理等方面的优势，加大技术创新、成果转化和技术转移力度；围绕关键核心技术和前沿共性问题，完善成果转化管理体系和运营机制，探索建立专业化技术转移机构及新型研发机构，促进创新链和产业链精准对接。主动融入区域发展、军民融合体系，推进军民科技成果双向转移转化，提升对地方经济社会和国防建设的贡献度。推进中国特色哲学社会科学发展，从我国改革发展的实践中挖掘新材料、发现新问题、提出新观点、构建新理论，打造高水平的新型高端智库。探索以代表性成果和原创性贡献为主要内容的科研评价，完善同行专家评价机制。

（十一）深化国际合作交流

大力推进高水平实质性国际合作交流，成为世界高等教育改革的参与者、推动者和引领者。加强与国外高水平大学、顶尖科研机构的实质性学术交流与科研合作，建立国际合作联合实验室、研究中心等；推动中外优质教育模式互学互鉴，以我为主创新联合办学体制机制，加大校际访问学者和学生交流互换力度。以"一带一路"倡议为引领，加大双语种或多语种复合型国际化专业人才培养力度。进一步完善国际学生招收、培养、管理、服务的制度体系，不断优化生源结构，提高生源质量。积极参与共建"一带一路"教育行动和中外人文交流项目，在推进孔子学院建设中，进一步发挥建设高校的主体作用。选派优秀学生、青年教师、学术带头人等赴国外高水平大学、机构访学交流，积极推动优秀研究生公派留学，加大高校优秀毕业生到国际组织实习任职的支持力度，积极推荐高校优秀人才在国际组织、学术机构、国际期刊任职兼职。

（十二）加强大学文化建设

培育理念先进、特色鲜明、中国智慧的大学文化，成为大学生命力、竞争力重要源泉。立足办学传统和现实定位，以社会主义核心价值观为引领，推动中华优秀教育文化的创造性转化和创新性发展，构建具有时代精神、风格鲜明的中国特色大学文化。加强校风教风学风和学术道德建设，深入开展高雅艺术进校园、大学生艺术展演、中华优秀传统文化传承基地建设，营造全方位育人文化。塑造追求卓越、鼓励创新的文化品格，弘扬勇于开拓、求真务实的学术精神，形成中外互鉴、开放包容的文化气质。坚定对发展知识、追求真理、造福人类的责任感使命感，在对口支援、精准扶贫、合建共建等行动中，勇于担当、主动作为，发挥带动作用。传播科学理性与人文情怀，承担引领时代风气和社会未来、促进人类社会发展进步的使命。

（十三）完善中国特色现代大学制度

以制度建设保障高校整体提升。坚持和完善党委领导下的校长负责制，健全完善各项规章制度，贯彻落实大学章程，规范高校内部治理体系，推进管理重心下移，强化依法治校；创新基层教学科研组织和学术管理模式，完善学术治理体系，保障教学、学术委员会在人才培养和学术事务中有效发挥作用；建立和完善学校理事会制度，进一步完善社会支持和参与学校发展的组织形式和制度平台。充分利用云计算、大数据、人工智能等新技术，构建全方位、全过程、全天候的数字校园支撑体系，提升教育教学管理能力。

四、强化内涵建设，打造一流学科高峰

（十四）明确学科建设内涵

学科建设要明确学术方向和回应社会需求，坚持人才培养、学术团队、科研创新"三位一体"。围绕国家战略需求和国际学术前沿，遵循学科发展规律，找准特色优势，着力凝练学科方向、增强问题意识、汇聚高水平人才队伍、搭建学科发展平台，重点建设一批一流学科。以一流学科为引领，辐射带动学科整体水平提升，形成重点明确、层次清晰、结构协调、互为支撑的学科体系，支持大学建设水平整体提升。

（十五）突出学科优势与特色

学科建设的重点在于尊重规律、构建体系、强化优势、突出特色。国内领先、

国际前沿高水平的学科，加快培育国际领军人才和团队，实现重大突破，抢占未来制高点，率先冲击和引领世界一流；国内前列、有一定国际影响力的学科，围绕主干领域方向，强化特色，扩大优势，打造新的学科高峰，加快进入世界一流行列。在中国特色的领域、方向，立足解决重大理论、实践问题，积极打造具有中国特色中国风格中国气派的一流学科和一流教材，加快构建中国特色哲学社会科学学科体系、学术体系、话语体系、教材体系，不断提升国际影响力和话语权。

（十六）拓展学科育人功能

以学科建设为载体，加强科研实践和创新创业教育，培养一流人才。强化科研育人，结合国家重点、重大科技计划任务，建立科教融合、相互促进的协同培养机制，促进知识学习与科学研究、能力培养的有机结合。学科建设要以人才培养为中心，支撑引领专业建设，推进实践育人，积极构建面向实践、突出应用的实践实习教学体系，拓展实践实习基地的数量、类型和层次，完善实践实习的质量监控与评价机制。加强创新创业教育，促进专业教育与创新创业教育有机融合，探索跨院系、跨学科、跨专业交叉培养创新创业人才机制，依托大学科技园、协同创新中心和工程研究中心等，搭建创新创业平台，鼓励师生共同开展高质量创新创业。

（十七）打造高水平学科团队和梯队

汇聚拔尖人才，激发团队活力。完善开放灵活的人才培育、吸引和使用机制，着眼长远，构建以学科带头人为领军、以杰出人才为骨干、以优秀青年人才为支撑，衔接有序、结构合理的人才团队和梯队，注重培养团队精神，加强团队合作。充分发挥学科带头人凝练方向、引领发展的重要作用，既看重学术造诣，也看重道德品质，既注重前沿方向把握，也关注组织能力建设，保障学科带头人的人财物支配权。加大对青年教师教学科研的稳定支持力度，着力把中青年学术骨干推向国际学术前沿和国家战略前沿，承担重大项目、参与重大任务，加强博士后等青年骨干力量培养；建立稳定的高水平实验技术、工程技术、实践指导和管理服务人才队伍，重视和培养学生作为科研生力军。以解决重大科研问题与合作机制为重点，对科研团队实行整体性评价，形成与贡献匹配的评价激励体系。

（十八）增强学科创新能力

学术探索与服务国家需求紧密融合，着力提高关键领域原始创新、自主创新能力和建设性社会影响。围绕国家和区域发展战略，凝练提出学科重大发展问题，加强对关键共性技术、前沿引领技术、现代工程技术、颠覆性技术、重大理论和实践问题的有组织攻关创新，实现前瞻性基础研究、引领性原创成果和建设性社会影响的重大突破。加强重大科技项目的培育和组织，积极承担国家重点、重大科技计划任务，在国家和地方重大科技攻关项目中发挥积极作用。积极参与、牵头国际大科学计划和大科学工程，研究和解决全球性、区域性重大问题，在更多前沿领域引领科学方向。

（十九）创新学科组织模式

聚焦建设学科，加强学科协同交叉融合。整合各类资源，加大对原创性、系统性、引领性研究的支持。围绕重大项目和重大研究问题组建学科群，主干学科引领发展方向，发挥凝聚辐射作用，各学科紧密联系、协同创新，避免简单地"搞平衡、铺摊子、拉郎配"。瞄准国家重大战略和学科前沿发展方向，以服务需求为目标，以问题为导向，以科研联合攻关为牵引，以创新人才培养模式为重点，依托科技创新平台、研究中心等，整合多学科人才团队资源，着重围绕大物理科学、大社会科学为代表的基础学科，生命科学为代表的前沿学科，信息科学为代表的应用学科，组建交叉学科，促进哲学社会科学、自然科学、工程技术之间的交叉融合。鼓励组建学科联盟，搭建国际交流平台，发挥引领带动作用。

五、加强协同，形成"双一流"建设合力

（二十）健全高校"双一流"建设管理制度

明确并落实高校在"双一流"建设中的主体责任，增强建设的责任感和使命感。充分发挥高校党委在"双一流"建设全程的领导核心作用，推动重大安排部署的科学决策、民主决策和依法决策，确保"双一流"建设方案全面落地。健全高校"双一流"建设管理机构，创新管理体制与运行机制，完善部门分工负责、全员协同参与的责任体系，建立内部监测评价制度，按年度发布建设进展报告，加强督导考核，避免简单化层层分解、机械分派任务指标。

（二十一）增强高校改革创新自觉性

改革创新是高校持续发展的不竭动力。建设高校要积极主动深化改革，发挥教育改革排头兵的引领示范作用，以改革增添动力，以创新彰显特色。全面深化高校综合改革，着力加大思想政治教育、人才培养模式、人事制度、科研体制机制、资源募集调配机制等关键领域环节的改革力度，重点突破，探索形成符合教育规律、可复制可推广的经验做法。增强高校外部体制机制改革协同与政策协调，加快形成高校改革创新成效评价机制，完善社会参与改革、支持改革的合作机制，促进优质资源共享，为高校创新驱动发展营造良好的外部环境。

（二十二）加大地方区域统筹

将"双一流"建设纳入区域重大战略，结合区域内科创中心建设等重大工程、重大计划，主动明确对高校提出需求，形成"双一流"建设与其他重大工程互相支撑、协同推进的格局，更好服务地方经济社会发展。地方政府通过多种方式，对建设高校在资金、政策、资源等方面给予支持。切实落实"放管服"要求，积极推动本地区高水平大学和优势特色学科建设，引导"双一流"建设高校和本地区高水平大学相互促进、共同发展，构建协调发展、有序衔接的建设体系。

（二十三）加强引导指导督导

强化政策支持和资金投入引导。适度扩大高校自主设置学科权限，完善多元化研究生招生选拔机制，适度提高优秀应届本科毕业生直接攻读博士学位的比例。建立健全高等教育招生计划动态调整机制，实施国家急需学科高层次人才培养支持计划，探索研究生招生计划与国家重大科研任务、重点科技创新基地等相衔接的新路径。继续做好经费保障工作，全面实施预算绩效管理，建立符合高等教育规律和管理需要的绩效管理机制，增强建设高校资金统筹权，在现有财政拨款制度基础上完善研究生教育投入机制。建设高校要建立多元筹资机制，统筹自主资金和其他可由高校按规定自主使用的资金等，共同支持"双一流"建设。完善政府、社会、高校相结合的共建机制，形成多元化投入、合力支持的格局。

强化建设过程的指导督导。履行政府部门指导职责，充分发挥"双一流"建设专家委员会咨询作用，支持学科评议组、教育教学指导委员会、教育部科学技术委员会等各类专家组织开展建设评价、诊断、督导，促进学科发展和学校建设。推进"双一流"建设督导制度化常态化长效化。按建设周期跟踪评估建设进展情况，建设期末对建设成效进行整体评价。根据建设进展和评价情况，动态调整支持力度和建设范围。推动地方落实对"双一流"建设的政策支持和资源投入。

（二十四）完善评价和建设协调机制

坚持多元综合性评价。以立德树人成效作为根本标准，探索建立中国特色"双一流"建设的综合评价体系，以人才培养、创新能力、服务贡献和影响力为核心要素，把一流本科教育作为重要内容，定性和定量、主观和客观相结合，学科专业建设与学校整体建设评价并行，重点考察建设效果与总体方案的符合度、建设方案主要目标的达成度、建设高校及其学科专业在第三方评价中的表现度。鼓励第三方独立开展建设过程及建设成效的监测评价。积极探索中国特色现代高等教育评估制度。

健全协调机制。建立健全"双一流"建设部际协调工作机制，创新省部共建合建机制，统筹推进"双一流"建设与地方高水平大学建设，实现政策协同、分工协同、落实协同、效果协同。

关于开展"双一流"建设中期自评工作的通知

教研司〔2019〕5 号

（2019 年）

各省（自治区、直辖市）教育厅（教委），新疆生产建设兵团教育局，有关部门（单位）教育司（局），有关高等学校：

根据《统筹推进世界一流大学和一流学科建设总体方案》《统筹推进世界一流大学和一流学科建设实施办法（暂行）》，现就"双一流"建设中期自评工作有关事宜通知如下：

一、总体要求

以习近平新时代中国特色社会主义思想为指导，深入贯彻落实党的十九大精神和全国教育大会精神，以中国特色世界一流为核心，以立德树人成效为根本标准，紧紧围绕培养社会主义建设者和接班人的根本任务，推动"双一流"加快建设、特色建设、高质量建设。

各单位、各校要从服务国家发展战略出发，本着对事业高度负责的态度，认真组织中期自评工作，以评促建，客观检视建设过程，对评估发现的问题，提出有针对性改进措施，统筹整体建设和学科建设，加快发展，力戒形式主义。

各省（自治区、直辖市）教育厅（教委）、有关部门（单位）教育司（局）应当加强统筹管理，对本地区、本部门高校的"双一流"建设和中期自评工作加强指导。

二、自评工作要求

（一）中期自评组织

各校应当制定中期自评方案，包括时间安排、自评方式、自评组织、自评内容等。中期自评以开展自我诊断评估为主，依据本校建设方案进行对照检查，真实准确地反映学校整体建设及建设学科目标、任务的落实完成情况。要以人才培养、创新能力、服务贡献和影响力为核心要素，主观和客观结合，定量与定性相结合，用数据和事实说话，重点考察建设效果与总体方案的符合度、建设方案主要目标的达成度、高校及学科在第三方评价的表现度。既要评估学科建设，也要对学校整体建设成效作出分析判断，围绕核心指标，认真分析与对标学校及学科的差距、进展，在此基础上，查摆问题、总结经验，明确下一阶段改进的重点任务和要求。

教育部将组织"双一流"建设专家委员会委员及学科专家，选择部分建设高校进行实地指导，有关安排另行通知。

（二）自评报告编制

各校撰写自评报告，包括组织实施、自评过程和环节、发现的问题以及改进的措施等，自评报告的内容将作为本轮建设期末评估的重要参考，原则上不超过 1 万字（提纲参照附件）

为彰显各校特色，请在报告之外提供描述学校特色发展的补充，包括但不仅限于：学校原创性标志性成果；最具特色的高层次人才培养情况；服务经济社会发展的独到之处等。言简意赅，直观明了，突出特色，不要求面面俱到，每个描述以 500 字以内为宜，一所学校一般不超过 5 项。

三、材料报送

2019 年 7 月 1 日前，各高校将自评方案以电子版形式报送我司（文件名为"学校代码+校名+自评方案"）。

2019 年 9 月 15 日前，各高校将自评报告封面加盖单位公章以电子版形式报送我司（分别报 PDF 文件和 Word 文件）并抄报各自主管部门。自评报告以"学校代码+校名+中期自评报告"命名，特色描述以"学校代码+校名+特色描述"命名。

报告应按国家有关规定作脱密处理。

联系方式 ｛……｝

附件："双一流"建设中期自评报告（提纲）｛删略｝

中国政法大学关于印发"双一流"建设中期自评
工作实施方案的通知

法大发（2019）88 号

（2019 年 7 月 4 日）

各院、部、处、室、所、中心：

《中国政法大学"双一流"建设中期自评工作实施方案》已经 2019 年 6 月 26 日第 10 次校长办公会审议通过，现予印发，请遵照执行。

中国政法大学

2019 年 7 月 4 日

中国政法大学"双一流"建设中期自评工作实施方案 ｛删略｝

教育部办公厅关于开展 2016—2020 年"双一流"建设周期总结工作的通知

（2020 年 8 月 4 日）

各省（自治区、直辖市）教育厅（教委），新疆生产建设兵团教育局，有关部门（单位）教育司（局），有关高等学校：

根据《统筹推进世界一流大学和一流学科建设总体方案》《统筹推进世界一流大学和一流学科建设实施办法（暂行）》《关于高等学校加快"双一流"建设的指导意见》，经商财政部、国家发展改革委，现就 2016—2020 年"双一流"建设周期总结工作有关事项通知如下：

一、总体要求

以习近平新时代中国特色社会主义思想为指导，深入贯彻党的十九大和十九届二中、三中、四中全会精神，贯彻落实全国教育大会、全国研究生教育会议精神，加强和改进党的领导，坚持办学正确政治方向，以中国特色世界一流为核心，落实立德树人根本任务，以体制机制创新为着力点，推进治理体系和治理能力现代化，在深化改革、服务需求、开放合作中加快建设、特色建设、高质量建设。

各省级教育行政部门和有关部门（单位）教育司（局）应当加强统筹管理，对本地区、本部门"双一流"建设高校总结工作加强指导，形成本地区、本部门推动"双一流"建设的综合报告。

各高校要从服务国家发展战略出发，本着对事业高度负责的精神，准确把握发展方向，贯彻落实破"五唯"要求，牢牢把准办学定位，对表建设方案，对标一流水平，全面反映建设的过程和进展，客观反映建设的特色和亮点，实事求是总结成绩，全面真实查找差距，提出针对性改进措施，在对 2016—2020 年"双一流"建设自评的基础上形成总结报告。

二、工作任务

（一）建设高校开展周期建设自我评价

制定周期自评方案，包括自评的时间安排、组织方式、分工、内容，以及专家作用的发挥、校内征求意见等，既要评价学校整体建设成效，又要逐一评价建设学科进展成效。按照新时代新形势新要求、"双一流"建设总体方案、实施办法、指导意见，依据本校整体建设方案、学科建设方案，实行主观评价和客观评价相结合、定量评价与定性评价相结合的自我评价，注重用数据和事实说话，重点考察建设效果与总体方案的符合度、建设方案主要目标的达成度、建设高校及其学科专业在第三方评价的表现度。

（二）编制总结报告

根据自评结果，建设高校编制大学建设整体总结报告和学科建设总结报告。内容包括自评的组织实施、过程和环节、发现的问题以及改进的措施等，要全面反映建设过程和进展，客观反映本校建设特色和亮点，深入剖析推进高质量发展存在的重点难点和深层次矛盾问题，在此基础上明确改进的重点任务和目标。学科建设总结报告按公布的学科，逐一单篇编制。数据截止时间点为 2020 年 8 月 31 日。整体总结报告不得超过 2 万字（报告提纲见附件 1），学科建设报告不得超过 8000 字（报告可参照附件 1，学科不必单独提供自评情况；学科总结报告也可由学校自定，学科建设亮点要单独成段，体现在报告中）。

（三）制作建设方案对标情况表

总结报告应将建设实际进展、成果等与学校建设方案的对标情况、与学科建设方案的对标情况进行梳理描述，对完成情况及效果作出分档自我评价，逐项列出对标情况（学校、学科对标情况表见附件 2）。

（四）制作基建项目情况表

总结报告应将建设方案设置的所有基建项目名称、资金来源、投资额、建设周期、项目进展等情况，单独制作成基建项目情况表（见附件 3）。

（五）提炼典型案例

为展现建设高校和建设学科的典型做法、创新举措、成功探索和有益经验，建设高校在总结中应提炼编写描述学校、学科完成五大建设任务和五大改革任务中的典型案例，每校不超过 10 个，每个案例 600—800 字（要求见附件 4）。

（六）填报建设监测数据

按照《"双一流"建设监测指标体系（试行）》，各高校在 2020 年 3 月填报监测数据的基础上，结合自评工作填报截至 2020 年 8 月 31 日前的最新数据，应确保各项数据真实准确、格式规范，写实材料提纲挈领、重点突出。与此前填报数据相比，无实质性变动的数据，可直接导入上次的填报数据。数据系统将于 2020 年 9 月 1—20 日开放，届时将安排集中解答填报问题，具体时间和形式另行通知。

三、进度安排

2020 年 9 月 20 日前，建设高校应完成自评和数据填报工作，并将整体建设总结报告、建设学科总结报告、建设方案对标情况表、基建项目情况表、典型案例电子版，以电子邮件方式报送。报告和表格应同时提供 PDF 扫描版和 Word 版，PDF 扫描版封面加盖学校公章。涉及保密内容的，应按国家保密规定作脱密处理。2020年 9—12 月建设情况发生变化的建设高校，年底前可据实自主提出补充报告。

邮件标题和文档分别按照"单位代码+单位名称+总结报告""单位代码+单位名称+建设学科序号（根据数量由 00～99 自行排序编号）+学科名称+总结报告""单位代码+单位名称+对标表""单位代码+单位名称+基建表""单位代码+单位名称+典型案例"规则命名。

各省级教育行政部门和有关部门（单位）教育司（局）请将本地区、本部门的总结报告于 2020 年 9 月 20 日前以电子邮件方式报送（报告电子版的命名方式为"单位名称+总结报告"，文本格式为 PDF 扫描版和 Word 版，PDF 扫描版封面加盖单位公章）。

各建设高校完成总结工作后，应及时在本校主页上发布自评总结报告的公开版本，主要内容应与提交上报的报告保持一致。学校公开报告的网址及公开版本报告的电子版于 2020 年 12 月 20 日前以电子邮件方式报送。

{……}

附件：

1. "双一流"建设周期总结报告（提纲）
2. "双一流"建设对标建设方案情况表（学校/学科）
3. "双一流"建设基建项目情况表
4. "双一流"建设典型案例撰写要求

教育部办公厅
2020 年 8 月 4 日

附件：{删略}

我校召开"双一流"建设周期总结工作部署会

（2020 年 8 月 30 日）

8 月 28 日下午，我校召开 2016—2020 年"双一流"建设周期总结工作部署会。校长马怀德、副校长时建中出席会议，相关职能部门和学院负责人参加会议。会议由发展规划与学科建设处负责人主持。

时建中指出，本轮"双一流"建设周期总结工作，既是对我校五年来"双一流"建设成效的全面检验，也是学校确定下一步建设思路的重要契机，希望各建设单位在认真开展自评工作的基础上，对照方案看差距、对照过去看进步、对照责任看担当、对照对手看办法，在周期总结中摸清家底、突出亮点，围绕建设进展情况发现问题、精准施策，进而推动我校"双一流"建设的整体发展、特色发展、高质量发展。

发展规划与学科建设处传达了教育部关于开展"双一流"建设周期总结工作的政策背景，详细介绍了本次工作的任务要求和时间安排，重点说明了"双一流"建设整体总结报告、一流学科总结报告、建设方案对标情况、基建项目情况、典型案例征集评选、动态监测数据更新填报等重点工作。希望各相关单位高度重视，精心开展周期自评，严格落实时间表和路线图，全面展现我校"双一流"建设的成效与亮点，深入剖析建设过程中存在的重点难点和矛盾问题。随后，与会人员就工作开展、数据填报、文字撰写等相关问题进行了交流发言。

马怀德对"双一流"建设周期总结工作提出了三点要求：一是要提高站位，高度重视。"双一流"建设是各大高校建设发展的标杆性工作，周期总结工作作为学校"双一流"建设的重要环节，全校要齐心协力、鼓足干劲、积极行动，争取下一轮"双一流"建设的支持，确保"双一流"地位不动摇。二是要加强学习、精准填报。各建设单位要认真研读政策文件，全面领会工作精神，明确把握工作内容。要精准落实，注重细节，提供准确、详细、完整的各项材料，杜绝虚假填报、随意填报；要坚持定性与定量相结合、总体评价与典型案例相结合、自我考核与专家论证相结合，做到对标对表，凝练特色，全面展现有影响力、有突出贡献的建设亮点。三是要全方位推进，高质量完成。努力做好沟通协调，各部门要责任到人、全方位推进，形成书记院长、部长处长等一把手亲自抓的责任机制，敢于担当、勇于作为，高质量完成本次工作。

———摘自中国政法大学发展规划与学科建设处网站

附录

附录一

中央政法管理干部学院变迁

内容提要

中央政法管理干部学院的前身为中央政法干部学校，1951 年 7 月 20 日政务院第 94 次会议研究决定筹设，[1] 于 1952 年 1 月 8 日正式成立，[2] 校址设在复兴门外礼士路南口，隶属中央人民政府政务院政治法律委员会领导。1954 年，学校转由高等教育部接管。1956 年 4 月，又由高等教育部移交司法部直接领导。1959 年 3 月，学校与中央人民公安学院合并，对外沿用中央政法干部学校的名称，隶属公安部领导。1981 年 11 月，经公安部与司法部协商，恢复原中央政法干部学校。[3] 1983 年 5 月 7 日，中国政法大学举行成立大会，确立一校三院办学体制，以中央政法干部学校为基础成立了中国政法大学进修学院。1984 年 5 月，迁至昌平西环里办公。1984 年 12 月，司法部为了适应新时期对干部教育经常化、正规化、制度化的要求，根据国务院〔1983〕87 号文件精神，经国家计委和教育部同意备案，决定在中国政法大学进修学院的基础上成立中央政法管理干部学院，属大专类干部院校，由司法部领导。1997 年，司法部党组决定，中央政法管理干部学院与中国政法大学合并，中央政法管理干部学院对外仍称中央政法管理干部学院，对内称中国政法大学管理干部学院。2000年，国务院办公厅转发教育部《关于调整国务院部门（单位）所属学校管理体制和布局结构实施意见的通知》，根据文件精神，中央政法管理干部学院并入中国政法大学。同年 2 月 28 日，中央政法管理干部学院建制撤销。

---

〔1〕 《关于筹设中央政法干部学校方案》，中国人民公安大学档案馆馆藏（政法干校战备一期十三卷）。

〔2〕 参见《彭真传》编写组编：《彭真年谱》第二卷，中央文献出版社 2012 年版，第 242 页。

〔3〕 参见王文林主编：《中国人民公安大学校志》，中国人民公安大学出版社 1994 年版，第 15~18 页。

公安部和司法部
对中央政法干校的有关决定的纪要

（1983 年 12 月 2 日）

一、1981 年 3 月 20 日，司法部党组《关于中央政法干校与公安学院在现校址两校分开的请示报告》提出："中央政法干校与公安学院……分开。现有教职员工，照顾历史情况和目前实际需要，原则上哪个学校来的仍回哪个学校；现有各种物资车辆、器材、图书资料等，由学校党委研究提出分配方案，报请公安部、司法部批准执行。"

二、1981 年 4 月 25 日，公安部《关于再次请示恢复中央人民公安学院的报告》提出："中央人民公安学院恢复后，我们同意司法部所提意见：'现有教职员工，照顾历史情况和目前实际需要，原则上哪个学校来的仍回哪个学校'。对现有的物资、车辆、器材、设备、图书资料，由双方协商解决。"

原中央政法干校被公安军占用后，公安军在公安学院院内给盖了 14 000 平方米面积的楼房（价值 100 万元左右）作为抵偿。考虑到这一历史情况，我们意见，待公安学院恢复后，拟从公安学院扩建的经费中拨给相应的指标作为司法部建校资金。

三、1981 年 10 月 9 日，司法部党组《关于迅速筹建中国政法大学、恢复公安学院和迁建中央政法干部学校的请示报告》提出："我们完全同意中央政法委员会的意见，迅速筹建中国政法大学，恢复公安学院和迁建中央政法干校。因为这三个问题互有牵连，三位一体，应统一考虑"，"北京政法学院迁入新建的中国政法大学以后，即将该院校舍移交给中央政法干部学校办学"，"中央政法干校迁至北京政法学院校址以后，该校原校舍移交公安学院办学。在未迁出之前，仍在原校址继续轮训干部，每期轮训法院、检察院、司法行政方面 650 人，不能停顿。在分校时，教职工、图书资料、物资设备的分配，由司法部与公安部协商解决。"

刘复之同志 12 月 7 日批："彭冲同志：这是协商多次取得比较一致的意见，建议原则批准，具体问题由两部负责去办理。"

彭冲同志 12 月 10 日批："同意复之同志处理的意见。请静仁同志〔1〕核。"

杨静仁同志 12 月 12 日批："同意彭冲、复之同志意见。"

四、1981 年 11 月 11 日，公安部党组《关于恢复、扩建中央人民公安学院的请示报告》提出："公安学院与政法干校正式分开时，教职工、图书资料和物资等的分配，由公安部和司法部协商解决。政法干校没有建成前，每期 650 名检察、法

---

〔1〕 杨静仁，时任国务院副总理，主管民族和政法工作。

院、司法干部的轮训任务暂由中央人民公安学院代训。"

国务院于 1982 年 1 月 14 日批复："国务院同意你部《关于恢复扩建中央人民公安学院的请示报告》，办学和扩建的具体事宜，请与有关部门研究办理。"

五、彭真同志 1982 年 9 月 21 日在国家计委《关于中国政法大学计划任务的批复》上批示：

"复之、邹瑜同志：我建议现在即利用已有学校训练班地方着手组织政法高级干部学习（轮训等），提高政治业务水准，不要等学校建成，此事请复之同志抓紧。"

刘复之同志 1983 年 5 月 7 日在中国政法大学成立大会上的讲话指出："以中央政法干校为基础建立进修学院，规模 1200 人，培训对象是政法各部门处级以上干部，第一期 160 多人……学制为一年。第二期将研究适当延长，争取毕业后能取得大专文凭。"

附：一、（81）司法党字第 18 号文件
　　二、公部【1981】62 号文件
　　三、（81）司法党字第 45 号文件
　　四、公组【1981】73 号文件〔1〕

中国政法大学进修学院摘编
1983 年 12 月 2 日

中共中国政法大学党委
关于中国政法大学进修学院迁往昌平办学的请示报告

（1984 年 2 月 22 日）

司法部党组：

国务院已经批准公安部《关于将中央人民公安学院改建为全日制的中国人民公安大学的报告》。鉴于该校一再提出，不同意中国政法大学进修学院在中央政法干校现校址招生，并要我们尽快迁出去。

因此，进修学院很难继续在这里办学。为了尽快落实干部专修科第二期的招生，并积极办好进修学院，我们完全同意司法部（83）司发教字第 457 号文件的意见，

---

〔1〕　根据中国政法大学档案馆原件刊印，原件附件无内容。

即：公安学院改建后，"如何根据过去公安部、司法部协商一致并经国务院、中［央］政［法］委［员会］领导同志批准的原则，正确妥善地解决好它同中央政法干校分建的校舍、师资、图书资料等问题，由公安、司法两部商量解决"。在两院校分开的基础上，进修学院即可提前迁往昌平，并力争干部专修科第二期于今年秋季在那里开学。

我们对两院分开的具体意见是：

1. 公安学院将中央政法干校的印章、校牌和印有中央政法干校的公文信纸等移交给进修学院。

2. 中央政法干校和公安学院合并前的图书资料，仍分别归各自所有；合并后购置的图书资料，属于公安专业的优先归公安学院，属于法律专业的优先归中央政法干校，政治理论和其他图书资料原则上两家各一半。

3. 各种物资、车辆和印刷设备等，属于老中央政法干校并入的仍归中央政法干校，特别是汽车至少要分给中央政法干校4辆，以保证进修学院迁往昌平办学的急需。

4. 原老中央政法干校的教师、干部和职工，愿来进修学院的我们欢迎；不愿来进修学院的由公安学院安排。

5. 干部专修科第一期（省、市、自治区政法领导干部培训班），仍继续在现校址举办，毕业证书由进修学院发给。去年司法部为该班新购置的各种设备归进修学院所有。

以上意见妥否，请审示。

中共中国政法大学党委

1984年2月22日

司法部关于成立中央政法管理干部学院的备案报告

（84）司发教字第436号

（1984年9月1日）

国家计委、教育部：

为适应新时期对干部教育经常化、正规化、制度化的要求，根据国务院国发【1983】87号文件精神，我部党组1984年8月6日决定，在中国政法大学进修学院的基础上成立中央政法管理干部学院，现报请备案并请从1984学年第一学期起将该院的招生指标纳入国家成人教育招生计划。

中央政法管理干部学院隶属司法部领导，负责全国检察、法院、司法行政系统省、地（市）领导干部及其后备人员和政法干部院校师资的培训。规模为 1200 人，其中二年制干部专修科 800 名，半年左右的短期训练 400 人。教职员工编制 480 人。

按照国发【1983】87 号文件的规定，中央政法管理干部学院已具备招收高中毕业以上文化程度的学员，学制在二年以上，按大专院校课程进行教学的条件：该院现有专职正副院长、正副书记 3 名；教师 53 名，兼职教师 9 名；校舍 13 500 平方米；图书资料 20 万册；其他教学设备基本齐全。学院现有容量为 500 名，从 1985 年起将逐步扩大招生名额。学员入学条件及录取办法将严格按照国发【1983】87 号文件的规定执行。

请予审核备案。

中华人民共和国司法部

1984 年 9 月 1 日

司法部关于呈请中央政法管理干部学院备案的补充报告

（84）司发教字第 507 号

（1984 年 10 月 15 日）

教育部、国家计委：

我部《关于成立中央政法管理干部学院的备案报告》，经教育部和国家计委研究已同意予以备案。现有两个问题补充如下：

一、原在中央政法干校开办的省干班和在中华社会大学开办的检察班，在转入中国政法大学进修学院后，对没有进行入学考试或考试不及格的 317 名学员（省干班 173 名，另有 79 名已结业），不作为大专班毕业。检察班 144 名，分别进行了入学考试和补考。经考试，均取得了合格成绩。对这批学员，我们意见作为中央政法管理干部学院第一期大专班的学员对待。如修业期满，各门课程考试成绩及格，则发给大专班毕业文凭。国家承认其学历。

二、原中央政法干校的经费是由公安部统一掌握使用的。中央政法管理干部学院成立后，其经费实行单独核算。因此我部需向国务院机关事务管理局编造预算，申报经费，请你部和你委制发准予备案的批复件，以便作为申报经费的依据。

中华人民共和国司法部

1984 年 10 月 15 日

司法部
关于成立中央政法管理干部学院的通知

（84）司发教字第 630 号

（1984 年 12 月 27 日）

中国政法大学，各省、自治区、直辖市司法厅（局）、高级人民法院、人民检察院，各省、自治区、直辖市政法干部院（校）：

为了适应新时期对干部教育经常化、正规化、制度化的要求，根据国务院（83）87 号文件精神，我部于 1984 年 8 月 6 日决定，在中国政法大学进修学院（即中央政法干部学校）的基础上成立中央政法管理干部学院，业经国家计委和教育部同意备案。校址设在北京。

中央政法管理干部学院，承担全国法院、检察院和司法行政系统地（市）以上领导干部及其后备人员和政法干部院校法律师资的培训任务。规模为 1200 人，其中干部大专班 800 人，干部师资轮训班 400 人。干部大专班学制为二年，招生纳入国家高等成人教育计划，学员学完规定的课程，经考试合格，国家承认其大专学历。经劳动人事部批准，该校目前定编教职员工 350 人。特此通知。

中华人民共和国司法部

1984 年 12 月 27 日

司法部关于中央政法管理干部学院管理体制的规定

（85）司发教字第 156 号

（1985 年 3 月 27 日）

中国政法大学、中央政法管理干部学院：

中央政法管理干部学院业经国家计委和教育部同意备案，我部于 1984 年 12 月 27 日以（84）司发教字第 630 号文通知正式成立。现就该院领导体制的若干问题规定如下，希遵照执行。

一、中央政法管理干部学院是我部直属干部院校，相当于司（局）级，作为部的直接发文单位。

二、中央政法管理干部学院暂委托中国政法大学代管。

三、中央政法管理干部学院的财务单立户头，单独编造预、决算，由部办公厅财务部门审核监督。

四、中央政法管理干部学院的院级干部由司法部党组任免。处级干部由中国政法大学党委任免；科级以下（含科级）干部由学院党委任免。

中华人民共和国司法部

1985 年 3 月 27 日

中央政法管理干部学院情况简介
——在庆祝我院成立大会上的汇报提纲

（1985 年 10 月 8 日）

1984 年 12 月，经司法部批准，国家计委和原教育部同意备案，正式决定在中国政法大学进修学院（即中央政法干校）的基础上建立中央政法管理干部学院。

中央政法管理干部学院的前身是中央政法干部学校。1951 年 7 月，经政务院第九十四次会议决定，建立中央政法干部学校，彭真同志兼任校长。培训对象是全国县以上政权机关和政法机关的领导干部。校址设在复兴门外礼士路南口，现为第二炮兵政治部、后勤部占用。1954 年又先后建立中央政法干校东北分校和西北分校。

1959 年，司法部撤销后，中央政法干校与公安学院合并，校名仍为中央政法干部学校。校址设在复兴门外木樨地原公安学院院内，现此院为中国人民公安大学校址。

"文革"期间，中央政法干校受 ｛×××｝反党集团的干扰、破坏，被迫停办。粉碎"四人帮"后，1979 年恢复办学。

1982 年，中央决定分建中央政法干校和公安学院。中央政法干校与原北京政法学院合并成立中国政法大学。以中央政法干校为基础成立中国政法大学进修学院，以北京政法学院为基础成立中国政法大学本科生院。校址设在海淀区学院南路北太平庄，现在仍是中国政法大学校址。

1984 年 6 月司法部党组决定，12 月司法部下文正式宣布，在中国政法大学进修学院的基础上建立中央政法管理干部学院。培训对象为全国地、市以上，法院、检察院、司法行政系统的领导干部及其后备干部（包括政法委和军队系统）全国各省、市的政法管理干部院校的师资。校址临时设在昌平县统建房内，并借用军事学院外训系部分校舍。

中央政法干校从建校以来一直受到党中央、国务院的高度重视和亲切关怀。"文革"前的每期学员在毕业时都要受到党和国家的主要领导人毛泽东主席、刘少奇、周恩来、朱德、陈云副主席及邓小平总书记、彭真校长等的接见和合影留念。中央政法干校从建校到1958年，包括东北、西北分校，共培训干部16 000多人。1959年同公安学院合并后，至1966年，又培训政法干部12 700余人。这些同志绝大部分都成为我国政法战线的领导骨干。

十一届三中全会以后，1979年下半年，刑法、刑事诉讼法颁布以后，在中央政法领导小组的直接领导下，中央政法干校先后举办了两期宣教班，每期2个月，培训法制宣传干部2074人。这些同志返回原单位后，普遍举办了短期培训班，宣传、讲授两法。全国共有40 000余名干部参加培训，从而有力地保证了两法的顺利贯彻实施。八零年以后，中央政法干校又先后举办了5期培训班，共培训基层法院院长、检察长、司法科（局）长、律师、法律院校师资共计2150人。

1982年，由彭真同志亲自提议，经中央政法委批准招收第一期政法领导干部大专班309人（即省级干部班）。1985年寒假，该班学员已作为中央政法管理干部学院第一期毕业生离校，走上各省、市、自治区政法机关的领导岗位。第一期学员毕业时，彭真同志亲切接见了他们，并提出：选调干部进行集中培训是个好办法，这个经验要坚持下去。

1984年，我院招收了第二期政法领导干部大专班225人（即现在的二年级），今年我院又招收了第三期政法领导干部大专班218人，水电部、兵器工业部代培的经济法大专班145人和检察班145人。目前我院在校学员总数达728人。此外，近两年来，我们先后为最高人民检察院、全国各政法院校、兵器工业部、机械工业部举办经济法、刑事侦察〔查〕、犯罪心理学、司法文书等短训班、师资班共五期，培训学员586人（每期半学年）。

根据国家编制，我院教职员共为400人。现在已经达到160人，其中教师□人，干部□人，工人□人，[1]司法部正积极给予调配补充。目前已建立3个教研室。在教学上，除由学院教师承担部分课程外，同时从人民大学、政法大学、中央党校等兄弟院校聘请一批著名法学家、教授和水平较高的教师讲授各门主要课程，使我院教学质量一直保持了较高的水平。根据中央的要求，我院在校学员要逐步达到1200人。目前我们的师资人数还不足，尤其骨干教师还缺乏，上级领

---

〔1〕 根据中国政法大学档案馆原件刊印，原文数字空缺。

导正逐步给我们调配，我们要努力工作，创造条件，争取两三年内达到在校学员 1200 人，同时努力配备教师，培养青年教师，调入一部分骨干教师，争取不久的将来，主要课程基本上由本院教师承担。

邓小平同志指示："教育要面向现代化，面向世界，面向未来。"中央书记处最近也指出：要分形式、分层次地大力培养法律人才。这几年，虽然我们取得了一定的成绩，但离中央的要求，离飞速发展的客观形势，还有很大的距离。为了完成党交给我们的培训全国政法战线高级政法管理人才的光荣任务，我们还要继续努力，艰苦奋斗，克服困难，开创我院工作的新局面。

目前存在的主要问题是：

我院还没有校址，临时在昌平办学，也没有自己的正规的校舍，依靠租借房屋，困难比较大。中央政法管理干部学院理应与中央政法委、中央政法机关保持密切联系，并随时取得指导，目前在远郊县有诸多不便。最近，在三环路以外，较靠近市区的地方选一校址，并作了征地、基建的预算，已上交司法［部］待批。

第二个问题是目前办学条件较差，经费不足。由于我院几经变迁，家底全无，几乎是白手起家。今年司法部领导一再努力，想尽办法追加预算，总额已达百万余元，但电教设备、图书资料等还是微乎其微。另外，政法干校与公安学院分家时，有一批 20 万册图书及部分车辆等物资分给我们，在当前我院经费周转困难的情况下，如能很快要回这批物资，对于我们办学是十分有利的。

邹瑜 ［1］ 同志在中央政法管理干部学院成立大会上的讲话

（1985 年 10 月 8 日）

（根据录音整理，未经本人审阅）

同志们：

在党中央、国务院、中央政法委员会的关怀下，在各个兄弟部门的大力支援下，中央政法管理干部学院今天正式成立了。这是一件很值得祝贺的事。因此，我在这里代表司法部党组向同志们祝贺！也代表司法部党组感谢有关兄弟部门的大力支持！不久以前，邓小平同志作了指示：一个法律院校，一个管理干部学院，要发

---

〔1〕　邹瑜，时任司法部部长。

展，要扩大，要搞得快一些。我们这个学院的成立，也就是贯彻邓小平同志指示的结果。筹建这个学院有两年的时间了。最近小平作了指示后，我们加快了步伐。今天这个学院的成立，也就是我们用具体行动贯彻邓小平同志的指示。

在学院成立之前，我有这么几点希望，供同志们参考。

第一，我们这个学院应该根据中央十二届四中全会、五中全会和党代表会议的精神来加强精神文明的建设，用加强社会主义精神文明的要求来办好我们的学院。

同志们，我们国家从十一届三中全会以来，把工作重点转移到社会主义经济建设方面，我们全国上上下下都在努力发展社会生产力，这是我们国家 10 亿人民的根本利益。同时党中央又指示一定要把社会主义精神文明建设跟上去。只有努力搞好精神文明建设，才能够保证我们的物质文明建设沿着正确的方向发展，才能够顺利地实现我们的改革，实行我们的"七五"经济规划，实现邓小平同志所讲的开始是小变化，不久以后是中变化，50 年、70 年以后是大变化。这是一个宏伟的规划。

同志们，社会主义精神文明建设是全社会共同的任务，我们政法系统是直接参加这项工作的，我们对人民群众进行法制教育，道德教育，这是非常重要的精神文明内容。但是我们要教育人民群众、教育全体干部成为遵守纪律的公民，我们政法干部首先要成为"四有"的公民[1]，首先要在这方面成为大家的表率。不久以前余秋里同志讲[2]，有理想的人，去进行理想教育；有道德的人，去进行道德教育。就是要身体力行，要模范带头。这是最近耀邦同志在中央书记处会议上讲到的，要发扬党的传统，一条是光明正大，遵守纪律；一条是身体力行，模范带头。因此，我们要用加强社会主义精神文明建设这么一个指导思想教育我们的政法干部。希望我们的科研要增加这方面的分量，要努力探索，在新形势下如何既教书又教人，如何走出一条在新形势下加强思想建设的工作的路子来。紫阳同志在前不久的书记会议上有〈这么〉两句话：我不相信中国人民不能解决这么一个问题，既要开放，又要搞好精神文明建设。现在有些人讲，我们要开放，我们的价值观念要改变。赵紫阳同志讲，我们要用我们的实践，我们的行动来回答这个问题，要搞好开放，又要搞好精神文明建设，价值观念不能变，信仰共产主义不能变。因此，我们这个学校在成立的时候，应该把这个当做我们办校的一个重要原则，既教书，又教人。我们的学员出来，将来在社会主义精神文明方面成为群众的表率。而每一个同志将来回去主持你那个机关，你那个法院，你那个检察院，你那个司法局，首先要

---

〔1〕 "四有"公民，指的是 20 世纪 80 年代初期，邓小平同志提出的，要提高中华人民素质，培养有理想、有道德、有文化、有纪律的人才，后被概括为"四有"公民。

〔2〕 余秋里（1914—1999），江西省吉安县人。当时担任中共中央政治局委员。

把你那个单位建成社会主义精神文明的模范单位。这是我的第一个希望。

第二个希望，我们应该努力探索建设有中国特色的社会主义法制的路子。

建设社会主义法制，现在总的原则是有了，总的方向是有了，也有不少的新鲜经验。但是要建设有中国特色的社会主义法制，还要不断努力，不断探索。这些方面还有许多新课题要加以回答。我想，我们要总结中国自己的经验，我们有我们的特色，我们有我们的创造。无论是检察工作、审判工作、公安工作以及司法行政工作、立法工作，各个方面都有我们的经验。而且在一定意义上讲，我们在这些方面的工作是资本主义制度的法制所不能比拟的。比方讲，我们这次在联合国预防犯罪大会上的发言，受到了称赞。这不是某一个人的发言受到了称赞，而是中国的社会主义法制受到了称赞。我们的社会主义法制建设，我们的预防犯罪这一套措施，是资本主义国家所不能比拟的。资本主义国家要学我们的人民调解，它学不到。我就跟他们讲，搞人民调解，它的前提是人民利益跟国家利益根本一致。没有这个前提，是不可能的。你那个国家，那个地方，人民的利益跟国家的利益不可能一致，因为你那个国家不是代表多数人的，而是代表少数人的，所以学起来有困难。他们一些比较有远见的法学家也相信这个道理。不能够比拟的就是我们有我们自己的东西，尽管我们的法制还不完备。但是我们有中国的特色，这一点千万不要妄自菲薄，不要以为中国什么都不行。我们要从实际出发，总结自己的经验，把它上升到理论上来，要建成有中国特色的社会主义法制，发展我们的好经验，发扬我们的好传统，还需解决一些新问题。这是第二个希望。

第三点希望就是要敢于运用当代科学新成就来搞好我们的学校管理，搞好我们的政治工作管理。

我们叫管理学院，因此我们要运用当代科学新成就搞好我们的管理。比方讲，现代科学有一门新兴的学科叫做系统论。这个系统论并不神秘。我们前一段在政法大学倡导召开了一次全国法制建设的系统论的讨论会，请了钱学森同志还有在座的张国华同志，还有张友渔同志，他们都在会上讲了话。有一百多篇论文，我没有时间全部看，也翻了一点。这个会议我去了。这样的会议还要不断地开。任何事物，凡是两个因素构成的，它就成为一个系统，把客观事物放在系统的形式里去研究，研究局部与局部间的关系，局部与整体间的关系，整体与外部的关系，研究它的发展规律。那么这种系统论在法学方面是大有用武之地的。就拿司法部现在管理的十一样工作，每一样工作都要它的特性和共性。比方讲，人民调解，它要调解经济纠纷，促进经济工作的发展；律师要为经济建设提供法律服务，进行经济谈判时他要参加；公证要把经济合同的公证作为自己的重点等等。那么，这样就有他们的共同任务，都要促进经济的发展，都要调整经济关系。它们内部有哪些联系，工作体制怎么搞法，干部怎样培养，机构怎么设立，工作关系怎么处理，是要通过系统论来加以论证解决的。比方讲，我们公、检、法、司四个机关互相配合、互相制约，这里头也用得着系统论。这方面，我们不要以为是高不可攀，科学的东西是可以探索的。这一百多篇论文，我挑了一些来看，我觉得我们有人才，我们的研究生里面以及我们大学里面有人才。

那么如何把新兴的科学运用到我们政法系统上来，加强我们的管理？当然，我们任何管理方法都要以马克思主义世界观作为我们的指导原则。马克思主义的哲学，过去是，现在是，将来仍是指导我们思维、观察事物的方法。这是科学的真理，但是要发展。就是说，为何用这个比较抽象的原则研究我们各个具体的学科，研究各个具体的任务，那是要通过系统论的。因为马克思主义是在 19 世纪产生的，而系统论是在这个世纪 30 年代首先提出的。到了 60 年代，一位英国的科学家首先引用我们中国的"道可道，非常道也，名可名，非常名也"，可见中国两千多年以前就对系统论有了萌芽思想。这是英国人讲的，他这篇论文首先就举了中国古代老子的哲学思想。"道"，一般就是讲事物发展的客观规律，客观事物的规律当你讲出来的时候，它已经不是这个规律了，它还有别的东西，这是讲事物是有发展的，这规律也会有变化的。他们非常欣赏这个。因此，联系的观点，运动的观点，这是与系统论相同的。我们应该把这个科学成果引进到我们的管理科学上来。不要以为这个科学高不可攀，不要以为学系统论是好高骛远。中国人民有志气，关于在科学上攀高峰，在自然科学方面是如此，社会科学也是如此，在法学方面也是如此。今天在座有许多专家，请原谅我班门弄斧，外行人讲外行话。

我们应该从这三个方面努力。加强政治思想工作，加强精神文明建设，既教书，又教人。因为我们的干部不仅需要丰富的知识，而且首先要有坚强的党性。党性原则在我们这个系统始终是应该根本注意的原则。如果在这个系统我们不注意党性，光讲知识，恐怕不行。知识必须要发展，要更新，没有人才，没有知识，中华民族就腾［飞］不起来。但是知识是要在党性原则下面来运用的，没有党性的人，他的知识会用到什么方面，怎么个用法，是不是真有知识，还很难说。所以我第一个就是讲这个，我再重复一下。第二个就是讲要努力探索，建设有中国特色的社会主义法制的路子和经验，要敢于创新。第三就是要敢于运用当代科学新成就来改善我们学校的管理。那么这就是说我们将来在这些方面会有新的突破。我就简单讲这么几点，给同志们讲点希望。

顾林舫副秘书长在中央政法
管理干部学院成立大会上的讲话

（1985 年 10 月 8 日）

（根据录音整理，未经本人审阅）

同志们：

今天中央政法管理干部学院正式成立，乔石〔1〕同志、复之〔2〕同志原都准备到这里来，向同志们祝贺的。今天因为他们有别的事情，来不了，就派我来代表他们向同志们表示热烈祝贺！

邹瑜同志刚才讲了三点希望，讲得很好，我都赞成，我也提点希望。中央政法管理干部学院的学员同志们都是从政法各条战线经过多年的工作，然后到这里来学习的。这些同志都具有实际工作经验，特别是这两年打击刑事犯罪斗争的全过程，许多同志都是参加了的。党中央、中央政法委员会都主张要深入基层，搞调查研究。我觉得在我们学院学习的同志们是很好的调查对象。因此我希望同志们将在实际工作当中碰到的问题，运用法律的问题，执行政策方面的问题，以及在工作中遇到的各式各样的问题，通过学习后，你们从实践到理论，感到我们政法工作有些什么问题，或有些什么建议以及需要我们改进的工作，我希望你们通过学校提出来，以便我们在研究工作、研究政策时作为参考。我就提这么一点希望。

最后，对中央政法管理干部学院的成立，再次向同志们表示热烈祝贺！

郝双禄院长在中央政法管理干部学院
成立大会上的讲话

（1985 年 10 月 8 日）

各位领导、各位来宾、全体师生员工同志们：

今天，我们在这里隆重举行中央政法管理干部学院成立大会。我将筹备经过和有关情况作如下汇报，请予指正。

首先，请允许我代表院党委、院行政领导和全体师生员工，向在百忙之中抽出

---

〔1〕　乔石，时任中央政法委书记。

〔2〕　刘复之，时任中央政法委副书记。

时间参加我们大会的各位领导和来宾，表示热烈的欢迎和衷心的感谢！

中央政法管理干部学院的前身是中央政法干部学校，后改为中国政法大学进修学院。中央政法干校是1951年在党中央和中央政府直接关怀下成立的，负责培训全国县以上政府和政法机关的领导干部。当时彭真同志兼任校长。从1951年到1959年，中央政法干校共举办五期干部培训班，培训学员5000多人，为巩固人民民主专政，建立社会主义法制，保障社会主义经济建设起了重要作用。

1959年司法部撤销后，中央政法干校与当时的公安学院合并，仍称中央政法干部学校，其任务是培训县以上公、检、法三长。从1959年到1966年，共举办了9期轮训班，培训学员10 000多人，对提高政法干部的政治素质和业务素质，加强政法队伍的建设起了积极作用。但是，由于当时受"左"的思想的影响，培训工作常常受到运动的冲击。到"文革"期间，中央政法干部学校被迫停止招生。

党的十一届三中全会以后，为了加强社会主义民主和社会主义法制，中央政法领导机关决定，中央政法干校恢复招生。之后举办了法制宣教班、法律师资班、律师班、普通干训班等共10期，培训干部10 000多人。后来这些同志多数成为各地区的司法业务骨干。为了进一步加强干部培训工作，适应现代化建设的需要，1983年根据彭真同志提议，经中央政法委员会讨论决定，开办了省、市、自治区政法领导干部大专班，第一期招收学员309人，经过两年学习，全部取得大专文凭。在该期学员毕业时，彭真等中央领导同志亲切接见了他们。彭真同志高兴地说："用正规化的方式培训干部很好，要继续办下去。"目前，我院遵照彭真同志的指示，先后又招收第二期、第三期大专班近600名学员，现在他们正在学院学习。

中央政法干校建校30多年来，在党中央和国务院的亲切关怀和大力支持下，为国家培训了28 000多名优秀的政法领导干部，为我国政法队伍和社会主义法制的建设做出了贡献。

1983年，中国政法大学以中央政法干校为基础成立了中国政法大学进修学院，省、市、自治区政法领导干部培训班为第一期，从此，干部培训工作揭开了新的一页。1984年8月为适应大规模正规化培训政法干部的要求，中央政法委员会批准以中国政法大学进修学院为主体组建中央政法管理干部学院。由于原中央政法干校在木樨地的校址已交公安大学使用，因此，我院于1984年6月临时迁往昌平，在统建宿舍楼里坚持办学。

建院之初，我们遇到了种种意想不到的困难，没有教学场所，没有生活设施，没有运动场地，没有图书资料，工作人员和师资力量严重不足，经费短缺。在这种严峻的情况下，我们遵照彭真同志关于在新校舍建成之前，就要着手培训中、高级政法领导干部的指示精神，动员全院的教职工，统一思想，统一认识，团结一致，克服困难，艰苦创业，积极为学院建设创造条件。同时，争取上级领导部门和有关单位的大力支持。

几年来，为了改善学院的办学条件，我们在昌平利用2栋居民楼之间的空场，在短期内修建了2个200平方米的简易大教室，解决了大专部和短训班400名学员的教学场所问题。并集中力量及时完成了2期大专班，6个短训班，共1200多人的培训任务。随着教学任务的增加，为了解决校舍不足的问题，我们又从军事学院外训系借用了2幢楼房充当临时校舍。此外，还修建了简易的临时食堂及锅炉房等生活设施，初步解决了1000多师生的就餐问题，我们还发动学员自己动手平整了一块山坡地和一块闲散地作为简易运动场所。

为了保证教学质量，解决师资不足的困难除依靠政法大学的教师外，我们还从人大、北大、中央党校等兄弟院校聘请全国闻名的专家教授来我院授课。由于这些老师的学术水平和教学质量比较高，学员的学习情绪高涨，学习态度勤奋刻苦，积极认真，虽然学习条件十分困难，但收到了较好的教学效果。在历次考试考查中，70%的学员成绩优秀，许多学员还在科学研究上积极探索，有的在报刊〔纸〕杂志上发表了论文，还有的与人合作出了书。

为了开阔学员的视野，扩大知识面，使他们及时了解法学理论和司法实践方面的新动向、新问题，我们先后邀请了高法、高检、司法部和兄弟院校、兄弟单位的同志来校举办专题讲座。为了配合学习国际形势新发展，我们邀请中国社会科学院的国际经济研究所，国际金融研究所的著名国际问题专家来作有关国际问题的学术报告。为了配合学习十二届三中全会关于经济体制改革决定，我们邀请了国家计委、国务院经济法规研究中心的和参加起草决定的著名专家学者以及北京印染厂的党委书记来我院作有关商品经济、物价政策和实行经济体制改革的专题报告。此外，还组织了世界政治家专题讲座，都受到学员的一致好评。

为了给学员提供教学参考材料和信息，我们逐步筹措了一个拥有数万册书籍及上百种期刊的简易图书馆。我们还初步建立了电教室，可以进行录音、录像、放映等活动，不仅活跃了全院的业余文化生活，而且为把现代化教学手段引入教学领域打下了基础。现在，我院在校学员已经达750多人，有2个大专班，1个短训班，其中还为国家工业部门代培了一部分学员，以满足他们对法律人才的急需。全校教职工总数已达200多人，教师近70人，其中一部分是有长期教学经验的骨干教师。目前我院已建成刑法、刑诉教研室，民法、经济法教研室和综合教研室。已经开设政治理论专业、文化知识等19门必修课和四五门选修课。

上述成绩的取得，是与中央和国务院、中央政法委和中央政法机关的亲切关怀分不开的；是和国家教育委员会、国管局、北京市委和北京市成人教育局等领导机关及昌平县委、县政府各部门的大力支持分不开的；是和军事学院外训系的热情帮助分不开的；是和人民大学、北京大学、中央党校的积极支援分不开的；是和中国政法大学全体教工的努力分不开的。自然，这些成绩中也凝结着我院全体师生员工辛勤劳动的汗水。借此机会，我谨代表学院党委和行政向给予我们热情关怀，支持和帮助的各位领导，各个领导机关和兄弟院校表示由衷的谢意！

同志们，经过几年来的努力，我们学院的建设虽然取得了一些进展，但是距中央的要求，还有很大距离。还远远不能适应形势发展的需要。最近邓小平同志指出："一个法律院校，一个管理干部学院，要发展，要扩大，要搞得快一些。"这就要求我们必须以党的全国代表会议的精神为指针，坚持改革，开拓前进，努力使中央政法管理干部学院的培训能力和培训规模达到与国家要求基本相适应的水平。

我们要努力尽快解决校址、校舍问题，为学院的进一步发展提供必要的条件。在校址问题解决之前，我们要充分利用现有条件，进一步挖掘潜力，努力扩大招生规模。

我们要遵循中央关于教育体制改革决定的原则，努力探索教育体制改革的路子，提高教学质量，改进教学方法，把学员培养成符合社会主义现代化建设需要的合格人才。我们培养出来的干部，不仅要精通自己的业务，而且应有坚强的政治素质，不仅要学好系统的理论知识，而且应有在复杂情况下独立处理问题的能力。他们必须对党和人民的事业无限忠诚，坚定地执行宪法和法律，努力为社会主义现代化创造一个安定的建设环境，保卫人民群众的根本利益，维护人民群众的合法权利。人民司法机关的"信誉高于一切"，严格禁止"坑害勒索群众"。如果要成为一名优秀的政法领导干部，必须像邓小平同志在全国党代表会议上指示的那样，要全心全意为人民服务，随时随地密切联系群众，注意倾听人民群众的呼声；要敢说真话，反对说假话，要忠于事实真相，忠实于人民利益，忠实于法律制度，不图虚名，多做实事；要公私分明，不拿原则作交易，严格遵守党纪国法；在用人问题上，要任人唯贤，反对任人唯亲。

我们如果要成为一个真正有理想、有道德、有文化、守纪律的人，就要认真学习马克思主义理论。"马克思主义理论从来不是教条，而是行动的指南。它要求人们根据它的基本原则和基本方法，不断结合变化着的实际探索解决问题的答案，从而也发展马克思主义理论本身。"

我们学院的一切工作都必须紧紧围绕搞好教学这个中心。一切为教学服务，就是我们的口号。我们的教学工作要按邓小平同志指示的那样"要面向现代化，面向世界，面向未来"。我们必须尊重知识，尊重人才，充分发挥教学人员在教学科研上的积极性，教学内容要有深刻的理论性和解决实际问题的针对性，并不断地更新、充实和完善。要不断地把提高教学质量作为核心，开展教学科研活动，我们要通过全体师生员工的共同努力，在司法部党组领导下，继续发扬艰苦创业的精神，努力工作，为社会主义现代化建设培养合格的政法人才，作出更大的贡献。

教育部关于撤销中央政法管理干部学院
等 6 所成人高等学校建制的通知

教发［2000］16 号

（2000 年 2 月 28 日）

北京市人民政府、中国政法大学、中央财经大学、华中理工大学、河海大学：

《国务院办公厅转发教育部等部门关于调整国务院部门（单位）所属学校管理体制和布局结构实施意见的通知》（国办发【2000】11 号）明确指出中央政法管理干部学院并入中国政法大学，中央财政管理干部学院并入中央财经大学，武汉科技职工大学并入华中理工大学，常州水电机械制造职工大学并入河海大学，电子工业管理干部学院、北京成人电子工业学院并入北京信息工程学院。经研究，决定从即日起撤销中央政法管理干部学院、中央财政管理干部学院、武汉科技职工大学、常州水电机械制造职工大学、电子工业管理干部学院、北京成人电子工业学院 6 所成人高等学校的建制。

中华人民共和国教育部

2000 年 2 月 28 日

附录二

中国政法大学组织史资料（1952—2021）[1]

一、北京政法学院时期

（一）学院初创与发展（1952.8—1966.5）

中国政法大学的前身——北京政法学院，是建国初期为适应社会主义革命与建设的需要，在全国高等学校院系调整中，由北京大学、清华大学、燕京大学和辅仁大学的法律系、政治系、社会系民政组合并而成。1952 年 8 月 23 日，由北大、清华、燕京、华北人民革命大学、最高人民法院华北分院等单位的 11 人组成北京政法学院筹备委员会，经过两个多月的精心筹备，学院于 1952 年 11 月 13 日在沙滩老北大校区正式开课，11 月 24 日举行了成立大会。

为筹建北京政法学院，1952 年 8 月开始建立北京政法学院党的组织。学院实行党组领导，1957 年 1 月撤销。

临时党组书记	戴　铮	（1952.8—1953.1）
代 理 院 长	钱端升	（1952.8—1952.12）[2]
代 理 副 院 长	戴　铮	（1952.8—1952.12）
党 组 书 记	武振声	（1953.1—1954.11）
党 组 书 记	刘镜西	（1954.11—1957.1）
副 书 记	刘 昂	（1953.1—1957.1）

1952 年 12 月 25 日，中国共产党北京政法学院总支委员会成立。[3]

---

　　[1]　本附录梳理了中国政法大学建校 70 年来学校沿革和校级领导干部名录，是在《中国共产党北京市组织史资料（普通高等学校卷）》（中央文献出版社 2011 年 6 月版）——《中国政法大学组织史资料》基础上修订而成。主要参考了 1986 年的《中国政法大学组织史》以及中国政法大学档案馆、北京市档案馆、司法部档案处、最高人民法院档案处、中国人民公安大学档案馆的原始文献以及部分离退休老干部的口述档案。

　　[2]　1952 年 8 月 23 日，钱端升担任北京政法学院筹备组主任委员。参见中国政法大学档案馆馆藏 1953 年行政档案。

　　[3]　参见中国政法大学档案馆馆藏 1952 年行政档案《北京政法学院大事记》。

总 支 书 记　　王　润（1952.12—1952.12）

总 支 副 书 记　张子培（1952.12—1952.12）

总 支 副 书 记　戴　铮（1952.12—1952.12）

1953年4月，经上级党委批准成立中国共产党北京政法学院委员会。1956年中国共产党第八次全国代表大会召开，中共北京市委指示，为加强党对学校的领导和充分发挥集体领导作用，各高校须逐步实行党委领导。1956年6月，北京政法学院第二次党代会选举产生刘镜西等19名同志为党委委员，同年8月，中共北京市高等学校委员会批复同意。1957年1月选举刘镜西为党委书记，1957年3月得中共北京市高等学校委员会批复。学院从1957年1月起正式实行党委领导。

书　　记　　王　润（1953.4—1956.6）

书　　记　　刘镜西（1957.3—1966.5）

副 书 记　　张子培（1953.4—1954.2）

副 书 记　　张亚民（1953.4—1954.2）

副 书 记　　郭　迪（1954.2—1966.5）

副 书 记　　张召南（1955.4—1956.5）

副 书 记　　徐敬之（1957.3—1966.5）

副 书 记　　鲁　直（女，1957.3—1966.5）

副 书 记　　李进宝（1957.4—1966.5）

副 书 记　　吕子明（1965.10—1966.5）

监 委 书 记　徐敬之（1957.1—1966.5）

院　　长　　钱端升（1953.1—1957）

副 院 长　　武振声（1953.1—1955.1）

副 院 长　　刘镜西（1955.1—1966.5）

副 院 长　　李进宝（1956.11—1966.5）

副 院 长　　周俊烈（1958.2—1961.8）

副 院 长　　朱寄云（1963.10—1966.5）

副 院 长　　郭　纶（1965.5—1966.5）

（二）学院的复办（1978.8—1983.2）[1]

1976年10月粉碎"四人帮"反革命集团后，我国进入了新的历史发展时期，为适应新时期法制建设的需要，1978年8月5日国务院正式批准复办北京政法学院。在最高人民法院的领导下，由刘镜西、李进宝、郭纶、赵先、戴铮、沈兰村、曲文阁等组成筹备领导小组负责复校工作。1978年底1979年初，郭纶、刘镜西、李进宝、赵先等先后调离学院。沈兰村、曲文阁也先后回最高人民法院，筹备小组又增加了任时、姜达生、张杰三名同志。1979年3月，曹海波到职任北京政法学院党委书记兼院长（1979年6月正式任命）。1980年1月起学院改由司法部领导，1981年7月成立北京政法学院临时党委，并组建行政领导班子，1982年12月，学院班子进行了调整。中国政法大学成立以后，原北京政法学院的领导班子过渡为本科生院的领导班子。

1978.8—1979.6，由筹备领导小组组长刘镜西主持工作。

书　记　　曹海波（1979.6—1982.12）
　　　　　　（1982.12—1983.2由云光主持工作，1983年2月18日，中组干任（162）号正式任命云光为北京政法学院党委书记）
副书记　　戴　铮（1981.7—1982.12）
副书记　　郑文卿（1981.7—1982.12）
副书记　　欧阳本先（1982.12—1984.12）（1983年2月过渡为本科生院副书记）

院　长　　曹海波（1979.6—1982.12）
副院长　　郑文卿（1981.7—1982.12）
副院长　　任　时（1981.7—1982.12）
副院长　　姜达生（1981.7—1982.12）
副院长　　朱奇武（1982.4—1982.12）
副院长　　张　杰（1982.12—1984.12）（1983年2月后过渡为本科生院副院长）
副院长　　江　平（1982.12—1984.9）（1983年2月后过渡为本科生院副院长）
副院长　　田　辉（1982.12—1984.9）（1983年2月后过渡为本科生院副院长）

---

[1]　1971年2月，北京政法学院被撤销。

二、中国政法大学（1983.2—2021.12）

（一）成立与推进（1983.2—2000.12）

1980年，彭真同志提出要办中国政法大学，1982年中央提出"要加紧筹办中国政法大学，把它办成我国政法教育的中心"，是年2月，国务院批准中国政法大学筹备计划。1982年10月，经中央组织部批准，由刘复之、邹瑜、张百发、陈卓、叶子龙、云光组成中国政法大学筹建领导小组。1983年2月筹建工作基本就绪。同年4月，国务院批准司法部《关于同意中国政法大学成立的正式报告》。根据当时的建校方案，中国政法大学实行一校三院制：以北京政法学院为基础建立本科院，以原中央政法干校为基础建立进修学院，成立研究生院。经过积极筹备，1983年5月7日中国政法大学正式成立。

1983年10月成立中国政法大学临时党委。中国共产党中国政法大学委员会于1993年3月正式成立。

书　记　　　陈　卓（1983.2—1988.6）

书　记　　　杨永林（1988.6—2000.12）

副书记　　　云　光（1983.2—1985.6）

副书记　　　侯　良（1983.7—1984.5）

副书记　　　李殿勋（1984.9—1987.6）

副书记　　　宋振国（1984.9—1987.6）

副书记　　　杨　克（1985.11—1988.6）

副书记　　　何长顺（1987.6—1995.8）

副书记　　　解战原（1987.6—2000.12）

副书记　　　马抗美（女，1994.3—2000.12）

1983年5月至1984年9月，未成立中国政法大学党委纪律检查委员会，仅本科生院设纪委；1984年9月，成立中国政法大学党委临时纪律检查委员会。

纪检书记　　　李殿勋（1984.9—1986.1）

纪检书记　　　杨　克（1986.1—1991.4）

　　　　　　　（1991年4月至1993年1月，纪检书记空缺，纪检工作先后由校党委书记杨永林、副书记何长顺代管）

纪检书记　　　倪才忠（1993.3—1995.8）

纪检书记　　　马抗美（女，1995.8—2000.12）

校　　长　　刘复之（1983.2—1984.12）（司法部长兼）

校　　长　　邹　瑜（1984.12—1988.5）（司法部长兼）

校　　长　　江　平（1988.6—1990.2）

　　　　　　　　（1990.2—1992.5，由常务副校长陈光中主持校务工作〔1〕）

校　　长　　陈光中（1992.5—1994.3）

校　　长　　杨永林（1994.3—2000.12）

副 校 长　　云　光（1983.2—1985.6）

副 校 长　　余叔通（1983.2—1983.8）

副 校 长　　侯　良（1983.7—1984.5）

副 校 长　　江　平（1984.9—1988.6）

副 校 长　　张廷斌（1984.9—1991.4）

副 校 长　　甘绩华（1985.6—1988.6）

副 校 长　　张晋藩（1987.6—1994.3）

副 校 长　　郝双禄（1987.6—1988.6）

副 校 长　　陶　髦（1987.6—1995.8）

副 校 长　　陈光中（1988.6—1992.5）

副 校 长　　解战原（1988.6—1994.3）

副 校 长　　郭恒友（1991.5—1995.8）

副 校 长　　王启富（1992.5—2000.12）

副 校 长　　马抗美（女，1994.3—2000.12）

副 校 长　　赵相林（1994.3—2000.12）

副 校 长　　怀效锋（1995.8—1997.8〔2〕）

副 校 长　　陆　炬（1995.8—2000.12）

副 校 长　　魏传军（1997.1—2000.12）

副 校 长　　郑　禄（1997.1—2000.12）

---

〔1〕　参见中国政法大学档案馆馆藏 1990 年档案，党办《情况反映》1990 年第 1 期。

〔2〕　根据编者掌握的资料，未查到怀效锋离任时间的文件。文中所示为其 1997 年 8 月调往司法部工作信息，参见中国政法大学档案馆馆藏 1997 年行政档案《调出人员工资变动通知》。

（二）发展与壮大（2000.12—2021.12）

2000 年 2 月，根据国务院《关于调整国务院部门（单位）所属学校管理和布局结构的实施意见》，中国政法大学国有资产、人员编制、劳动工资、教育事业费、科学事业费划转教育部，归教育部管理。

书　　记　　杨永林（2000.12—2001.9）
书　　记　　石亚军（2001.9—2017.4）
书　　记　　胡　明（2017.4 至今）

副 书 记　　解战原（2000.12—2001.9）
副 书 记　　马抗美（女，2000.12—2009.8）
副 书 记　　冯世勇（2001.9—2015.5）
副 书 记　　李书灵（女，2005.5—2009.8）
副 书 记　　高浣月（女，2009.8 至今）
副 书 记　　胡　明（2009.8—2017.4）
副 书 记　　常保国（2015.5—2020.7）
副 书 记　　黄　进（2017.4—2019.4）
副 书 记　　刚文哲（2017.7 至今）
副 书 记　　马怀德（2019.4 至今）
副 书 记　　王立艳（女，2020.7 至今）

纪检书记　　马抗美（女，2000.12—2001.9）
纪检书记　　李书灵（女，2001.9—2009.8）
纪检书记　　胡　明（2009.8—2017.4）
纪检书记　　刚文哲（2017.7 至今）

校　　长　　杨永林（2000.12—2001.9）
校　　长　　徐显明（2001.9—2009.2）
校　　长　　黄　进（2009.2—2019.4）
校　　长　　马怀德（2019.4 至今）

副 校 长　　赵相林（2000.12—2001.9）
副 校 长　　陆　炬（2000.12—2001.9）
副 校 长　　魏传军（2000.12—2001.9）

副 校 长　　郑　禄（2000.12—2001.9）

副 校 长　　王启富（2000.12—2001.9）

副 校 长　　马抗美（女，2000.12—2012.3）

副 校 长　　解战原（2001.9—2006.2）

副 校 长　　朱　勇（2001.9—2015.5）

副 校 长　　张桂琳（女，2001.9—2015.5）

副 校 长　　张柳华（2001.9—2014.1）

副 校 长　　张保生（2006.2—2015.5）

副 校 长　　马怀德（2006.2—2019.4）

副 校 长　　高浣月（女，2006.2—2009.8）

副 校 长　　冯世勇（2009.8 至今）

副 校 长　　李树忠（2012.3—2019.5）

副 校 长　　徐　扬（2014.1—2020.5）

副 校 长　　｛×××｝（2015.5—2018.5）

副 校 长　　时建中（2015.5 至今）

副 校 长　　常保国（2015.5 至今）

副 校 长　　李秀云（女，2019.2 至今）

副 校 长　　李双辰（2020.5 至今）

附录三

联合楼——历久弥新的记忆〔1〕

刘秀华

"联合楼?! 什么联合楼? 哪里有联合楼? 跟我们政法大学有什么关系?"我曾经向一位学生询问:"你知道联合楼吗?"这个学生一脸茫然,然后就是小声地嘀咕和发问。是的,对于2010年以后入学或入职的校友来说真的会觉得我找错了地方。而对于那些在20世纪50年代建校初期或70年代后期北京政法学院复办期间来校的老人们,说起联合楼则个个喜形于色,如数家珍。在他们心中,联合楼是那么高大,那么神圣,她承载着法大人学习、工作、生活的太多过往,她是中国政法大学发展历程的亲历者和见证者。然而,为了学校的发展,2009年夏季的某一天,在中国政法大学学院路校区矗立了55年的联合楼从人们的视线中消失了。如今(2019年9月),10年过去了,有关联合楼的往事却总是在我心中涌动……

一

说起联合楼,必须从中国政法大学的前身北京政法学院说起。北京政法学院是新中国创建的第一批高等政法院校之一,1952年11月24日在北京大学原址(沙滩)正式成立,与北京医学院、北京地质学院和北大工农速成中学三所学校暂时共享北京大学旧址的有限空间。1953年2月,学院第五次院务会议讨论了有关校址问题,开始启动了新校址的选择、规划、设计、建设等等一系列工作。随着建筑项目逐步完工,部分学生、教工陆续搬进新校址。北京政法学院录取的第一批二年制专修科学生吴昭明老师告诉我,他们是第一批入住新校区的。1953年高考后,他从光明日报上看到自己被北京政法学院录取的名单,10月14日,他和苏炳坤等被北京高校录取的福建新生乘坐解放军军车,从泉州出发,先后到达福州、南平、上饶,然后乘火车经上海,于10月18日晚抵达北京,住进沙滩灰楼学生宿舍,第三天开始在子

---

〔1〕 本文原载于《中国政法大学校报》2021年3月16日第649期、3月23日第650期,本书辑录时作者稍作修改。刘秀华,1981年至2013年在校工作。历任北京政法学院图书馆党支部组织委员、中国政法大学党委办公室秘书、综合档案室主任、人事处处长、党委统战部部长等职务。

民堂（综合楼）上凌力学讲授的哲学课。两个月后的 1953 年 12 月底就搬进了北京政法学院新校址的北楼（后改称为 1 号楼）。1954 年 1 月 26 日，新校址全面竣工，2 月 12 日开学前夕，600 多名学生和 250 名教职员工告别沙滩原北大校区，全部搬入了建在海淀区大王花园南，一间房以北地区的新校址——北京市海淀区学院路 41 号。

当时，新校区只有联合楼、北楼、中楼、南楼（后分别改称为 1 号楼、2 号楼、3 号楼）、礼堂、食堂及锅炉房、车库等基本设施，在礼堂南侧还有四栋平房，其中有两栋教室，另外是打字室和印刷室。北楼（1 号楼）是男生宿舍，中楼（2 号楼）是女生宿舍，南楼（3 号楼）一部分是教研室、资料室，另一部分是单身教工宿舍。教学楼呢？对不起！没有教学楼。学生在哪里上课呢？联合楼啊！联合楼既是办公楼，又是教学楼，还是图书馆，也是医务室，承担了教学科研、党政管理、后勤服务众多功能，称为联合楼真是名副其实。

曾经的联合楼建筑面积 4133.2 平方米，就坐落在学院路校区现为综合科研楼的位置，只不过东墙截止到 B4 段的圆柱西侧。她是一座典型的访苏建筑，双坡屋顶，红砖垒砌的墙体，赭红色的木制窗棂。虽然不高，但是简洁、朴素、端庄、大气。联合楼中部高三层，两端是两层。西边有一个小门。北门有两个，一个东北门，一个西北门。联合楼的正门即大门在朝南的正中央，大门不远处即是一条东西向的用煤渣铺成的小马路，不宽，但是平坦，笔直。往东一直通向学院外南北向的公路，再向东，就是当时称为北土城沟的小月河了。往西至联合楼西侧再往北拐，经过南楼、中楼，直至北楼以北的家属平房宿舍。小马路两旁新栽种的梧桐树虽然尚显细弱，但是，它们舒展的枝条和掌形的绿叶在新建的校园里呈现着勃勃生机。联合楼大门两侧与小马路之间是葱郁的灌木丛，大门东侧还有一棵木槿花树，从 6 月开始直至 9 月持续绽放着粉紫色的花朵，煞是好看。小马路南侧是菜地，菜地的南头有 3 家农户的院落。夏天，茄子、黄瓜、西红柿，果实累累。秋天，萝卜、白菜，青翠欲滴。冬天，站在联合楼二楼或三楼窗前向南望去，眼前的菜地垄畦、农户家的矮墙、院落以及在东南侧耸立了近二百年的石碑均覆盖着厚厚的白雪，勾勒出一幅宁静的田园风景图。而在联合楼北面则是一片热闹景象，在教师和学生用水泼成的滑冰场上，学生们有的穿着冰鞋在冰面上熟练地滑行、旋转；有的互相搀扶着"蹒跚学步"；有的单独或二人手拉手打着出溜；还有的一人在前面当"火车头"，双手拽住蹲在他身后的一个或两个同学当"车厢"奋力向前；更有的同学不慎摔倒，顿时会掀起一阵惊呼和欢笑声浪。

联合楼内部是什么样子呢？登上四级台阶，走过一个平台，即可步入联合楼大门。门内是宽阔的大厅，正对面是楼梯，左右两边是贯穿东西的走廊，串起分布在东西南北的办公室、教室……一层东侧是党委部门办公室、中教室和图书馆出纳组；西侧是传达室、总务部门办公室和医务室。二楼是书记室、院长室、教务长室、人事处、教务处等行政部门办公室，东西两端各有一间大教室。三楼东侧是图书馆，西侧是苏联专家办公室和研究生教室及实验室。联合楼的内饰非常简单，雪白的墙壁，光滑平整的水泥地板。写到此不由得感慨当年的水泥和施工质量真不是一般的好，在1986年底我们搬进联合楼时，水泥地板依然平整光滑，到20世纪90年代末进行内部装修时，经过40多年的沧桑，水泥地板仍旧容颜不改，以至于有人调侃铺了地板砖还不如原来的水泥地板漂亮。言归正传，接着说联合楼内部的一些细节。办公室的房间号是白漆喷在赭红色的门上，很是醒目。一层房间号从门厅东侧朝南第一间开始排序：101、102、103……二层朝南正中间的房间是201，往东依次是202、203……三层和二层一样正中是301，往东依次是302、303……整栋楼的房间号都是沿着走廊从南侧中部起始，由东向北，再往西，往南再往东，绕一个长方形的圈，到中间结束。办公室名称用黑漆写在淡蓝色的有机玻璃牌上，悬挂在各个办公室门外的墙壁上方。

附图　1957 年联合楼办公室分布示意图

二

　　房间内有什么陈设呢？无非是桌子椅子文件柜，电话笔墨字纸篓……都是按照级别和工作需要配备的桌椅柜子等办公家具，简单而实用。要说不同，只有书记、院长的办公室与大家略有不同吧。在协助学校筹备钱端升纪念馆工作中，为了复原钱院长的办公室，我走访了许多建校初期的老同志，他们提供了很多直接或间接的信息，尤其是曾任院长秘书的张爱和老师和曾任苏联专家工作组秘书、与钱院长有密切联系的吴昭明老师，对钱老办公室里的办公家具布局均有更细致的描述。综合众多信息，并反复考证核实，还原了办公室原貌：钱端升院长的办公室在二楼 204 室，紧邻书记刘镜西的 203 室。办公室里铺着浅棕色暗花的地毯，东侧靠窗摆放着一张宽大的老式办公桌，一把扶手椅紧靠东墙。桌上摆放着一部黑色拨盘电话，一盏绿色灯罩的台灯，一瓶蓝黑墨水，一方厚重的大大的铜质墨盒，墨盒盖上錾刻着细密的纹饰，左下角是一丛兰花草。还有一个大笔筒，里面插着铅笔、毛笔、蘸水钢笔和红蓝铅笔。据老同志们讲，钱院长喜欢用蘸水钢笔和毛笔书写文字。办公桌椅右侧有一个报纸架，《人民日报》、《光明日报》、《北京日报》、《解放日报》依次排列，很方便取用。挨着报纸架的是古色古香的实木花架，花架上面是一盆绿植。离花架不远处是一张小课桌，桌上放着搪瓷茶盘，茶盘上有四个白瓷茶杯和一把茶壶，小课桌旁的地上立着一个竹套暖瓶。办公桌对面从南到北靠西墙依次摆放着一个文件柜、一个书架和一个三人沙发。沙发与扶手椅一样，都包着墨绿色金丝绒套。沙发前是一张小巧精致的椭圆形茶几，茶几台面上铺着一块同样形状的玻璃。沙发与北墙夹角处是一个木制衣帽架。靠北墙放着两把椅子，与沙发形成一个 L 形。在这间办公室里，钱院长接待外宾，与人谈话，召开小型会议，研究处理各种院务事宜。1954 年，钱端升院长作为全国人民代表大会宪法起草委员会顾问，从联合楼走出去，参与了新中国第一部宪法的起草工作，为新中国第一部宪法的出台做出了重要贡献。

　　其他办公室的陈设除了没有地毯外，基本上大同小异。均是按照办公室的职能配备相应的办公家具，以利服务于全校的师生员工。当时学校的办公用房非常紧张，除了书记、院长、教务长是独立办公室外，各党务行政的部、处长及各科室几乎都是二人以上共用一间办公室，就连副教务长也不例外。当时任副教务长的是著名的社会学家、法学家、教育家、杰出的社会活动家，中国民主促进会的创始人之一雷洁琼教授和著名的法学家，时任《新建设》杂志总编辑、全国政协委员、北京市人大代表的费青教授，他们都在联合楼西段南侧的同一间办公室办公，东边紧邻刘昂教务长办公室。据老同志们讲，雷洁琼副教务长和蔼可亲，平易近人，除了因社会职务必须外出参加活动外，几乎天天从南锣鼓巷的住处坐班车到学校上班，一直到 1971 年随同北京政法学院干部教师一起到安徽省濉溪县五铺农场为止。据档案记载，费青副教务长因病在无锡大箕山华东疗养院疗养，不幸于 1957 年 7 月 24 日病故，学校知悉噩耗立即派出刘昂教务长陪同费青夫人叶筠连夜赶往无锡，处理相关事宜。同时由司法部、《新建设》杂志社、全国政协等八个单位的负责人共 21 人组成"费青同志治丧委员会"，并在人民日报刊出"讣告"。学校还与北京市有关部门多方协调，将费青骨灰安放在八宝山革命公墓。同年 9 月，费青夫人叶筠将费青遗留的中外文书刊杂志 245 册捐赠给了北京政法学院图书馆。

联合楼还承担着教学楼的功能。在一楼东侧有两间中教室，一间小教室。二楼东西两端各有一间大教室，东段北侧有五间小教室。三楼西段还有两大间研究生教室。当我根据老人们的回忆，画出联合楼功能分布示意图后，总是盯着二楼东段南北两侧的图示，心里泛起一丝疑惑：老人们的记忆是否有偏差？南侧是办公室，北边是 5 间小教室，课堂老师声音高亢，课间学生熙熙攘攘，怎么办公啊?! 为此，我曾多次询问吴昭明老师：这么多小教室确实是在二楼？肯定是在书记、院长的办公室对面？回答是确实！肯定！没错！这简直令人无法想象。老同志们告诉我，当时学生们有时在礼堂上大课，如在礼堂聆听雷洁琼讲授婚姻法，严景耀讲授国家法。而大部分的课程都在联合楼的大、中、小教室上。吴昭明老师对我说，他在联合楼二楼东侧大教室听过芮沐所作的专题报告，阴法鲁讲授的语文，还有楼邦彦讲授的课。当然，听得更多的是原北大讲师程筱鹤和老干部谢润滋的课。说到楼邦彦讲课时，吴老师笑吟吟地连连说："楼邦彦讲课很有派头，衣服整洁，声音洪亮，很神气，印象深刻！印象深刻！"述说时的神情，仿佛楼邦彦神采飞扬的讲课场景就在眼前。

图书馆也在联合楼。从大门进入楼内，拾级上至三楼，正对楼梯口的房间是图书馆的报刊组，楼梯东部即是一个大阅览室。1955 年专修科毕业后即在图书馆工作的原图书馆副馆长郭锡龙研究馆员用骄傲的语调告诉我，这个大阅览室南北通透，非常宽敞明亮。再往东，依次是图书馆办公室、采购组和编目组。图书馆正副主任（馆长）于振鹏、赵德洁即在办公室上班。图书馆的出纳组（现在称为流通部）在一楼东端，与中教室仅一墙之隔。出纳组中间打一隔断，北侧为社科类书籍，南侧为文艺类书籍。学生们借书、还书从东北门直接进入出纳组，十分便利。图书馆所有设备都是从沙滩红楼原址搬来的。阅览桌椅、目录柜、出纳台古朴实用，书架不仅高大，而且沉稳厚重。几乎每一件桌椅书架等设备的隐蔽处都写着"政法"二字，那是院系调整时物资分配的印记。

能想象得到吗？医务室也设在联合楼。为了保持工作学习的空间静好，避免感染，医务室的入口未设在南大门，而是从西门直接进入。南北两侧分别有 3 间房，通往东面的走廊安装了一道木门，常年锁着，使医务室成为一个相对独立的空间。挨着西门南侧的第一间是挂号室，然后是药房、注射室。北侧由西往东依次是理疗室和诊室。据 1953 年就来到北京政法学院的李国铭医生讲，当时医务室只有一位医生，三位护士和一位司药，费青夫人即是司药，她每天上班，即使在费青副教务长生病疗养期间，她也没有离开过岗位。1957 年 3 月，"亚洲流感"横扫全国，北京政法学院也未能逃此一劫。从 3 月初开始发现第一例感染者，每天都有新病人，至 3 月 25 日感染者发展到 100 多人，几乎占到全校师生员工及家属的 5%，学院被迫于 3 月 29 日开始停课。为了隔离病源，把礼堂作为临时病房，医务室全体工作人员夜以继日在"病房"巡视，给师生员工发放预防药品，宣传防病知识。在市卫生部门的协调下，学院还从北医三院请来一名医生临时协助防病治病。通过全体师生员工的多方努力，终于战胜了流感，于 4 月 8 日开始复课。

三

北京政法学院的校园不大，建筑不多，楼也不高，是当时人们眼中的"袖珍大学"。但是，"所谓大学者，非谓有大楼之谓也，有大师之谓也"。遥想建校之初，北京政法学院云集了北京大学、清华大学、燕京大学、辅仁大学的法学、政治学、社会学等学科的著名学者。毋庸置疑，他们是北京政法学院厚重的基石。师生员工们在联合楼教室的讲台上，在二楼的会议室里，在三楼图书馆的书架旁，以至在各楼层的楼道内，经常看到这些奠基者的身影。而那些在学院担任各级行政领导职务的大师们更是给大家留下深刻印象。他们是由毛泽东主席亲自签发任命书的院长钱端升教授；副教务长费青教授；副教务长雷洁琼教授；图书馆主任（馆长）于振鹏教授及副主任（馆长）赵德洁教授；工会主席戴克光教授；国家与法的历史教研室主任曾炳钧教授；国家法与行政法规教研室主任严景耀教授；教研室副主任芮沐教授……

原我校校长徐显明教授在《中国法律评论》杂志编辑部组织的"改革开放四十年的中国法学教育"讨论时说："钱端升作为北京政法学院的首任院长，他给中国政法大学留下了巨大的精神财富，即使身处逆境，也清志不改……是新中国法律人的杰出代表和共同榜样。"的确，虽然在特定的历史时期，这些学术大家应有作用的发挥受到了一定影响，在校任职、任教的时间有长有短，有多有少，但是，他们矢志不渝的学术追求和独立自强的进取精神，在学校的建设和发展上，乃至在中国的法学教育和法治建设中产生的影响是巨大而深远的，中国政法大学现在的辉煌离不开这些法学前辈们早期的辛勤耕耘和血汗的付出。我们不会忘记！历史不会忘记！

从 1954 年至 1957 年底教学楼尚未全部投入使用之前，联合楼不仅是北京政法学院建筑群中的至高点，更是党政管理、教学科研的决策中心，学院各项工作的"第一次"都是由这里发端。校史记载：第一次召开中共北京政法学院党员代表大会，通过了《关于保证完成教学工作的决议》；第一次举行全院团员大会，成立了新民主主义青年团北京政法学院委员会；第一次招收本科生；第一次招收研究生；第一次聘请外教（苏联专家约·楚贡诺夫和玛·克依里洛娃）；第一次出版刊物《教学简报》（《学报》的雏形）；第一次成立北京政法学院学术委员会，由钱端升院长任主席，刘镜西书记任副主席；第一次召开科学讨论会，有兄弟院校、中央机关和社会团体的代表 400 余人参会，杜汝楫、曾炳钧、陈志平、张子培等 9 人在会上宣读了论文；第一次举办科学著作展览会，展出教师、研究生的论文及其他作品 117 篇；第一次出版论文集；第一次制定并发布《北京政法学院十二年远景规划》；第一次组织领导首次教师职称评定工作；第一次设立科学论文奖，吴恩裕、张子培、徐敦璋等 3 人荣获该项奖励。第一次举行田径运动会；第一次成立体育锻炼委员会，雷洁琼副教务长任主任，金德耀教授任副主任；第一次接待外国代表团参观访问，广泛开展对外交流工作……

这许许多多的"第一次"，使北京政法学院方方面面的工作与建院初期相比都有了翻天覆地的变化，办学逐步走向正规化，教学力量得到增强，管理水平明显提高，开始进入了一个新的建设与发展阶段。

1958 年，教学楼主楼、辅楼均全部建成投入使用，学生们都离开了联合楼，图书馆也搬走了。联合楼的"联合"作用大大削减，但是，它依然以其稳健的身姿与北京政法学院的师生员工一起在历史浪潮中浮浮沉沉，历经风雨考验，阅尽岁月沧桑。

据王改娇执行主编的《法大记忆——60 年变迁档案选编》记载，1971 年 2 月，北京政法学院 400 余名教职员工搬离了校园。经过几番周折，联合楼最终落在北京市艺术学校的名下。著名剧作家宋大声告诉我，他原来是文化部创作室的工作人员，大约在 1972 年，随创作室负责人叶林和朋友章柏青等文化部的人员从湖北省咸宁市郊的向阳湖畔回京后就来到了北京市艺术学校任教，教授声腔结合唱法。从他那里得知，这所艺术学校开设的艺术门类课程众多，有美术班、书法班、戏剧班、曲艺班、京剧班、评剧班、河北梆子班……鼎盛时期居然还有杂技班。此时的联合楼又成了"联合"楼，而且比北京政法学院时期更为热闹。我校宣传部工作人员张永和老师就是这所学校的毕业生，他 1975 年进入艺术学校美术班学习绘画，1977 年毕业留校任教。张老师说，他们美术班每天在二楼东侧的大教室宁心静气苦练用笔功力，揣摩水墨画技法；而另一侧却是锣鼓喧天，管乐齐鸣，夹杂着咿咿呀呀的吊嗓声和高亢激越的河北梆子音。据张老师回忆，著名京剧艺术家张君秋的女儿，四大名旦之一荀慧生的弟子，"马派"艺术创始人马连良的琴师和给慈禧演过戏的艺人都曾在北京市艺术学校向学生们口传心授戏曲演员的"四功五法"——"唱念做打"、"手眼身法步"。

在这一片喧嚣中，联合楼默默无言，任凭花开花落，云卷云舒。

四

1978 年 8 月 5 日，最高人民法院、最高人民检察院、公安部、教育部四部门印发了《关于国务院批准恢复北京、西北政法学院的通知》。北京政法学院留守处领导小组迅速启动了复办工作。当分散在中央及全国各地党政机关、企业、各大专院校的师生员工陆续返回北京，重新聚集在学院路 41 号时，发现原来整洁优美的校园满目疮痍，早已没了旧时模样。教学楼门窗残缺不全，玻璃破碎近三分之一，楼顶漏雨，墙皮脱落。原来美丽的"小滇池"变成了一片废墟。校园西侧的风雨操场、北校门内的空地和教学楼西南侧分别被有关单位建起了一所中学和 11 幢与学院无关的家属楼、居民楼，还有 3 座塔楼在计划建设中，使原本就不大的"袖珍大学"变得更加"迷你"了。而且校园里的所有建筑物除了 1 号楼的一部分为学院留守处使用外，联合楼、教学楼、礼堂、食堂、2、3、4、5、6 号楼等全部被外单位占用了。因此，复办工作艰苦异常，学院在争取校舍、改善办学条件方面用了洪荒之力，但收效甚微。直至 1979 年 10 月 24 日在冶金建筑研究院礼堂举行新生开学典礼时，也只是收回了教学楼和 1 号楼。由于教室里没有桌椅，403 名本科生和 35 名研究生不得不每天拎着马扎去上课，就像当年抗大的学生那样用膝盖当桌子刻苦学习。党政机关工作人员，包括院长书记等院领导则在教学楼以西，联合楼以南的一片木板房中办公。经过几年的艰苦努力，被占校舍陆续归还，但是，联合楼的回归路却异常艰难。从 1978 年北京政法学院开始与各方的沟通、协商，到中国政法大学与各方的继续协商、谈判，到 1986 年底才被彻底收回。

在 1987 年元旦前，校部机关各部门终于搬进了联合楼。当我和同事们抬着柜子进入大厅时，一股烟火气扑鼻而来。原来，此时的联合楼并未全部腾空，在一楼东段南侧第一间，竟然还住着一户三口之家，门口摆放着橱柜和煤气灶，楼道里经常弥漫着炒菜香味，与办公楼的气氛极不协调。党办的同事张晓鸣诙谐地称这间屋子为办公楼里的"白内障"。大约两年后他们搬走了，联合楼才真正成为办公楼。

在联合楼尚未收回的 8 年时间里，学校党政领导班子和校部机关的同志一直在木板房内办公（1983 年政法大学成立后曾在新建的 7 号楼内办公一段时间）。木板房里黄土垫地，夏天潮热难耐，蚊蝇扰人。冬天虽然生着炉火，可是并不暖和，因为薄薄的木板挡不住寒风的侵袭，办公室的工作人员总是穿着大衣办公。但是为了满足学校逐年增长的学生宿舍需求量，保证教学的顺利开展，学校领导带头发扬党的艰苦奋斗，密切联系群众的光荣传统和革命精神，与师生员工同甘共苦，共渡难关。在平时工作中，学校领导也总是以身作则，要求员工们做到的，他们自己首先做到。比如在定期大扫除的工作中，北京政法学院副书记戴铮、副院长任时，就和我们一起在教学楼西门外打扫卫生。戴铮副书记是红军时期参加革命的老干部，他熟练地用铁锹铲着野草，清除垃圾，还与大家亲切地谈天说地。任时副院长也是位老干部，他埋头扫地，装运垃圾。当时两位领导都是 60 岁左右的老人了，但是他们没有以老人自居，更没有以领导者自居，而是把自己作为师生员工中的普通一员，共同为改变校园环境而努力。吴昭明老师多次回忆说，在中国政法大学筹备期间，没有房子办公，他们就在陶然亭公园里找了一间房子，有时还不得不到第一副校长云光的家里开会。政法大学成立后，党委书记陈卓、副校长云光和余叔通等校领导就一直在条件恶劣的木板房里办公。

还有一次吴老师对我说：其实这是有传统的，早在 20 世纪 50 年代，为了解决学校房屋不足的困难，学校领导就带头腾房让给学生当宿舍，《人民日报》还为此专门进行了报道。具体是哪年呢？吴老师说不准。我联想到刘长敏主编，张培坚主笔的《甲子华章——中国政法大学校史》中的一段话：

"1956 年底，钱端升、李进宝和雷洁琼等参加了在紫光阁召集的北京高校负责人会议，在会上共同向周恩来总理反映学院校舍紧张的问题。周总理当即答应责成有关方面抓紧解决，于是就有了坐落在西土城路 25 号的教学楼。"

根据这个线索，我在国家图书馆真的找到了这篇报道，它发表在 1956 年 11 月 26 日的《人民日报》头版的左下方，题目是《领导人带头腾出住房 全院员工发

扬艰苦朴素作风　北京政法学院用房问题解决得好》，报道全文为：

本报讯　北京政法学院师生员工发扬了艰苦朴素的作风，积极克服房屋不足的困难，学校行政和党的领导人亲自带头把自己的住房腾出来让给学生住。

北京政法学院原有学生七百五十人，今年增加五百人，而房屋面积增加很少。按定额房屋面积应增加一万二千五百平方公尺，但实际只兴建四千多平方公尺的校舍，而且到现在还没有完工。为了克服学校教学和生活用房不足的困难，学校领导上非常重视解决这个问题。学校党委首选在党内做了动员报告，在全院师生员工大会上又做了一次动员报告，号召全院师生员工发扬艰苦朴素的作风，挖掘学校房屋的潜力，合理调整教学和生活用房，尽量在原有住房中增加一些床位，发挥房屋的最大利用率，来解决目前房屋不足的困难。接着，全院就进行了房屋的调整工作。全院行政和党的领导人都积极发扬艰苦朴素作风，克服困难。除院长钱端升未住在学校外，副院长刘镜西、李进宝和党委书记王润，总务主任修恒生等同志都带头将自己的住房腾出来，搬到办公室里去住。在他们的带动下，许多行政人员也都把自己的住房腾了出来。这样，就节省了住房，让出了一幢二千四百多平方公尺的宿舍大楼来给学生住，解决了学生的住房问题。

另外，学校还把阅览室和会议室改做教室，解决了教学用房问题。

在报道的上方还刊登了《人民日报》社论《发扬艰苦朴素的作风》。看了报道和社论内容，我不禁感叹，联合楼真是不简单啊！它凝聚着建校初期老一辈法学教育专家学者、党政领导班子、全体教职员工和莘莘学子百折不挠，艰苦奋斗的精神气质，承载着新中国法学教育和依法治国发展的厚重历史。可以说，联合楼的一砖一瓦见证着中国政法大学筚路蓝缕的发展历程，一阶一梯见证着法大人鲲鹏展翅的壮志豪情。

如今，联合楼没有了，在它的原址上矗立起了设计新颖，宏伟壮丽的科研楼，初心不改的法大人在这座标志性建筑里描绘着新的蓝图，坚定不移地推动学校改革建设事业的发展，在党的十九大精神指引下，为全面依法治国和中华民族的伟大复兴贡献力量，为中国政法大学的历史续写浓墨重彩的新篇章。

写在《联合楼——历久弥新的记忆》后面的话

在写作此文过程中，除了查阅大量档案资料外，还拜访了校内外的许多老同志，听他们讲过去的事情，并向一些知情者询问、请教，以补充、完善和佐证联合楼的故事。他们是：

（以姓氏笔画为序）

方 彦	亓东平	王惠中	刘富霞
孙学英	苏炳坤	吴昭明	李书灵
李铁善	李桂芳	李梦福	李国铭
汪家良	宋大声	宋天宇	宋慧来
张爱和（张孝文）	张桂兰	张永和	张学雷
张友芳	林绍庭	费爱弟	费爱云
郭锡龙	徐桂英	秦怀文	隋 新
梁淑英	靳桂荣	翟文淑	薛梅卿
魏克平	檀伯洪		

以上除个别人是 50 多岁以外，其他都是离退休的老同志，有 16 位已 80 多岁，有 1 位已年满 90 岁。他们有的是 1952 年建校以来各个时期来校的师生员工；有的是学院路校区征收土地时的搬迁人员；有的是曾经在联合楼南面居住的农户家人的发小；有的是在 20 世纪 50 年代初总是穿过农家的菜地到明光寺小学读书的学生；有的是（曾设在联合楼的）北京市艺术学校的教师和学生；有的曾是学校有关部门的领导干部或工作人员；有的是曾和我一起在联合楼办公的同事。他们热心、诚挚、不厌其烦，给予我无私的支持和帮助：有的给我提供有关人员的线索和联系方式，有的帮我回忆联合楼的拆除时间；有的为我细数联合楼内外的具体细节；有的详细描述学院路校区的周边环境和校园风光；有的深情讲述老一辈专家学者的风范……在此，谨向支持我，帮助我，鼓励我的每一位尊敬的前辈和老师们致以崇高的敬意和衷心的感谢！

2021 年 10 月